Tratado Prático da Advocacia

Tratado Prático da Advocacia

Formação para Jovens Advogados, Advogados
Estagiários e Estudantes de Direito

2014

Francisco da Costa Oliveira
Advogado
Mestre em Ciências Jurídicas e Criminais
Ex-Assistente da Faculdade de Direito da Universidade de Lisboa

Reimpressão da edição de Outubro de 2012

TRATADO PRÁTICO DA ADVOCACIA
AUTOR
FRANCISCO DA COSTA OLIVEIRA
EDITOR
EDIÇÕES ALMEDINA, S.A.
Rua Fernandes Tomás, nºs 76, 78 e 79
3000-167 Coimbra
Tel.: 239 851 904 · Fax: 239 851 901
www.almedina.net · editora@almedina.net
DESIGN DE CAPA
FBA.
PRÉ-IMPRESSÃO
EDIÇÕES ALMEDINA, S.A.
IMPRESSÃO E ACABAMENTO
PENTAEDRO

Junho, 2014
DEPÓSITO LEGAL
350177/12

Apesar do cuidado e rigor colocados na elaboração da presente obra, devem os diplomas legais dela constantes ser sempre objecto de confirmação com as publicações oficiais.
Toda a legislação contida na presente obra encontra-se actualizada de acordo com os diplomas publicados em Diário da República, independentemente de terem já iniciado a sua vigência ou não.
Toda a reprodução desta obra, por fotocópia ou outro qualquer processo, sem prévia autorização escrita do Editor, é ilícita e passível de procedimento judicial contra o infractor.

Biblioteca Nacional de Portugal – Catalogação na Publicação

OLIVEIRA, Francisco da Costa, 1969-

Tratado prático da advocacia : formação para advogados, advogados estagiários e estudantes de direito. – (Guias práticos)
ISBN 978-972-40-4937-3

CDU 347

Dedico este livro a Henrique Pancada Fonseca, colega, mestre e compagnon de route

APRESENTAÇÃO

O exercício da profissão de advogado requer que se reúnam no mesmo sujeito um conjunto muito próprio de valências. Nomeadamente, *exigentes aspectos de conhecimento técnico* – reconduzíveis a um profundo entendimento da(s) Ciência(s) Jurídica(s), substantiva e adjectiva – assim como uma *inabalável formação cívica e ética* – que configure uma personalidade nobre, de carácter e convicção na defesa intransigente dos valores sociais e humanos – e ainda *uma perícia específica orientada para a prática* – traduzível num conjunto de capacidades inter-comunicacionais com os profundos sentimentos e as emoções, adequadas à apresentação e à sustentação de uma causa, as quais integram:

i) sistematização do pensamento e bom desenvolvimento do raciocínio lógico-abstracto;
ii) o domínio da comunicação escrita e da oratória.

MUNKMAN, J. define a advocacia como *a arte da persuasão*, num sentido genérico[1], o que em nosso entender a reduz de forma inaceitável, não obstante a expressividade de tal classificação. De um modo ou de outro, exerce-se a advocacia desde que se aplica a Justiça entre os homens, sendo este um conceito que se perde na própria história da vida em comunidade. Tanto quanto sabemos, está por fazer a História da Advocacia, sendo já da vulgar agnição que o vocábulo tem a sua origem na expressão latina *ad vocat*, que significa *chamado para junto de*.

---

[1] *Vide* Munkman, John, *The Technique of Advocacy*, Butterworths, Londres, 1991.

Ontem como hoje, o advogado tem um papel e sempre uma missão. O seu papel, ou função social, é o de agente da Justiça. O advogado é o interlocutor do cidadão, a sua voz habilitada nos complexos meandros da administração da Justiça, mas também um interventivo auxiliar desta[2], entre tantas outras funções como as de prestador de serviços de consultoria e assistência prudencial. A sua missão é defender uma causa. Contra ventos e marés, se necessário. O que invariavelmente requer o melhor empenho das suas valências individuais. O causídico transporta a sua missão na mente. Reflecte sobre ela em casa ou ao volante do automóvel. Aguça o pensamento sobre os dados concretos de cada caso. Antecipa problemas e soluções. Aperfeiçoa continuamente os argumentos antes de os apresentar.

Entrando no vigésimo ano de exercício ininterrupto da profissão independente de advogado, pretendo transmitir através deste livro algum *saber de experiência feito*, com o objectivo de contribuir validamente para a formação inicial do(a) jovem advogado(a).

Neste breve *Tratado Prático da Advocacia* iremos focar a nossa atenção no que, dizendo respeito à prática da Advocacia, não se encontra tangível na lei escrita ou noutras sedes normativas. Debruça-se, pois, sobre o que está para além dos códigos e das regras gerais e abstractas que o jurista encontra nas diversas fontes de Direito, as quais deverá estudar e sempre revisitar, uma vez que aqui se pressupõe serem já conhecidas pelo jurista.

Para tal empreendimento, assumidamente livre e limitado às próprias capacidades de comunicação, farei indiscriminado uso da minha história profissional, da formação e experiência lectiva, assim como de vários estudos académicos que anteriormente levei ao prelo, especificamente dedicados a alguns dos temas abordados na presente obra relativos à Advocacia tradicional, agora revistos, actualizados e conjugados.

Se a designação de *Tratado* corresponde a um estudo de natureza académica ou científica, sistematizado e aprofundado sobre determinado assunto, neste breve *Tratado Prático da Advocacia* reúnem-se e sistematizam-se *conhecimentos empíricos* acerca da multifacetada profissão de advogado, aprofundados pela experiência individual e pela reflexão continuadas, os

---

[2] Dispõe o nº 1 artigo 83º do Estatuto da Ordem dos Advogados (L 15/2005 de 26.1) que: «*O advogado é indispensável à administração da justiça (...)*» e o nº1 do artigo 85º do mesmo diploma que: «*O advogado está obrigado a defender os direitos, liberdades e garantias, a pugnar pela boa aplicação das leis, pela rápida administração da justiça e pelo aperfeiçoamento da cultura e instituições jurídicas*».

quais se pretende apresentar sob um prisma académico. Isto, sem perder de vista a sua finalidade marcadamente utilitária; ou seja o seu desígnio principal, que é o de ser útil na formação dos jovens advogados para a prática forense.

Naturalmente que o presente texto reflectirá mais do que o resultado da minha própria actividade, no escritório e na barra dos tribunais. Nele se encontrará esparso, desde logo, o precioso contributo do intercâmbio continuado de conhecimentos entre colegas de profissão, assim como o exemplo directo dos mestres com quem tive o privilégio de aprender desde os tempos do estágio na Ordem dos Advogados até ao dia de hoje. Refiro-me especialmente a dois dos mais ilustres advogados da comarca de Lisboa. Por um lado o saudoso patrono e sócio Dr. Francisco da Costa Reis, cujo nome é suficiente para suscitar nos mais avisados a imediata imagem dos seus especiais valor, lealdade e competência briosa, como já mencionei em obra anterior. E por outro lado, o amigo e sócio Dr. Henrique Pancada Fonseca, cuja probidade, perspicácia, e sabedoria adquirida em 50 anos de contínua prática forense a muitos continua também a servir de referência.

Certamente que, entre as centenas de colegas de profissão que exercem há mais duas décadas, muitos poderiam também empreender numa obra desta natureza, assim fornecendo aos demais uma valiosa partilha da sua experiência e do seu saber. Mas vinte anos, sim, volvidos desde o meu primeiro dia de estágio; dia em que fui incumbido de representar em tribunal uma sociedade comercial.

Um colega de escritório deixou-me à porta da sala de audiências de um Juízo Criminal da Rua Pinheiro Chagas e disse-me algo como: *Francisco, aguarde aqui pela chamada e depois contacte o devedor, para ver se ele quer pagar. Se houver acordo, faz a desistência para a acta. Se não houver acordo, deixe o Ministério Público fazer as perguntas. O substabelecimento está no dossier.*

Recebi a toga emprestada e, desde esse momento, aprendi o que não pode faltar a um advogado: presença de espírito.

Capítulo I
Introdução à Advocacia

1. Formação, Princípios Éticos e Perfil do(a) Advogado(a)
A profissão de advogado tem os seus escolhos. Nem sempre o advogado sentirá que o seu trabalho foi devidamente apreciado, perante o desfecho bem sucedido de um caso que acompanhou. Nem todos os dias serão de glória, nem a missão do advogado será invariavelmente lidar com o que podemos designar como *assuntos de alta advocacia* – aqueles que envolvem valores humanos fundamentais, ou cuja dimensão social ou económica seja muito apreciável; aqueles que mais nos mobilizam, que nos comovem ou que suscitam emoções inesquecíveis. Haverá certamente grandes desafios, motivos de satisfação e também, como é incontornável, momentos de contrariedade. Não obstante, a nobreza do advogado deve reflectir-se igualmente nos assuntos mais *banais* e frequentes. Isto, porque *as qualidades do bom profissional da advocacia devem manifestar-se em toda a sua actuação.* Devem, portanto, ser intrínsecas ao indivíduo e, por essa razão, tornarem-se patentes em cada intervenção.

O(a) jovem licenciado(a) colheu as bases da sua formação em Direito no mundo das ideias, na abstracção da Ciência Jurídica, nas disputas da Doutrina. Assim como na discussão, interpretação e análise das normas gerais e abstractas, aplicadas aos *(académicos) casos concretos* que lhe foram apresentados, a fim de serem testadas e avaliadas: a capacidade dos seus argumentos; a profundidade dos seus conhecimentos jurídicos e pesquisas; a justiça das suas soluções. E tais serão valências sempre imprescindíveis para o seu futuro enquanto jurista. Todavia, não terá sido seguramente no ensino universitário que adquiriu a cultura, a formação cívica, o aprumo e os predicados morais, o respeito pelo próximo e a consciência dos valores humanos e sociais, necessários para o exercício da profissão de advogado.

A formação de um jurista terá de se conjugar com o seu bom desenvolvimento enquanto indivíduo, de modo a que aquele possa reunir as condições de idoneidade profissional exigíveis a um advogado.

Neste domínio, não se deverá escamotear a função propedêutica do próprio estágio profissional que – muito embora não possa suprir falhas graves que hajam persistido no percurso de vida individual – deverá ajudar o pretendente a situar-se no *mundo ético da advocacia*. O qual se estende muito para além da Deontologia Profissional ministrada nas delegações da Ordem dos Advogados. O estágio profissional não se resume, pois, à passagem de conhecimentos (quer científicos quer empíricos) mas sobretudo a uma *formação integral com valores*, contemporânea com a oportunidade de experimentar e de evoluir na aplicação do Direito, seja pela intervenção processual directa, seja pela consulta jurídica a clientes individuais ou empresariais, seja mesmo pela partilha da vida multifacetada no interior de um escritório de advogados.

Os princípios éticos da advocacia extravasam aqueles que constam enunciados como deveres deontológicos no Estatuto da Ordem dos Advogados, a saber:

i) a integridade, a honestidade e a probidade;
ii) o sentido de responsabilidade;
iii) a rectidão, a lealdade e a sinceridade;
iv) a independência.

Isto porque integram harmoniosamente todos os demais princípios éticos e humanos que compõem a boa formação de um indivíduo. Nos dizeres lapidares de MIGUEL VEIGA: «*A advocacia é um humanismo e uma magistratura cívica. Que exigem uma cultura e uma ética, um código de comportamento (...) integra uma ética: uma ética de convicção e uma ética de responsabilidade*»[3]. Daí a similitude com o que se exige aos próprios titulares dos órgãos de sobera-

---

[3] VEIGA, MIGUEL, *O Direito nas Curvas da Vida*, Conselho Distrital do Porto da Ordem dos Advogados, 2006.

nia com competência para administrar a justiça, e aos agentes que em tal administração representam o Estado – os magistrados propriamente ditos.

Ora, para além dos princípios éticos em si mesmos, o pretendente a advogado deverá ainda adquirir hábitos conformes com as boas práticas da sua profissão, tais como o rigor científico, a disciplina, o sentido do dever, a cortesia, os hábitos de trabalho e de sã convivência entre os seus pares e tudo o mais que *va sans dire*, naturalmente.

O perfil do advogado, por outro lado, deverá construir-se solidamente sobre os mencionados factores, e corresponder ao de uma *pessoa de carácter* que, sabendo ouvir com humildade intelectual, esteja capacitado para defender as suas próprias convicções, com vigor e empenho total, e seja sempre – em qualquer circunstância – uma pessoa merecedora de *confiança*, à qual se possam consignar os mais exigentes (por vezes até melindrosos) problemas e a tomada de decisões, sem reservas de qualquer espécie. O que implica que venha a dispor de um bom juízo prático e da capacidade de identificar o(s) modo(s) mais adequado(s) de abordar e conduzir os variados assuntos. Um perfil, portanto, que também se cultiva, e deverá igualmente aperfeiçoar-se com o exemplo de outros.

2. A Responsabilidade no Aconselhamento e na Representação do Cliente

Franqueadas as portas ao(à) estagiário(a), terá de se estabelecer uma primeira relação de confiança com os seus pares e o(a) seu(sua) patrono(a), para que o(a) formando(a) mereça o privilégio de contactar directamente com os clientes e assuma convenientemente a árdua tarefa de lidar com o tribunal.

No escritório de advogados, para além dos códigos e dos compêndios, e das modernas ferramentas tecnológicas utilizadas para o acesso a informação actualizada, encontram-se os mais variados assuntos – os casos reais – sob a forma de sedimentos documentais que compõem os respectivos dossiers, os quais estarão organizados e submetidos a uma sistematização específica. Assuntos alheios, todos cobertos por sigilo profissional. Nas secretarias judiciais, por outro lado, encontrar-se-ão as situações que foram expostas a Juízo, sob a forma muito peculiar de autos, que urge conhecer na sua especificidade própria. Por isto, os primeiros dias no escritório de advogados corresponderão, idealmente, a toda uma *iniciação*, onde a consulta e a familiarização com dossiers de escritório e com os autos nas secretarias dos tribunais serão fundamentais. Trata-se, todavia, de uma iniciação muito mais abrangente. Durante a mesma sucede-se o acesso à linguagem, aos usos, à leitura e estudo dos primeiros casos, à redacção das primeiras cartas, pareceres, alegações, às assistências em audiências de tribunal e respectivos trabalhos de preparação para as primeiras intervenções. Tudo se desenrolando para que o iniciado venha a habilitar-se com aquela ética de convicção e aquela ética de responsabilidade, que refere Miguel Veiga, como que num processo de osmose no relacionamento com os colegas e o(a) patrono(a). É importante ouvir, encontrar os factos e participar. Saber relacionar-se em equipa e respeitar a nova cultura de valores, assimilando práticas e usos. Nesta iniciação, a dado momento abrir-se-ão as portas da sala de reuniões para participar na recepção do cliente, onde se aprenderá a enfrentar as angústias deste com honestidade, transparência e humanismo. E também o respeito pelos tempos próprios de intervenção.

A relação que se estabelece entre o advogado e o seu cliente inicia-se e evolui. E idealmente manter-se-á de futuro, mesmo após a solução das questões que o trouxeram ao escritório pela primeira vez. Com efeito – e ainda que seja com a intermitência própria da natureza e da espécie dos assuntos em que o advogado possa prestar serviços ao seu constituinte – o relacionamento assenta numa base de *confiança* e *responsabilidade*, a qual se vai sedimentando e reforçando. Sem isso, o cliente não regressará ao escritório.

Convém realçar que são realidades diferentes o aconselhamento jurídico do cliente, por uma parte, e a assunção da sua representação na gestão/condução concreta dos seus *affaires*. Com efeito, nos assuntos que hajam de envolver o contacto com terceiras partes ou mesmo o encaminhamento do problema para os tribunais, geralmente o advogado passará de conselheiro, ou mero consultor jurídico, a mandatário, ou seja a privilegiado representante do seu cliente; *maxime* no foro judicial. E o mandato, em especial, eleva a prestação do advogado a um patamar muito *superior* ao da mera prestação de serviços de consultoria. Exige maior confiança e requer uma responsabilidade de outra natureza e importância, dada a envolvência directa da actuação do advogado nos assuntos do constituinte, na esfera jurídica de quem se produzirão afinal os respectivos *efeitos*.

Uma *caricatura* faz do cliente o maior inimigo do advogado. Se o advogado perde a sua causa, o cliente julgará o seu trabalho como a principal razão do infortúnio. Se, pelo contrário, o advogado a vence, então o cliente vê-lo-á como alguém que tira proveito de uma causa meritória por direito próprio. Trata-se de uma caricatura, como dissemos. Porém ela encerra em si uma imagem que tem alguma correspondência à realidade.

O advogado deverá adquirir um bom conhecimento da natureza humana. Como melhor iremos detalhar adiante, embora especificamente a propósito da representação em processo criminal, a experiência vem demonstrando que nem sempre o cliente é o melhor colaborador do advogado, embora seja sempre aquele o principal interessado. Isto porque, com alguma frequência, o próprio cliente omite circunstâncias que poderão ser relevantes na análise da situação de facto, ou mostra apenas *uma parte da verdade*. Naturalmente que, na maioria das vezes, tal dever-se-á a uma actuação involuntária, por o cliente não atribuir a tais circunstâncias omitidas a devida importância; mas noutros casos porque acreditará que assim confere mais convicção ao seu futuro representante, ou até que estará a contribuir para obter uma melhor solução para os seus interesses. O que será um erro, obviamente.

O cliente deve fornecer ao seu jurisconsulto o mais completo e detalhado conhecimento que tenha dos factos e das circunstâncias do caso, bem como dos meios de prova que se encontram disponíveis. E *sobretudo* quando o assunto possa conduzir-se para o foro judicial. Por outro lado, o advogado deverá conjugar o melhor interesse do seu constituinte com os critérios impostos pela lei, e nunca prescindir de sustentar a confiança recíproca numa sã relação de franqueza.

Pela sua importância notória, o acesso ao aconselhamento jurídico e à assistência e representação por advogado por parte dos cidadãos está hoje consagrado como um dos direitos fundamentais reconhecidos por qualquer Estado Democrático, não sendo o nosso excepção[4]. Qualquer relação de aconselhamento jurídico ou de patrocínio forense importa, para o respectivo advogado, uma irrenunciável responsabilidade cívica, ética e profissional, mormente pelas consequências mediatas que possam vir a produzir-se na esfera jurídica do aconselhado ou representado, como dissémos. Por essa razão, uma sólida relação de confiança com o constituinte que proporcione ter em conta todas as características e condicionantes do caso concreto – potenciada, aliás, pelo sigilo profissional a que o advogado

---

[4] Vide a norma constante do nº 2 do art.20º da Constituição da República Portuguesa que reza: «*Todos têm direito, nos termos da lei, à informação e consulta jurídicas, ao patrocínio judiciário e a fazer-se acompanhar por advogado perante qualquer autoridade*».

está adstrito – será o ponto de partida para o estabelecimento de um mandato forense. Tal como veio a inscrever-se na sabedoria popular que aconselha oferecer a verdade *ao padre, ao médico e ao advogado*.

3. Consulta Jurídica e Apuramento da Base Legal da Demanda

Enquanto profissional auxiliar da acção da Justiça, submetido a rigorosos deveres deontológicos para com a comunidade, o primeiro papel do advogado junto do seu constituinte deverá ser, consequentemente:

a) o escrutínio das convicções erróneas que o próprio constituinte possa ter acerca do assunto que lhe for submetido;
b) a análise do enquadramento jurídico da situação;
c) e a conformação das suas expectativas e/ou interesses com o da justa medida resultante do quadro normativo do sistema jurídico vigente, de onde geralmente resultam *direitos* e *obrigações*.

Acresce, ainda, o dever que assiste ao advogado quanto a aconselhar o seu constituinte sobre as vias de actuação ao dispor, seu significado e possíveis consequências práticas. Tudo isto, antes mesmo de serem encetadas sequer negociações, matéria que será abordada no capítulo seguinte, dada a sua relevância essencial na actividade da advocacia.

De onde, a montante de toda e qualquer actuação em Juízo há-de estar sempre o aconselhamento jurídico.

O advogado qualificado deve dispor de uma adequada *orientação jurídica e processual*, em ordem a dotar a sua litigância da maior eficácia e da competência que se impõe em face da dignidade da administração da Justiça. Tal *orientação jurídica e processual* é afinal a soma de diversas diligências, operações de raciocínio e juízo jurídico, nem sempre simples de traduzir de modo analítico. No entanto, movidos pelo intuito de objectivarmos conhecimentos empíricos, podemos, para efeitos de reflexão, traduzir aquela orientação jurídica e processual da seguinte forma.

Num primeiro momento estará um juízo a realizar sobre os factos, analisando-os em face das previsões da lei substantiva. Num segundo momento situar-se-á um juízo a realizar sobre as previsões da lei adjectiva, do funcionamento e da funcionalidade dos tribunais. Por outras palavras, num primeiro momento estará o apuramento da(s) base(s) legal(ais) da demanda, ao passo que no segundo se fará uma prévia avaliação processual.

Abordemos, por ora, apenas o primeiro momento, o qual se pode traduzir esquematicamente deste modo:

i) Sobre a informação fornecida > procede-se à selecção de factos e circunstâncias segundo critérios jurídicos > e depois ao enquadramento analítico da situação jurídica > o qual deverá ser sujeito à avaliação da situação jurídica (para efeitos de litigância) ou apuramento de *base(s) legal(ais) da demanda*
ii) Sobre a(s) base(s) legal(ais da demanda > há de incidir um *juízo de mérito substantivo*

A avaliação da situação jurídica, ou seja a selecção dos factos a considerar e o seu enquadramento legal, constitui o primeiro momento de reflexão no caminho do oferecimento de um dado caso concreto à sua apreciação em tribunal. Situamo-nos, claramente, na(s) consulta(s) jurídica(s) inicialmente prestada(s) pelo advogado ao seu cliente, caso tal ocorra antes da existência de uma acção pendente em tribunal. Por outra parte, nas situações em que o cliente procure o conselho jurídico do seu advogado já depois de ter sido citado para contestar uma acção judicial contra si movida (ou para tomar posição na mesma como interveniente processual), caberá também ao advogado realizar aquela primeira avaliação da situação jurídica, muito embora o objecto processual já se encontre definido, pelo menos parcialmente. Nesta modalidade reactiva, a(s) consulta(s) jurídica(s) inicialmente prestada(s) pelo advogado ao seu cliente levará(ão) em conta a configuração fáctica já existente no processo – pondo-a também em causa. Porém, igualmente haverá necessidade de seleccionar outros factos ainda não considerados nos autos e proceder ao respectivo enquadramento legal do conjunto dos factos. Encontramo-nos pois, em qualquer um dos casos, no âmbito de uma operação que decorre logicamente antes da intervenção em juízo. Por comodidade de raciocínio debrucemo-nos sobre esta avaliação da situação jurídica sob o prisma da parte que interporá a acção em tribunal.

Ora, ao prestar o conselho inicial ao seu cliente, o elemento fulcral a trabalhar de início por parte do advogado será a informação. Informação prestada pelo cliente, a qual deverá ser objecto de triagem por parte do causídico. E também informação procurada e prestada pelo advogado ao seu cliente, mormente de âmbito jurídico. Isto é, para a avaliação da situação jurídica, o advogado selecciona a informação fornecida pelo seu constituinte, de acordo com a sua relevância jurídica, nomeadamente destrinçando:

a) o que são os actos e os factos jurídicos (relevantes) a considerar;
b) o que são as circunstâncias jurídicas e as meras circunstâncias de facto (relevantes), que podem influir nos efeitos jurídicos dos actos e factos jurídicos a considerar;
c) o que são actos, factos e/ou circunstâncias sem qualquer relevância jurídica.

De modo reflexo e depois de proceder ao enquadramento jurídico daquela informação de ordem puramente fáctica, o advogado transmitirá ao seu cliente a correspondente informação de ordem jurídica, pesquisando previamente o que vier a ser conveniente. Destas operações se haverá de estabelecer o apuramento da existência ou não existência de base legal para uma demanda.

O tema da consulta jurídica é, todavia, igualmente complexo. Pois a realidade não se compadece com uma cisão lógica tão Cartesiana como aquela que acabamos de enunciar, muito embora ela possa servir para uma reflexão pontual. Como temos vindo a afirmar em obras anteriores, durante a consulta jurídica a informação deve ser prestada de modo simbiótico e transparente, de modo a que o advogado saiba igualmente quais são as convicções e até as pretensões naturais do seu cliente e, por outro lado, de modo a que o cliente conheça e fique inteiramente esclarecido acerca das questões jurídico legais que podem limitar ou conformar tais pretensões. Até porque deve existir, desde logo, a preocupação de impor alguma razoabilidade nas convicções do cliente, não apenas em função da limitação decorrente dos aspectos jurídico-legais, como também das limitações previsíveis que dimanam da peculiaridade do sistema jurisdicional (avaliação processual) – aspecto este que deixaremos para a secção seguinte deste capítulo.

Ora, na relação de confiança que há de estabelecer-se entre o advogado e o seu cliente, deverá obter-se o esclarecimento exacto e detalhado, não apenas dos factos centrais ao litígio, mas também das suas circunstâncias e contexto, historial prévio e explicação causal e ainda das características e reivindicações já conhecidas e/ou declaradas de parte a parte entre os intervenientes dos factos. O conselho legal do advogado deve, em sequência, dirigir-se quer para os possíveis enquadramentos dados pela lei substantiva aos factos e às circunstâncias, quer para a análise da razoabilidade das possíveis pretensões da parte contrária, quer ainda para a análise da razoabilidade das pretensões da parte representada. Assim, numa alternativa configuração esquemática, poderemos ainda fazer corresponder a avaliação da situação jurídica em ordem ao apuramento de uma base legal da demanda ao seguinte percurso crítico:

i) Informação de facto e pretensões
ii) Enquadramento jurídico
iii) Conformação das pretensões

A determinação e a discussão simbiótica da base legal da demanda não se resume, portanto, à mera subsunção dos Factos ao Direito. E, por seu turno, também o apuramento da base legal da demanda não pode ser isolado do ordenamento jurídico no seu todo, ou seja, dependerá sempre da conjugação com todo o conjunto normativa vigente que a condiciona. De resto, também não pode ser encarada como uma realidade fria, de ordem puramente objectiva. Pois se a sua finalidade é a aferição da necessidade e/ou da adequação do recurso aos tribunais, o causídico deverá por último submeter a base legal da demanda a um último teste, o do *juízo de mérito substantivo*. Isto é, perante os factos, o seu enquadramento legal e as pretensões iniciais do constituinte, o advogado deverá conseguir realizar ainda uma última triagem – ainda com recurso ao Direito substantivo – que lhe permita ajuizar se, de acordo com a sua ponderação de todos os factores e perante a sua experiência quanto ao Direito aplicado, a litigância poderá ou não vir a ser bem sucedida. Pois o Direito não é uma ciência exacta e, por outro lado, pleitear a causa em tribunal requer do advogado uma boa dose de *convicção* quanto ao cabimento e à razoabilidade das pretensões a defender.

Somamos às nossas considerações, todavia, ainda as seguintes recomendações derivadas da nossa experiência individual:

i) Respeite o rigor da solução jurídico-legal, mas pondere e apresente a variação possível quando à medida dos resultados da aplicação da lei ao caso concreto

ii) Seja comedido nas soluções peremptórias e sujeite a primeira avaliação a uma confirmação subsequente e mais profunda
iii) Pondere as vertentes jurídicas que estão para além das mais evidentes
iv) Proceda aos ajustes da solução da lei substantiva às decisões dos tribunais
v) Não tome por adquiridos os juízos prévios de terceiros, em especial do constituinte
vi) Considere o desvio possível da informação com a realidade

4. Pré-Avaliação Processual

O que designamos por prévia avaliação processual compreende, à semelhança do apuramento da base legal da demanda, um conjunto de diligências e operações extremamente diferente, porquanto a sua natureza diverge, muito embora sejam dirigidas sempre para a mesma finalidade: a da ponderação e a de tomada de decisões relativas à litigância, a realizar ou não realizar.

Esquematicamente, poderemos traduzi-la do modo seguinte:

i) Sobre a base legal da demanda > procede-se à análise criteriosa das possibilidades processuais de satisfação das pretensões e dos meios processuais adequados para os atingir > daqui decorrerá o estabelecimento de *objectivos* em conexão com a definição da *estratégia* a prosseguir

ii) Sobre a base legal da demanda, os objectivos traçados e a estratégia definida > deverão ainda incidir operações de sindicância que se traduzem em:
- *Juízo de viabilidade processual*, traduzido na pesagem de factos, na pesagem dos meios de prova que poderão ser obtidos e das possibilidades de desfecho de acordo com o funcionamento e da funcionalidade dos tribunais
- *Juízo da necessidade ou conveniência da litigância*, perante os factores do tempo, dos custos, e dos resultados possíveis mediante o recurso a meios alternativos para a solução de disputas

Perante o apuramento da existência de base legal para uma determinada demanda – ou também da existência de base legal para a oposição a uma demanda já em curso – impõe-se, como dissemos, que o causídico realize aquilo a que designamos de prévia avaliação processual. A avaliação *ex ante* dos meios processuais a serem utilizados é de relevância crucial quer na decisão de recurso aos tribunais para obtenção da solução jurídica pretendida quer ainda na eleição da direcção a seguir pela litigância, uma vez que até mesmo já dentro de um determinado foro e no âmbito de uma dada acção judicial em concreto, serão ainda extremamente variáveis as possibilidades de actuação de ordem processual. Tratam-se das opções processuais e da eleição dos meios processuais ao dispor, para além da determinação (em alguns casos mesmo a escolha) do foro da litigância e do(s) tipo(s) de procedimento(s) judicial(ais) a adoptar.

No seio do que apelidámos de prévia avaliação processual, integram-se pelo menos as duas operações que podemos distinguir:

a) a determinação de objectivos a atingir;
b) a definição de uma estratégia processual para os prosseguir.

Mas uma vez mais estamos perante um processo simbiótico, agora não apenas limitado à interacção entre os sujeitos, cliente e advogado. Isto, porque se a estratégia processual deve variar em função dos objectivos que forem fixados, também os objectivos fixados deverão adaptar-se à estratégia processual. Demos um exemplo concreto para melhor esclarecimento da nossa afirmação. Num dado caso em que interviemos, fomos consultados por um particular que se mostrava seriamente incomodado por, num terreno contíguo à sua residência de férias, ter sido instalada uma pista de aeronaves ultraleves, da qual descolavam e na qual aterravam continuamente aeronaves, desde o raiar do Sol até ao começo da noite, sobretudo aos fins-de-semana, períodos festivos e durante os meses de Verão. Não apenas o ruído produzido impedia o descanso da sua família, como também a sua propriedade e a piscina eram sobrevoados a baixa altitude, havendo o notório perigo de um acidente vir a verificar-se sobre os bens do nosso cliente ou sobre os membros da sua família, que também se sentiam devassados no seu lazer. A pista em questão não se encontrava licenciada e o risco de acidentes com este tipo de aeronaves era exponencialmente maior durante as operações de descolagem e aterragem – ou seja, na proximidade da casa e área social do cliente em questão. Ora, a base legal para uma demanda era de vária índole, sobressaindo desde logo a existência de uma lesão continuada de direitos de personalidade (que vieram a justificar uma providência cautelar procedente e uma acção de condenação ordinária), a verificação de riscos objectivos e injustificados sobre direitos patrimoniais, alguns aspectos de invasão de privacidade, mas também a ausência de inúmeros actos de licenciamento administrativo necessários à actividade de pista de aviação, desde a construção de um hangar, até às alterações das características naturais do solo. Assim, tornava-se desde logo possível admitir uma actuação por vias dos tribunais civis, uma actuação pela via administrativa, quer junto do Instituto Nacional de Aviação Civil, quer junto do competente órgão da administração local, a qual poderia progredir para os tribunais administrativos, e ainda a ponderação da actuação pelas vias penais. Porém – e é aqui que desejávamos chegar – optando por um destes foros, naturalmente que os objectivos da actuação também deveriam ser reajustados ao respectivo meio processual. Pois, no nosso exemplo, a via administrativa jamais contemplaria a indemnização pelos danos sofridos pelo nosso cliente, e o foro cível igualmente não poderia pronunciar-se sobre as questões de Direito Público. Por outro lado, poderia ser despoletada uma actuação simultânea nos vários foros ou, em alternativa, realizarem-se apenas diligências prévias de recolha de informação e documentos, para apenas serem utilizados na via dos tribunais civis.

Demonstra-se, portanto, que para a prática bem sucedida da litigância é imprescindível uma boa prévia avaliação processual. Até porque, se o Direito pode ser encarado como uma realidade una, ele possui inúmeras vertentes que se traduzem na possibilidade de actuação em frentes bem diversas: administrativa, contra-ordenacional, cível, criminal, laboral, fiscal, etc. O causídico sabe-o como ninguém, mas o seu cliente também deverá acompanhá-lo naquela operação de prévia avaliação processual, sobretudo para que não se venha a sentir frustrado nos seus objectivos iniciais, nem venha a envolver meios significativos desnecessariamente.

Para o estabelecimento dos objectivos da parte representada e para o planeamento da actuação processual, deverá o advogado, também, esforçar-se para conformar as pretensões iniciais do seu cliente, no sentido de as adaptar – expandindo, limitando ou alterando – às possibilidades jurídicas quer em face da lei substantiva, quer em face da lei processual, quer ainda da habitualidade das decisões judiciais. Por outra via, o trabalho de prévia avaliação processual envolve aspectos processuais eminentemente técnicos, que só o jurista conhece em profundidade, e que inserimos na definição da *estratégia* processual. Aqui, relevarão questões como sejam as relativas à selecção do foro ou a actuação em frentes processual múltiplas, aos tipos de procedimentos a interpor incluindo eventuais procedimentos cautelares ou outras medidas jurisdicionais complementares, à legitimidade das partes processuais a envolver, ao alcance do caso julgado em cada foro, à configuração dos pedidos judiciais a submeter à instância concreta, entre outras. Todas estas no seio da referida orientação jurídica e processual a realizar pelo causídico, com a colaboração informativa do seu constituinte. A estratégia processual deverá ser sensível a diversas condicionantes, não apenas às características dos meios jurisdicionais ao dispor e às pretensões individuais, mas igualmente ao prisma em que se coloca o constituinte na situação jurídica concreta e ao estado evolutivo presente da mesma situação jurídica, da qual pode resultar a necessidade de tomar medidas preventivas, de agir ou de reagir, ou até de prosseguir a na lide judicial.

Finalmente, uma vez que a prévia avaliação processual faz parte de um todo maior a que referimos *supra* como orientação jurídica e processual e, como tal, aquela compreende igualmente diversos outros factores inerentes à decisão de recorrer ou não à justiça dos tribunais. Porquanto, esta última questão decisiva dependerá de ainda de aspectos práticos atinentes ao funcionamento e à própria funcionalidade dos tribunais. É ainda o que o cliente pretende saber, para além da base legal, quando pergunta ao seu advogado: *então senhor doutor, e quais são as minhas hipóteses? Valerá a pena?*

O causídico deve dispor de uma visão global dos meios processuais e do percurso ou dos trâmites judiciais dos autos, que o capacite para aconselhar e tomar decisões acerca do recurso aos tribunais e acerca dos melhores caminhos a prosseguir. Para tanto, a prévia avaliação processual deverá incluir igualmente a "pesagem" dos factos e a "pesagem" da prova enquanto operações independentes, das quais se aferem as probabilidades maiores ou menores de alcance dos objectivos propostos, e ainda a consideração do que, em concreto, é expectável que venha a ser o sentido e o alcance prático da decisão judicial. A esta operação de "sindicância" processual podemos chamar de *juízo de viabilidade processual*, traduzido na pesagem de factos, na pesagem da prova e das possibilidades de desfecho de acordo com o funcionamento e a funcionalidade dos tribunais.

Tão ou mais relevante do que fixar objectivos e definir uma estratégia processual será este juízo de viabilidade processual, a realizar em face dos factos e do correspondente suporte probatório de que poderá vir a dispor-se. Caminho que haverá de apontar também indícios sobre as possibilidades de desfecho – de acordo com a experiência pessoal, com a jurisprudência e com os conhecimentos empíricos que possua o causídico acerca dos tribunais. Os factos em si, o seu peso na acção judicial, são certamente determinantes para a composição do litígio, desde logo porque serão os elementos constitutivos da narração que constituirá a causa de pedir (e sua contestação) no processo civil, ou a acusação (e sua contestação) no processo penal. Mas, *num dado caso de facto, muito embora a lei material possa encontrar-se do lado de uma das partes litigantes, se esta não vier a dispor da correspondente prova, as suas pretensões sucumbirão quase obrigatoriamente*[5]. Daí a relevância da avaliação dos meios de prova quando se decide do recurso ao tribunais, presentes e futuros. Ou seja, haverá que levar em conta:

1) os meios de prova de que já se dispõe;
2) os meios de prova que poderão vir a ser obtidos;
3) e também os meios de prova cuja obtenção seja muito improvável.

A prova é o suporte processual dos factos dos quais depende a aplicação do Direito por parte do julgador, daí a sua importância crucial na litigância. Mais ainda relativamente ao Direito Criminal, já que *a prova é o substracto do processo penal durante as suas fases preliminares e mesmo a condição da sua persistência, uma vez que o processo só subsiste para além da fase do Inquérito mediante a existência – nos autos – de prova (ou indícios) suficiente para a submissão do arguido a um Julgamento*. A par e passo com a avaliação dos meios de prova estudará o causídico, ainda que a título preliminar, a própria progra-

---

[5] Claro que a afirmação se torna relativa no ponto de vista do arguido no processo penal, onde a actividade probatória obedece ao princípio *in dubio pro reo*. A prova dos pressupostos de que depende a aplicação de uma pena ao arguido está sem dúvida sujeita a tal princípio, muito embora ele não se encontre literalmente expresso em qualquer disposição legal. Porém, está por demonstrar que este princípio que dimana da presunção de inocência consagrada no art.32º nº2 da Constituição da República Portuguesa seja aplicável no que respeita à prova dos factos que o arguido alegue em sede da sua defesa que extravasem os factos constitutivos da responsabilidade penal.

mação da actividade probatória de acordo com o que melhor se adequar às circunstâncias de cada situação.

Finalmente, para além desta sindicância da viabilidade processual do caso concreto, deverá o causídico e o seu constituinte abordar uma última sindicância, que designámos figurativamente por *juízo da necessidade ou conveniência da litigância*. Nesta derradeira sindicância deverão ser certamente levados em consideração os demais aspectos da envolvente judicial da demanda que possam ter impacto significativo no binómio custo/benefício da litigância, nomeadamente:

a) a duração provável do litígio;
b) os custos prováveis do litígio;
c) os resultados possíveis na eventualidade do recurso a meios alternativos para a solução de disputas.

Em termos práticos, o advogado e o seu cliente deverão fazer como que diferentes simulações da realidade que poderá vir a resultar do recurso aos tribunais, para efeito da ponderação final das suas decisões.

5. Ponderação dos Meios Alternativos para a Solução de Disputas

A litigância nos tribunais não é um fim em si mesmo, mas apenas um meio para a solução de disputas e diferendos, se não pensarmos por ora nos casos específicos do Direito Público Sancionatório[6]. Precisamente por essa razão, e ainda por todas as vantagens que – a propósito da Negociação – no capítulo seguinte deixaremos expressas acerca das soluções obtidas pela via consensual entre as diferentes partes envolvidas numa possível disputa, deverá o advogado fazer o seu constituinte contemplar a possibilidade de recurso aos chamados meios alternativos para a solução de disputas. No seio de tais meios alternativos sobressai, sem qualquer dúvida, a *negociação* em si mesma, a qual, pela sua relevância, se abordará autonomamente. Para além desta clássica forma alternativa, assiste-se hoje ao advento de uma crescente importância da *mediação*, da *concilia-*

---

[6] Note-se, todavia, que mesmo o legislador penal começa a ceder à preocupação da desjudicialização da Justiça criminal, mediante a criação (pela Lei 21/2007 de 12 de Junho, ainda em regime experimental) do procedimento de Mediação em Processo Penal, aplicável aos crimes de Injúria, Furto, Dano, Burla e Ofensa à integridade física simples.

ção e da *arbitragem* como formas autonomizadas de solução de litígios, em alternativa à resposta tradicional da Justiça dos tribunais judiciais, conotada com a demora, com a falibilidade, e em torno da qual se vem manifestando alguma insatisfação generalizada, mesmo a nível mundial. Concretamente no nosso país, tem vindo a ganhar terreno a institucionalização no seio do próprio Estado de Centros de Arbitragem de Conflitos, nomeadamente no domínio das relações de consumo e do sector automóvel, sendo cada vez mais frequente o recurso das empresas e dos particulares à mediação e à arbitragem, institucionalizadas por meio de reconhecimento legal de tais atribuições a entidades diversas, muitas de âmbito associativo. Surgiu ainda, há poucos anos apenas, a figura, de natureza híbrida, do Julgado de Paz, integrado no próprio sistema jurisdicional nacional, mas apelando à fase da mediação como prévia à da aplicação do Direito ao caso concreto. E, por último exemplo, foi também há relativamente poucos anos que a lei processual passou a estabelecer tentativas de conciliação promovidas pelo juiz do tribunal judicial, como fases prévias à instrução do processo, nos casos do processo civil comum e do laboral, muito embora isso fosse já tradicional no processo especial de acção de divórcio litigioso.

No entanto, nem a mediação, nem a conciliação, nem muito menos a arbitragem são criações modernas. E, por outra via, não se distanciam tanto assim da clássica negociação, já que esta subjaz a todas aquelas, mesmo até no caso da arbitragem, pelo menos por via da necessária convenção de arbitragem.

5.1. Conciliação

A conciliação é um procedimento, presenciado ou promovido por um terceiro (embora não necessariamente), no sentido de levar as partes a negociar e a discutirem concretamente os termos de uma possível solução consensual a dar ao litígio. Neste caso, as partes dialogam directamente sob a assistência de um terceiro tendencialmente não interventivo. A conciliação pode instituir-se de forma voluntária (pela via contratual, por exemplo) ou induzida por obrigação legal, como no caso das tentativas de conciliação previstas na lei de processo civil e na lei processual laboral, ou ainda das comissão de conciliação extrajudicial, previstas no Dec.-Lei nº 59/99 de 2 de Março no âmbito do processo contencioso das Empreitadas de Obras Públicas. Da conciliação pode, nomeadamente, resultar a diminuição do objecto sobre o qual subsiste diferendo, impondo a boa prática que seja reproduzido em acta todo o processado.

5.2. Mediação

A mediação é um processo específico mediante o qual a intervenção de um terceiro – o mediador – junto das partes procura levá-las a um entendimento recíproco que lhes permita resolver uma disputa por meio de um acordo. Pressupõe a especialização do mediador no assunto que é submetido e pressupõe igualmente a intervenção activa do mesmo, no sentido de colaborar com cada uma das partes. A mediação deverá ser precedida de um acordo de mediação onde se estabeleçam as regras procedimentais, sendo habitual prever-se que a frustração da mesma canalize o assunto para uma arbitragem. As técnicas específicas da mediação, geralmente implicam a sugestão de soluções concretas que poderão ser adoptadas pelas partes em litígio, sem que jamais uma delas possa ser imposta[7].

5.3. Arbitragem

A arbitragem é uma forma privada de resolução de litígios, e consiste tipicamente na adjudicação da resolução, com efeitos vinculativos, de uma dada disputa a um ou mais especialistas independentes – designados por árbitros. A confidencialidade do procedimento, o domínio especializado dos assuntos submetidos e muitas vezes a sua rapidez, concorrem geralmente como razões principais para que as partes concordem em sujeitar-se à decisão do seu litígio por meio de agentes independentes, especialmente empenhados em resolvê-lo. Para o estabelecimento de uma arbitragem, podem as partes negociar e celebrar um acordo ou compromisso arbitral, por via do qual estabeleçam todas as normas da Arbitragem, ou remeter para as disposições da Lei da Arbitragem Voluntária[8], havendo ainda a possibilidade de aderir a arbitragens voluntárias institucionalizadas em qualquer uma das entidades autorizadas por diploma legal[9]. No âmbito do acordo arbitral (ou convenção de arbitragem na terminologia legal)

---

[7] Para aprofundamento, das obras publicadas entre nós sobre a matéria recomendamos a leitura de Mediação, José Vasconcelos-Sousa, Quimera, 2002.
[8] A Lei nº63/2011 de 14 de Dezembro.
[9] *Vide* a respectiva lista na Portaria nº81/2001 de 8 de Fevereiro.

podem as partes designar as regras segundo as quais os árbitros julgarão o caso, nomeadamente o Direito constituído de um Estado ou a equidade.

Em alternativa à arbitragem *tout court*, as partes conflituantes podem optar apenas por atribuir, a um único perito independente (ou árbitro) a missão de propor uma solução concreta sobre um dado aspecto singular e determinado em que as partes estão em desacordo ou carecem de competência técnica para o fazer. Poderão fazê-lo informal ou formalmente (por via contratual), e optar ou não por dar carácter vinculativo à sugestão final do árbitro, como, por exemplo: no caso de uma proposta técnica de um engenheiro agrónomo para dividir uma herdade em várias explorações agrícolas economicamente viáveis; no caso de um relatório de auditoria para sanar um conflito entre a administração de uma sociedade e os titulares do capital social; no caso de um avaliação independente das verbas que integram um acervo hereditário; no caso de um perito que dá o seu parecer sobre a atribuição da responsabilidade entre duas empresas do ramo segurador; etc.

5.4. Provedorias

A provedoria consiste na assistência gratuita de um especialista ou de corpo especializado de consultores que prestam aconselhamento privilegiado a uma dada instituição, no domínio de questões de âmbito técnico, no sentido de dar resposta às exposições e queixas dos particulares e, ainda, sempre que possível, no sentido de levar tal instituição a dar satisfação voluntária às pretensões dos particulares. O exemplo máximo será o do Provedor de Justiça – figura consagrada na própria Constituição da República Portuguesa[10] –, que é um agente independente eleito pela Assembleia da República que tem por missão apreciar – sem poder decisório – as queixas dos cidadãos sobre os poderes públicos e dirigir recomendações aos órgãos competentes para prevenir e reparar injustiças. Mas a figura dos Provedores do Cliente tem vindo a ser progressivamente criada no seio de instituições públicas e privadas, absolutamente independentes do Estado, nomeadamente no sector bancário e segurador, no sector das telecomunicações, das agências de viagens e turismo, dos transporte, de agências criadas pelo Estado (por exemplo para o investimento e comércio externo), e até de grandes grupos empresariais.

---

[10] *Vide* os arts.23º, 163º alínea i) e 283º da C.R.P.

5.5. Protocolo Pré-judicial

Em certos ordenamentos jurídicos, como no caso do Inglês, impôs o legislador que determinadas categorias de acção judicial sejam precedidas de um procedimento autónomo promovido directamente entre as partes da contenda, sob pena de verem exponencialmente aumentadas as custas judiciais em caso de recurso ao tribunal judicial, sem o seu cumprimento prévio. Naturalmente, a obrigatoriedade deste procedimento facilita a aproximação das partes e a respectiva negociação. Tal procedimento autónomo promovido directamente entre as partes chama-se protocolo pré-judicial e consiste, genericamente, na obrigatoriedade de: (1) uma das partes apresentar à contraparte, por escrito, um sumário dos factos em que se baseia a sua reivindicação e um cálculo fundamentado desta última; (2) a contraparte terá acusar imediatamente a recepção daquela primeira comunicação e oferecer resposta detalhada num prazo relativamente curto; (3) na sequência do que ambas as partes têm ainda de produzir um documento por via do qual demonstrem ter conduzido negociações com vista a concluírem um acordo sem a intervenção do tribunal.

6. Comunicações e Interpelações (exemplo)

O momento em que o constituinte decide consultar o advogado pode impor, desde logo, uma primeira intervenção deste na situação de facto, consoante as vicissitudes da mesma situação de facto. Com efeito, o exercício de determinadas faculdades de um direito impõe muitas vezes um acto de interpelação da parte contrária (como a denúncia de um contrato, ou mesmo a rescisão fundamentada). Outras vezes, o problema trazido pelo constituinte requer uma comunicação de mero esclarecimento ou advertência à contraparte. Assim como as circunstâncias poderão justificar apenas uma resposta, que se impõe, a uma comunicação/interpelação que o constituinte haja recebido.

Aqui se inicia a verdadeira actuação do mandatário na *modificação da situação jurídica de facto*. Pelo que se requer a melhor ponderação, o saber e a experiência do advogado na redacção da comunicação/interpelação, a qual deverá ser composta sobretudo em função das finalidades da mesma.

Neste desiderato, convirá não perder de vista que para a validade jurídica da comunicação e produção dos efeitos desejados, normalmente a comunicação/interpelação deverá ser subscrita e enviada pelo próprio constituinte – parte legítima na relação jurídica que esteja em apreço. De resto, a par de várias obrigações consignadas no Estatuto da Ordem dos Advogados (como o dever de não contactar a parte contrária que esteja representada por advogado) existe uma regra base, à qual se deverá atender:

- as comunicações entre mandatários poderão estar sujeitas ao dever de sigilo e, por essa razão, será inválido e ineficaz o seu futuro uso como meio de prova (cfr. artigo 108º do Estatuto da Ordem dos Advogados, L 15/2005 de 26 de Janeiro).

Passa-se a dar breves exemplos ilustrativos, de cartas que se mostraram suficientes para evitar possíveis litígios.

À Exma. Gerência da
(...) LDA

Lisboa, (...)

Carta Registada com Aviso de Recepção

Exmos Senhores,

Vejo-me obrigado a referir que a comunicação que me foi entregue ontem (aqui anexa) não tem correspondência com a verdade ao afirmar que teria existido um pedido meu para rescisão do contrato de trabalho, uma vez que – bem pelo contrário e como V. Exas. sabem muito bem – partiu da vossa iniciativa o tema e a proposta da cessação do meu contrato individual de trabalho.

Relativamente à proposta de cessação do meu contrato individual de trabalho que V. Exas. me apresentaram, desde já e antes de mais venho solicitar-vos a discriminação dos valores englobados na importância proposta de € (...). Nomeadamente, pretendo que V. Exas. me esclareçam, quanto ao cálculo daquele valor:
   a)   Se engloba ou não os direitos salariais e os proporcionais já vencidos;
   b)   Qual o valor especificamente correspondente a compensação legal;
   c)   Qual a antiguidade que foi considerada.

No sentido de eu poder corresponder ao interesse por vós manifestado quanto à cessação do contrato individual de trabalho, desde já posso adiantar-vos que poderei vir a conformar-me com uma cessação do contrato promovida por V. Exas. no caso de:
1. *Vir a ser promovido por V. Exas. o devido procedimento de Extinção do Posto de Trabalho conforme previsto nos arts.367º e segs. do Código do Trabalho, por forma a salvaguardar o meu futuro direito à atribuição de Subsídio de Desemprego;*
2. *Ser-me atribuída a devida compensação legal por uma antiguidade contabilizada desde a data da minha admissão (Novembro de 1993) – dado que o período de descontos pela (...) Unipessoal Lda não prejudicou a contagem da minha antiguidade (conforme disposto no nº2 do art.290º do Código do Trabalho) e ocorreu sempre com a garantia absoluta de V.Exas. quanto à salvaguarda de todos os meus direitos adquiridos;*
3. *E o pagamento dos valores que me sejam devidos (direitos salariais vencidos, proporcionais vencidos e compensação legal) seja realizado integralmente e de uma vez só, na data da extinção do posto de trabalho, conforme disposto no art.384º alínea d) do Código do Trabalho.*

Aguardando V/ prezadas notícias, subscrevo-me com os melhores cumprimentos,

(minuta para papel timbrado)

Clube de Futebol (...)
Att. Dr. (...)

Lisboa, (...)

Carta Registada com Aviso de Recepção
Ref.ª: Contrato de Prestação de Serviços de Consultoria e Marketing de (...)

Exmos Senhores,

Acusamos a recepção da V/ carta datada de (...), a qual nos causou perplexidade.

O teor da V/ carta é ostensivamente falso e provocatório no que tange a um suposto crédito de V.Exas., sustentado com a mera alegação de encontro de contas do Festival (...), o que nos leva às piores convicções acerca da verdadeira motivação da V/ comunicação, dada a evidente situação actual do CLUBE DE FUTEBOL (...) como devedor da (...) Lda.

De resto, a denúncia contratual que nos foi comunicada apenas determinará a cessação dos efeitos do contrato em epígrafe no próximo dia (...), dado a V/ carta ter sido por nós recebida em (...) passado (cfr. Cláusula 5ª, nº3). Assim sendo, é obviamente abusiva e de nenhum efeito a pretendida suspensão dos N/ serviços de Consultoria e Marketing, comunicada unilateralmente. A suspensão unilateral de contratos não tem enquadramento legal e equivaleria, na prática, a um abrupto atropelo pelas mais básicas disposições legais relativas ao cumprimento de obrigações contratuais, além de violação, neste caso, das próprias normas previstas na Cláusula 6ª do contrato em epígrafe.

Somos forçados, por isso, a relembrar que subsiste a obrigação de V. Exas. respeitarem a exclusividade concedida à (...) Lda.em quaisquer Serviços de Consultoria e Marketing durante todo o período de vigência do contrato em epígrafe, (cfr. Cláusula 4ª nº6 e Cláusula 1ª nº5), assim como subsiste o dever de observância das demais obrigações contratuais. A eventual violação de obrigações contratuais por parte do CLUBE DE FUTEBOL (...) constituí-lo-á na obrigação de indemnizar, como é evidente.

Ora, não obstante a parcial redundância da pretendida suspensão – face à denúncia do contrato – dada a vontade imperfeitamente expressa por V. Exas. no sentido da cessação imediata da relação contratual, desde já nos manifestamos receptivos a subscrever conjuntamente um termo de revogação do Contrato de Prestação de Serviços de Consultoria e Marketing celebrado em (...), contanto que se proceda ao encerramento da conta corrente respectiva, contemplando, naturalmente:

i) O pagamento do saldo que nos é devido por V. Exas. até esta data, na importância de €25.996,00 (vinte e cinco mil novecentos e noventa e seis euros);

ii) O pagamento das comissões referentes a renovações e receitas futuras geradas pelos serviços já prestados pela (...) Lda. que nos serão devidas por V. Exas. até à data efectiva da cessação dos efeitos do Contrato de Prestação de Serviços de Consultoria e Marketing (cfr. Cláusula 2ª nº4 e Cláusula 5ª nº4, parte final).

Solicitamos a V.Exas. que se considerem desde já interpelados para o pagamento dos valores acima indicados, o qual deverá ser acompanhado das informações previstas na Cláusula 4ª nº1 e nº2 do contrato em epígrafe, tendo tais informações por objectivo a demonstração do apuramento da verba corresponde ao último item acima indicado, assim obviando ao pedido judicial de perícia técnica adequada.

Por último, solicitamos que qualquer V/ futura comunicação sobre este assunto seja dirigida ao mandatário forense que constituímos nesta data:

(...)

Com os nossos cumprimentos, atentamente,

(minuta para papel timbrado)

Clube de Futebol (...)
Att. Dr. (...)

Lisboa, (...)

Carta Registada com Aviso de Recepção
Ref.ª: Contrato de Prestação de Serviços de Consultoria e Marketing de (...)

Exmos Senhores,

O teor da V/ carta de (...) é uma vez mais ostensivamente falso e provocatório, levando-nos a uma ainda maior perplexidade. Desde logo por transformarem despudoradamente o saldo de € 9.451,50 que alegavam ser-vos devido, agora na pretensão de € 30.696,76 (!). Atitude que V. Exas. pretendem assumir após terem sido interpelados para o pagamento do saldo vencido que nos é devido, na importância de €25.996,00 (vinte e cinco mil novecentos e noventa e seis euros), o que por si só é bem demonstrativo de que a vossa comunicação não tem a menor seriedade.

Aliás, tendo-vos sido expressamente solicitado que qualquer V/ futura comunicação sobre este assunto fosse dirigida ao mandatário forense que constituímos para o efeito, torna-se evidente o real propósito de V. Exas. quanto ao envio da mesma, que é o de pretenderem dar nova aparência à realidade, de modo tardio, e grosseiro.

Constatamos que, em lugar de se disporem a efectuar o pagamento devido e de nos prestarem fidedignas informações que foram solicitadas – negando por ex. que tenha havido celebração de novos contratos sobre os quais nos fossem devidas comissões, quando obtivemos informações seguras quanto à renovação do acordo de patrocínio anual por parte da (...) – V. Exas. resolveram auto-recrearem-se a fabricar supostos direitos de crédito que jamais existiram (o papel tudo aceita). Neste domínio:
a) *É simplesmente falso que (...), sendo igualmente irreais os cálculos apresentados;*
b) *É falso que (...);*
c) *E é também falso que, em reunião ou por qualquer outra via, (...).*

O saldo que nos é devido (€25.996,00), tal como V. Exas. conhecem perfeitamente, resulta de (...), acrescendo os demais direitos contratuais mencionados na nossa carta anterior.

De resto, a falta de seriedade da V/ carta estende-se ainda à alegação de locupletamentos da N/ parte, ao ignorarem dolosamente o facto absolutamente incontornável de os valores de patrocínio que foram recebidos directamente pela (...)

Lda., desde (...), o terem sido por V/ pedido expresso, em razão das dificuldades em movimentações bancárias e outros embaraços do CLUBE DE FUTEBOL (...), resultantes de execuções fiscais, penhoras em acções executivas, e inibição de uso de cheques pelos membros da administração do clube.

Negando em absoluto o teor da V/ carta, reiteramos por fim todo o teor da nossa anterior carta, renovando as interpelações nela contidas e a solicitação de que qualquer V/ futura comunicação sobre este assunto seja dirigida ao mandatário forense que constituímos para o efeito:

(...)

Com os nossos cumprimentos, atentamente,

7. Medidas Preliminares ao Início da Actuação Judicial

Decidido que seja o recurso às vias judiciais (ou mesmo ao um foro arbitral, onde a tramitação e as peças processuais se tornam em tudo semelhantes) a estratégia processual que venha a fixar-se não deverá ser independente de outras medidas, preliminares ou concomitantes. Isto, quer por forma a *complementar* a litigância com actividades paralelas também dirigidas à prossecução dos interesses do constituinte, quer ainda por forma a obter mais elementos que possam vir a *instruir* futuramente aquela litigância, poderá o causídico lançar mão de outras ferramentas. Não estamos a referir-nos aos incidentes processuais da Instância, onde se incluem os (tão solicitados pelo cliente) procedimentos cautelares especificados e não especificados, uma vez que eles serão em si mesmo já formas de actuação estritamente judicial. Mas sim a todo o vasto campo de actuação na livre disposição das partes, que lhes permite interagir com a realidade ou com os demais sujeitos das relações jurídicas, em função dos efeitos que se pretendam alcançar com impacto no desenvolvimento da litigância, como sejam, entre muitos:

a) a exploração da via negocial;
b) a eliminação de aspectos dúbios quanto à factualidade e/ou circunstâncias de facto ou de Direito;
c) a obtenção de declarações das partes opostas e outras formas de reforço dos meios de prova;
d) o cumprimento estrito de pressupostos impostos pela lei substantiva para o exercício dos direitos subjectivos.

Esta nossa breve referência abarca, portanto, os inúmeros outros recursos que seja conveniente utilizar e que podem variar quase indefinidamente:

- Desde os mais simples, que de certo modo já se compreendiam no segmento anterior deste livro – como a mera troca de correspondência directa entre as partes envolvidas; a apresentação de advertências e/ou reclamações formais; as rescisões contratuais, interpelações e outras comunicações previstas na lei substantiva e destinadas à produção de efeitos jurídicos que tornem exigíveis

certas obrigações; ou as (por vezes esquecidas) notificações judiciais avulsas;
- Ou passando por outras medidas que envolvem a mobilização de alguns meios humanos ou técnicos adicionais – como o levantamento técnico ou meramente fotográfico de pessoas, bens e locais; ou as clássicas visitas acompanhadas com futuras testemunhas para averiguação de factos ou memória futura do estado das coisas; a obtenção de informações (certificadas ou não) junto de entidades terceiras;

Até àquelas que sejam mais onerosas ou requeiram meios extraordinários – como a obtenção de resultados laboratoriais e perícias particulares; pareceres técnicos de vária ordem; ou mesmo de pareceres jurídicos.

Capítulo II
Negociação e Redacção de Contratos

8. A Importância da Negociação

Para além das questões que diariamente se colocam perante o advogado para obtenção do seu douto parecer – naquilo que podemos designar genericamente de consultoria jurídica, parte indissociável do que hoje em dia se chama de *advocacia preventiva* – não será exagero afirmar que a grande maioria das situações jurídicas que se apresentam perante um causídico são, *a priori*, passíveis de ser solucionadas mediante uma negociação bem sucedida. Advocacia preventiva, aliás, integra isso mesmo, ou seja a negociação enquanto caminho para a solução de um problema, obviando a chegada deste à barra do tribunal, sob forma de litígio.

Todos sabemos, também, que a sanação consensual de um potencial litígio poderá, naturalmente, favorecer os interesses de todas as partes envolvidas:

1) quer pelo menor grau de conflitualidade pessoal e social;
2) quer pelos benefícios de vária ordem que sempre representa uma solução rápida;
3) quer ainda pela eliminação de um *certo grau de alietoriedade* na aplicação da Justiça por parte de um julgador (o risco da demanda).

Por isso se popularizou dizer-se que mais vale um mau acordo que uma boa demanda. Mas o que escapa por vezes ao olhar de um leigo é que uma solução negocial permite ainda, quando alcançável, resolver um problema ou um potencial conflito de modo mais ajustado ao contexto e ao interesse das partes (*taylor made solution*). De tal forma que, para a conjugação de vontades distintas, se justificam as necessárias concessões.

Para ilustrar este aspecto, bastará referir que, na mais banal situação de um crédito empresarial, alcançar um acordo de pagamento em prestações, do capital em dívida ou da sua maior parte, pode ser preferível a obter a condenação pelo tribunal do devedor no pagamento imediato da dívida acrescida de despesas e juros moratórios se, ao cabo das diligências judiciais, não vier a verificar-se o pagamento voluntário e não vierem a localizar-se bens passíveis de penhora.

De igual modo, numa situação prévia ao divórcio de um casal com descendentes, só uma solução consensual pode permitir, a um fôlego: levar a efeito a dissolução do matrimónio; estabelecer o regime de exercício do poder paternal; decidir o destino a dar à casa de morada de família; e definir todos os importantes aspectos patrimoniais, incluindo a partilha definitiva de bens, se for o caso.

A negociação é uma das mais relevantes actividades desenvolvidas pelo advogado na defesa dos interesses do seu constituinte. Deve ainda, por princípio, ser a qualidade de bom negociador uma das razões que levam o próprio cliente a entrar no seu escritório. Tanto mais que, com frequência, o cliente já explorou – e sem sucesso – algumas das possibilidades de chegar a um acordo com a parte oposta. De resto, nos dias de hoje, cada vez mais assistimos ao erigir da *advocacia dos negócios* e do designado *lobbying*, em que muitas vezes o causídico assume a função de patrono dos interesses dos grandes grupos económicos, das empresas industriais e instituições financeiras.

No entanto, nem o advogado é um simples agente comercial, nem tão pouco um mero persuasor de quem deva esperar-se apenas uma habilidosa condução de negociações. Daí que do advogado não se possa esperar uma barganha, uma negociação baseada em ardis.

São inúmeros os factores que podem condicionar uma negociação – factores de natureza objectiva, factores de natureza subjectiva – certamente indissociáveis de cada caso concreto, conforme iremos aprofundar adiante.

A experiência releva, todavia, que nem sempre é possível encontrar uma justa composição dos interesses em jogo mediante a negociação. De onde, seria leviano exigir-se do advogado uma capacidade ilimitada para

CAPÍTULO II

resolver toda a espécie de problemas por negociação e/ou acordo. Sem embargo, a falta de experiência e mesmo de frequência prática em negociações por parte de um advogado, podem, às vezes até por simples deficiência de estilo, fazer fracassar as boas perspectivas de alcance de um acordo com a contraparte.

Daí a importância evidente deste tema, não obstante o grau de dificuldade em abordá-lo de modo sistematizado. Dificuldade óbvia porque, com efeito, desde: o intercâmbio de minutas de um clausulado tendo em vista a celebração de um contrato; à definição de uma compensação pecuniária por sinistro junto da entidade seguradora; à discussão dos termos de uma revogação de contrato de trabalho; à criação de alternativas ao accionamento da cláusula penal de um contrato; à obtenção de uma renúncia a um direito; à partilha de bens entre co-herdeiros; à redacção de um acordo parassocial; à transacção em processo judicial pendente; até outros tantos exemplos – todas são situações que constantemente implicam a negociação, ainda que sob prismas específicos. Note-se que em qualquer uma das situações elencadas, serão igualmente múltiplas as variações impostas ao tipo de negociação, em função da natureza e do objecto do contrato que se redija, por exemplo, ou em função da categoria do litígio que se considere, como também veremos adiante.

De resto, a natureza do assunto subjacente, as diferenças de contexto e as características dos intervenientes tornam-na numa actividade singularmente multifacetada e incómoda de dogmatizar. Pois a negociação é ainda uma parte importante nos mais variados sectores de actividade, quer no ramo industrial, no ramo agrícola, enquanto base da actividade comercial, ou epicentro na vida política, no relacionamento entre o patronato e as associações sindicais, na cena económica e diplomática internacional, descendo até ao caso individual da negociação da compra de um automóvel ou de um imóvel, de condições remuneratórias no emprego, de uma prestação de serviços numa assistência ao domicílio, até de um contrato de edição para a publicação de um livro como este.

A negociação é uma das mais constantes componentes da vida diária de qualquer pessoa, possuindo cada qual as suas próprias aptidões naturais ou adquiridas para a realizar.

Num dos casos em que interviemos como mandatário – um processo relativo a uma vultuosa empreitada de obra pública, executada em vários concelhos e com diferentes frentes de obra – verificou-se uma circunstância que cremos ser útil referir, por um motivo que vai muito para além do prolongamento assinalável que se registou no respectivo processo negocial. O diferendo estabeleceu-se já depois de finalizada a execução da empreitada, tendo emergido da reivindicação apresentada pela empreiteira-geral da obra (de nacionalidade estrangeira) no sentido de lhe serem pagos "trabalhos a mais" num valor equivalente ao do preço já pago pela própria empreitada. Esta discussão evoluiu desde a negociação directa *inter partes* até à negociação entre mandatários nacionais, para depois se prolongar para uma fase de tentativa prévia de conciliação (legalmente obrigatória) junto do Conselho Superior de Obras Públicas e Transportes, e evoluir ainda para um processo de Arbitragem extremamente complexo. Foi somente na fase final desta Arbitragem que veio a concluir-se o litígio por transacção, apenas poucos dias antes do início da Audiência de Julgamento. Isto, vários anos depois do fim da empreitada. Porém, em todo este penoso processo negocial, a parte contrária (que não tinha nacionalidade britânica) foi desde o início assessorada por advogados de um escritório londrino, reconhecidamente especializados em negociação. Cito este exemplo apenas para elucidar a importância crescente que tem vindo a ser reconhecida à negociação em si mesma, enquanto objecto de estudo individualizado, uma vez que tentar insistir na importância prática da negociação na advocacia seria já como apontar uma lanterna ao Sol.

Adquirir melhores capacidades de negociação constitui um desafio permanente à competência de um bom advogado, auxiliando-o no sentido de se afastar de situações de *binómio vencer/perder* e, em seu lugar, encontrar soluções criativas e negociais, idealmente as *win/win situations*. Aliás, em outros países da União Europeia a Negociação constitui já disciplina autónoma em cursos complementares de formação contínua para advogados. É portanto um campo de aperfeiçoamento contínuo, onde a experiência e a ponderação serão as ferramentas fundamentais.

9. Noções Essenciais e Léxico da Negociação

A negociação é um conceito polissémico, sendo ainda muita vasta a sua semântica. Podemos começar por dizer que a negociação coincide invariavelmente com a *fase prévia* à celebração de um negócio, correspondendo ao conjunto de actuações relativas à formação de um contrato, quer este se venha a submeter a forma específica quer não. *Negociação* será, assim e então, o fenómeno onde assentam os pressupostos da existência de um

CAPÍTULO II

contrato, onde se discutem as suas razões, ou seja, *o fenómeno onde se sedimentou a geração do próprio acordo de vontades e o fenómeno que o explica*. Isto, não obstante a evolução do comércio jurídico moderno ter trazido uma série de novos tipos de negócio jurídico em cuja formação se torna difícil identificar a fase da negociação – como no âmbito dos contratos celebrados à distância, do comércio por via electrónica, dos comportamentos contratuais de facto e da celebração de contratos em massa, sem a presença nem o contacto pessoal com uma das partes.

O acordo contratual nunca é puramente casual ou espontâneo, pois não se erige pela mera vontade contratual. Surge pela negociação – por mínima e difusa que possa ser – e forma-se em consequência de tal processo preliminar. De onde resulta ser a negociação uma realidade que se prende com a etiologia do próprio acordo, o que lhe confere uma plenitude imensa no comércio jurídico e uma relevância em conformidade. Por isso mesmo não será de estranhar que uma realidade tão multifacetada implique também uma linguagem algo específica, não obstante vulgarizada.

Para a compreensão do significado do termo negociação, parece-nos útil recorrer previamente à figura do *negócio jurídico*, uma vez que aquilo que as partes pretendem alcançar com uma negociação é, quase sempre, a concretização de um acordo de vontades *que configure um negócio jurídico*. O que é o negócio jurídico?

No domínio da Ciência Jurídica, distingue a doutrina civilista[11] entre o acto jurídico e o negócio jurídico. O *acto jurídico* corresponde à mera acção humana que, uma vez praticada, produz efeitos jurídicos (por exemplo: qualquer uma das actuações que corresponda a um comportamento previsto e punido pela lei penal; ou mesmo a geração de um filho, que importa imediatos efeitos jurídicos por força da lei). O *negócio jurídico*, por outro lado, pressupõe já um comportamento humano realizado com a finalidade de alcançar a produção de determinados efeitos jurídicos desejados (*maxime*: a celebração de um contrato escrito). Pode o negócio jurídico ser meramente unilateral (como a promessa de atribuição de um prémio) ou, pelo

---

[11] Optámos pela omissão dos aspectos jurídicos da negociação e do negócio jurídico noutros ramos do Direito, como o Direito Colectivo do Trabalho ou o Direito Administrativo, onde, não obstante, se consagram normas jurídicas imperativas acerca da negociação e da formação de contratos, a considerar nos casos abrangidos.

contrário, ser bilateral ou multilateral, implicando um completo acordo de vontades entre de diferentes pessoas (jurídicas).

Retenhamos, por ora, a noção de negócio jurídico, apenas para sublinhar que é por via do mesmo que duas (ou mais) partes podem – dentro dos limites da lei, obviamente – auto-vincular-se à produção de determinados efeitos por si desejados. Por outras palavras e simplificando, o negócio jurídico é o meio pelo qual duas partes elegem os efeitos jurídicos que desejam se produzam, por meio de um acordo estabelecido nos termos da lei vigente, como no caso paradigmático da celebração de um contrato válido e eficaz.

Se a noção de negócio jurídico corresponde a um conceito definido na lei civil, pelo contrário a *negociação* não tem uma definição legal expressa[12], nem carece de o ter, como adiante veremos a propósito da negociação enquanto objecto do Direito Civil Substantivo. Aliás, a noção de negociação ultrapassa de forma muito vasta aquilo que seja o universo do próprio Direito instituído, como aliás já deixamos subentendido no nosso primeiro capítulo.

Pelo significado do seu uso corrente, a negociação pode corresponder a:

- uma *mera averiguação* recíproca orientada quanto às possibilidades de estabelecimento de um acordo;
- ou um *processo de aproximação tendencialmente gradual* de duas ou mais posições inicialmente díspares ou desconhecidas, no sentido de se alcançar um acordo uniforme de vontades, por via do qual se produzam efeitos jurídicos.

Quer para o estabelecimento de uma relação jurídica contratual, quer para solucionar um diferendo, quer com qualquer finalidade diversa, à negociação subjaz sempre, porém:

---

[12] Existem situações pontuais em que a lei impõe normas procedimentais imperativas para a formação do negócio jurídico (v.g. certos tipos de contratos administrativos), prevendo nesse caso um regime excepcional de cujo cumprimento depende a própria validade das declarações negociais. Todavia, nem mesmo nesses casos existe uma definição legal do conceito de negociação.

- um *fenómeno de comunicação* que pressupõe a existência de pelo menos dois sujeitos com interesses inicialmente divergentes ou reciprocamente desconhecidos.

Para formação de diferentes tipos de acordos de vontades corresponderão, assim sendo, diferentes tipos de negociação, conforme melhor veremos adiante. E, além disso, identificam-se nela vertentes psicológicas, comunicacionais, económicas e, entre tantas outras, também as jurídicas. Na advocacia, designadamente, a negociação envolve, de modo evidente e muito singular, o quadro jurídico. Isto é, o advogado terá naturalmente de levar em conta o sistema normativo vigente dentro do qual, e por apelo ao qual, se poderá vir a estabelecer a conjugação de vontades a que se chamará *acordo*, juridicamente válido e juridicamente eficaz. Serão, por isso, sempre considerados numa negociação os contornos dos direitos individuais em jogo, os limites da capacidade e da legitimidade jurídicas, a caracterização dos deveres e dos efeitos jurídicos que a lei reconhece e que possam depender da vontade das partes, entre muitos outros aspectos.

Neste sentido, o primeiro dever de um advogado face ao seu constituinte será o de lhe prestar a informação de âmbito jurídico, necessária e adequada a conformar as suas pretensões com as possibilidades da lei vigente. Este procedimento de análise e conselho jurídicos faz parte indissociável da própria negociação na advocacia, pois é um pressuposto constante em toda a relação estabelecida entre o cliente e o advogado, durante uma negociação. Pode o advogado, mediante a sua intervenção inicial, diminuir as expectativas da sua parte representada, ou modificá-las apresentando-lhe alternativas, ou mesmo fazer expandir tais expectativas elucidando-a acerca dos limites legais em presença.

No entanto, a prestação do advogado numa negociação mostra a sua pertinência muito para além deste enquadramento legal, quer oferecendo conselho habilitado ao longo de todo o processo negocial, quer mesmo pela sua intervenção como representante do seu constituinte enquanto parte negocial. Familiarizado com a lógica negocial, com os cenários e os comportamentos expectáveis na mesa de negociações, incumbe ao advogado defender os interesses do seu representado, desempenhando a função de interlocutor. Assim sendo, sabedor dos tempos próprios a respeitar – para reagir, para esperar ou para fazer concessões ou exigências – e habilitado com o conhecimento e a argumentação jurídicos, será o advogado quem deverá estar em posição privilegiada para melhorar a posição negocial do seu representado, analisar a razoabilidade das propostas oferecidas pela contraparte e adoptar a conduta e/ou atitudes mais conformes com a obtenção de benefícios.

Apresentemos algumas ideias comuns à negociação na advocacia, propondo o seguinte léxico composto por breves definições.

9.1. Objecto Negocial

Corresponde ao âmbito das matérias sobre as quais as partes envolvidas pretendam vir a estabelecer acordo. Tal campo é definido pelas partes, de acordo com a sua vontade, situando-se todavia nos limites impostos por factores exógenos. Estes factores exógenos são extremamente mutáveis, consoante as características do caso, pois tanto podem ser: as normas imperativas da lei (por exemplo, relativamente aos contratos tipificados na lei); o próprio objecto de um litígio judicial (na eventualidade de se negociar uma transacção judicial); condicionantes derivadas dos limites da capacidade jurídica, legitimidade ou direitos subjectivos das partes; etc. O perímetro do objecto negocial pode também evoluir durante as negociações, quer aumentando (por inclusão de variáveis, de problemas, ou novas alternativas), quer diminuindo (por exclusão progressiva de opções inicialmente existentes, por formalização de acordos parciais). No terreno negocial surgem aspectos sobre os quais se vai estabelecendo consenso, por contraposição àqueles em que subsiste a necessidade de discussão. Todavia, até à formalização de acordos parciais ou mesmo do acordo final que possa concluir a negociação, todos tais aspectos devem ainda considerar-se integrados no *objecto negocial*. Feita esta ressalva, diremos ainda que, ao nível do objecto, no processo negocial existem semelhanças com o que ocorre num processo judicial civil. Com efeito, partindo de um dado objecto processual definido pelas partes (*thema decidendum*), o processo judicial evolui para a fase de julgamento, onde o objecto da prova passa a corresponder apenas aos factos controvertidos e previamente seleccionados pelo tribunal (*thema probandum*). De igual modo, num processo negocial evoluiu-se tendencialmente de um objecto mais lato e complexo, definido pelas partes negociais, para outro mais restrito que se resume aos assuntos e aspectos em que vá subsistindo dissensão.

9.2. Parte Negocial

Corresponde ao sujeito ou sujeitos que se relacionam em um único bloco com a(s) restante(s) parte(s) negocial(ais) e defende(m) de modo uniforme um conjunto idêntico de interesses durante o processo negocial. Parte e contraparte(s) são os intervenientes negociais que, em campos distintos (ou mesmo opostos), se interpelam ou cooperam no sentido de encontrar um acordo recíproco. Uma vez que uma *parte negocial* pode ser constituída por um conjunto de sujeitos (como no caso vulgar de um casal que pretende vender um bem imóvel, ou nos casos mais complexos dos co-herdeiros e dos comproprietários), pode até existir naturalmente alguma divergência de interesses entre si; porém surgem aos olhos da(s) respectiva(s) contraparte(s) como um conjunto uniforme, face ao qual se negoceia. A noção de parte negocial pode atingir alguma complexidade quando, no caso concreto, no seio dela se estabeleçam dissonâncias que possam vir a afectar o curso das negociações. No caso da negociação da responsabilidade civil emergente de acidente de viação, para citar um exemplo, a seguradora e o respectivo segurado podem inicialmente constituir uma só parte negocial em face de outras contrapartes, mas a dado passo passarem a divergir entre si, por questões relativas ao âmbito da cobertura do seguro, à franquia, etc. É fácil estabelecer-se alguma confusão na definição das partes negociais em negociações tripartidas, quadripartidas ou ainda com mais partes, sobretudo se alguma destas integrar mais de um sujeito. Aquilo que se designa de comparte, por outro lado, geralmente corresponde a uma parte negocial distinta mas de interesses maioritariamente coincidentes. O modo mais fácil de se atribuir a qualidade de parte negocial é equipará-la ao sujeito que será necessariamente parte contratante num contrato. Mas, até aí, o uso do plural quando se designa apenas uma parte outorgante (como se vê na prática notarial) pode contrariar a nossa definição, feita com vocação meramente prática. Cada parte negocial pode ainda, por sua vez, optar por negociar directamente – por si própria ou designando um dos seus sujeitos como respectivo porta-voz – ou optar por constituir um terceiro como mandatário para as negociações, como no caso do patrocínio desempenhado pelo advogado. A relação jurídica estabelecida entre mandante e mandatário nesta última possibilidade cai já no âmbito de aplicação das regras jurídicas próprias do instituto da representação.

9.3. Posição e Poder Negociais

Distinta da noção de parte é a de posição negocial, que corresponde a um conceito valorativo em função da ideia de equilíbrio negocial. Existe equilíbrio negocial quando as partes detenham posições negociais equivalentes, isto é, quando se possa considerar que existe uma equiparação relativa de poderes negociais. O poder negocial traduz-se na faculdade real de impor condições. Daí que a parte dominante (ou privilegiada) seja aquela que detenha, no caso concreto, o maior poder negocial. A ideia de "peso negocial" pode ajudar a transmitir o significado de posição negocial. Uma parte que detenha uma melhor posição negocial será, por exemplo e em situações correntes, o grande hipermercado perante um pequeno produtor, ou a entidade bancária perante o depositante individual. Mas tudo poderá ser ao invés se tal pequeno produtor tiver um produto específico muito procurado por outras cadeias de distribuição/venda a retalho ou o cliente bancário for cobiçado pela concorrência em função do volume do capital a depositar. Daí que a posição negocial seja também extremamente variável em função do contexto, podendo por vezes usar-se o critério do maior benefício com a obtenção de um acordo para apontar a parte que tem a posição negocial mais fraca. De resto, a noção evolui com o próprio decurso das negociações. Num litígio, para analisarmos o assunto de outro prisma, em fase pré-judicial pode existir equilíbrio de posições negociais perante a incerteza de qual será o sentido da decisão final da causa por parte de um tribunal. Todavia, ultrapassada a fase dos articulados e realizadas as sessões de audiência de julgamento em que foi produzida a prova, a parte que vê o processo desenrolar-se favoravelmente terá adquirido já melhor posição negocial. No jogo de forças emanente à negociação, cada parte procura constantemente *ganhar posição negocial*, no sentido de passar a ter mais poder de impor a sua vontade. Pois que uma débil posição negocial favorecerá a ocorrência de concessões sem contrapartidas.

9.4. Proposta Negocial

No léxico corrente, corresponderá a uma declaração dirigida a um destinatário, por meio da qual seja manifestada a vontade de submeter à sua ponderação um assunto, visando naturalmente alcançar qualquer espécie de acordo por meio de uma solução concreta. Pelo contrário – como melhor veremos no capítulo seguinte a propósito do conceito técnico-jurídico de declaração negocial – para que uma declaração dirigida a um destinatário assuma a natureza de uma proposta, a lei civil substantiva exige que a declaração: (1) contenha todas as estipulações necessárias à conclusão do contrato (ser completa); (2) traduza uma vontade precisa e incondicional (ser inequívoca); (3) e se revista da forma legalmente requerida para o negócio jurídico a celebrar (forma legal). Este conceito legal de proposta ultrapassa, portanto, o que no mundo dos negócios se entende por *proposta negocial*, como começámos por apresentar, porque o conceito legal de proposta, pressupõe a verificação dos mencionados requisitos e reconhece-lhe uma imediata eficácia jurídica, nomeadamente efeitos vinculativos capazes de produzir a existência de um contrato mediante a sua mera aceitação – o que não é sempre o intuito das propostas negociais usadas entre os particulares ou mesmo as empresas. Temos, então, desde logo, dois sentidos possíveis para a expressão proposta negocial: o primeiro, de uso corrente, que corresponde à declaração no sentido de se estabelecer a discussão de um assunto, visando o acordo mediante uma dada solução; o segundo, mais restrito e de natureza técnico-jurídica, que poderemos apelidar de proposta contratual, *stricto sensu*. Uma proposta negocial traduzirá sempre, todavia, um convite para a conclusão de um acordo.

9.5. Expectativa Negocial

Corresponde ao crédito legítimo que adquire uma das partes quanto à possibilidade real de chegar a um acordo com a(s) sua(s) contraparte(s). As expectativas negociais vão-se gerando e/ou reforçando ao longo do processo negocial, também de acordo com os costumes e as regras de experiência prática do comércio jurídico. Pode dizer-se que existem (legítimas) expectativas negociais quando se tem uma segurança razoável de que um acordo é, mais do que alcançável, já provável, e essa segurança seja fundada em comportamentos objectivos e inequívocos da contraparte. A manutenção da vontade recíproca em prosseguir a negociação no sentido de se alcançar o acordo final, ao cabo de morosos e trabalhosos actos negociais – que muitas vezes envolveram não apenas o tempo, mas também o estudo de minuciosos assuntos, o investimento de tempo produtivo e até deslocações sucessivas de parte a parte – cria entre as partes negociais uma espécie de cumplicidade, dando azo a que qualquer uma destas se venha a sentir defraudada e prejudicada caso ocorra a quebra de tal elo sem uma justificação válida. O que, apesar de tudo, é sempre um risco que impende sobre quem negoceia, pois só existirá a certeza da realização de um acordo no momento da sua conclusão (e formalização). De resto, quando, por mero exemplo, na negociação de uma compra e venda, já se chegou a consenso sobre o valor da transação, o bem a ser comprado e vendido, o modo do pagamento do preço, o local e o prazo de entrega, a garantia e outras condições essenciais à concretização do negócio, é certo que nesta situação poderá em abstracto dizer-se que existem expectativas negociais. A importância do conceito vai para além da ética comercial e da ética negocial, uma vez que determinadas expectativas beneficiam de têm tutela legal, e determinadas formas de violação de legítimas expectativas comerciais podem dar origem à obrigação de indemnizar, nomeadamente por *culpa in contrahendo*, como veremos adiante.

9.6. Processo e Lógica Negociais / Exigências e Concessões

Processo negocial corresponde à designação corrente dada a todo o curso evolutivo da negociação, enquanto esta se traduza numa sequência encadeada de comunicações entre as partes (visando o estabelecimento de um acordo): quer até ao momento da conclusão de um acordo; quer até ao encerramento definitivo de tais comunicações, por qualquer espécie de razão. A noção torna-se útil no sentido de enquadrar toda a espécie de eventos que se dirigem para o mesmo fim, dando-lhes um sentido uniforme, dentro de um contexto muito mais lato que é o do mero relacionamento entre as partes. Ou seja, muitos factos podem ocorrer entre as partes e muitos aspectos podem levá-las a interagir; porém, dentro deste universo o processo negocial há de identificar-se pela finalidade de determinadas comunicações, precisamente quando estas se dirijam ao estabelecimento de um consenso determinado. Não escasseiam exemplos em que, desde o entabulamento inicial de uma negociação até à conclusão de um acordo, se disputou um litígio judicial de permeio, ou mediou uma disputa mais acesa que comprometeu, aparentemente de forma irremediável, as hipótese de entendimento final, ou outros tantos fenómenos de interferência provocados por quaisquer circunstâncias, e até interregnos temporais sem justificação aparente. Retomar um processo negocial, por exemplo, será como voltar à execução de um projecto que ficou interrompida, o que geralmente implica o relembrar das últimas posições assumidas pelas partes enquanto houve negociação. Da mesma noção sobressai ainda a ideia da natureza evolutiva que deve ser subjacente à troca de comunicações negociais, num processo de diálogo construtivo, já que se procura atingir um objectivo de forma gradual e por aproximações progressivas. Feito este enquadramento, deverá todavia deixar-se uma ressalva quanto ao sentido da evolução de um processo negocial, já que muitas vezes o seu curso está longe de ser linear. Isto porque ao longo de tal processo muitas vezes há avanços e recuos, impasses, progressos e retrocessos no sentido da obtenção de um acordo, e também pontos de viragem, pelos quais o conjunto pode inflectir para novos rumos. No diálogo construtivo a que fizemos referência, o curso dos acontecimentos dá-se em função da variação da satisfação de determinadas *exigências* e da adopção de *concessões* recíprocas, sendo estas duas noções práticas fundamentais dentro da *lógica negocial*. De facto, o interveniente negocial espera a verificação de certos padrões comportamentais próprios de um processo negocial. Como por exemplo ver prosseguidas as exigências da outra parte e não substituídas por outras exigências em cada novo contacto ou, de outro prisma, esperará obter algumas concessões pela sua contraparte, à medida em que se assiste a uma aproximação, nomeadamente por meio de concessões por si admitidas. Exigências serão as pretensões concretas de uma das partes e concessões as cedências em função dos interesses da contraparte, as quais se vão contrapondo e conjugando no sentido do equilíbrio final de um acordo. De onde resultam também as noções de razoabilidade, credibilidade e lealdade negociais que proporemos em seguida.

9.7. Razoabilidade, Credibilidade e Lealdade Negociais

Fazendo mais uma vez apelo ao que considerámos como a lógica própria das negociações, onde a evolução de traduz por recíprocas exigências e concessões entre as partes, parece-nos útil distinguir entre estes três importantes conceitos. A razoabilidade negocial equivale ao quadro racional dentro do qual esperam os intervenientes que venha a decorrer o seu diálogo, isto, por oposição a um quadro emocional que poderia criar um caos negocial. Isto, precisamente porque a negociação encerra uma dialéctica, uma discussão de argumentos. Ilustrando: para a definição de um valor, no âmbito de uma negociação, raramente se discutem apenas os números totais, sendo, pelo contrário, relevante de parte a parte que a discussão se estabeleça no domínio da fundamentação de cada valor parcial, por referência a razões entendíveis. Impõe a razoabilidade negocial que a discussão de pontos de vista, as propostas recíprocas e as exigências e concessões se estabeleçam em função de motivos objectivos, ou seja na base de uma argumentação e da troca de informação relevantes em cada caso concreto. Conferir razoabilidade a uma proposta será, além disso mas por essa via, dar-lhe uma conformação de equilíbrio, ou mesmo de equidade se quisermos, no caso concreto. Daí que sustentar uma proposta negocial ou fundamentá-la em razões é torná-la razoável, e posteriormente aceitável sendo certo que exigências injustificadas podem facilmente tornar-se inaceitáveis ou mesmo comprometer uma negociação. É por via da razoabilidade negocial que a argumentação poderá constituir uma ferramenta de persuasão entre as partes. Por outro lado, a credibilidade negocial – que corresponde genericamente à idoneidade aparente de uma das partes perante a outra – é um atributo que também se constrói ou reforça pela prática da razoabilidade durante o processo negocial. Geralmente não se negoceia com quem não apresente o menor indício de ser um agente idóneo no comércio jurídico, pois poderá ser tempo perdido fazê-lo. Uma parte credível será aquela de quem se espera um comportamento coerente e garantias prévias de respeito pelos compromissos que vierem a ser assumidos. A negociação tem pois uma ética própria, que impõe não se voltar atrás injustificadamente, que justifica a sedimentação da confiança entre os intervenientes, e que facilita uma certa previsibilidade quanto ao que se considere uma actuação séria. A lealdade negocial, por outro lado, pertence também àquela ética do comércio jurídico, mas já apelando à existência de deveres específicos quer de informação (fidedigna, completa), quer de confidencialidade, quer de uma actuação pautada pela boa-fé onde os referidos deveres se enquadram (como veremos adiante a propósito do Direito Civil Substantivo relativo à formação dos contratos). Impõe a lealdade negocial, por exemplo, não negociar em simultâneo com duas (ou mais) partes distintas criando nelas a aparência de o estar a fazer em exclusividade, assim como respeitar a posição de eventuais intermediários, ou também não interromper o processo negocial sem uma justificação legítima, ou ainda não fazer depender a negociação de condições impróprias. Assim, a razoabilidade, a credibilidade dos intervenientes, e lealdade recíproca serão pressupostos fundamentais de um bom ambiente negocial, os quais, conjugados com outros factores naturalmente, são responsáveis pela funcionalidade do respectivo processo.

9.8. Postura Negocial
Esta noção, de uso corrente, tem sobretudo um valor ilustrativo, sendo francamente ingrato tentar conceptualizá-la por meio de uma definição.

Corresponderá à caracterização subjectiva de uma parte, traduzida na imagem que de si projecta quanto à sua atitude e quanto à sua disposição, relativamente ao modo específico como a mesma actua no decurso do processo negociação. É, obviamente, um conceito muito fluído e nem sempre simples de situar no caso concreto, já que, com frequência, não chega a existir o necessário convívio entre as partes de uma negociação que possibilite fazer um retrato psicológico ou comportamental minimamente fiável. No entanto, identificar o perfil de uma parte, pela sua postura negocial, auxilia por vezes a contraparte a melhor conformar as propostas que lhe serão dirigidas. Por exemplo, perante uma contraparte de perfil previsivelmente inflexível pode ser aconselhável abdicar de fazer certas exigências acessórias e/ou dar à proposta inicial contornos mais próximos dos definitivos, para obviar a um impasse incapacitante *ab initio*. Uma postura submissa ou demasiadamente empenhada, podem, por outro lado, ser objecto de aproveitamento pela contraparte para criar um cenário negocial de onde seja mais difícil a obtenção de uma acordo satisfatório. A postura negocial pode variar em função de inúmeros factores, como o grau de experiência de uma das partes colocada no ambiente negocial, como a mera modalidade e o conteúdo das comunicações, como o grau de cooperação ou de disputa incutidos no processo negocial, ou ainda a dosagem da informação transmitida, etc. Daí que a leitura de sinais subjectivos seja certamente falível, mas apenas até certo ponto, pois aos olhos de um negociador experiente bastam por vezes algumas atitudes para se identificar uma determinada postura típica, como as adoptadas por empresas do mesmo ramo ou as adoptadas por sujeitos titulares de direitos da mesma natureza, nomeadamente.

9.9. Pressão Negocial
Corresponde a uma influência produzida no processo negocial, no sentido de criar uma tensão à qual se sujeitam as partes. A pressão negocial é pois como que um aperto que causa um desconforto em uma ou em todas as partes negociais, condicionando o curso natural ou espontâneo de uma negociação. Pode criar-se pressão negocial colocando a contraparte em competição com um terceiro (efectivo ou hipotético), fixando prazos para uma resposta ou mesmo para a conclusão do acordo final (dentro da razoabilidade), ou impondo uma *conditio sine qua non* de qualquer natureza (igualmente dentro da razoabilidade) que corresponda a uma limitação

imposta à liberdade genérica de negociar. Mas pode ainda constituir um factor de pressão negocial a existência de circunstâncias potencialmente alheias à vontade das partes, como por exemplo as consequências negativas para uma das partes no caso de não se chegar a um acordo, ou os tempos próprios de um litígio judicial que escapa ao controlo dos interessados. A presença de elementos de pressão na negociação, caso não possam ser ignorados sem consequências para as partes, condicionará tendencialmente uma das partes a fazer uma concessão, ou a abdicar de certas exigências, ou forçando-a a reagir e tomar posições mais rapidamente. Dependendo da natureza da pressão, os seus efeitos podem sentir-se sobre o ritmo negocial e os seus *timmings*, sobre a capacidade de reflexão, ou sobre as margens negociais de cada uma das partes. Naturalmente, a parte dominante (ou aquela que tem melhor posição negocial) é menos sensível a tais elementos de pressão. Porém pode ser precisamente uma legítima manobra de pressão a que melhor repõe equilíbrio negocial

9.10. Margem Negocial

No tabuleiro das negociações, as partes partem para estas dos pontos de partida que hajam estabelecido no seu respectivo seio. Um detentor de uma marca com projecção mundial, por exemplo, pretenderá inicialmente que um agente a quem se poderá vir a outorgar uma representação em país estrangeiro corresponda a certos requisitos e aceite determinadas condições comerciais. Do outro lado, o empresário candidato a tal representação, pretenderá inicialmente que lhe sejam, e/ou terá a expectativa de lhe serem, oferecidas determinadas condições comerciais. Porém, cada uma das partes que vai encetar negociação no sentido de tentar obter os maiores benefícios, saberá concretamente (ou deverá sabê-lo) até onde pode chegar por forma a manter ainda uma determinada *margem de lucro*, ou seja, qual será o limite a partir do qual deixará de ter interesse em chegar a um acordo. Ora bem, o campo gradativo que vai entre as pretensões iniciais apresentadas por uma das partes e o limite de tais pretensões a partir do qual a mesma parte deixará de ter interesse em chegar a um acordo será a sua *margem negocial*. Por outras palavras, a margem negocial é o espaço das concessões possíveis, dentro das condicionantes do negócio a realizar e em face dos objectivos que correspondam ao mínimo de proveito aceitável para uma das partes, por apelo à noção comercial de margem de lucro. Trata-se obviamente de uma abstracção de finalidade ilustrativa, até por-

CAPÍTULO II

que nem sempre as partes têm bem exactamente definidos desde o início todos os possíveis contornos das suas pretensões. No entanto, uma vez apresentadas as pretensões iniciais de parte a parte, cada uma destas certamente avaliará até onde poderá vir a fazer concessões, ou seja, terá definido a sua margem negocial, que obviamente pode variar durante o curso da negociação, por vezes até pela compensação mediante novas contrapartidas. Quanto maior for a margem negocial de uma das partes, estabelecida no início da negociação e quanto mais for mantida tal margem negocial durante a troca de propostas, maior será a sua capacidade de transigir e mais concessões poderá vir a fazer, ainda dentro de um quadro favorável às suas reais pretensões[13]. Daí a tentação permanente de inicialmente se exigir mais (em vez de menos), para assim obter maior potencial de benefício e maior margem negocial.

10. A Negociação Enquanto Objecto do Direito Civil Substantivo (remissão)

É sobretudo na lei civil que o ordenamento nacional confere relevância jurídica à negociação. Em termos estritamente normativos, o centro vital das disposições legais sobre as quais se pode dizer ter sido consagrado um *regime jurídico da negociação* identifica-se, desde logo, com a sede legal das regras atinentes às declarações negociais, por sua vez inseridas sistematicamente no domínio da formação do negócio jurídico propriamente dito. Isto é, será no conjunto de regras estabelecidas no Código Civil para a *declaração negocial*[14] que, a par do regime geral do negócio jurídico, se encontram as principais disposições legais relativas à formação do contrato e também à negociação, no sentido em que temos empregue o termo até aqui. Tal sucede naturalmente, uma vez que a negociação há de situar-se a montante do negócio jurídico bilateral (e/ou do plurilateral).

É, por exemplo, nessa sede que nos deparamos com as mais importantes condicionantes jurídicas da negociação na lei civil portuguesa, a saber e entre outras:

---

[13] *Vide* as considerações *infra* acerca da noção de dupla margem negocial.
[14] *Vide* a Secção I (Declaração Negocial), do Capítulo I (Negócio Jurídico), do Subtítulo III (Factos Jurídicos), do Título II (Relações Jurídicas), do Livro I (Parte Geral) do Código Civil Português.

a) as modalidades das declarações e o valor legal do silêncio[15];
b) as regras acerca da forma, da validade e da eficácia da declaração negocial[16];
c) a noção e regime da *proposta contratual*, da *revogação da proposta*, da *rejeição*, da *contraproposta*, da *aceitação* e da *revogação da aceitação*[17];
d) as regras de interpretação e de integração das declarações negociais[18];
e) os pressupostos e os limites da representação[19];
f) *maxime*, o dever de proceder na negociação segundo as regras da boa-fé, e a respectiva responsabilidade civil por actuação culposa (*culpa in contrahendo*)[20].

Também a tutela jurídica da negociação em si – encarada como um bem a preservar à sombra da liberdade contratual – tem reflexo ainda em diversa legislação avulsa, nomeadamente no domínio das leis de defesa do consumidor e da própria Lei das Cláusulas Contratuais Gerais. Com efeito, posta muitas vezes em causa, nas sociedades actuais em que determinados agentes económicos condicionam a ocorrência de uma negociação livre e genuína, prévia à celebração dos contratos[21], viu-se o legislador na contingência de proteger a parte à qual são apresentados contratos de mera adesão, obrigando a parte dominante (normalmente proponente), entre outras obrigações, ao cumprimento de deveres mínimos de comunicação, informação e lealdade e outras vezes mesmo submetendo a consolidação do contrato a período de reflexão posterior à sua celebração. De onde, o relevo da negociação na legislação não se limitar ao regime consagrado no Código Civil.

Porém, o alcance jurídico da negociação na Teoria Geral do Direito e no Direito das Obrigações ultrapassa ainda o âmbito da lei escrita, quer, por exemplo, no horizonte das relações contratuais de facto, quer, nomeada-

---

[15] *Vide* os arts.217º e 218º do Código Civil.
[16] *Vide* os arts.219º a 235º do Código Civil.
[17] *Vide* os arts.228º a 235º do Código Civil.
[18] *Vide* os arts.236º a 239º do Código Civil.
[19] *Vide* os arts.258º a 269º do Código Civil.
[20] *Vide* o art.227º do Código Civil.
[21] Exemplo disso são os contratos de depósito nas instituições bancárias e, muitas vezes, os contratos de seguro.

mente, no recurso efectivo à vontade real das partes (manifestada durante a formação do contrato) para efeitos de interpretação e integração de lacunas do negócio jurídico já formado[22].

O legislador distingue claramente os preliminares do contrato da formação deste último no art.227º do Código Civil, sendo, a nosso ver, aceitável defender que esta mesma disposição compreende uma verdadeira distinção entre:

a) os preliminares simples do contrato – equivalendo esta categoria a *todos* contactos de finalidade negocial que não produzam efeitos jurídicos (para além da mera responsabilidade por eventual *culpa in contrahendo*) e que por isso não assumem a natureza de declarações negociais;
b) os preliminares do contrato que correspondem já à formação do mesmo – equivalendo esta categoria às comunicações trocadas entre as partes que produzem efeitos jurídicos (para além da mera responsabilidade por eventual *culpa in contrahendo*), ou seja, às *declarações negociais stricto sensu* e como tal regulamentadas pela lei, como é o caso da proposta e da contraproposta contratuais, o caso da rejeição ou da aceitação; porém, apenas abrangendo as comunicações que se verifiquem até ao momento da constituição efectiva do contrato, que geralmente ocorre com a chegada da aceitação ao poder do proponente;
c) a conclusão do contrato – equivalendo, assim, esta categoria apenas ao momento inicial da existência, validade e plena eficácia do negócio jurídico bilateral.

Não nos parece útil aos nossos objectivos práticos enredarmo-nos no exame da dogmática civilista estabelecida em torno do tema. Pois que o nosso desígnio é o de analisar a *prática* da negociação e abordar as matérias relativas à sua experiência na advocacia. Daqui resulta a necessidade

---

[22] A cobertura jurídica destas operações encontra-se nos arts.236º, 238º e 239º do Código Civil. O regime previsto nos arts.221º e 222º do Código Civil, para as estipulações verbais acessórias (anteriores e posteriores), pressupõem já um negócio jurídico formado; porém, no apelo à vontade do autor da declaração, as negociações poderão também assumir relevo interpretativo ou integrativo.

de prosseguirmos na análise do nosso objecto, ficando nestes termos operada uma remissão do assunto deste capítulo para as melhores fontes[23].

Inseridos na finalidade do nosso estudo, parece-nos no entanto conveniente lembrar ao leitor algumas das características básicas do regime jurídico da negociação consagrado no Direito Civil Português, bem como os contornos jurídicos elementares aplicáveis às declarações que podem produzir-se no seio da negociação.

Forma-se um negócio jurídico quando ocorre um completo acordo de vontades. A dogmática jurídica em que se baseia a lei civil nacional considera que tal acordo completo de vontades ocorre, em determinados pressupostos, pelo encontro de uma proposta e de uma aceitação recíproca, quando estas sejam completas, inequívocas e se revistam da forma legalmente requerida.

Tal como sucede com o conteúdo dos contratos – matéria em que, dentro dos limites da lei, as partes têm a faculdade de o fixar livremente, bem como a faculdade de nele incluírem as cláusulas que lhes aprouverem[24] – o princípio geral reconhecível no Direito Civil nacional a propósito do teor da negociação é, sem espaço para dúvidas, o princípio da liberdade negocial. Princípio que se estende também à forma das comunicações negociais, onde, na negociação propriamente dita, impera um princípio de absoluta liberdade. E este princípio apenas conhece uma espécie de limitação. A única limitação ao princípio da absoluta liberdade de forma durante as negociações surge a partir do momento em que as partes se dirigem para a formação do contrato. Isto porque, para que ocorra a formação do contrato, ou seja, para que as comunicações se possam considerar como declarações negociais (à luz da lei civilista) e assim produzam efeitos jurídicos elas próprias, pode a lei exigir determinados pressupostos para a sua validade, entre os quais os pressupostos formais[25].

Daí a utilidade de regressarmos momentaneamente à distinção apresentada há instantes. Isto, para vincarmos que nos *preliminares do contrato*, as comunicações trocadas de parte a parte são inteiramente livres, quer

---

[23] Vide ASCENSÃO, José de Oliveira, *Direito Civil - Teoria Geral*, vols. I, II e III, Coimbra Editora; e CORDEIRO, António Menezes, *Tratado de Direito Civil Português - Parte Geral*, Tomos I, II e III, Almedina.
[24] Vide o art.405º do Código Civil.
[25] Ilustra-se este aspecto com a transcrição do art.219º do Código Civil: «A validade da declaração negocial não depende da observância de forma especial, salvo quando a lei a exigir».

quanto ao conteúdo quer quanto à forma, e não produzem efeitos jurídicos, nomeadamente não são vinculativos. Não apresentam, portanto, validade em termos jurídicos. São os contactos, o pedido e a entrega de informações, as afirmações inconsequentes, as auscultações, as sugestões, as insinuações, a discussão de certos aspectos determinados da vontade contratual e mesmo a conclusão de acordos parciais que, embora partes integrantes da negociação – e salvaguardada apenas a mera responsabilidade por eventual *culpa in contrahendo* – não têm relevância jurídica.

Pelo contrário, passarão a considerar-se *declarações negociais*, as comunicações que cumpram os requisitos de validade legalmente exigidos para a formação de um acordo de vontades completo (contrato). Genericamente, existirá uma declaração negocial válida quando se exprima uma vontade dirigida à celebração de um contrato, por meio de uma declaração, e esta última seja completa, inequívoca e se revista da forma legalmente requerida. Estas declarações importam efeitos jurídicos, desde logo a partir do momento em que sejam dirigidas a um destinatário.

Subjazem à lei vigente as seguintes espécies de declaração negocial:

- Proposta – traduz-se na afirmação de uma vontade dirigida à celebração de um contrato, por meio de uma declaração dirigida a um ou mais destinatários, e esta última contenha todas as estipulações necessárias à conclusão do contrato (ser completa), traduza uma vontade precisa e incondicional (ser inequívoca) e se revista da forma legalmente requerida. Pode conter um prazo de validade ou submeter-se à solução legal supletiva de prazo de validade e, enquanto for válida constituiu um direito potestativo na esfera jurídica do(s) destinatário(s) para concluir(írem) o contrato mediante mera aceitação.
- Revogação da proposta – traduz-se na afirmação do proponente, dirigida ao destinatário da proposta, no sentido de retirar a eficácia à proposta e, por essa via, fazer extinguir os efeitos jurídicos da mesma. Só é eficaz a revogação da proposta que chegue ao poder do destinatário antes da proposta inicial.
- Rejeição – traduz-se na afirmação do destinatário da proposta, dirigida ao proponente, no sentido de não aceitar a celebração do contrato nos termos propostos. Mas também a afirmação do destinatário da proposta, dirigida ao proponente, no sentido de aceitar

a proposta com aditamentos, limitações ou outras modificações, na eventualidade de não constituir uma contraproposta. A rejeição faz extinguir os efeitos jurídicos produzidos pela proposta inicial, desonerando portanto o proponente.
- Contraproposta – traduz-se na afirmação do destinatário da proposta inicial, dirigida ao proponente inicial, no sentido de aceitar aquela proposta inicial com aditamentos, limitações ou outras modificações, mas apenas no caso de a modificação ser suficientemente precisa e contenha, em associação com a proposta inicial, todas as características de uma proposta (completa, inequívoca e forma legalmente requerida). Pode conter um prazo de validade ou submeter-se à solução legal supletiva de prazo de validade e, enquanto for válida constituiu um direito potestativo na esfera jurídica do destinatário para concluir o contrato mediante mera aceitação.
- Aceitação – traduz-se na afirmação do destinatário da proposta, dirigida ao proponente, no sentido de anuir integralmente à proposta, produzindo a conclusão do contrato com a sua recepção pelo proponente (ou com a conduta que mostre a intenção inequívoca de aceitar em alguns casos).
- Revogação da aceitação – traduz-se na afirmação do aceitante, dirigida ao destinatário da aceitação, no sentido de retirar a eficácia à aceitação e, por essa via, fazer extinguir os efeitos jurídicos da mesma. Só é eficaz a revogação da aceitação que chegue ao poder do destinatário antes da aceitação.

A rigidez algo escolástica destes conceitos traduz a dificuldade que representa para o legislador criar previsões gerais e abstractas capazes de responderem aos modernos desafios do Direito, numa sociedade em permanente mutação, onde situações tão banais quanto a compra e venda de bens de consumo num supermercado ou numa máquina automática, testam os limites dogmáticos de tais conceitos jurídicos[26]. São, todavia, institutos que demonstram claramente a sua utilidade na criação de normas para acorrer à necessidade de proteger os legítimos interesses e expectativas de quem actua no comércio jurídico de boa-fé. Não obstante, se as

[26] Como demonstra CORDEIRO, António Menezes.

regras do Direito Civil Substantivo respondem claramente a muitos desafios na negociação contratual, o mesmo não pode dizer-se, por exemplo, no domínio da negociação de litígios.

Uma importante ressalva deve ainda ser acrescentada, no que diz respeito ao significado e ao regime jurídicos da promessa contratual no Direito Civil Substantivo. Com efeito, se a negociação contratual pode abarcar diversos estádios pelos quais se evolui dos contactos preliminares entre as partes até à conclusão de um contrato e, nesse sentido, possa um leigo considerar que durante a negociação atingiu um estádio em que um determinado contrato lhe está "prometido" – no sentido de lhe estar legitimamente assegurado, ou de existir um compromisso firme no sentido da sua conclusão –, o facto é que, para efeitos legais, o contrato-promessa (ou a promessa contratual) não se inclui no domínio das meras declarações negociais, mas constitui, pelo contrário, um tipo especial de contrato que, por isso mesmo, implica ter-se já acedido a um acordo de vontades completo pelo encontro de declarações negociais completas, inequívocas e revestindo-se da forma legalmente requerida. O contrato-promessa (ou a promessa contratual) é, portanto e para efeitos do Direito Civil Substantivo, antes de mais um contrato em si mesmo, fonte obrigacional por excelência. Um contrato (ou convenção) respeitante à celebração de um outro contrato (o contrato definitivo), é certo. E, por isso mesmo, geralmente o contrato-promessa constitui um passo prévio ao fim último desejado pelas partes. Porém, as regras aplicáveis ao contrato-promessa são também as aplicáveis ao contrato prometido, por via de regra[27], sendo certo que, se o contrato-promessa pode não fazer cessar automaticamente as negociações entre as partes, o certo é que também a assinatura de qualquer outro tipo de contrato pode não interromper a continuação de negociações – quer para a modificação ou a revogação do contrato celebrado, quer para a celebração de novos contratos.

11. A Negociação de Contornos Jurídicos

11.1. Tipos de Negociação

Ao nos debruçarmos sobre a negociação de contornos jurídicos, a sua classificação por tipos ajudar-nos-á a compreender as inúmeras e diferentes

---

[27] *Vide* os arts.410º e segs. do Código Civil.

cambiantes que aquela pode assumir. Como em qualquer classificação, no entanto, a enunciação de tipos corresponderá à utilização de *critérios* de distinção, sendo desde logo evidente que a diferentes critérios corresponderão tipos diversos. Ou seja, estaremos a proceder à criação de categorias (ou tipos) em função de critérios. Assim, desde logo se fará uma advertência no sentido de que tal compartimentação em tipos não é mais do que uma operação de abstracção de intuito ilustrativo, sendo certo que a realidade importa geralmente grandes dificuldades de destrinça. Isto porque, onde se distinguem tipos diferentes em termos absolutos, a realidade muitas vezes desmente pela heterogeneidade e a confluência dos diversos tipos na mesma negociação. De resto, quantos mais critérios utilizássemos para classificar, mais tipos diferentes obteríamos. Daí que façamos apenas a distinção entre os tipos que nos parecem mais relevantes para o tema do nosso estudo.

Utilizando o critério da natureza predominante dos direitos envolvidos, podemos distinguir entre dois tipos de negociação: *a de carácter pessoal vs. a de carácter patrimonial*. No primeiro tipo, o objecto de negociação é predominantemente constituído pela configuração de direitos pessoais – como, por exemplo, na negociação de um acordo pré-nupcial, na negociação de um divórcio por mútuo consentimento, na negociação de um acordo sobre a regulação do poder paternal, na negociação de uma renúncia ao direito de queixa criminal. No segundo, o objecto de negociação é predominantemente constituído pela configuração de direitos patrimoniais – como, por exemplo, na negociação de uma revogação de contrato de trabalho, na negociação de um acordo de partilhas, na negociação de um contrato de empreitada.

Utilizando o critério da importância das características dos sujeitos envolvidos, podemos distinguir entre dois tipos de negociação: *a de carácter pessoal vs. a de carácter impessoal*. No primeiro tipo, o objecto de negociação envolve predominantemente aspectos relativos à individualidade de uma ou de ambas as partes – como, por exemplo, na negociação de um contrato comercial *intuitu personae*, na negociação de uma indemnização por acidente de trabalho, na negociação de um contrato de arrendamento para habitação de uma pessoa individual, ou também na negociação de um divórcio por mútuo consentimento. No segundo, o objecto de negociação pressupõe uma mínima ou nula relevância da individualidade das partes, nomeadamente onde predominem os aspectos e as condições comerciais –

como, por exemplo, na negociação de um contrato de fornecimento entre duas empresas de grande dimensão, na negociação de aquisição de equipamento industrial, na negociação da compra e venda de património fundiário entre pessoas colectivas.

Utilizando o critério da complexidade do objecto negocial em presença, podemos distinguir entre dois tipos de negociação: *a de um assunto individualizado vs. a integrada*. No primeiro tipo, o objecto de negociação abrange apenas a um tema individualizado – como, por exemplo, a negociação do pagamento de uma dívida, a negociação do valor de uma indemnização, a negociação da compra e venda de um bem. No segundo, o acordo que se procura envolve já múltiplos temas que confluem entre si, gerando a necessidade de uma negociação mais sofisticada e intrincada – como, por exemplo, a negociação da divisão de um vasto património entre comproprietários, a negociação de um contrato de sociedade ou mesmo de um acordo parassocial, a negociação de um contrato de assistência técnica. Naturalmente que esta distinção será apenas tendencial, pois muito raramente a discussão de um tema individualizado não se multiplica por questões acessórias, as quais poderão vir a assumir relevância autónoma (desde logo, nos exemplos que citámos, as condições de pagamento, as garantias, os prazos de vária ordem, etc.).

Utilizando o critério da posição relativa dos interesses das partes em jogo, podemos distinguir entre dois tipos de negociação: *a de carácter distributivo vs. a de carácter integrativo* (aliás, já mencionados no capítulo inicial deste livro). No primeiro tipo, as partes competem na discussão da divisão entre si de um determinado valor, tentando obter benefícios em prejuízo uma da outra – como, por exemplo, na negociação de uma compra e venda, na negociação de uma indemnização por responsabilidade civil de uma das partes, na negociação de um arrendamento. No segundo, as partes cooperam entre si no sentido de obterem o máximo benefício recíproco, adaptando e integrando os respectivos interesses, o que implica normalmente a busca de soluções mais criativas – como, por exemplo, na negociação de uma rectificação de extremas entre terrenos vizinhos, na negociação de um contrato de representação comercial, na negociação de uma fusão de sociedades ou de uma mera associação em participação.

Utilizando o critério do prolongamento da negociação no tempo e da possível divisão por fases, podemos distinguir entre dois tipos de negociação: *a imediata (ou de curto termo) vs. a multifásica (ou de longo termo)*. No primeiro tipo, as partes procuram estabelecer rapidamente um acordo, sem a necessidade prévia de prolongamento do processo negocial ou da sua divisão em momentos distintos – como, por exemplo, a compra e venda de um bem móvel, a negociação de uma pontual prestação de serviços, a negociação do pagamento de um crédito empresarial. No segundo, já as partes pressupões o prolongamento da negociação pelo tempo e a necessidade de se evoluir por diferentes momentos-chave – como, por exemplo, na negociação de partilhas (tantas vezes implicando um unânime relacionamento de bens, a avaliação consensual do inventário, a composição de lotes, um acordo de licitações), na negociação de um mútuo garantido por hipoteca, na negociação de um contrato definitivo mediado por um contrato-promessa, na negociação de um litígio que evolua para uma fase judicial.

Utilizando o critério do número de partes envolvidas, podemos distinguir entre dois tipos de negociação: *a bipartida vs. a multipartida*. Feitas as ressalvas constantes do nosso léxico anterior, quanto à noção de parte negocial (nomeadamente relativas à possibilidade de uma das partes ser integrada por diversos sujeitos, à existência de um eventual porta-voz e ainda de um mandatário constituído), diremos que, no primeiro tipo existem duas partes que entabulam a negociação – como em casos paradigmáticos de compra e venda, de locação, de prestação de serviços. No segundo, naturalmente, existem mais de duas partes a entabular a negociação – como, por exemplo, na negociação da transacção em um litígio judicial com várias partes processuais, na negociação das responsabilidades civis emergentes de um acidente de viação com vários condutores intervenientes, na negociação de um acordo de partilhas com vários interessados.

Utilizando o critério da frequência da intervenção de uma das partes em negociações com o mesmo contexto, podemos distinguir entre dois tipos de negociação: *a eventual vs. a de repetição*. No primeiro tipo, o evento negocial é singular e pontual na esfera das partes – como por exemplo na compra e venda de um imóvel ou de automóvel entre dois particulares, na negociação de um acordo de divisão, na negociação de uma indemnização civil devida pela prática de um crime. No segundo, pelo contrário, pelo menos uma das partes negociais estará habituada ao género de negociações que se repete e, logo, familiarizada com todas as *nuances* e condições habitualmente discutidas – como, por exemplo, a negociação de um contrato de trabalho por parte de uma grande entidade empregadora, a negociação de um arrendamento por parte de um senhorio que seja proprietário

CAPÍTULO II

de diversos imóveis de rendimento, a negociação de indemnizações por sinistro por parte de uma seguradora. Certos fenómenos de negociação de repetição podem ainda agrupar-se dentro da categoria da *negociação em massa* (correspondente à contratação em massa), na qual uma das partes se comportará de modo absolutamente idêntico face à generalidade das possíveis contrapartes, sendo exemplo disso o estabelecimento de condições para a venda de bens, por parte das sociedades comerciais exploradoras de lojas de venda a retalho, *maxime* de hipermercados.

Podemos ainda distinguir tipos em função da natureza predominante dos sujeitos e do contexto dos interesses em jogo e, nesse sentido, destrinçar a *negociação política*, da *negociação económico-financeira*, da *negociação comercial*, da *negociação laboral*, da *negociação diplomática*, entre tantos outros. A estas categorias, no entanto, estará geralmente subjacente, em maior ou menor grau, a *negociação jurídica* – traduzida na vertente da negociação que concerne aos termos e condições de ordem jurídica, ou seja, dos efeitos a produzir com a celebração do acordo, harmonizando a vontades das partes com as normas jurídicas aplicáveis.

Finalmente, utilizando o critério da posição das partes quanto à divergência dos respectivos interesses iniciais, podemos distinguir entre dois tipos de negociação: *a negociação conflitual vs. a negociação não conflitual*. No primeiro tipo, existirá uma contraposição entre as partes e os seus respectivos interesses serão opostos, como é característico, por exemplo, no caso de litígio judicial ou de um conflito de qualquer ordem, No segundo, pelo contrário, o que subjaz à negociação é a comunhão ou a conjugação de interesses recíprocos entre as partes como, por exemplo, na negociação de contratos entre particulares, contratos comerciais, financeiros, etc.

Doravante, prosseguiremos o nosso estudo exclusivamente sobre duas categorias distintas situadas na *negociação jurídica*, propriamente dita. Versando o nosso estudo sobre a negociação na advocacia, elegemos as categorias da *negociação de contratos* e da *negociação de litígios*, em função das características de ordem prática que justificam particularidades significativas no modo de agir das partes e dos seus interlocutores. São dois universos aos quais agregaremos algumas reflexões, em virtude de, a nosso ver, corresponderem aos dois pólos mais omnipresentes no exercício da consultoria jurídica e do mandato forense.

À negociação de contratos poderíamos fazer corresponder a negociação não conflitual e à negociação de litígio a negociação conflitual. No entanto, esta correspondência apenas poderia ser figurativa, já que a negociação de um contrato também é susceptível de ter por contexto um conflito latente ou mesmo já efectivo. De resto, como vimos a propósito da *culpa in contrahendo*, da negociação de um contrato pode mesmo vir a emergir um litígio. E, por outro lado ainda, a transacção – judicial ou extrajudicial – de um litígio pode por vezes operar-se mediante a celebração de um contrato, até mesmo formalizado por meio de escritura pública[28].

11.2. Negociação de Contratos
O contrato é a figura paradigmática do acordo de vontades; é a sede, por excelência, onde tal acordo se consagra e se consubstancia, por meio de uma série de estipulações resultantes da vontade das partes contratantes. A negociação de contratos é o processo pelo qual se visa a formação de um negócio jurídico de natureza contratual. Nesse sentido, pressupõe a existência da vontade de contratar, por parte de duas ou mais pessoas. A vontade contratual das partes, como se evidencia, não é rígida, nem há-de manter-se constante e inalterada durante o processo negocial. Assim será, de acordo com a natureza evolutiva emanente à realidade que é a negociação; uma realidade viva, dinâmica, a qual pressupõe interacção e alterações reciprocamente induzidas entre as respectivas partes. É, pois, fundamental à compreensão do fenómeno da negociação contratual admitir a variabilidade enquanto característica inerente à vontade de cada uma mesma parte, no decurso do processo negocial.

Por via do processo negocial procurar-se-á ainda, por um lado, harmonizar vontades distintas em torno de um mesmo negócio e, por outro lado, estabelecer também os exactos termos e condições jurídicos, necessários a conferir validade e eficácia ao negócio – os contornos jurídicos do contrato. Daí que, na negociação dos termos finais do contrato geralmente também se procurarão definir um conjunto de regras destinadas a prever *soluções para eventos fortuitos ainda imprevisíveis para as partes*. Neste último aspecto, a intervenção de um jurista experiente implica por vezes a discussão de aspectos não contemplados e nem sequer previstos ainda pelas partes no começo do processo negocial.

Do que dissemos até aqui já se concluiu que a negociação de contratos envolve, então, muito mais do que a mera averiguação de uma hipotética

---

[28] *Vide* o artigo 1250º do Código Civil.

confluência de vontades iniciais. Para ilustrarmos a complexidade a que aludimos, podemos dizer que na negociação contratual se responde a três questões diversas, correspondentes a três momentos abstractos e distintos:

- Num primeiro tempo, perguntam as partes: temos a possibilidade de chegar a um acordo de vontades?
- Num segundo tempo, perguntam as partes: como iremos configurar, em termos jurídicos, o nosso acordo de vontades?
- Num terceiro tempo, perguntam as partes: este é o teor exacto do nosso acordo de vontades, incluindo as previsões de ocorrências eventuais futuras?

E, em cada um destes momentos abstractos, a negociação dirige-se também para distintos campos, como: a compatibilização de vontades; a correspondência das vontades à formulação escrita mais conveniente; e a resposta negocial a questões (contratuais) não inicialmente previstas.

A conciliação das partes em torno de um dado contrato envolve, por isso, a negociação de vários aspectos a considerar em cada caso. Todos nos familiarizámos com a realidade da celebração de contratos, mas só o jurista tem total alcance do significado de todas as questões a discutir, e mesmo até das próprias declarações negociais a trocar – tudo, à luz do ordenamento jurídico vigente. Daí que, para a negociação de um contrato escrito seja sempre aconselhável a intervenção de um advogado, logo para a formulação das propostas iniciais ou, pelo menos, para ouvir o seu conselho quanto a uma dada redacção já submetida à apreciação por uma das partes.

Num outro esforço de abstracção, e no sentido de ilustrarmos também a complexidade do fenómeno da negociação contratual, podemos ainda acrescentar que a formação de um contrato implica uma interacção constante entre dois vectores distintos:

a) o vector da vontade das partes;
b) e o vector dos efeitos jurídicos.

Com efeito, subjacente à negociação de contratos estará a procura de uma justaposição da *vontade de partes* diferentes, mediante a busca de pontos de encontro entre diferentes interesses que reciprocamente se defendem. A justaposição das vontades procura-se alcançar num fenómeno dinâmico a que corresponde o processo comunicacional da mera averiguação recíproca quanto às possibilidades de estabelecimento de um acordo, ou da aproximação tendencialmente gradual de duas ou mais posições inicialmente díspares ou desconhecidas, no sentido de se alcançar um acordo uniforme de vontades.

Mas, como tal acordo de vontades pressupõe a produção de *efeitos jurídicos*, por outro lado, a negociação em si vai traduzir-se, basicamente, numa *negociação* – também interactiva e evolutiva – *de termos e de condições jurídicas*, ou seja, na negociação dos efeitos a produzir com a celebração do contrato. Tal pressupõe, naturalmente e mais uma vez, a presença constante e o conhecimento das normas jurídicas aplicáveis, por via do ordenamento para cuja aplicação se apela.

Neste universo de vectores negociais, a *redacção* do contrato em si mesma, torna-se claramente também um objecto a negociar. Isto porque, o vector da vontade das partes e o vector dos efeitos jurídicos devem encontrar-se na concreta redacção do contrato final a celebrar.

Em suma, no processo da formação do contrato, (1) a vontade das partes, (2) os efeitos jurídicos e (3) a redacção dos termos do mesmo, estão conjunta e constantemente a ser postas em causa, numa interferência recíproca, que torna extremamente difícil destrinçar aquelas realidades em cada caso concreto. Pois até ao assentimento final, pela outorga da versão definitiva do contrato, tudo está sujeito à negociação, como sabemos. O uso de uma dada expressão, o significado da palavra usada, a variação de um vírgula, ou o destaque de um assunto pela colocação em cláusula ou num mero considerando, são sinais bem visíveis disso mesmo, como se assiste na imbricada negociação, por exemplo, de um tratado internacional.

Deve, por isso, o advogado assumir um papel muito mais abrangente do que o de mero interlocutor da vontade das partes, em cada caso concreto da negociação de contratos.

Em primeiro lugar, deverá prestar conselho legal habilitado ao seu constituinte. Na relação de confiança que há de estabelecer-se entre o advogado e o seu cliente, deverão esclarecer-se claramente quais são os objectivos pretendidos por este último, relativamente ao contrato que pretenda celebrar com a(s) outra(s) parte(s) contratante(s).

Nesta operação, a informação deve ser prestada de modo simbiótico e transparente, de modo a que o advogado saiba absolutamente o que almeja o seu cliente – os seus objectivos contratuais – e, por outro lado, de modo a que o cliente conheça e fique inteiramente esclarecido acerca das questões jurídico legais que podem limitar ou conformar tais pretensões, até mesmo acerca dos aspectos a regular. Esta primeira análise jurídica das pretensões do cliente far-se-á no sentido do seu cabimento e enquadramento legais. Porém, a razoabilidade a impor aos interesses do cliente não deve limitar-se aos aspectos jurídico-legais, mas de igual modo também aos critérios de normalidade e de habitualidade praticados no comércio jurídico.

Posteriormente, podendo já o constituinte ter-se apercebido, por qualquer via, do que serão as prováveis expectativas da outra parte contratante, deverá ainda o advogado colaborar com o seu cliente no sentido de melhor adaptar as suas pretensões ao quadro da sua viabilidade, no caso concreto. Ou seja, prevendo o início da negociação, deverão utilizar-se as informações disponíveis acerca das pretensões ou expectativas da contraparte, também no sentido de saber em que medida se podem a estas adaptar os interesses do cliente.

Desta fase de análise prévia evolui-se para o estudo da estratégia e das técnicas negociais a adoptar, em função do estabelecimento de objectivos negociais. No fundo, a programação da negociação, tanto quanto possa desde logo fazer-se antes do início das comunicações negociais propriamente ditas. Isto porque, ao melhor modo de actuar em face da contraparte há de corresponder a produção de efeitos mais benéficos para a posição negocial do cliente. Nomeadamente: estudando as condições a integrar num primeira proposta, por forma a gerar a conveniente margem negocial; prevendo respostas para as questões que a outra parte poderá vir a colocar; eleger o tempo e a forma da primeira abordagem à contraparte, etc.

Poderá, por exemplo, ser uma forma simples de condicionar a evolução futura da negociação do contrato a mera apresentação de uma minuta do futuro contrato, já tão completa quanto possível, inibindo desta forma a contraparte de apresentar objecções quanto a todos os termos contidos na proposta e limitando os aspectos a discutir. Isto, no sentido de se progredir rapidamente nos aspectos acessórios, para se concentrar a negociação nos aspectos essenciais.

Pelo contrário, pode revelar-se útil no caso concreto que seja a outra parte a apresentar uma minuta contratual em primeiro lugar, para que possam ter-se como concessões a falta de discussão de muitos aspectos acessórios ao contrato. Isto, no sentido de limitar as exigências a fazer, para que possam vir a ser mais facilmente aceitáveis pela contraparte. O que pressupõe, também, um esforço quanto à valorização das (aparentes) concessões feitas e quanto à desvalorização das concessões obtidas.

Estabelecidas que estejam as posições iniciais recíprocas entre as partes e iniciado que seja o tal processo comunicacional inerente à negociação, o esforço do advogado deverá dirigir-se maioritariamente para a conquista das concessões da contraparte. O domínio da linguagem e do uso da linguagem em função dos efeitos jurídicos pretendidos poderão facilitar a imposição da vontade do seu constituinte, tanto quanto a lei o permita. Mas, a argumentação jurídica e a persuasão não poderão, contudo, realizar tudo sozinhas. Tornar-se-á certamente imprescindível voltar a analisar o estado das negociações com o seu cliente e estudar cuidadosamente os passos seguintes – insistência em determinados pontos de exigência, concessões mediante contrapartidas, construção de alternativas, análise de novas questões e/ou soluções – por forma a encaminhar o processo negocial para o sentido pretendido.

Finalmente, dentro da razoabilidade e do equilíbrio contratuais, hão de completar-se os termos do acordo a celebrar, conforme tal se tenha mostrado ou não possível, sempre dentro dos limites do interesse contratual do cliente. Aqui a preocupação deverá ser a de completar o acordo de vontades, tanto quanto possível, levando-o a abarcar o maior número de previsões convenientes para evitar a frustração das finalidades do contrato ante qualquer vicissitude, pelo menos comum.

A negociação de um contrato envolve, pelo exposto e ao longo de todo o processo negocial, um esforço conjugado entre advogado e o seu cliente (a parte negocial propriamente dita) quer no intercâmbio de informação; quer na conformação das pretensões iniciais; quer na análise do contexto, das características e reacções da contraparte; quer na ponderação das exigências, das concessões e das contrapartidas negociais; quer na programação da sua actuação negocial, em face das opções; quer no exame das consequências e dos efeitos jurídicos decorrentes da redacção do contrato.

Neste *trabalho de equipa*, cabe ao advogado o papel preponderante ao nível de:

a) aconselhamento legal, onde se inclui a "tradução" e a "retroversão", dos termos jurídicos para a linguagem corrente e vice-versa;
b) aconselhamento estratégico;
c) redacção dos termos das declarações negociais;

d) comunicações com a parte contrária, ou mandatário desta;
e) redacção e negociação dos termos das cláusulas contratuais;
f) discussão e argumentação jurídicas com a parte contrária, ou mandatário desta.

De onde, a sua função está longe de ser apenas a de tabelião ou redactor do contrato.

Serão, aliás, múltiplos os conselhos que iremos apresentar adiante acerca da *estratégia* e da *técnica* de negociação, também aplicáveis à negociação de contratos, e também quando apresentarmos o passo a passo da negociação jurídica, acreditando que as capacidades de negociação podem, até certo limite, ser adquiridas e/ou melhoradas para além do que resulta de um método puramente empírico.

Todavia, as ferramentas privilegiadas do advogado na negociação de um dado contrato serão sempre (1) o conhecimento da lei aplicável e (2) a experiência adquirida na negociação dessa espécie determinada de contrato.

O conhecimento da lei aplicável e sobretudo num ordenamento jurídico como o nosso, em que há predomínio da norma escrita, implica a necessidade de ter em conta os aspectos imperativos da lei na negociação e na redacção dos termos contratuais. Mas, além disso, possibilita que a solução contratual dada a certas questões se estabeleça por mera omissão, remetendo então para o regime supletivo a consagrado na lei. Ou ainda, pelo inverso, obriga ao estabelecimento de termos contratuais que façam afastar tal regime legal supletivo.

A experiência adquirida na negociação da espécie concreta de contrato, por seu turno, familiariza o advogado com o curso do procedimento negocial e com as práticas habituais, mas habilita-o também a adoptar e propor soluções contratuais mais correntes, bem como a abranger completamente as necessidades de previsão jurídica do contrato, no sentido mais conveniente ao interesses do seu representado, evitando possíveis falhas. Por exemplo, na negociação de um contrato de arrendamento, existem determinadas previsões contratuais específicas para proteger os interesses do senhorio, por oposição às determinadas previsões contratuais específicas para proteger os interesses do inquilino. Porém, tais previsões contratuais específicas variam ainda consoante nos situemos num arrendamento rural, ou num arrendamento para habitação, ou num arrendamento para comércio. Outro exemplo será o do contrato de transporte, onde as previsões contratuais específicas variam imensamente em função de se tratar de um transporte de passageiros ou de mercadorias, ou ainda se tratar de transporte marítimo, rodoviário ou aéreo.

À especialidade de cada caso concreto há de corresponder, portanto, um caminho negocial específico, diferentes soluções contratuais correntes e diferentes aspectos a regular, em função das características e posição jurídica das partes outorgantes, do contexto do contrato e da natureza e posição dos interesses em causa. Daí que haja condicionantes diferentes, de vária ordem, quer nos situemos na negociação de um tratado internacional, na negociação de uma convenção colectiva de trabalho, ou de um acordo de auto-regulação entre agentes económicos, de um contrato administrativo, de um contrato de sociedade, de um acordo parassocial, de um contrato bancário, de um típico contrato civil – de promessa contratual, de compra e venda, de locação, de transporte, de empreitada, de agência, de edição, de prestação de serviços, de partilha, de prestação de serviços, entre tantos – ou de um contrato civil atípico. O que, só por si, justificaria um estudo autónomo (a que não nos propomos por ora) para cada espécie de contrato mencionada, onde se apresentassem as especificidades de cada processo negocial (com consideração dos cenários e contextos tradicionais), onde se analisassem as fases própria da formação do contrato, estrutura do contrato, as condicionantes impostas por cada regime jurídico aplicável, bem como sugestões acerca da redacção e da hermenêutica das respectivas cláusulas típicas.

Sem embargo, deixaremos algumas minutas de demonstração destas referências, em segmento próprio e no final deste capítulo, a fim de melhor ilustrarmos a importante questão da concreta redacção contratual.

11.3. Negociação de Litígios

Emergem diariamente situações de conflito de interesses entre as várias pessoas jurídicas, pelas mais diversas razões, que se tornaria fastidioso tentar enumerar. Ao escritório do advogado, porém, chegam já apenas aquelas situações em que pelo menos uma das partes envolvidas pretende obter uma solução jurídica para o problema – quer por via da negociação, quer pela via judicial. É certo que, muitas vezes, a vontade do cliente é apenas a de ser primeiramente esclarecido quanto aos seus direitos no caso concreto e quanto à viabilidade e à utilidade do recurso à Justiça. Assim, praticamente como num serviço de urgência médica, o advogado fará uma triagem das situações que lhe sejam colocadas para análise, no sentido de dar o seu parecer quanto ao caminho a seguir para que possa o seu cliente ver satisfeitas as suas pretensões.

Entende-se por litígio um pleito, uma contenda, uma demanda judicial. Todavia, pode procurar-se uma solução extrajudicial para a questão subjacente ao litígio, mesmo antes de este se iniciar formalmente mediante o primeiro requerimento dirigido ao tribunal. Então, na negociação de litígios incluiremos quer a que tem por objecto um assunto ainda não submetido à jurisdição dos tribunais (litígio potencial), quer aquela que tem por objecto um assunto já em trâmite no foro judicial (litígio actual).

A negociação em qualquer uma das fases referidas – a fase pré-judicial e a fase judicial – é familiar ao advogado. E desde logo as razões que enumerámos no início do nosso trabalho concorrem para que se deva procurar a solução negocial possível, em alternativa ao recurso à Justiça dos tribunais:

1) menor grau de conflitualidade (pessoal e social);
2) benefícios da solução rápida (tempo, empenho individual, dispêndio financeiro);
3) eliminação da alietoriedade (o risco da demanda);
4) possibilidade de uma melhor adaptação da solução ao contexto (*taylor made solution*);
5) e ainda a possibilidade de manutenção de são relacionamento com a(s) parte(s) oposta(s), após a conclusão do conflito.

A emergência de um litígio pode ter por base uma relação jurídica (constituída ou não mediante um negócio jurídico, *maxime* um contrato), um acto jurídico (por exemplo uma conduta geradora de responsabilidade civil extracontratual) ou um simples facto jurídico (como, *v.g.*, o óbito do autor de uma herança). Porém, quando o caminho pode ser o recurso ao tribunal, este pode sempre ser precedido da negociação, pelo menos em princípio. A negociação de litígios envolve, por isso, um dos aspectos mais basilares e tradicionais da prática da advocacia no seu todo, mais ainda quanto o processo negocial se pode desenrolar desde antes da interposição de uma acção em tribunal até depois de se haver obtido já uma decisão judicial transitada em julgado. Não temos, por isso, minimamente o ensejo de elaborar um compêndio sobre este tema, suficiente só por si para um vasto e interessante tratado académico. Em seu lugar, o nosso objectivo será apenas o de apresentar algumas referências que nos permitam melhor entender o fenómeno dialéctico da negociação de litígios, acompanhando-as da menção de considerações de finalidade ilustrativa sobre alguns tipos de litígio que são frequentemente domínio de negociação.

Em geral, se na participação do advogado na negociação de contratos, este assume um papel preponderante no aconselhamento legal e estratégico, na redacção das declarações negociais e das cláusulas contratuais, na argumentação negocial e comunicações com a parte contrária – tal como vimos acima –; já na negociação de litígios caber-lhe-á o papel primordial:

a) no aconselhamento legal e estratégico da negociação dirigida em função do possível recurso ao tribunal;
b) no planeamento da negociação em articulação com a actuação jurisdicional;
c) na ponderação de todas as condicionantes próprias dos meandros jurisdicionais que possam influir na negociação;
d) na interpretação dos desenvolvimentos processuais (potenciais e reais) sobre as posições negociais das partes;
e) no recurso aos meios processuais adequados e convenientes para melhorar a posição negocial da parte representada.

De resto, as ferramentas privilegiadas do advogado na negociação de um dado litígio serão, de modo equivalente (1) o conhecimento da lei substantiva aplicável, (2) a experiência adquirida na negociação dessa espécie determinada de litígio, mas também, agora, (3) o conhecimento exímio do Direito Processual ou adjectivo correspondente, e ainda (4) a experiência adquirida na prática da litigância em tribunal. Pois de nada valerá ao advogado contar com o processo judicial para beneficiar a posição negocial da parte que representa, se lhe faltar a capacidade de utilizar as vias processuais com sucesso – e isso, sabe-o bem o advogado da parte contrária.

Portanto, emanente à negociação de litígios estará provavelmente o ambiente conflitual e competitivo próprio do processo judicial, onde, como dissemos noutra obra: «(...) *a batalha entre os diferentes interesses processuais trava-se no terreno das proposições de facto e as armas usadas, de parte a parte, são as provas*»[29]. Pelo menos a possibilidade efectiva de se passar ao contexto da litigância judicial.

E esta é a principal circunstância exógena às partes, capaz de interferir no processo negocial, tornando, por isso, a negociação de litígios numa realidade muito *suis generis*. Ao contrário do que se verifica na negociação de uma transacção comercial, por exemplo, nenhuma das partes pode prever com exactidão qual será a evolução do litígio quando este for confiado à acção da Justiça. Podem fazer-se cálculos, projecções, acerca do sentido da decisão judicial. Todavia, são tantas as variantes que podem influenciar o curso e reflectir-se no resultado de uma acção em tribunal que, em bom rigor, todas as previsões serão falíveis.

Por outro lado, o mero prolongamento da discussão em tribunal, facilitado muitas vezes por expedientes processuais usados a coberto da lei adjectiva, pode favorecer os interesses (também os negociais) de uma das partes em litígio. Pois a demora da acção da Justiça prolonga geralmente os prejuízos patrimoniais de uma delas – geralmente autora na acção – e permite ainda dar azo à implementação de medidas de prevenção, tendentes a diminuir o risco patrimonial da demanda. De sinal inverso, o recurso a procedimentos cautelares – prévios à acção principal, ou concomitantes a esta – pode assegurar uma posição negocial de vantagem, consoante os inconvenientes, de ordem patrimonial nomeadamente, provocados na parte contrária.

Ao prestar o conselho inicial ao seu cliente, caso tal seja possível antes da existência de uma acção pendente em tribunal – pois casos há em que não intervenção do advogado em fase pré-judicial, desde logo caso este seja consultado após a citação do seu cliente como Réu – mais uma vez a informação será o elemento básico a trabalhar de início.

Na relação de confiança que há de estabelecer-se entre o advogado e o seu cliente, deverá obter-se o esclarecimento exacto e detalhado, não apenas dos factos centrais ao litígio, mas também das suas circunstância e contexto, historial prévio e explicação e ainda das características e reivindicações já conhecidas e/ou declaradas de parte a parte entre os intervenientes dos factos.

---

[29] Em *A Defesa e a Investigação do Crime (Guia Prático para a Análise da Investigação e para a Investigação pelos Recursos Próprios da Defesa Criminal*, Almedina, 2004, pp.166.

O conselho legal do advogado deve, em sequência, dirigir-se quer para os possíveis enquadramentos dados pela lei substantiva aos factos e às circunstâncias, quer para a análise da razoabilidade das pretensões da parte contrária, quer ainda para a análise da razoabilidade das pretensões da parte representada.

Aqui situados, verifica-se a influência dos dados prévios do caso concreto, no que concerne aos seus *efeitos limitativos* sobre os possíveis objectivos negociais da parte representada. Pois, ao invés do que se passa na negociação de contratos, onde deve imperar a livre vontade das partes no início do processo negocial, na negociação de litígios a presença dos factos e circunstâncias que estão na origem do litígio tornam-se factores que condicionam *ab initio* o curso da eventual negociação. Basta referir que o litígio pode já ter indisposto todas as partes envolvidas de tal forma que inviabilize de todo uma negociação. Ou pode encontra-se tal litígio numa fase evolutiva em que a negociação se tenha já frustrado absolutamente. No entanto, a prática revela que muito dificilmente, mesmo nestes casos, não surgirá nova oportunidade para negociar.

Seja como for, para o estabelecimento dos objectivos da parte representada e para o planeamento da actuação negocial seguinte, deverá o advogado esforçar-se para conformar as pretensões iniciais do seu cliente, no sentido de as adaptar – expandindo, limitando ou alterando – às possibilidades jurídicas quer em face da lei substantiva, quer face a critérios de normalidade e de habitualidade praticados no comércio jurídico, quer face às prováveis expectativas da parte contrária. Mas, outra ponderação se impõe no estabelecimento dos objectivos negociais em sede de negociação de litígios, nomeadamente, todos os aspectos atinentes à evolução judicial do problema.

Si vis pacem, para bellum. Tal como ensina o brocardo romano, também na advocacia é fundamental estar convenientemente preparado para a litigância nos tribunais, quando se venha a partir para uma negociação. E essa é seguramente uma das razões pelas quais o cliente decidiu procurar o advogado, uma vez que a apresentação do problema à Justiça dos tribunais é sempre uma opção.

Deve, portanto, ser levada em consideração a envolvente judicial do assunto, no que desde logo concerne aos *meios possíveis de actuação judicial e suas consequências*, nomeadamente:

a) duração do litígio;
b) custos prováveis;
c) conduta provável da(s) parte(s) contrária(s);
d) impacto sobre as *posições negociais* das partes envolvidas;
e) possibilidades de desfecho, quanto ao sentido da decisão judicial.

Em termos práticos, o advogado e o seu cliente deverão fazer como que diferentes simulações da realidade que poderá vir a resultar do recurso aos tribunais, para efeito da ponderação das suas pretensões negociais. Neste âmbito, por exemplo, os limites de uma decisão judicial possível, poderão auxiliar na definição de limites máximos e limites mínimos para as pretensões negociais. Pois a possibilidade de o caso vir a ser decidido por uma parte terceira, que será o julgador, será uma constante.

À imagem do que acima dissemos, a propósito da negociação de contratos, desta fase de análise prévia evolui-se para o estudo da estratégia e das técnicas negociais a adoptar na negociação de litígios. Tendo, porém, sempre presente a preocupação especial de seleccionar o momento mais oportuno para apresentar propostas concretas. Naturalmente, a questão da iniciativa judicial, a questão da posição processual no litígio (autor, réu, ou outra), a questão da escolha dos meios processuais a usar, a questão da fundamentação jurídica das pretensões e a questão do suporte probatório das mesmas pretensões, serão factores a levar em conta.

Uma vez mais, estabelecidas que estejam as posições iniciais recíprocas entre as partes e iniciado que seja o tal processo comunicacional inerente à negociação, o esforço do advogado deverá dirigir-se para o progresso no sentido da aproximação das partes e da satisfação dos objectivos negociais (mediante a conquista de concessões da contraparte) ou, pelo menos, no sentido de encaminhar o processo negocial para a direcção pretendida, se tal for possível.

A dado momento, sobretudo quando a evolução do litígio venha a produzir importantes modificações nas respectivas posições negociais, tornar-se-á necessário realizar um *ponto de situação* entre advogado e seu cliente. Este momento de reavaliação destinar-se-á:

a) quer à reflexão acerca do interesse na continuação da via judicial;
b) quer a reajustes nas pretensões negociais, em função do que seja já o novo cenário do processo em tribunal;

c) quer à reorientação da condução da negociação, contemplando novas vias de actuação, em função de hipóteses que tenham ficado já prejudicadas.

Exemplo óbvio de um momento onde será conveniente proceder à mencionada reavaliação será o da prolacção de uma Sentença de 1ª Instância, não obstante a possibilidade de esta vir a ser modificada em instância de recurso. Isto, porque as partes estarão já perante uma primeira configuração do que pode vir a ser a solução final do litígio, por via da qual certamente se confere predomínio aos interesses de uma das partes sobre os interesses da outra, produzindo-se então uma influência persuasiva em benefício da parte maioritariamente "ganhadora". Mas também o momento da fixação de factos assentes, ou até o da realização de requerimentos probatórios, que poderão arrastar o curso do processo judicial ou comprometer alguma espécie de resultados, poderão ser eventos que justifiquem uma nova "medição de forças".

Importante, para efeitos da negociação de litígios, será manter um espírito franco e aberto durante todo o decurso da lide judicial, pelo menos entre os respectivos mandatários das partes processuais, certamente já acostumados a um certo grau de conflitualidade inerente ao contexto judiciário. Até porque, já depois do trânsito em julgado da decisão judicial, repetidamente há vantagens em negociar os próprios termos do cumprimento voluntário das obrigações emergentes da condenação. Ou seja: *o processo passa, a negociação continua.* Assim poderá ser até à obtenção efectiva da solução almejada.

À imagem do que dissemos a propósito da negociação de contratos, cumpre ainda acrescentar que a experiência adquirida na negociação de certas categorias de litígios habilitará, claramente, o advogado a adoptar e pôr em prática soluções negociais ajustadas às medidas da prática judiciária e à normalidade dos interesses em jogo entre as distintas partes processuais; tanto mais quanto sejam comuns as expectativas de se poder concluir o litígio por acordo – judicial ou extrajudicial. Daí que, à especialidade de cada tipo de lide judicial possa corresponder um caminho negocial específico e até habitual, em função das características e posições jurídicas das partes em litígio, e de outras condicionantes próprias. A título puramente ilustrativo, passaremos a enunciar caminhos de solução para casos distintos, de acordo com a nossa experiência pessoal.

11.3.1. Despejo

Na negociação de um caso de despejo, atento o risco da demanda e o impacto patrimonial da delonga provável da respectiva acção, até que venha a obter-se uma decisão judicial transitada em julgado, senhorio e arrendatário contemplam, tradicionalmente e pelo menos, as seguintes três vias distintas de negociação, por forma a resolverem o litígio entre si:

a) a manutenção do arrendamento, mediante o aumento do valor da renda, a estipulação de um termo para o contrato, e a revisão de outras cláusulas;
b) a entrega voluntária do arrendado, livre de pessoas e bens, mediante a indemnização do arrendatário, mormente justificada por benfeitorias realizadas;
c) a própria venda do arrendado ao inquilino.

11.3.2. Indemnizações por Sinistro

Na negociação de uma indemnização por sinistro a coberto de contrato de seguro, a empresa seguradora frequentes vezes:

a) assegura inicialmente o pagamento de tratamentos médicos, por forma a controlar seus custos e a minimizar o aumento progressivo dos danos relativos à saúde;
b) baseia as suas propostas negociais em relatórios de peritagem, raramente facultados à contraparte;
c) em fase pré-judicial poderá tender a retirar vantagens da inexperiência da contraparte no cômputo da indemnização devida, ignorando despesas não documentadas e certas categorias de danos, como os de ordem moral, os lucros cessantes e os danos reflexos;
d) em fase pré-judicial, em certos casos, poderá mesmo procurar retirar vantagens da situação financeira da contraparte, que para recurso aos tribunais certamente terá de prever custos relativos ao patrocínio, propondo valores pouco além das despesas relativas a danos de saúde;
e) poderá procurar tirar vantagem do tempo decorrido, tentando levar a contraparte a ceder em função da delonga da acção judicial, e chegando a propor somente no dia do início das sessões de audiência de discussão e julgamento as condições reais pelas quais está disposta a concluir acordo.

11.3.3. Divórcio

Na negociação de um caso de divórcio, caracterizada por uma forte envolvente de questões atinentes a direitos pessoais, mas onde os aspectos patrimoniais assumem por vezes um papel dominante, haverá preferencialmente a considerar a discussão simultânea de múltiplos aspectos que carecem de regulação, desde logo:

a) a dissolução do vínculo matrimonial, por oposição à simples separação de pessoas e bens, muitas vezes obtida através de um acordo que contempla indemnização pelos danos (morais) oriundos de conduta culposa;
b) a eventual atribuição de uma pensão de alimentos a um dos cônjuges, quando tal se justifique;
c) o destino a dar à casa de morada de família, ou a mera atribuição do direito a nela residir;
d) a regulação do exercício do poder paternal no caso de existirem filhos menores do casal, onde a atribuição do poder paternal, a atribuição da guarda dos filhos e a fixação de pensão de alimentos em benefício dos menores são apenas os aspectos fundamentais, sendo certo que deverão prever-se todas as hipóteses possíveis no sentido de se evitarem incumprimentos e pedidos de alteração futuros;
e) a partilha definitiva (ou pelo menos a promessa de partilha) dos bens comuns do casal, quando exista a comunhão de bens, muitas vezes implicando acordo com uma entidade bancária para que o passivo seja renegociado ao nível da responsabilidade dos sujeitos e/ou das garantias;
f) a recuperação e entrega de bens pessoais indevidamente na posse do outro cônjuge.

11.3.4. Partilhas por Sucessão

Na negociação da partilha de um acervo hereditário, atenta a demora do inventário judicial e os diversos riscos implicados nas soluções judicialmente impostas, bem como um segmento de questões que se avolumam caso venha a prolongar-se a administração da herança pelo(a) cabeça-de-casal, com a correspondente obrigação de prestação de contas, existe um leque muito extenso de caminhos a explorar para uma transacção, sendo os mais frequentes:

a) a escolha simples dos bens e sua atribuição aos interessados, mediante o recíproco pagamento de tornas para preenchimento da totalidade dos quinhões hereditários;
b) a avaliação privada, a possível constituição de lotes de bens e a atribuição dos bens ou lotes de bens por escolha directa entre os interessados (prevendo o pagamento de tornas para preenchimento da totalidade dos quinhões hereditários);
c) a composição de lotes de bens e sua atribuição mediante sorteio previamente regulamentado entre os interessados (prevendo igualmente o pagamento de tornas para preenchimento da totalidade dos quinhões hereditários);
d) avaliação privada e atribuição dos bens (ou lotes de bens) por licitação regulamentada entre os interessados, mediante o pagamento de tornas para preenchimento da totalidade dos quinhões hereditários;
e) partilha parcial, abrangendo os bens sobre os quais é possível estabelecer acordo de partilha e manutenção da comunhão hereditária quanto aos restantes;
f) estabelecimento da compropriedade entre os herdeiros quanto a parte ou à totalidade do acervo;
g) venda de bens para repartição do produto entre os interessados;
h) manutenção da comunhão hereditária, até à celebração de um contrato-promessa de partilha, prevendo qualquer uma das soluções ditas, mas que possa configurar título executivo.

11.3.5. Impugnação de Despedimento
Na negociação de uma impugnação de despedimento existem circunstâncias relevantes a ter em conta, quanto a ambas as partes, as quais podem condicionar seriamente as respectivas posições negociais, tais como:

a) as relativas à dificuldade de obtenção de prova, por parte do trabalhador, que frequentemente terá dificuldade em arrolar testemunhas dispostas a fazer declarações que contrariem os interesses da entidade patronal;
b) a disparidade de poder económico e logo de posição negocial, entre entidade empregadora e trabalhador, sendo que a débil situação financeira deste muitas vezes influi no sentido de o levar a aceitar

condições de acordo inferiores às possibilidades de uma condenação judicial;
c) levado a recorrer ao tribunal, o trabalhador frequentemente aproveita a lide para reivindicar, para além da reintegração ou da indemnização pelo despedimento ilícito, também o pagamento de danos morais, de trabalho extraordinário não declarado, de eventuais dias férias não gozados nem pagos, ou parte dos subsídios de férias e/ou de Natal ainda não satisfeitos, para além de complementos diversos que entende serem-lhe devidos, contabilizando todas as regalias de que gozava como partes integrantes da sua retribuição;
d) para conclusão de um acordo num litígio já em fase judicial, o trabalhador tende a contabilizar na sua proposta também as retribuições vincendas respeitantes a todo o período de duração provável do litígio, até à prolacção da Sentença de 1ª Instância;
e) a previsão legal de isenção de IRS e de descontos para a Segurança Social sobre o valor de uma compensação global pela extinção do contrato de trabalho por revogação, até ao limite estabelecido na lei, é susceptível de facilitar o estabelecimento de um acordo sobre esse mesmo valor.

12. Noções de Estratégia, Técnica e Estilo Negociais

12.1. Estratégia

Todos temos naturais aptidões para negociar, assim como a capacidade de adaptarmos o nosso desempenho levando em conta as condicionantes concretas de cada caso. Perante dada situação, certamente não haverá quem deixe de fazê-lo, com maior ou menor eficácia, esforçando-se por concluir um acordo final que melhor sirva os seus interesses ou os de uma parte que represente. É certo. Todos sabemos defender determinados interesses, por meio do diálogo, da interacção de argumentos, e negar a celebração de um negócio que não se mostre conveniente.

Todavia, só a familiaridade com o meio negocial torna especialmente perceptíveis certos fenómenos que representam um desafio às capacidades individuais do negociador. Além disso, existem padrões de comportamento no processo negocial – como no caso das negociações de contornos jurídicos – que mais facilmente poderão ser aproveitados em benefício de uma das partes, consoante o grau de preparação do seu agente negociador. De resto, a habilidade e as boas capacidades negociais também se adquirem.

Por isso mesmo, apresentaremos certas noções que poderão orientar uma prática mais esclarecida da negociação, como as da estratégia, técnica e estilo negociais, cabendo por ora pronunciarmo-nos sobre a primeira.

A negociação não é uma corrida; não é uma competição onde exista um ganhador e um perdedor; nem pode observar-se como uma disputa em si mesma. Trata-se de encontrar soluções ajustadas aos interesses de todas as partes envolvidas, até porque a realidade tem o especial dom de nos surpreender, muitas vezes depois da aparente conclusão de um acordo manifestamente desequilibrado.

Mas, naturalmente, o advogado não tem a função de um árbitro, nem muito menos a de julgador que tenha o dever de zelar pela solução mais justa. Pelo contrário, defende os interesses de uma das partes, na medida da sua legitimidade, devendo fazê-lo por vezes em prejuízo do interesse da contraparte, sobretudo em negociações de natureza distributiva.

Portanto, o apelo à estratégia, que não é mais do que o apelo à programação orientada da actuação negocial, surge muito naturalmente, no sentido de possibilitar gerar vantagens que permitam alcançar melhores resultados finais, em razão de se prever e poder vir a dirigir o que vai passar-se no tabuleiro das negociações.

Comecemos por dizer que, ao longo de um processo negocial, estabelece-se geralmente uma cadeia de acções, dentro da qual se desenrola o processo comunicacional entre as partes. Esta cadeia de acções, envolve uma sequência cíclica e continuada de:

a) avaliação (contínua) de informação própria e de informação obtida;
b) ponderação ou preparação da intervenção seguinte;
c) comunicação orientada pela finalidade negocial.

Durante o processo negocial, as partes exploram-se mutuamente, no sentido em que tentam obter informações, comunicações e declarações de vontade por via recíproca. Enquanto tal processo se desenvolve, no seio de cada uma das partes existe uma avaliação da informação (própria e obtida) e uma ponderação acerca da atitude a seguir.

A estratégia envolve, por um lado, a definição de objectivos negociais e, por outro lado, prende-se com a programação da actuação uma das partes, a estabelecer previamente em direcção a tais objectivos e a reajustar durante toda a negociação, tendo em conta a evolução do processo negocial.

À definição da estratégia negocial, obviamente, há de presidir a finalidade de *influenciar o curso da negociação*, orientando-o no sentido de dar origem às circunstâncias mais favoráveis para a produção do acordo ideal e, para tanto, poderão ser adequadas opções mais interventivas – como produzir uma proposta, solicitar uma informação, reagir com uma dada atitude – por contraposição a opções menos interventivas – como esperar simplesmente, aguardar a iniciativa da contraparte, ignorar um comentário.

Em função do tipo de negociação subjacente – conforme as cambiantes dos vários tipos já referidas *supra* – a estratégia pode assumir uma feição competitiva ou, pelo contrário, uma feição cooperativa.

Será competitiva quando direccionada para obtenção de vantagens à custa de concessões a fazer pela parte contrária *(win/lose situations)*; será cooperativa quando direccionada para a criação de soluções em que ambas as partes beneficiam *(win/win situations)*.

Para a definição de uma estratégia, deixemos as seguintes oito recomendações em termos gerais, baseadas em regras de experiência comum:

Contemplação das Opções Alternativas à Negociação
Em momento anterior ao processo negocial e também durante o mesmo, é conveniente manter presentes as razões que levam as partes a negociar. Nomeadamente, levando em conta as alternativas que existiam e as que ainda existem à negociação em si. Isto, poderá auxiliá-las a reconsiderar uma dada posição já assumida, a suavizar determinadas exigências e ainda a ponderar, em permanência, o que representará um desfecho de frustração de um acordo, ao nível das consequências.

Estabelecimento da Zona de Entendimento Possível
Em fase prévia à negociação, mas também durante a mesma, será benéfico tentar rapidamente prever em que limites – máximos e mínimos – e dentro de que variáveis condições gerais será expectável poder chegar-se a um acordo. Isto, no sentido de procurar situar-se as expectativas e os objectivos negociais dentro de um quadro de possibilidades efectivas, mas igualmente por forma a melhor explorar a criação de um margem negocial própria mais adequada às finalidades, e por forma a explorar hipóteses

mais benéficas do que as inicialmente previstas dentro da margem negocial presumível da contraparte.

Estabelecimento das Condições de Abandono
Por forma a evitar a continuação de um processo negocial penoso e infrutífero, é útil o estabelecimento prévio das condições abaixo das quais não se terá interesse sequer em continuar o diálogo, mais frequentemente ao nível dos valores (*walk-away price*). Ainda que não o fazendo de modo expresso ou pondo a outra parte negocial ao corrente dos exactos limites destas condições de abandono, o certo é que a sua definição prévia proporciona ainda um modo de orientar uma resposta negativa, facilitando a tomada de uma atitude rápida (e drástica) de abandono da mesma de negociações, assim criando um cenário em que a parte contrária apenas poderá retomar o diálogo mediante um prévio melhoramento significativo das condições oferecidas.

Definição de Prazos e Tempos Máximos
De igual forma, e por apelo à noção da boa economia negocial, a parte negocial deverá definir o período temporal máximo em que se sujeitará à negociação. Ou, noutra variante, impor que se verifique pelo menos uma determinada evolução num certo período, para que se justifique continuar a negociar. Alguns limites são desde logo os impostos pelo efeito útil das negociações que, a partir de certos extremos, comprometem os benefícios ou os próprios objectivos da negociação – como no caso evidente da decisão judicial do litígio em que se procura alcançar um acordo, mas também no da evolução do mercado numa compra e venda, etc. Dentro da razoabilidade e dos costumes, existirão sempre, pois, determinadas balizas. E, desde que se possa fundamentá-la com motivos atendíveis, a simples definição de prazos para a resposta ou mesmo para negociação normalmente constitui um factor de pressão negocial sobre a contraparte.

Objectivação dos Problemas
Muitas vezes, o maior obstáculo para o sucesso de uma negociação são os próprios sujeitos envolvidos, a sua personalidade, as suas emoções, os conflitos pessoais entre eles. Daí que, com frequência, seja fundamental à boa evolução do processo negocial e à razoabilidade do processo comunicacional a estabelecer-se entre as partes, ignorar até onde for possível, as

suas características individuais, as meras opiniões e as idiossincrasias. Isto, em benefício de uma discussão objectiva, que posso produzir uma solução consonante com os melhores interesses de tais sujeitos, naturalmente. A "remoção" destes factores nem sempre é possível, sobretudo quando a negociação tenha por objecto questões de âmbito pessoal; no entanto, mesmo nesses casos, quanto mais se torne geral e abstracta a negociação, certamente mais se facilitará a evolução de todo o processo.

Separação do Problema em Assuntos Individuais
A segmentação dos assuntos que integram o objecto negocial é, por vezes, a única forma de procurar resolvê-los por acordo. O objecto negocial envolve, não raras vezes, diferentes vertentes ou mesmo diferentes temas. Assim, o tratamento individualizado de cada segmento pode até impor-se pelo grau de complexidade do objecto negocial. No entanto, a par deste maior grau de atenção conferido a cada aspecto, a separação dos problemas permite com maior facilidade chegar a consenso quanto a certas matérias, deixando para momento ulterior a discussão das mais sensíveis. Á medida que se irão compreender melhor as razões do cerne do desacordo, tenderão também a surgir progressos, onde as partes concordam em certas soluções parciais, vendo-se gradualmente menos distantes. Isto, só por si, poderá gerar um efeito persuasor no sentido de mais facilmente se fazerem concessões recíprocas para que o acordo alcance a totalidade do objecto negocial. Em acréscimo, constitui um método de assegurar as vantagens de um eventual acordo parcial, que poderá interessar a uma das partes.

Identificação dos Termos do Consenso Natural
Quer em momento prévio ao da negociação, quer já no decurso desta, poderá ser frutuoso prever rapidamente quais serão as condições concretas mediante as quais se deverá chegar a acordo, em função de uma evolução espectável. Tal consenso natural tende a estabelecer-se, com frequência, precisamente no meio-termo das posições iniciais, e a tal tendem, aliás, as expectativas negociais. Isto, porque tradicionalmente as partes respeitam a proporcionalidade nas suas concessões recíprocas, em obediência à noção de equilíbrio negocial e de razoabilidade – se uma parte se situou em 10 e a contraparte se situou em 8, o consenso natural deverá estabelecer-se em 9. Ora, esta previsibilidade, não obstante falível, poderá por exemplo colocar uma das partes em situação favorável, desde e quando saiba aguar-

dar a primeira proposta da contraparte, para depois efectuar a sua contraproposta inicial, por forma a melhor orientar o consenso natural para onde julgue alcançável, nomeadamente dentro da zona de entendimento possível a que já aludimos.

Ocultação do Interesse Excessivo
Apelando à noção de posição negocial que propusemos acima, é quase sempre recomendável que a parte negocial não exponha demasiado o seu interesse em concluir um acordo, e muitas vezes até que não exponha o seu interesse excessivo em negociar. Obviamente que, quando se estabelece uma negociação tal só se justifica porquanto exista interesse recíproco na mesma. Porém, as partes negociais estão permanentemente a "medir forças", no sentido de se assegurarem que dispõem das melhores circunstâncias para fazerem/manterem exigências e diminuírem ao máximo as suas concessões. Isto, porque as exigências só diminuem e as concessões só serão feitas se tal for necessário (para a conclusão do acordo). Daí que seja obviamente aconselhável evitar, o mais possível, mostrar a necessidade que possa existir quanto à conclusão do acordo, sob pena de a parte se colocar gratuitamente numa posição negocial de inferioridade.

12.2. Técnica e Estilo
Na negociação, a técnica corresponde também a um conjunto de procedimentos específicos que poderão ser empregues no sentido da obtenção de determinado resultado, ou sejam, acções concretas que poderão ser usadas para a produção de um dado efeito (desejado) sobre o processo negocial em si.

No âmbito negocial, a arte e o saber fazer do advogado, em concreto, pressupõem o domínio da respectiva técnica, precisamente por aquele ser um agente melhor habilitado com tais conhecimentos de aplicação prática, mas também com os convenientes e necessários conhecimentos do universo jurídico. A actuação do advogado na negociação deve, pois, ser uma actuação apurada e tecnicamente qualificada. Porém – quase ironicamente – a técnica negocial não surge nos compêndios académicos, nem se ministra – de forma vocacionada e tanto quanto julgamos saber – na competente ordem profissional ou associação que constitui a instituição representativa dos advogados portugueses, a digníssima Ordem dos Advogados, a que muito nos orgulhamos de pertencer.

Daí que, neste momento, o nosso propósito se estenda à referência de alguns elementos instrutores daquela técnica, com a pretensão de estabelecer caminhos de reflexão, já que muito dificilmente a gnose da boa técnica de negociação se pode traduzir numa qualquer espécie de "ensinamentos" teóricos, gerais e abstractos. Não obstante os obstáculos evidentes, não fazer aquelas referências no nosso livro seria votar a técnica da negociação de contornos jurídicos a um imerecido esquecimento, apontando a técnica negocial para os meandros do puro empirismo, o que não se justifica.

- A primeira referência será a relativa ao **rigor jurídico**, aliás igualmente próprio da boa técnica jurídica. A boa técnica negocial obriga o advogado a usar de precisão e a empregar adequadamente os termos jurídicos, assim também o devendo exigir da outra parte negocial, quer ao nível do intercâmbio de informação, quer ao nível da simples comunicação, quer ainda, sobretudo, nas declaração negociais que venham a ser trocadas. A referência aos assuntos que integram o objecto da negociação, feita com rigor jurídico, importa credibilidade negocial e gera confiança na parte que está a ser representada. Pelo contrário, sob a capa de imprecisões terminológicas ou de soluções vagas muitas vezes se escondem armadilhas negociais ou escolhos encapotados no caminho da formação de um contrato. De resto, o rigor jurídico ajuda as partes negociais a encontrar rapidamente alguns dos problemas que têm de ser encarados e solucionados, convenientemente, para que o acordo de vontades almejado possa ser alcançado sobre bases sólidas e possa vir a produzir os desejados efeitos. Em consequência deste princípio do rigor jurídico negocial, igualmente resulta a discussão esclarecida, para ambas as partes, da própria viabilidade das soluções jurídicas propostas. Daí que, só o mesmo rigor jurídico possa dar lugar à razoabilidade jurídica da discussão negocial. Terá então maior capacidade persuasiva a parte que melhor sustente a sua argumentação em termos jurídicos.
- Outra referência importante é a que faremos quanto à **gestão da informação**, ao longo da negociação. Por imperativo de lealdade entre as partes negociais não pode deturpar-se a informação, nem ocultar-se a informação essencial ao esclarecimento do objecto negocial, como sabemos. No entanto, a informação é também variável

em quantidade – quer quanto aos assuntos e circunstâncias a considerar em torno do objecto negocial, quer também em função do seu grau de detalhe. Dispor de mais informação, numa negociação, normalmente corresponde a ter mais poder negocial e, logo, melhor posição negocial. Isto, por inúmeras razões, entre as quais: a melhor adaptação das exigências que se vierem a apresentar ao quadro da realidade existente; a melhor caracterização da contraparte; o domínio dos pormenores que dará maior capacidade de argumentação durante a discussão; a previsão de temas futuros de discussão ainda não evidenciados inicialmente; o comprometimento da contraparte quanto às informações dadas inicialmente; bem como a capacidade de identificar argumentos inválidos que a contraparte possa vir a querer usar na sua argumentação. Assim, por um lado, deve o advogado procurar obter da contraparte o maior número de elementos informativos no sentido de obter o esclarecimento completo das circunstâncias relativas ao objecto do acordo a realizar e às razões da vontade negocial da contraparte, por muito que tal possa parecer pouco relevante, num momento inicial. Para citar exemplos óbvios, os motivos pessoais que levam a contraparte a querer contratar, a sua capacidade financeira, os limites das condições que entenderia aceitáveis, etc. Paradoxalmente, por outro lado, deve o advogado dosear a passagem de informação relativa à parte que representa, no sentido de a ir transmitindo apenas à medida que se torne necessária para o progresso da negociação, ou seja útil para si, ou apenas à medida que seja solicitada pela contraparte, de modo pertinente. Nomeadamente – e quer em benefício da sua posição negocial, quer da viabilidade do acordo a celebrar – deverá reter informação até ao momento oportuno, e mesmo reservá-la para quando for significativa para acompanhar considerações suas, já que muita da que poderia ser fornecida nunca chega a ser solicitada, nem julgada necessária pela contraparte. No entanto, se é certo que dar informação demasiada ou cedo demais pode suscitar questões prejudiciais à negociação, também é certo que omitir informação essencial ou fornecê-la demasiado tarde poderá gerar dúvidas e mesmo suspeições infundadas na contraparte.

- Uma outra referência é a que diz respeito ao relevo da **fundamentação** conferida às atitudes, às declarações negociais e às condições negociais apresentadas por cada uma das partes. Aqui, assume particular importância o modo como se apresentam as pretensões e as exigências negociais, em lugar do seu conteúdo efectivo. Sustentar uma pretensão ou uma exigência em fundamentação atendível, confere-lhe razoabilidade, dificultando a sua não aceitação pela contraparte e, até, tendencialmente as tornará aceitáveis. Destarte, a fundamentação dos diversos aspectos de uma proposta, a fundamentação da rejeição de uma proposta, ou a fundamentação de uma simples exigência, tornam mais sólidas e entendíveis as posições assumidas por uma dada parte ao longo do processo negocial, contribuindo ainda para a sua credibilidade. Em sinal inverso, exigir sempre a fundamentação para uma pretensão ou exigência apresentada pela contraparte, torna mais difícil a sua sustentação, chegando mesmo a inibir a contraparte de apresentar certo tipo de exigências que não teriam sentido ou seriam indefensáveis, dentro da razoabilidade. Pois uma fundamentação débil conduz à fraqueza da exigência negocial apresentada, gerando um cenário favorável à sua respectiva não aceitação. O que expusemos pode traduzir-se sinteticamente no imperativo de *não fazer exigências injustificadas, nem aceitar concessões sem a justificação das exigências*. Portanto, o uso de fundamentação adequada confere força negocial à argumentação trocada durante uma negociação – argumentação de natureza circunstancial, mas também de natureza jurídica – por via dos seus efeitos potencialmente persuasivos e/ou dissuasores.

– Sendo o caminho negocial composto de apresentação, adaptação e abdicação de pretensões e exigências recíprocas entre as partes negociais, onde se fazem progressos por meio de concessões, numa dialéctica constante, aconselha a boa técnica negocial que este fenómeno corresponda a algo mais do que o encontro casual das vontades no ponto do consenso natural (conceito a que fizemos referência *supra*). Daí, a relevância da **reclamação de contrapartidas**. Com efeito, a melhor forma de defender o interesse de uma das partes, quando esta se vê compelida por qualquer razão a fazer uma concessão – naturalmente que só a fará na medida do seu interesse e dos objectivos (maiores) prosseguidos – será aceitar fazer tal concessão, mas somente mediante uma contrapartida. Esta ideia coaduna-se com a de equilíbrio negocial e também com a de razoabilidade, dizendo sobretudo respeito ao modo de fazer as concessões necessárias para o progresso da negociação. A contrapartida poderá ser também uma concessão pela parte contrária, ou a aceitação de uma nova pretensão, ou ainda qualquer outro benefício pertinente no seio do objecto negocial. Nem sempre é viável exigir uma contrapartida quando se faz uma concessão. Porém, serão normalmente recompensados todos os esforços realizados no sentido de impor este princípio sinalagmático: *concessões sim, mas mediante contrapartidas*. Pelo contrário, quando não existe esta preocupação, assiste-se muitas vezes a uma série de concessões feitas por uma das partes sem qualquer espécie de retorno pela boa vontade negocial manifestada, quando teria sido possível obter maior equilíbrio na negociação, por existir uma disponibilidade da contraparte para tanto mas que nunca foi convenientemente explorada.

– Outra referência relevante será a da utilização de meios difusos durante o processo comunicacional inerente à negociação, em ordem a **valorizar/desvalorizar exigências e concessões** reciprocamente. Por apelo às noções de equilíbrio e de razoabilidade negociais, depois de apresentadas reciprocamente as exigências ou pretensões iniciais, tendem as partes negociais a gerar a expectativa de que haverá proporcionalidade, na medida em que lhes sejam exigíveis cedências de parte a parte. Ou seja, se uma parte cede, aceitando uma das exigências da contraparte ou abdicando de uma exigência sua, esperará que a outra parte, em contrapartida, aceite uma exigência sua ou abdique de uma exigência, respeitando uma equivalência relativa, por forma a se evoluir de modo equilibrado no caminho negocial. Daí, a importância da subtileza que venha a ser usada, para que ambas as partes atribuam maior ou maior valor (ou significado em termos de importância) a uma dada exigência ou a uma dada concessão. Porque neste fenómeno de troca de concessões, interessa a uma dada parte realizar uma pequena concessão obtendo em contrapartida de uma importante concessão da contraparte, enaltecendo a sua pequena concessão ou fazendo com que se entenda que a grande concessão da contraparte foi afinal de somenos importância. Para o efeito da valorização e/ou da desvalorização a que aludimos, poderão naturalmente servir quaisquer meios inerentes à comunicação negocial, como, por exemplo, mencionar detalhadamente as circunstâncias que agravam o significado de uma concessão que acaba de ser feita (em ordem a valorizá-la), não produzir o menor comentário nem dar atenção expressa a uma concessão feita pela contraparte (em ordem a desvalorizá-la) ou mesmo tornar difícil e moroso o processo conducente a fazer uma dada concessão (em ordem a valorizá-la).

– Em conexão com o que acabamos de expor e precisamente pela existência da mesma expectativa de proporcionalidade na medida das cedências que se esperam de parte a parte, durante a negociação, muitas vezes será útil recorrer à **multiplicação das exigências iniciais** a apresentar – obviamente dentro de um quadro geral de racionalidade, sob pena de se comprometer a necessária confiança entre as partes. Ou seja, estabelecidas que sejam, no seio da própria parte, quais são as suas prioridades e as condições mais relevantes para que tenha interesse em realizar um acordo com a contraparte, aquela parte negocial deverá esforçar-se por apresentar maior número de exigências, por forma a, naturalmente, ganhar margem negocial que lhe permita fazer maior número de concessões em seguida. Não se trata apenas do velho princípio de *pedir o mais para obter o menos*, sempre tido em conta no sentido de gerar valor e criar margem negocial, mas que facilmente poderá dar lugar à tentação de pedir demasiado, levando à frustração prematura da negociação, ou à descredibilização da parte negocial que, logo em momento seguinte, terá de rever as suas pretensões gravosamente se quiser retornar à mesa negocial. Em seu lugar, a multiplicação das exigências iniciais dirige-se à criação de pretensões acessórias, estabelecidas razoavelmente e dentro da habitualidade própria de cada objecto negocial, no intuito de reforçar uma posição negocial e facilitar a escolha de concessões futuras.

– Outra referência útil no domínio da técnica negocial é a da **criação de alternativas**, quer no âmbito das propostas a apresentar, quer mesmo no domínio das vias negociais a explorar. Neste sentido, as propostas poderão implicar para a contraparte a faculdade de escolher, em prejuízo certas vezes da tendência para discutir mais afincadamente as suas condições. Tal criação de opções permite, ainda, influenciar também o curso do processo negocial, orientando a contraparte no sentido desejado, uma vez que se conheça qual será a sua provável reacção perante a apresentação das mesmas. De resto, a maior amplitude de alternativas certamente corresponderá a um quadro negocial em que melhor se explorará a compatibilidade dos interesses das partes envolvidas, sendo certo que dependerá em grande medida da criatividade dos intervenientes, quanto à criação de soluções que possam significar valor acrescido para aquelas.

- Por outro lado, muitas vezes recomenda a boa técnica negocial que se proceda ao estabelecimento de uma **sistematização hierarquizada dos assuntos** que compõem o objecto da negociação. Isto, de modo a auscultar facilmente as potencialidades prévias de se concluir um acordo, eliminar rapidamente certos caminhos da negociação, ou mesmo excluir a hipótese de negociar, em tempo útil, ante a evidência da impossibilidade de se chegar a consenso. Pode mesmo chegar a ser útil o recurso a uma *agenda negocial* dos vários assuntos a submeter à negociação, não apenas pelas finalidades estratégicas que pode estar subjacentes à separação do problema em assuntos individuais, mas também por fins meramente organizativos e, em certos casos, para produzir aquilo que se chama de *ancoragem de uma negociação* – isto é, a obtenção de um consenso inicial quanto aos assuntos mais importantes no quadro de um acordo global, que encoraje as partes a maiores disponibilidade e flexibilidade na discussão dos restantes aspectos (exemplo óbvio, num caso de divórcio, acompanhado da abordagem dos assuntos conexos).

- Uma importante referência será sem dúvida a da **gestão do(s) tempo(s)**, como ferramenta para gerar benefício para uma das partes no âmbito de uma negociação. Para além dos aspectos estratégicos a que já aludimos (quanto à definição de prazos e tempos máximos da negociação), o recurso ao momento mais apropriado para praticar um determinado acto pode condicionar fortemente a produção do efeito desejado. Como exemplos simples:

a) a aceitação extremamente rápida de uma proposta inicial, ao invés de assegurar a concretização do acordo, muitas vezes produz o surgimento de novas condições para a realização do mesmo por parte do proponente;

b) a demonstração prematura do interesse num determinado aspecto negocial, muitas vezes conduz a que a contraparte o eleja também

como *piéce de resistance*, para, em contrapartida de uma cedência, tentar obter várias contrapartidas;
c) o mero silêncio prolongado faz muitas vezes com que a contraparte reveja a sua proposta sem sequer ter existido uma contraproposta;
d) a apresentação intempestiva de uma primeira proposta negocial pode fazer disparar os valores que a contraparte se dispunha a propor;

e poderíamos continuar a apresentar um imenso leque de situações que o ilustram. A escolha de tais momentos mais apropriados depende imensamente das circunstâncias do caso, do contexto, das razões que levam as partes a negociar, das posições negociais e mesmo das características pessoais das partes envolvidas, pelo que será função privilegiada do advogado experiente e habilitado fazê--la. A simples quebra daquilo a que corresponde o ritmo negocial, pode fazer revelar "fraqueza" da banda de uma das partes, o que de imediato poderá ser aproveitado para uma dada atitude mais pronunciada. E a influência destes *timmings* negociais na produção de efeitos negociais torna-se ainda mais evidente na negociação de litígios, consoante as diferentes fases de um processo judicial, existindo momentos claramente mais favoráveis para a obtenção do acordo da contraparte nas condições mais desejáveis.

– Finalmente, a boa técnica negocial poderá implicar certos cuidados a ter na **formalização e fecho da negociação**. Não é caso único que, à última hora, uma das partes se lembre de acrescentar mais uma exigência ou um tema de discussão (sobretudo quando outra parte mostre demasiada satisfação), depois de todos os envolvidos estarem convictos de que o acordo estaria fechado. Por outro lado, quando a negociação se prolonga por diversas fases, amiúde estabelece-se a discordância quanto aos termos precisos dos consensos a que já se havia chegado num momento anterior. Ora bem, existe por isso um conjunto de soluções a adoptar no sentido de prevenir a ocorrência de interferências inusitadas no estado das negociações. Uma delas será deixar um registo, sumário mas com o detalhe necessário, dos progressos obtidos e das posições a que chegaram as partes em determinada data – quer por meio de uma acta de reunião, de um protocolo de compromisso, ou mesmo de uma comunicação entre mandatários, ainda que em data ulterior. Outra será a própria celebração de uma promessa contratual, quando o caso justifique. Mas o denominador comum será sempre o de deixar um registo escrito e, sempre que possível, subscrito pelas partes, para que produza, se não efeitos vinculativos, pelo menos um compromisso ético que apele para a lealdade negocial. No fecho da negociação, em concreto, ou seja naquele momento imediatamente anterior ao da celebração do acordo pelo meio juridicamente idóneo, torna-se também aconselhável expressar claramente que se considera o acordo indefectivelmente fechado.

Faremos ainda referência a algumas técnicas usadas para a ultrapassagem de dificuldades específicas da negociação de contornos jurídicos, *infra* e em local próprio.

Optámos por fazer uma menção menos detalhada ao *estilo negocial* que, a nosso ver, não deve confundir-se com a técnica negocial nem com a mera postura, esta mais propriamente atinente à parte negocial, como acima aludimos.

As questões relativas ao estilo não devem, por outro lado, confundir-se com a firmeza e a determinação que qualquer negociador deve mostrar na defesa da sua posição, em ordem a sustentar de modo credível a posição da parte representada.

O estilo prende-se com as características individuais do interlocutor na negociação, com a sua maneira específica de intervir e de comunicar, mas ainda com o modo de raciocinar e de estruturar a sua conduta negocial. Ou seja, a forma de agir e de reagir na negociação, como no caso de qualquer outra conduta humana, será até certo ponto indissociável da personalidade do sujeito agente, quer pela influência da sua psicologia, quer pelo significado da imagem que projecta, quer ainda pela interpretação a que se prestam as suas expressões, num conjunto extremamente rico e único que poderemos designar de estilo.

Não iríamos, obviamente, dar conselhos acerca do estilo de cada qual, sendo certo que o contacto – presencial ou à distância – com a variedade imensa de estilos negociais, se traduz numa valiosa experiência humana, e até inspiradora por vezes.

Todavia, o certo é que o estilo negocial do interlocutor na negociação pode assumir importância, tendo em conta a influência que o mesmo é susceptível de ter no desenvolvimento de um processo negocial. É certo que o advogado que representa uma das partes, em última instância, transmite as posições assumidas pela parte sua representada. No entanto, é inegável que a aquilo que são as suas características pessoais reflectem-se com frequência no próprio processo negocial (e não apenas por via do conselho prestado), condicionando a negociação, nomeadamente prejudicando-a ou beneficiando-a, por vezes até de forma involuntária.

Não podemos esquecer a influência recíproca que se estabelece inevitavelmente entre os interlocutores directos da negociação, nomeadamente no acolhimento de pontos de vista diferentes e na chamada de atenção para problemas e vertentes ainda desconhecidos e/ou imprevistos atinentes à(s) contraparte(s), ou mesmo a informação objectiva ainda não disponibilizada ao advogado pelo seu próprio cliente.

Há, por exemplo, quem no início da negociação opte por abordar de imediato, e frontalmente, todas as circunstâncias que possam dificultar a conclusão de um acordo. Outros tentarão ignorar tais circunstâncias o mais possível, pelo menos até à *ancoragem* da negociação. Alguns, começam por veicular uma mensagem positiva no início dos contactos negociais, por forma a encorajar os demais interlocutores a empenharem-se na negociação com optimismo; outros preferem esperar para ver, assumindo uma disposição seráfica. Certamente sujeito a variações no mesmo sujeito, até consoante o contexto (contratual ou litigante), um estilo mais diplomata ou um mais conciliador, em detrimento de outro mais agressivo ou mais competitivo, respectivamente, assim como reacções bruscas e incompreensíveis, em lugar de posições explicadas, ou ainda o uso de modos solenes ou distantes ou, pelo contrário, de modos informais e acessíveis – tudo são aspectos relativos ao estilo negocial que podem contribuir para dificultar ou facilitar o diálogo e a interacção negociais.

13. Passo a Passo da Negociação na Advocacia

A sequência dos comportamentos que integram a negociação na advocacia, como vimos, é natural e extremamente variável: em função do tipo de negociação, nomeadamente da negociação de contratos ou da negociação de litígios; em função do contexto e das matérias que constituem o objecto da negociação; em função do estado inicial de proximidade ou afastamento pronunciado entre as posições das partes; em função do ritmo de evolução da negociação; em função da multiplicidade de fases necessárias ao normal desenvolvimento do processo negocial. E, atendendo à especificidade de cada caso concreto, podemos mesmo afirmar que uma negociação nunca se repete.

Não obstando, tendo presente que a finalidade deste capítulo é a de ilustrar a complexidade inerente à mesma negociação na advocacia, proporemos um modelo que julgamos poder enquadrar a generalidade dos casos, onde certamente se incluem estádios já aludidos nesta obra, como sejam: a do aconselhamento inicial do cliente; a preparação e o planeamento da actuação negocial; a comunicação com a contraparte; a necessidade de reanálise e adaptação das pretensões de cada uma das partes durante o processo negocial; a especificidade da fase final das negociações, até à formalização do acordo.

De onde, não se poderão ignorar as limitações resultantes da lógica expositiva de uma tabela do tipo "passo a passo", que elegemos com a preocupação de apresentar uma síntese abstracta e útil.

A negociação na advocacia dirige-se naturalmente para a conjugação de vontades entre duas (ou mais) partes, o que compreende, em consequência, a intervenção do mesmo advogado em dois diferentes contextos de base: lidando com o cliente; e lidando com a contraparte. Ou seja, um circuito muito próprio, com o qual o advogado já estará certamente familiarizado, e que passamos a descrever esquematicamente.

Em ordem cronológica, tal circuito pode abranger os seguintes passos, naturalmente sujeitos a adaptações:

(1) Lidando com o cliente:
- informação e pretensões
- enquadramento jurídico
- conformação das pretensões
- definição de objectivos negociais
- planeamento e estratégia (1ª intervenção)

(2) Lidando com a contraparte:
- abertura das negociações, propriamente ditas
- discussão de termos e argumentação jurídica
- estabelecimento de consensos prévios

(3) Lidando com o cliente:
- análise de resultados intermédios

- reajustes
- planeamento e estratégia (2ª intervenção)

(4) Lidando com a contraparte:
- re-discussão de termos e argumentação jurídica
- estabelecimento de consenso final
- discussão da forma e aspectos acessórios

(5) Lidando com o cliente:
- análise de resultados finais
- ajustes finais da forma e aspectos acessórios

(6) Lidando com as partes:
- celebração do acordo

Reportando-nos ao primeiro dos momentos apresentados no nosso esquema (*1. Lidando com o cliente*), escusamo-nos de repetir fastidiosamente tudo quanto já dissemos *supra*, quer a propósito da negociação de contratos, quer a propósito da negociação de litígios, quer ainda em diversos capítulos do nosso livro, já que em nada este seria beneficiado. Ou seja, não valerá a pena insistir perante o leitor atento em proclamar a necessidade de, num diálogo franco e realista, o advogado analisar a informação disponibilizada pelo seu constituinte e também as suas pretensões, de prestar o seu aconselhamento jurídico e moldar – até certo limite – as pretensões do seu cliente, de definir em conjunto com este determinados objectivos negociais, e de planear de igual modo a estratégia a seguir no processo negocial. Porém, justificam-se ainda as seguintes alusões.

É certo que na negociação se pretende a boa conjugação de todos os interesses em jogo; todavia, e obviamente, a missão inicial do advogado é a de conseguir maior número de benefícios para a parte que representa e tirar partido das vantagens negociais de que possa dispor. Assim, aliás, à imagem do que sucederá no universo da contraparte.

Para este desígnio, então, na definição dos objectivos negociais e para benefício dos resultados da negociação, será prudente que o advogado se empenhe na criação do que podemos designar por *dupla margem negocial*.

Para tanto, cliente e advogado deverão estabelecer:

a) as condições que constituiriam o acordo ideal;
b) as condições que constituiriam o acordo aceitável;
c) as condições que constituirão a posição inicial a assumir perante a contraparte – por via de regra acima das que constituiriam o acordo ideal.

Não se deve partir para a negociação acreditando com ingenuidade que as partes hão de convergir naturalmente, sem que tentem reciprocamente obter benefícios à custa das demais. Por isso, este procedimento da criação de uma *dupla margem negocial* pode revelar-se extremamente útil. Desde logo porque gera um mecanismo de salutar transparência nas relações advogado-cliente, ao mesmo tempo que faculta uma boa orientação nos contactos com a contraparte, em ordem a explorar todas as potencialidades da negociação, defendendo absolutamente os interesses do cliente representado. O mesmo mecanismo, permitirá ao advogado apresentar uma dada posição inicial perante a contraparte e defendê-la até ao limite das condições que constituiriam o acordo ideal – aqui se esgotando a *primeira margem negocial*. Obviamente que esta evolução descendente deverá ser gradual e consonante com a evolução que possa registar-se no processo negocial, nomeadamente numa lógica de contrapartidas, fundamentação e razoabilidade, impostas pela boa técnica.

Por outro lado, em salvaguarda dos interesses da parte representada, o advogado disporá ainda de uma segunda margem negocial para fazer face a eventuais necessidades que surjam no processo negocial, correspondente ao espaço entre as condições que constituiriam o acordo ideal e as condições que constituiriam o acordo aceitável. Sem prejuízo da maleabilidade que venha a impor-se no sentido de ainda vir a progredir para as condições que constituiriam o acordo minimamente aceitável, já apelando a uma margem negocial extraordinária.

Já ao nível do planeamento da actuação negocial e da definição de uma estratégia, assumirá também particular relevo a programação, não apenas de qual será a posição inicial a assumir perante a parte contrária, mas também do modo e do momento mais apropriados para a apresentar – nomeadamente quem dará o primeiro passo no sentido da negociação, quem apresentará a primeira proposta, que via deverá ser seguida, a quem dirigir a proposta, recorrendo ou não a contactos prévios ou insinuações de objectivo negocial.

As matérias contidas no segundo daqueles momentos, ou passos (*2. Lidando com a contraparte*), uma vez mais têm sido abordadas com insistência no nosso estudo, decorrendo, aliás, da natureza própria do fenómeno comunicacional que pressupõe a existência de pelo menos dois sujeitos com interesses inicialmente divergentes ou reciprocamente desconhecidos, por via do qual se fará uma *mera averiguação* recíproca quanto às possibilidades de estabelecimento de um acordo ou um *processo de aproximação tendencialmente gradual* de duas ou mais posições inicialmente díspares ou desconhecidas, no sentido de se alcançar um acordo uniforme de vontades, por via do qual se produzam efeitos jurídicos.

E, as contidas também nos demais passos que apresentámos (*3. Lidando com o cliente; 4. Lidando com a contraparte; 5. Lidando com o cliente; 6. Lidando com as partes*), como temos vindo a referir nas diversas sedes do nosso livro em que julgámos mais oportuno, não são mais do que o prolongamento natural do processo evolutivo que temos vindo a referir, onde o advogado assume competências variáveis em função do curso da negociação e da necessidade que subsista quanto à sua intervenção.

Obviamente que, de acordo com o número de partes negociais envolvidas, com a amplitude do objecto da negociação e com todos os demais factores que temos enunciado ao longo deste estudo, também o percurso do processo negocial – o seu *passo a passo* – carecerá de ser adaptado ao caso mediante recurso a soluções mais complexas, implicando a necessidade de rondas negociais, consultas prévias a cada parte, entre outros, como se assiste, nomeadamente, na negociação de um acordo de credores ou no estabelecimento de acordos prévios a assembleias gerais societárias, associativas ou de outra natureza.

De resto, como sabemos, até à celebração de um acordo final, toda a negociação está em causa e sujeita às mais variadas vicissitudes e contingências.

14. Derrubando Obstáculos e Intransigências

Não ficaria completo este nosso tema caso não dedicássemos alguma atenção ao assunto das dificuldades e problemas que podem surgir na negociação, assim como ao dos modos de estes serem ultrapassados. A negociação é um percurso onde facilmente surgem escolhos. Alguns dos quais desmotivadores. Outros que até fatalmente a inviabilizam. Todavia, todos serão sempre, em primeiro lugar, um desafio às capacidades dos advogados envolvidos.

Por vezes, fruto da tensão que se estabelece no confronto da argumentação aduzida de parte a parte, são os respectivos mandatários que se incompatibilizam. Esta circunstância é comum, apesar de indesejável, e nem sempre existe a possibilidade de regresso ao diálogo, por muito empenho que um dos envolvidos esteja disposto a revelar para tanto. Interessará, por isso, tentar salvaguardar as partes negociais implicadas não as envolvendo (ou não as envolvendo demasiado) naquele conflito. Pois mesmo num cenário negocial como este pode persistir ou a necessidade ou a conveniência das partes continuarem a explorar a via da negociação. Por forma a isolar os efeitos nocivos de uma incompatibilização que ocorreu entre os seus respectivos mandatários, poderá uma das partes (ou ambas) mudar de interlocutor, o que sempre será mais facilitado quando se tenha recorrido a um escritório onde existam vários advogados associados entre si.

Este assunto das incompatibilidades pessoais é extensível, todavia, ao domínio das próprias partes negociais, já que por vezes os mandatários respectivos conseguem manter um diálogo frutífero, ao invés do que se verifica entre os seus representados. De tal ordem pode chegar a ser aquela incompatibilidade que uma das partes pode manifestar a sua recusa quanto a negociar. Nesta eventualidade, e desde que persista igualmente a necessidade ou a conveniência objectiva em continuar a explorar-se a via da negociação, poderá tentar-se encontrar quem substitua uma das partes – com o seu consentimento, naturalmente – no assunto da negociação, pessoa essa que por vezes pode ser encontrada entre os seus familiares directos.

A mudança de interlocutores e/ou a substituição de pessoas dentro de cada uma das partes negociais pode ser uma forma simples e eficaz de obviar a tais fenómenos de conflito pessoal, e pode também ser explorada num sentido ascendente – passando a lidar com um interlocutor mais habilitado ou com alguém que tenha mais poder ou mais importância no seio da parte negocial (*upgrading*) – ou num sentido descendente – passando a lidar com um interlocutor vocacionado para assuntos mais simples ou alguém que até então tenha mostrado menor relevo no seio da parte negocial (*downgrading*). Mas será um recurso que oferece um certo melindre e que, por isso, será tanto mais fácil de usar quanta for a "experiência negocial" de todos os envolvidos.

Quando a importância das emoções humanas influi no processo negocial, dificultando-o, é sempre um momento sensível que exige muita atenção, sobretudo se as finalidades da negociação se mantêm. Uma das técnicas especificamente usadas na advocacia em situações semelhantes, é a do *recurso a várias salas de negociação*, para manter o diálogo em paralelo com diversos intervenientes – exemplo óbvio, nos casos de negociação de um divórcio ou de negociação de um contrato em dadas circunstâncias, sobretudo num estádio final onde já existam expectativas de se concluir um acordo. Um dos mandatários reúne numa sala com o seu cliente, ao passo que o outro mandatário reúne noutra sala com o seu respectivo cliente. Depois reúnem apenas os mandatários numa terceira sala, regressando em seguida cada um para a sua sala inicial. Em caso de conveniência, um dos mandatários pode reunir também com a contraparte e o seu mandatário em simultâneo, evitando assim e sempre que as partes se encontrem *vis a vis*, até um eventual momento final, em que todos reúnem para chegar ao desejado consenso. Daqui resulta que a simples manipulação dos ambientes e da presença das pessoas pode facilitar – com eficácia comprovada por qualquer advogado experiente – a ultrapassagem de situações de conflito pessoal, muitas vezes geradoras de entraves e impasses negociais.

Em certos casos, as dificuldades negociais resultam da inexperiência da contraparte ou do seu mandatário. Nestas situações nada deverá obstar a uma colaboração com os mesmos, sugerindo caminhos e alternativas a considerar, sempre obviando o mais possível que se evidencie a autoria de eventuais conselhos que se possam oferecer, sob pena de serem interpretados como manobras capciosas e, logo, sejam contraproducentes.

Outras vezes, não obstante o esforço que deverá presidir para evitar que tal suceda abruptamente, surge um impasse na negociação, traduzido na manutenção intransigente da posição de uma das partes ou mesmo de ambas. Neste momento, o advogado habilitado deverá especialmente:

a) ao invés de tentar forçar a posição que defende, empenhar-se em persuadir a contraparte no sentido de a fazer aproximar-se, usando a argumentação que ao caso caiba;
b) ao invés de rejeitar simplesmente a posição defendida pela contraparte, esforçar-se para reajustar aquela posição num sentido mais vizinho à posição da parte que representa.

Quando, ainda assim, o problema subsista, então será oportuno sempre:

a) questionar as motivações da intransigência, uma vez que estas poderão ser irrazoáveis;
b) relembrar as vantagens de chegada a um consenso para todas as partes envolvidas, uma vez que a dissensão poderá ser desproporcional face aos consensos já alcançados;
c) discutir calmamente as razões do impasse;
d) rever as possibilidades de chegar a solução aceitável para todos, ainda que derivando para quadros de soluções hipotéticas;
e) tentar obter tempo de reflexão e usá-lo junto do seu cliente para um possível reajuste de posição;
f) enfrentar a possibilidade de último recurso a uma cedência mediante a exigência de uma nova contrapartida.

Muitas vezes uma situação de impasse tem origem na demasiada rapidez com que um das partes esgotou a sua margem negocial. São as situações em que o extremar de posições ocorre prematuramente. Ou seja, por não ter usado da adequada parcimónia em progredir nas suas concessões, pode uma das partes gerar na contraparte a convicção errada de que ainda está disposta a ceder mais, gerando expectativas falsas, que mais tarde levam ao bloqueio do processo negocial. Para evitar que se chegue a este cenário e para evitar uma escalada irracional e inoportuna nas propostas de parte a parte, é aconselhável reprimir a tentação de querer concluir o acordo de forma rápida e recolher para reflectir sempre que o progresso da negociação ultrapasse a programação inicial.

Outras vezes o obstáculo à negociação é produzido por uma das partes ter dado entrada na negociação com expectativas irrazoáveis ou com excessiva auto-confiança, ou somente porque pretende mostrar dureza no sentido de levar a contraparte a fazer todas as concessões, manifestando por isso uma posição intransigente. Não é raro, ainda, que exista a interferência negativa de um sujeito que deliberadamente tenta minar a negociação, como sucede, por exemplo, quando deseja arrastar o assunto para um litígio em tribunal (pelas mais variadas razões). Estes constituem sempre problemas que impõem um tratamento diferenciado. Mas, desde logo será útil contrariar a irracionalidade tais comportamentos, desarmando-os. Por exemplo, antecipando a apresentação de propostas irrazoáveis, reservando informação e a apresentação de argumentos para mais tarde, persistindo na indicação de vontade em negociar ao mesmo tempo que se enfatiza a necessidade de razoabilidade na negociação.

Se o obstáculo subsiste, então poderá a única solução ser produzir uma alteração de circunstâncias, que provoque reacções ao nível das posições negociais. Por vezes só uma mudança evidente nas condicionantes externas poderá levar a tais efeitos, como a procura de outro parceiro negocial, como o avanço em direcção ao tribunal, como a produção antecipada de prova – quer em privado, quer já em sede judicial. A discussão judicial é, por isso, frequentemente a única medida que poderá ultrapassar as dificuldades negociais, pela potenciação de novos pontos de viragem.

15. Casos Reais

Ao concluir este tema da Negociação, uma vez mais apontamos para a prática, na convicção de que o intercâmbio e o comentário de experiências poderão constituir melhor modo de enriquecer e terminar o nosso trabalho.

A aquisição de capacidades negociais é indissociável da prática. Tornar-se-ia, contudo, num exercício gratuito e fastidioso relatar casos correspondentes às mais frequentes negociações desenvolvidas na advocacia. Muito mais se o fizéssemos com a pretensão de estarmos a referir algum assunto desconhecido do leitor.

Nada importa de assinalável a negociação do pagamento de uma singela dívida entre particulares, ou mesmo a negociação pré litigiosa de um crédito empresarial constante de facturas incontestadas, onde apenas haverá a discutir as condições do pagamento imediato ou em prestações, eventuais garantias, o possível perdão de parte dos juros de mora e pouco mais. Assim como outros casos triviais num escritório de advogados, como a negociação dos termos de um contrato de trabalho, dos termos de um arrendamento, da promessa de compra e venda de um bem, de uma cessão de quotas, de uma prestação de serviços, entre tantos exemplos conhecidos.

Infinito também seria o leque de casos de negociação de litígios, quer de âmbito judicial quer em sede das mediações e das arbitragens onde interviemos, sempre acompanhadas de incidentes, inflexões inesperadas, interregnos e acordos muitas vezes concluídos já depois da execução das respectivas decisões judiciais transitadas em julgado.

Optámos, por isso, por apresentar apenas alguns casos pouco complexos de negociação, que destacamos sobretudo pelo seu desfecho inesperado, ou pela sua natureza menos vulgar – por vezes até insólita –, porquanto nos parecem os mais convenientes para ilustrar certas peculiaridades da negociação, que só podem compreender-se no interior de um contexto próprio e singular. Fazemo-lo para deixar, não um ensinamento, mas caminhos de reflexão livre sobre aquele algo de único que só a particularidade dos casos pode transmitir. Teremos, naturalmente, o cuidado de omitir todas as referências que pudessem identificar os interesses e assuntos concretos referidos a pessoas, locais, momentos e até valores designados.

O caso do restaurante

Os proprietários de um estabelecimento comercial de restauração debatiam-se com dificuldades económicas derivadas de outros negócios seus. Estas últimas razões levaram-nos à conclusão de que deveriam promover rapidamente a venda do seu estabelecimento, até porque tinham atingido os limites dos possíveis financiamentos bancários e careciam de liquidez. O estabelecimento em causa encontrava-se em laboração e, na situação normal do mercado, poderia representar um valor de venda de X. Não cuidaram, todavia, de ocultar convenientemente a sua situação económica difícil, acreditando que o valor natural e a evidente viabilidade do seu restaurante seriam suficientes para virem a realizar uma boa transacção.
Para conseguirem uma alienação mais rápida e evitar o pagamento de comissões a terceiros, os mesmos proprietários optaram por não promover a venda do estabelecimento em mediadoras especializadas e nem sequer colocarem anúncios na imprensa. Em vez disso, realizaram contactos directos com alguns empresários seus conhecidos, acabando por propor directamente a venda do restaurante a um agente que estivera ligado à actividade bancária, o qual era conhecedor de todos os meandros da situação económica daqueles. Este agente mostrou-se imediatamente interessado na compra, mas propôs-lhes pagar apenas o valor X - 5. Os proprietários do estabelecimento não aceitaram esta proposta, que lhes pareceu objectivamente baixa, mas deixaram-se cativar pela manifestação fácil do interesse daquele agente. E, em lugar de procurarem outros potenciais interessados na compra, propuseram-lhe a venda pelo valor X - 2, na expectativa de encontrarem consenso entre a diferença de valores em jogo.

O certo é que as negociações mantiveram-se num impasse durante algum tempo. Neste interregno, os proprietários do restaurante assumiram, todavia, o negócio como praticamente assegurado. A situação financeira dos proprietários veio a agravar-se. E, na falta de outro recurso imediato, estes contactaram uma vez mais o referido agente para lhe comunicarem que aceitavam a oferta inicial de X - 5. Todavia, contra o que seria expectável e até frequente, este agente retirou aquela oferta inicial, apresentando então uma contraproposta mais baixa, de X - 7. Apesar de surpreendidos com esta atitude inesperada, o estabelecimento veio mesmo a ser transaccionado pelo último valor, em virtude da necessidade premente de obter liquidez imediata.

O caso do vendedor comissionista
Era tradicional a situação em que um dado vendedor, contratado a *recibo verde* e pago por meio de comissões sobre as suas vendas, alegava a existência de um contrato de trabalho, sobretudo depois de ocorrido o seu despedimento. Acompanhámos muitos casos dessa natureza, quer da parte da entidade patronal – a qual geralmente invocaria a existência de um mero contrato de prestação de serviços – quer em representação do trabalhador – que se socorreria das características individuais da sua relação com a empresa para identificar, no caso, todas as características típicas de um vínculo laboral. Porém, neste caso particular que iremos descrever, dois vendedores comissionistas foram despedidos em simultâneo. As respectivas acções judiciais para declaração da existência de um contrato de trabalho, e consequente nulidade do despedimento, foram interpostas no mesmo Tribunal do Trabalho, mas distribuídas a juízos diversos e patrocinadas por advogados distintos.
Uma destas duas acções chegou primeiro à fase de julgamento e, naturalmente, um dos vendedores em causa foi testemunha ouvida no processo relativo ao seu colega. Como não houvesse conciliação, a entidade patronal veio a ser condenada no pagamento de uma avultada indemnização – para cujo cômputo se utilizou a média dos valores das comissões auferidas no último ano de serviço. Este mesmo caso avançou ainda para recursos, mas tal decisão de 1ª Instância foi mantida até ao respectivo trânsito em julgado e, poste-

riormente, cumprida na íntegra mediante o pagamento devido. Constituiu, portanto, um precedente obviamente a ter em conta no desenvolvimento do segundo caso.

Ora bem, já depois de tudo o que foi referido, veio a ser agendada data para julgamento do segundo processo, relativo agora ao vendedor que testemunhara anteriormente a favor do seu colega. Uma vez que a situação jurídica anteriormente julgada era – em tudo – equivalente à do processo anterior, a entidade patronal computou qual poderia ser a (provável) condenação neste segundo caso, baseando-se também na média dos valores das comissões auferidas no último ano de serviço. Atento o lapso temporal entretanto decorrido, a importância indemnizatória correspondente era substancialmente maior, já que se peticionaram todos os vencimentos vincendos até à data da condenação e os valores das médias das comissões eram equivalentes. De resto, a posição negocial deste segundo trabalhador era francamente mais sólida, atenta a precedência do caso do seu colega que obteve total ganho de causa.

Aconselhada pelo seu mandatário, no próprio dia do início deste segundo julgamento, a entidade patronal resolveu oferecer uma primeira proposta de indemnização para acordo e pagamento imediato. Decidiu oferecer inicialmente então cerca de 1/4 (um quarto) do valor calculado como sendo o da condenação provável – mas claramente disposta a subir tal oferta na sequência de contrapropostas. Porém, ali mesmo à porta do tribunal, esta primeira oferta foi imediatamente aceite pelo trabalhador, contra todas as expectativas.

O caso do cenário televisivo

Para a produção de um popular programa televisivo, o respectivo produtor celebrou um acordo de permuta com uma empresa fabricante de cenários. Nos termos desta permuta, que não foi sujeita a forma escrita, a empresa forneceu o cenário para as filmagens, em contrapartida da menção expressa da sua firma, quer no rol de agradecimentos finais do programa quer por qualquer outro meio explícito. Alegando incumprimento deste contrato, a empresa veio a demandar judicialmente o produtor do programa televisivo, reclamando-lhe o pagamento de uma indemnização composta pelos custos de construção do cenário fornecido, por danos emergentes e ainda lucros cessantes. O produtor alegou, no entanto, não ter existido qualquer incumprimento contratual, por ter sempre sido feita uma menção expressa e explícita da firma da empresa fabricante durante todos os programas televisivos, quer no rol de agradecimentos finais, quer ainda, por vezes, durante as emissões do programa e pela voz do célebre apresentador do programa.

As partes mostravam-se totalmente inconciliáveis.

Certo, porém, é que a acção judicial veio a correr termos numa pequena Comarca situada numa extremidade do continente nacional, onde o Tribunal de Círculo se reunia apenas uma vez por semana. E, pelos meios de prova requeridos, tornava-se necessário visionar mais de 80 (oitenta) programas – cada qual com a duração de várias horas – durante as sessões de audiência de julgamento a realizar. Por este motivo, na primeira sessão de julgamento em que se procurou programar os trabalhos, o desespero dos digníssimos magistrados que constituíam o Tribunal de Círculo tornou-se patente. De tal forma que convidaram as partes, insistentemente, a procurarem mais uma vez conciliar-se, sob pena de forçarem todos os intervenientes a um muito penoso exercício, contrário ao interesse público da boa economia na administração da Justiça. De resto, o valor da causa – se bem que várias vezes superior ao da alçada do Tribunal da Relação – não justificava razoavelmente o empenho de tantos recursos jurisdicionais como os necessários para julgar o caso.

Estas razões, somadas às despesas de deslocação de testemunhas, aos custos do patrocínio forense de ambas as partes, e ainda à ponderação do valor económico que cada um dos envolvidos perderia afectando meios técnicos e humanos para o efeito, acabaram por forçar as partes processuais a conciliar-se, mediante os bons ofícios dos seus mandatários.

O caso da marca e da designação social

Uma grande empresa nacional encetou um processo de mudança de imagem. Baseando-se em pesquisas efectuadas pelo seu departamento jurídico junto do Instituto da Propriedade Industrial, logrou obter o registo de uma nova marca – uma determinada marca onde a única expressão linguística era X. A partir desta marca foi concebida uma vultosa campanha de comunicação, tendo sido contratadas figuras públicas de enorme projecção mediática e encomendada uma vasta campanha promocional e publicitária. A dado momento deste percurso, e quando já a campanha estava pronta para surgir aos olhos do público, com o intuito de mudar a própria firma social para a mesma expressão X, o departamento jurídico daquela empresa efectuou pesquisas junto do Registo Nacional de Pessoas Colectivas. Ora, neste momento, verificaram a impossibilidade de realizarem o seu intento, uma vez que existia já uma sociedade comercial por quotas, do mesmo ramo de actividade, precisamente com aquela designação X, embora sem actividade efectiva há cerca de 3 anos.

Esta infeliz circunstância tornou-se numa situação de grave crise interna, no seio da grande empresa em questão. Suficiente até para produzir algum escândalo público, um abalo irreparável na credibilidade de toda a administração e sérias consequências económicas quanto à inutilidade de todas as despesas incorridas e dos encargos já assumidos.

Contactado um dos advogados externos daquela grande empresa, este prontificou-se para, sem delonga e no seu interesse, propor-se à aquisição das quotas da sociedade X, junto dos seus respectivos sócios já identificados. Seria fundamental, todavia, usar de toda a cautela e a maior descrição para que estes sócios da sociedade inactiva nunca se apercebessem da importância que havia inesperadamente assumido a sociedade X. Acresce que, no mundo dos negócios, os sócios desta sociedade X eram tidos por pessoas muito experientes e hábeis na criação de estruturas societárias para rentabilização das suas empresas, sendo certo que no seu passado haviam-se defrontado com a acusação de uma célebre falência fraudulenta.

Os contactos negociais foram realizados no tempo recorde de dois a três dias, tendo havido o cuidado de se justificar a pressa existente na aquisição das quotas com um motivo atendível e comum. Mas, depois de estabelecidas todas as condições do negócio – sendo o preço dado às quotas um valor irrisório que, aliás, foi adiantado pelo próprio advogado atenta a escassez do tempo – e depois de, sem levantar suspeitas, se conseguir agendar a transacção para a tarde de uma dada 2ª feira, sucedeu o pior dos eventos imaginável. Com efeito, durante o Sábado e o Domingo anteriores foi iniciada a campanha publicitária relativa à marca X registada a favor da grande empresa aludida inicialmente. Ou seja, em grandes *outdoors*, em painéis fixos e nas páginas centrais dos jornais – curiosamente a parte televisiva da campanha surgiu mais tarde – foi anunciada a nova marca X daquela grande empresa, com recurso, como dissemos, à imagem de algumas celebridades nacionais.

Na manhã de 2ª feira, a administração da grande empresa colocou dúvidas perante o advogado acerca da viabilidade de se concretizar ainda a cessão de quotas nos termos previstos, levantando a hipótese de se abordar novamente os sócios da sociedade X, a fim de lhes ser colocado o assunto com franqueza e com todos os detalhes, e pedir-lhes para serem os próprios a propor um novo preço, que considerassem ajustado.

Todavia, na tarde desse dia realizou-se com êxito a cessão de quotas em causa, nas condições iniciais, tendo o citado advogado passado a ser o titular único das quotas da sociedade X.

Na sequência deste negócio, por sua vez realizou-se nova cessão de quotas da sociedade X a favor da empresa cliente, a qual procedeu mais tarde à dissolução, liquidação e partilha da mesma, a fim de alterar a sua firma social que passou a ostentar em primeiro lugar a expressão X.

O caso da jornalista

Uma dada jornalista que se encontrava ao serviço de uma empresa do sector da comunicação, com antiguidade e reputação já consideráveis, há muito tempo se limitava a produzir uma peça de crítica de artes e espectáculos por edição semanal. Entendiam as chefias que a sua produtividade era reduzida, sobretudo em razão do elevado vencimento auferido, nomeadamente porque a referida jornalista se abstinha de propor à redacção qualquer iniciativa de reportagem, de investigação ou de outra natureza em benefício do conteúdo do meio de comunicação em causa.

Na sequência de um diálogo aberto entre a direcção do meio de comunicação e a jornalista, foi-lhe proposta a revogação do contrato de trabalho por mútuo acordo. A entidade patronal ofereceu o valor X para compensação global respectiva (valor que ultrapassava a medida da indemnização legal de base para a extinção do posto

de trabalho), entendendo a jornalista visada que apenas aceitaria tal revogação mediante o pagamento do dobro desse valor X.
A situação laboral descrita e a baixa produtividade mantiveram-se. Com o passar dos anos, a entidade patronal foi conferindo aumentos salariais diferenciados aos seus trabalhadores jornalistas, sendo que não atribuiu qualquer aumento salarial à jornalista em causa. A posição da comissão de trabalhadores da empresa, e mesmo a do respectivo sindicato, era, contudo, a de que: nem a empresa poderia praticar aumentos salariais diferenciados; nem poderia deixar de aumentar o vencimento da jornalista em questão, desde logo porque todos os colaboradores da crítica das artes e espectáculos haviam sido aumentados e por diversas vezes.
A questão evoluiu para um litígio no Tribunal do Trabalho, por via do qual a mesma jornalista reivindicava aumentos retroactivos do seu vencimento, alegando estar a ser discriminada e defendendo a aplicação do princípio laboral: salário igual para trabalho igual. Na tentativa de conciliação, entidade patronal e trabalhadora mantiveram as suas posições iniciais, não existindo disponibilidade da empresa para conferir qualquer aumento salarial, por o considerarem profundamente injustificado.
Porém, com a prolacção da Sentença em 1ª Instância, que deu ganho de causa à entidade patronal em face dos factos provados, logrou-se a obtenção de um acordo extrajudicial, por via do qual se realizou a revogação do contrato de trabalho por mútuo acordo, mediante o pagamento do valor X para compensação global respectiva. Isto, dez anos volvidos sobre a proposta inicial desse valor X.

O insólito caso do administrador de um Banco
Eis um caso célebre, de acordo com o que nos foi relatado. Há mais de duas décadas atrás, o titular de um alto cargo de uma instituição bancária consultou um distinto causídico da nossa praça. A situação trazida ao escritório do advogado era muito grave e, ao mesmo tempo, especialmente melindrosa, desde logo por se inserir no seio de um sector de actividade onde o sigilo e a descrição são imperativos éticos fundamentais – a banca. Note-se que, ainda hoje, as disputas relativas à actividade bancária – quer referentes à relação jurídica entre as instituições e os seus clientes, quer referen-

tes às relações entre as próprias instituições bancárias, quer ainda as referentes às relações entre as instituições bancárias e os seus funcionários e agentes – são normalmente solucionadas por meio de arbitragem, precisamente para evitar a publicidade inerente à actividade dos tribunais.

O caso não era para menos: aquele titular de alto cargo havia-se apropriado ilicitamente de um valor muito considerável (valor X), pela repetição de fraudulentas e habilidosas apropriações de capitais depositados. Este sujeito pretendia o conselho do seu advogado, no sentido de saber como poderia evitar as consequências óbvias da sua conduta, ou minimizá-las, uma vez que viesse a descobrir-se a terrível história relatada. Nomeadamente, desejava saber se deveria confessar espontaneamente os factos e procurar um acordo, sendo certo, todavia, que não dispunha de meios económicos para repor o valor de que se apropriara ao longo do tempo.

Depois de esclarecer o seu cliente acerca das consequências jurídicas da sua conduta passada e das vias alternativas para a solução do litígio (que se imporia necessariamente), o causídico interrogou o mesmo cliente acerca da possibilidade que este ainda teria, ou não, de repetir mais um desvio de capitais, o que foi respondido afirmativamente. Assim, a conselho do seu mandatário, aquele titular de cargo bancário veio a subtrair ainda o valor Y. A quantia total desviada passou assim a ser X + Y.

Posteriormente, a situação foi relatada em privado aos membros do órgão superior da instituição bancária em causa, e justificada com as causas reais da conduta miserável do referido titular de alto cargo, as quais não relevam para o nosso caso.

Para se estabelecerem as condições de um possível acordo extrajudicial, era necessário todavia que o responsável se dispusesse a restituir o valor subtraído, ou pelo menos parte dele.

Salvaguardando o crédito e o bom nome do próprio Banco em apreço, este aceitou dar o problema como resolvido e renunciar à queixa crime correspondente, mediante a devolução do valor Y, acrescido de pouco mais, acompanhado naturalmente da rescisão voluntário do vínculo laboral existente.

O caso da venda da herdade

Entre os diversos casos que temos acompanhado desta natureza, sobressai em particular o relativo a um prédio rústico de muito considerável dimensão, que se pretendia vender a um conjunto de empresários agrários de nacionalidade espanhola.

Apesar de se ter tratado de uma negociação contratual integrada, distributiva, multifásica e multipartida, tudo teve início num breve momento em que duas partes – a vendedora e a compradora – depois de uma reunião pessoal e de uma visita à herdade em causa, estabeleceram um acordo que para ambos aparentava já ser, ironicamente, um "negócio fechado".

A parte vendedora procurou o advogado, somente para a elaboração de um contrato-promessa, que desse corpo àquele manuscrito de que eram portadores: uma singela folha de papel, onde se dava quitação de um sinal avultado, onde se fixava o valor do hectare, e onde se declarava a vontade recíproca de celebrarem a compra e venda definitiva dali a um par de meses.

Ora – subtraindo ao nosso relato já as inúmeras dificuldades que se verificavam ao nível cadastral e de registo predial que subsistiam por resolver há muitos anos – as partes haviam ignorado que: por um lado, diversas parcelas da herdade encontravam-se arrendadas a uma meia dúzia de rendeiros rurais, com direito a renovação do período inicial da locação; e, por outro lado, existia um compromisso oral com um destes rendeiros para a venda de uma importante parte da herdade.

Todos os envolvidos constituíram advogado e, naturalmente, encetaram-se complexas negociações paralelas tendo em vista a revogação de todos aqueles contratos de arrendamento e a "revogação" do compromisso oral de venda. Perante as dificuldades inúmeras que vieram a surgir, a parte compradora espanhola veio a abordar directamente os rendeiros da herdade, e aceitava já comparticipar na indemnização a pagar a alguns destes, na condição de a parte vendedora descer proporcionalmente o valor do hectare previamente negociado para a compra. De outra parte, subsistiam ainda dúvidas quanto à medição efectiva da área da herdade, havendo levantamentos técnicos diferentes quer da parte vendedora quer da parte compradora.

Assim, chegada a data inicialmente prevista para a escritura de compra e venda, o negócio estava longe de poder realizar-se e nem fora sequer possível chegar a acordo quanto à redacção de um mero contrato promessa.

Desde este momento, a situação tornou-se caótica e conflituosa, tendo os empresários espanhóis tentado tomar posse da herdade com pessoal e máquinas – tentativa debelada pela presença da GNR – alegando ter título contratual suficiente para o efeito. Mais tarde, deram o negócio por prejudicado definitivamente, passando a reivindicar a restituição, em dobro, do avultado sinal pago. Entretanto, os acordos em formação com os rendeiros para a revogação de cada arrendamento, ameaçavam desmoronar-se pelo incumprimento dos prazos previamente estabelecidos para o pagamento das indemnizações devidas.

Tudo veio a solucionar-se, todavia, ainda nesse mesmo ano, mediante a realização da escritura de compra e venda entre as partes compradora e vendedora e a revogação simultânea de todos os arrendamentos rurais, graças à presença de espírito e à lealdade recíproca dos advogados intervenientes, que permitiram encontrar os necessários consensos.

O caso do director-geral

Uma dada sociedade anónima admitiu um novo director-geral, altamente recomendado por uma empresa de recursos humanos, neste caso uma *head hunter*. Naturalmente, foram-lhe proporcionadas condições remuneratórias principescas, ao mesmo passo que se esperavam grandes melhorias nos resultados operacionais da entidade empregadora. Por motivos que não cumpre ora referir, ao cabo de um ano entenderam os accionistas daquela sociedade anónima nomear o mesmo sujeito para o cargo de administrador, por meio da necessária deliberação em assembleia geral.

Porém, pouco mais tempo volvido, a insatisfação acerca da conduta e dos resultados do mesmo era generalizada. Assim foi aquele destituído do cargo de administrador. Sucede, todavia, que nos termos da lei vigente, subsistia o vínculo laboral anteriormente constituído aquando da admissão daquele protagonista para o lugar de director-geral. Daí, o mesmo veio a recorrer ao tribunal do trabalho alegando ter sido despedido sem justa causa e reivindicando a sua reintegração.

Ora bem, na tentativa prévia de conciliação, feita já no gabinete do competente juiz, o director-geral aceitava a revogação do seu contrato de trabalho mediante uma compensação global. Feito o cômputo da importância pretendida, o respectivo valor correspondia a bastante mais do que o cálculo de uma indemnização referida à sua escassa antiguidade. Na troca de propostas e contrapropostas, acabou por não se verificar consenso, tendo a última posição do trabalhador ficado pelo valor Y, e a oferta considerada final da sociedade permanecido no valor Y - 1, sendo a diferença realmente ínfima.

A acção judicial veio a correr os seus termos e a prolongar-se no tempo, tendo-se realizado várias sessões de audiência de julgamento. E, importa referir, no momento anterior ao da prolacção da Sentença, um total ganho de causa que viesse a beneficiar o trabalhador poderia produzir uma condenação da sociedade a pagar-lhe um valor superior a 2,2 x Y. Isto pela inclusão de todos os vencimentos até então vencidos e não pagos. Porém, nesse mesmo momento, tornou-se imperioso à sociedade chegar a acordo com o referido trabalhador, pois existiam razões objectivas (que nos abstemos de mencionar) para temer um sério impacto negativo sobre uma transacção financeira que estava prestes a ter lugar, caso o assunto se tornasse público.

Para alcançar o acordo, a sociedade anónima ofereceu então sucessivas propostas superiores àquele valor da possível condenação judicial. Todavia, nem assim o trabalhador se dispunha a transigir. Deu-se lugar a uma escalada irracional, mediante a qual veio finalmente a atingir-se um acordo (ainda anterior ao proferimento da Sentença), mediante o pagamento de uma indemnização correspondente a 3,9 x Y.

O caso do condomínio de luxo

Entre os casos que temos acompanhado nos últimos anos relativos a vícios de construção em edifícios recentemente construídos, sobressai também, pelo desfecho invulgar, o relativo a um condomínio fechado de alto padrão, com: situação geográfica privilegiada; fracções autónomas com revestimentos e acabamentos luxuosos;

lojas de superfície na fachada; e partes comuns do prédio integrando três pisos de estacionamento, piscina com zona social e de apoio, amplas salas de condomínio, etc.

Pouco tempo depois de comercializadas as fracções autónomas e de constituída a primeira assembleia de condóminos, decide o condomínio apresentar uma reclamação formal contra a empresa promotora (proprietária original de todo o prédio e dona de obra respectiva) e contra a empresa construtora (empreiteira-geral da respectiva obra), para reparação e/ou responsabilização por vícios e anomalias verificados nas partes comuns, dentro do prazo de garantia.

Como se vulgarizou no tratamento deste tipo de assuntos – sobretudo quando haja notoriedade da promotora ou da construtora – a resolução do assunto foi encaminhada pelos respectivos mandatários das três partes negociais envolvidas para um processo de Mediação junto de uma consagrada instituição nacional. No acordo de mediação previu-se a suspensão dos prazos de caducidade das denúncias dos defeitos, e uma cláusula compromissória que possibilitava a solução ulterior do diferente por meio de arbitragem, para a hipótese de não se conseguir uma conciliação.

No primeiro momento da mediação, apesar da boa vontade existente entre os mandatários e o ilustre mediador, pareciam as partes inconciliáveis, uma vez que quer a construtora quer a promotora não aceitavam a existência de mais do que um único defeito de construção nas partes comuns do prédio, ao passo que, por outro lado, o condomínio apresentava uma lista de mais de vinte defeitos de construção nas partes comuns, havendo notícia de inúmeras queixas de cada condómino quanto a vícios e/ou anomalias no interior das respectivas fracções.

Porém, conjugando esforços de aproximação, realizando vistoria ao prédio e discutindo trabalhosamente na presença do ilustre mediador e dos legais representantes de cada uma das partes envolvidas, ao cabo de largos meses chegou-se a uma lista de trabalhos de reparação a efectuar: uma parte a efectuar e/ou custear pela promotora; outra parte a efectuar e/ou custear pela construtora; tendo o condomínio abdicado de várias reparações.

Todavia, nas vésperas da assinatura de um acordo final, cuja redacção naturalmente careceu de ser discutida ao pormenor:

- a empresa construtora comunica às demais partes que se apresentou a processo judicial de insolvência, não podendo por isso subscrever a conciliação sem a intervenção do respectivo administrador de insolvência – o que inviabilizava, na prática, a sua participação no acordo;
- e (veio a apurar o condomínio que) a empresa promotora alienara entretanto todo o seu património imobiliário conhecido, tornando-se assim, objectivamente, numa parte negocial sem garantia patrimonial alguma das obrigações que viesse a assumir.

Depois de tentados os últimos recursos para a realização do acordo em causa em sede de mediação, a conciliação veio a frustrar-se, passando o caso a ser discutido na barra dos tribunais.

O caso do hotel algarvio

Numa região onde a exploração de um estabelecimento de hotelaria é tão cobiçada – como entre os concelhos de Lagos e Loulé – um dado hotel de apartamentos de média dimensão, localizado a poucos metros da praia, encontrava-se em pleno funcionamento. Há alguns anos já que, sobre o imóvel respectivo, para além da prestação de serviços de hotelaria ao público em geral, a sociedade proprietária comercializava também direitos reais de habitação periódica (DRHP) sobre 60% (sessenta por cento) das unidades de alojamento de que se compunha.

À época, contudo, esta realidade, conhecida vulgarmente por *time sharing*, começou a ser encarada com grande desconfiança por parte do mercado. Uma das razões de tal desconfiança era a dificuldade em realizar trocas de semanas entre titulares de DRHP em outros empreendimentos também sujeitos ao *time sharing* (ao contrário do que era divulgado na promoção agressiva das suas vendas) e outra ainda a quase impossibilidade de revender o DRHP adquirido, por falta de interessados.

No caso concreto do hotel de apartamentos que referimos, os titulares de DRHP eram em elevado número e mostravam grande insatisfação perante a direcção efectiva do hotel, queixando-se de: má administração dos fundos afectos aos DRHP; má conservação do estabelecimento; deficiência na quase totalidade dos serviços hoteleiros; elevado valor das prestações periódicas cobradas para as despesas de limpeza, conservação e encargos tributários; dificuldade na marcação das suas semanas de férias, por razões atinentes a má organização; entre outras queixas.

Sem razão aparente, a exploração era deficitária. De tal intensidade passou a ser a desordem, que nas assembleias gerais ordinárias de titulares de DRHP não se conseguiam aprovar as contas da exploração, nem os orçamentos, existindo conflitos latentes de natureza vária: a veracidade da contabilidade era questionada; o destino dado às verbas das prestações periódicas era posto em causa; e múltiplas também eram as pessoas que se consideravam burladas.

A dado momento e temendo a não renovação do alvará de exploração por parte da Direcção-Geral do Turismo, aqueles titulares de DRHP constituíram uma comissão com o intuito de promover o processo de destituição da administração do empreendimento e de reunirem as queixas de todos, a fim de se instaurarem diversos processos criminais contra os sócios da sociedade proprietária.

Este contexto conflitual motivou a negociação de uma eventual cessão das quotas da sociedade detentora do hotel, a que os respectivos sócios se viam quase compelidos.

Neste quadro de circunstâncias e atendendo ao passivo da sociedade proprietária, realizou-se um acordo global, mediante o qual os sócios da sociedade proprietária cederam as suas quotas aos titulares de DRHP que lideravam aquela comissão. O valor da cessão de quotas – a qual indirectamente transmitia a propriedade do hotel – foi praticamente irrisório.

Todavia, no espaço de três meses, com o consentimento e o apoio dos demais, estes últimos titulares de DRHP lograram identificar uma sociedade estrangeira e interessada em prosseguir com a exploração do hotel, tendo-lhe então cedido as mesmas quotas sociais por uma importância muito significativa, dezenas de vezes o valor inicial.

O caso da denúncia para exploração directa

Prevê a lei de arrendamento rural que, na eventualidade de os senhorios de um dado prédio rústico efectuarem a denúncia do arrendamento para o termo do prazo inicial com fundamento na vontade expressa de procederem à exploração directa, os respectivos rendeiros não poderão opor-se ao termo do contrato. Nesse caso, constitui-se uma obrigação legal que impende sobre os proprietários, os quais terão de proceder à exploração efectiva do prédio durante um período mínimo de cinco anos. No entanto, caso estes anteriores senhorios não venham a proceder à exploração directa do prédio, terão os anteriores rendeiros a hipótese de serem ressarcidos dos danos emergentes e lucros cessantes relativos aos cinco anos de exploração, para além de serem reinvestidos no arrendamento do mesmo prédio.

Ora bem, num dos casos que acompanhámos, um conjunto vaso de comproprietários efectuou a denúncia de um dado arrendamento rural, fundamentada na sua vontade de procederem à exploração directa do prédio em questão. Este prédio rústico era vasto, integrava centenas de hectares de terra fértil, e as receitas anuais que proporcionava aos anteriores rendeiros eram também de ordem muito considerável.

Uma vez entregue a herdade aos senhorios, livre e devoluta, poucos passaram a ser os sinais evidenciados de uma exploração agrícola. Porém, ao longo dos cinco anos daquele prazo legal, efectivamente alguns dos comproprietários exploraram alguns talhões da herdade, informalmente dividida entre todos.

Importa referir que a lei não impõe que a exploração directa por cinco anos tenha de ser adequada e/ou rentável, nem elucida acerca da possibilidade de se realizar uma exploração directa de apenas uma parte do prédio. E estas são sempre questões que se suscitam neste tipo de casos.

O certo é que, volvidos os cinco anos em causa, deu entrada em tribunal uma acção judicial movida pelos anteriores rendeiros, reclamando não apenas o arrendamento coercivo, mas igualmente uma indemnização vultosa – suficiente para produzir sério revés patrimonial aos comproprietários.

Na fase processual dos articulados, optaram os comproprietários por alegar terem realizado a exploração directa do prédio, sem, contudo, fazerem a junção dos documentos comprovativos, que foram sendo reunidos exaustivamente. Pelo contrário, os rendeiros juntaram aos autos a documentação de que dispunham, a qual, no seu entender, era suficiente para demonstrar a ausência de uma exploração agrícola no período em causa.

Desde o início do litígio judicial que os mandatários envolvidos procuraram as eventuais vias de acordo, tendo-se discutido: desde a compra e venda da herdade; à celebração de um novo arrendamento, ainda que parcial; ao estabelecimento de indemnização por um valor razoável; etc. – mas sempre sem resultados. As partes estavam convictas da sua respectiva posição e a discussão final em Juízo haveria de produzir um certo alarde a nível local, já que se tornaria emblemática para os segmentos da comunidade envolvidos.

Foi neste quadro de circunstâncias que, na precisa véspera do início da audiência de discussão e julgamento, o mandatário dos comproprietários convidou os próprios rendeiros e dois dos seus mandatários para uma reunião de âmbito negocial. Durante esta, foi-lhes proporcionada toda a liberdade para, em privado, analisarem o extenso conjunto de dossiers de documentação por via do qual se deveria comprovar a exploração directa. Isto, em ordem a os Autores da acção ponderarem uma eventual desistência do litígio judicial, mediante a assunção por parte dos Réus das elevadas custas judiciais e de alguns custos incorridos por aqueles. O que efectivamente se conseguiu concretizar no dia seguinte, por transacção celebrada no gabinete do respectivo Juiz presidente.

16. Redacção de Contratos (exemplos)

Conforme aludido na parte final do segmento 11.2. *supra*, dedicado à Negociação de Contratos, passaremos a apresentar o resultado contratual de negociações reais e concretas. Pelos seguintes exemplos de minutas – extremamente simples – pretende-se apenas dar um pequeno vislumbre de diferentes estruturas, complexidades e formas contratuais, assim como ilustrar, em ínfima medida, como cada contrato se deve adequar ao caso concreto, em salvaguarda da sua própria finalidade. Nos mesmos inclui-se uma promessa unilateral, elaborada após a constatação da inexistência do devido contrato de mútuo, sujeito à forma especial prevista na lei, também como exemplo de adequação às finalidades desejadas pelas partes que compunham a relação jurídica, tendo-se chegado à conclusão que aquela forma de negócio jurídico (não propriamente contratual, mas sim uma declaração unilateral) seria preferível em função da posição credora do constituinte representado.

PROMESSA UNILATERAL

(...), Lda, sociedade comercial por quotas, pessoa colectiva nº (...), com sede na (...), concelho de Lisboa, matriculada Conservatória do Registo Comercial de Lisboa sob o nº (...), com o capital social de 5.000,00 EUROS, doravante designada por «a sociedade promitente» neste acto representada por (...) que outorga na qualidade de legal representante e com poderes para o acto;
E
(...), natural da freguesia de (...), concelho de (...), residente na (...), em Lisboa, contribuinte fiscal nº (...) e portador do Bilhete de Identidade nº (...), emitido em (...), pelos Serviços de Identificação Civil de Lisboa, casado com (...) no regime de separação de bens, que neste documento outorga também em seu nome individual e é doravante designado como «o promitente»;

Considerando que em (...) a sociedade promitente recebeu o valor líquido de EUR: 30.000,00 (trinta mil euros), o qual lhe foi prestado por (...), casado, natural da freguesia de São Sebastião da Pedreira, concelho de Lisboa, NIF (...), portador do Cartão do Cidadão número (...), emitido pelos Serviços de Identificação Civil de Lisboa, residente na (...), em Lisboa, por solicitação e a pedido do ora promitente que se comprometeu, na qualidade de gerente da sociedade promitente e também pessoalmente, a reembolsar o prestador da totalidade daquele valor prestado;

Pelo presente instrumento de promessa unilateral, os supracitados promitentes assumem solidariamente a obrigação de pagar a (...), acima identificado, o valor líquido de EUR: 30.000,00 (trinta mil euros), por transferência bancária a efectuar para a conta de depósito com o NIB (...), nos termos seguintes:
Até ao dia (...) serão pagos EUR: 10.000,00 (dez mil euros), na íntegra ou por pagamentos parcelares até à mesma data;
Até ao dia (...) serão pagos EUR: 10.000,00 (dez mil euros), na íntegra ou por pagamentos parcelares até à mesma data;
Até ao dia (...) serão pagos os remanescentes EUR: 10.000,00 (dez mil euros), na íntegra ou por pagamentos parcelares até à mesma data;
O não pagamento de uma das prestações na data convencionada, importará o automático vencimento de todas as demais sem necessidade de comunicação prévia, passando a ser devidos juros de mora à razão de 4% ao ano desde a data do primeiro incumprimento até pagamento efectivo.

Esta declaração de promessa unilateral tem força executiva nos termos e para os efeitos previstos na alínea c) do nº1 do art.46º do Código de Processo Civil, tendo-se procedido ao reconhecimento presencial das assinaturas dos promitentes.

A SOCIEDADE PROMITENTE   O PROMITENTE

ACORDO DE CEDÊNCIA TEMPORÁRIA DE EQUIPAMENTO

(...) LDA, pessoa colectiva nº (...), contribuinte da Segurança Social n.º (...), com sede na (...), freguesia de (...), em Lisboa, matriculada na Conservatória do Registo Civil de Lisboa sob o art.º (...) com o capital social de 100.000,00 EUROS, neste acto representada pela sua gerente (...), adiante designada abreviadamente por (...)
E
(...), pessoa colectiva nº (...), neste acto representada por (...) e (...), que outorgam na qualidade de (...), instituição adiante designada abreviadamente por (...);

No âmbito de acção promocional levada a efeito pela (...), celebram o presente acordo de cedência temporária de equipamento, o qual se rege pelas cláusulas seguintes:

1. A (...) irá ceder ao (...), para utilização gratuita e pelo período de (...) a (...), o seguinte equipamento:
    PAREDE DE FUTEBOL INTERATIVA SUTU
    Fabricante: YALP
    (...)

2. O equipamento referido será colocado numa parede exterior do estádio de futebol (Estádio (...)), em local a designar pelo (...), e instalado pela (...) respeitando as indicações técnicas do fabricante, e será destinado para uso livre e preparação física da Geração (...), atletas juniores e seniores e visitantes autorizados pelo (...).

3. Durante o período de cedência acima referido, a (...) manter-se-á como exclusiva proprietária e possuidora do equipamento mencionado, cabendo ao (...) zelar pela sua boa utilização, conservação e segurança, na qualidade de detentor de boa-fé, obrigando-se a cumprir e a fazer cumprir por todos os seus funcionários e agentes as seguintes regras de utilização:
    3.1. _____
    3.2. _____
    3.3. _____ (...)
    3.4. Não realizar qualquer modificação ou intervenção técnica no equipamento e seu software.

4. Incumbe à (...) o transporte e a realização de todos os trabalhos relativos à instalação e remoção do equipamento referido.

5. O (...) garante à (...) o cumprimento das seguintes contrapartidas:
    5.1. Permanecerão visíveis nas imagens de écran do equipamento os logótipos da (...) e do (...) em regime de paridade;
    5.2. A dinamização do equipamento pelo seu departamento de Marketing e o seu uso em eventos como o Festival da Criança;

5.3. A divulgação do equipamento e da (...) em meios de comunicação social, incluindo o (...) TV, Facebook e outros equivalentes;

5.4. Organizar uma sessão de divulgação do equipamento com a presença de pelo menos um jogador da Equipa A de Futebol do (...), na qual serão registadas fotografias e pequenos filmes para uso comercial da (...);

5.5. A disponibilização da Sala de Conferência de Imprensa para uso livre e gratuito da (...)nos dias (...)e/ou em outras datas a acordar;

5.6. ___ (...)

6. Em tudo quanto não vai previsto no presente acordo serão aplicáveis as regras jurídicas relativas ao contrato de comodato.

Lisboa, (...)

Pela (...):

Pelo (...):

ACORDO DE REVOGAÇÃO DE EMPREITADA

(...), NIF (...), portador do Bilhete de Identidade nº (...), emitido em (...), pelos SIC de (...), residente na (...), em (...), na qualidade de Dono de Obra e adiante designada por DONO DE OBRA,

E

(...) LDA, pessoa colectiva nº(...), matriculada na 3ª Secção da Conservatória do Registo Comercial de Lisboa sob o art. (...), com o capital social de 60.000,00 Euros, e sede na (...), freguesia de (...), concelho de Lisboa, representada com poderes para a obrigar pelo seu sócio gerente (...), na qualidade de Empreiteira e adiante designada por (...),

Considerando que:

I. Em (...), os ora outorgantes celebraram um contrato de empreitada, relativo a (...) a realizar no imóvel que é propriedade do DONO DE OBRA sito na (...), em (...), discriminados no Orçamento da (...) datado de (...) – «Anexo 1» ao presente Acordo e fazendo deste parte integrante – nos termos, preços e condições constantes de tal documento, no qual os trabalhos previstos somavam o valor de EUR: (...) [valor sem IVA];

II. O contrato de empreitada celebrado entre as outorgantes teve por base a execução do projecto aprovado pelo DONO DE OBRA constante do «Anexo 2» ao presente Acordo e fazendo deste parte integrante;

III. No âmbito do mesmo contrato de empreitada, os ora outorgantes estipularam que o pagamento do preço fosse feito mensalmente, de acordo com os Autos de Medição apresentados pela (...);

IV. No decurso da empreitada foi acordada a exclusão de alguns trabalhos, bem como a realização de trabalhos não previstos – de acordo com o constante, nomeadamente, no Auto de Medição nº(...), que constitui o «Anexo 3» ao presente Acordo e fazendo deste parte integrante – sendo que o tratamento contabilístico destas alterações foi reflectido mensalmente nos respectivos autos;

V. Por conta dos trabalhos realizados até ao Auto de Medição nº(...) inclusivé, o DONO DE OBRA pagou até à presente data à (...)a quantia total de EUR: (...) [valor sem IVA];

VI. Em (...), por iniciativa da DONO DE OBRA foram interrompidos os trabalhos da empreitada;

VII. A (...)apresentou à DONO DE OBRA, para pagamento, a factura (...) datada de ____ no valor de EUR: (...) [valor sem IVA] correspondente ao Auto de Medição nº(...) e a factura (...) datada de (...) no valor de EUR: (...) [valor sem IVA] correspondente a materiais em execução por terceiros destinados à obra – documentos que constituem respectivamente os «Anexo 4» e «Anexo 5», ao presente Acordo e fazendo deste parte integrante – não tendo o DONO DE OBRA reconhecido ser devedor dos correspondentes valores;

VIII. Os outorgantes decidiram nesta data revogar o contrato de empreitada, a fim de, de Boa-Fé e no melhor espírito de conciliação, submeterem à apreciação de terceiros a quantidade e conformidade dos trabalhos executados em obra, de modo a realizarem o fecho de contas da empreitada, nos termos do presente Acordo;

É de boa fé celebrado e reciprocamente aceite o presente Acordo de Rescisão do Contrato de Empreitada, que subordinam às seguintes cláusulas:

Cláusula 1ª
As partes acordam em revogar o contrato de empreitada que serve de objecto ao presente Acordo, com salvaguarda de todos os efeitos já produzidos e sem prejuízo do prazo de garantia da obra, servindo para qualquer efeito como data da Recepção Definitiva da Obra o dia de (...).
A obra é recebida pela DONO DE OBRA no estado em que actualmente se encontra e não poderá realizar na obra quaisquer trabalhos ou modificações até à conclusão dos trâmites previstos no presente Acordo.
A (...) ficará desonerada da garantia contratual dos trabalhos realizados relativamente a todas as componentes e partes da obra que venham a ser modificadas em data posterior à da Recepção Definitiva da Obra.

Cláusula 2ª
A obra será objecto de um levantamento exaustivo, apreciação crítica e conclusões, a efectuar nos termos das Cláusulas seguinte, pelos três técnicos adiante identificados, considerados habilitados e credenciados, tendo destes sido nomeado um por cada uma das outorgantes e o terceiro tendo resultado de escolha acordada entre os dois primeiros:
técnico indicado pela DONO DE OBRA: (...), residente em (...), com o telemóvel nº (...);
técnico indicado pela (...): Engº.Técnico (...), residente em na (...), com o telemóvel nº (...);
técnico escolhido por acordo: (...), residente em (...), com o telemóvel nº (...);
Cada um dos outorgantes é responsável pela remuneração do técnico que indicou e por metade da remuneração que vier a ser devida ao terceiro técnico.
Os três técnicos envidarão todos os esforços entre si no sentido de elaborarem um relatório conjunto, com conclusões unânimes resultantes da discussão entre si, ou relatórios individuais, em caso contrário.
Existindo uma discrepância quanto a conclusões individuais, prevalecerão aquelas onde dois dos técnicos tenham assumido posições idênticas; e, no caso das conclusões individuais onde não se verifiquem duas posições idênticas, será feita uma média de valores entre as três posições enunciadas pelos técnicos, a ser apresentada pelo técnico que foi escolhido por acordo entre os demais.
As partes comprometem-se a acatar o resultado da perícia conjunta realizada nos termos anteriores, comprometendo-se a saldar as contas entre si, mediante pagamento a efectuar no prazo máximo de 5 dias, depois de lhes ser comunicado o(s) relatório(s) final(ais) da perícia.
Em benefício do carácter vinculativo do presente Acordo, as partes renunciam recíproca e expressamente a todo e qualquer direito a indemnização por desistência do dono de obra, por cumprimento defeituoso, por incumprimento ou por mora relativo à empreitada

em causa, renúncia esta submetida à condição suspensiva de o(s) relatório(s) final(ais) da perícia vir(em) a ser elaborado(s) e comunicado(s) às outorgantes.

Cláusula 3ª
O levantamento, a apreciação crítica e conclusões referidos na Cláusula anterior deverão constar de relatório final onde se apurem valores individuais e um valor final de saldo, de acordo com as regras da boa prática usadas na construção civil, e nomeadamente descriminando o seguinte:

TRABALHOS PREVISTOS NO ORÇAMENTO E TRABALHOS A MAIS INCLUÍDOS NOS AUTOS DE MEDIÇÃO ATÉ AO AUTO Nº(...) (INCLUSIVÉ);

TRABALHOS NÃO PREVISTOS NO ORÇAMENTO E NÃO CONSTANTES COMO TRABALHOS A MAIS INCLUÍDOS NOS AUTOS DE MEDIÇÃO ATÉ AO AUTO Nº6 (INCLUSIVÉ)

MATERIAIS E EQUIPAMENTOS FABRICADOS DESTINADOS A INCLUSÃO NA OBRA E EM CONFORMIDADE COM O ENCOMENDADO

Uma vez que não existiu caderno de encargos, poderão ser usados para avaliação e/ou discriminação de trabalhos os critério constantes da «Informação sobre Custos, Fichas de Rendimentos» do LNEC.

Do relatório final deverão constar os valores acumulados por rubrica, correspondentes aos pontos anteriores, mencionados em A), B) e C).

Cláusula 4ª
Com vista à realização da perícia, em data a determinar será realizado um Termo de Consignação da obra, onde DONO DE OBRA e (...)declarem que esta última se encontra no estado em que se encontrava na data da interrupção dos trabalhos, e será facultado acesso à obra aos peritos pelo período de dois dias, durante os quais poderão pedir esclarecimentos a qualquer uma das outorgantes, bem como poderão solicitar qualquer documento adicional aos que se encontram anexos ao presente Acordo.

Feito em duplicado, incluindo 5 Anexos, aos (...) dias do mês de (...).

Pelo Dono da Obra   *Pela Empreiteira*

DOAÇÃO:

No dia (...) de (...), no meu Cartório sito na (...), em Lisboa, perante mim, (...), respectivo/a Notário/a, compareceram:

PRIMEIRO:
(...), NIF (...), divorciado, natural de (...) freguesia de (...) residente na (...), em (...)

SEGUNDO:
(...), NIF (...), solteiro, natural de (...), freguesia de (...), residente na (...), em (...)
Verifiquei a identidade dos outorgantes por exibição dos seus bilhetes de identidade (...)

Declarou o primeiro outorgante:
Que, presente escritura, doa ao segundo outorgante os seguintes quinhões hereditários da sua titularidade:
   a) *direito à acção e herança que cabe ao primeiro outorgante por óbito de (...), cujo processo de Inventário Judicial corre termos no (...) Juízo do Tribunal Judicial de Santarém, sob o número de processo (...), no qual o primeiro outorgante foi habilitado como herdeiro sucessível de (...);*
   b) *direito à acção e herança que coube a (...) por óbito de (...), cujo processo de Inventário Judicial corre termos no (...) Juízo do Tribunal Judicial de Santarém, sob o número de processo (...), no qual (...) foi habilitada como herdeira sucessível de (...), direito à acção e herança esse que foi transmitido ao ora primeiro outorgante por escritura pública de (...) celebrada em (...) no Cartório Notarial de (...), lavrada a folhas (...) do Livro (...);*
   c) *direito à acção e herança que coube a (...) por óbito de (...), cujo processo de Inventário Judicial corre termos no (...) Juízo do Tribunal Judicial de Santarém, sob o número de processo (...), no qual (...) foi habilitado como herdeiro sucessível de (...), direito à acção e herança esse que foi transmitido ao ora primeiro outorgante por escritura pública de (...) celebrada em (...) no Cartório Notarial de (...), lavrada a folhas (...) do Livro (...);*
   d) *direito à acção e herança que cabe ao primeiro outorgante por óbito de (...), na qual o primeiro outorgante se encontra habilitado por escritura pública de habilitação de herdeiros celebrada em (...) no Cartório Notarial de (...), lavrada a folhas (...) do Livro (...);*
   e) *direito à acção e herança que coube a (...) por óbito de (...), na qual foi habilitado por escritura pública de habilitação de herdeiros celebrada em (...) no Cartório Notarial de (...), lavrada a folhas (...) do Livro (...), direito à acção e herança esse que foi transmitido ao ora primeiro outorgante por escritura pública de (...) celebrada em (...) no Cartório Notarial de (...), lavrada a folhas (...) do Livro (...).*
Que os referidos quinhões hereditários se encontram livres de quaisquer ónus ou encargos;
Que a doação é feita incondicionalmente e sem encargos;
Declarou o segundo outorgante;

Que aceita a doação nos termos exarados;
Assim o disseram e outorgaram.

EXIBIRAM:
Certidão Judicial extraída do processo de Inventário que corre termos no (...) Juízo do Tribunal Judicial de Santarém, sob o número de processo (...),
Certidão da escritura pública de (...) celebrada em (...) no Cartório Notarial de (...), lavrada a folhas (...) do Livro (...).
Certidão da escritura pública de (...) celebrada em (...) no Cartório Notarial de (...), lavrada a folhas (...) do Livro (...)
Certidão da escritura pública de habilitação de herdeiros por óbito de celebrada em (...) no Cartório Notarial de (...), lavrada a folhas (...) do Livro (...)
Certidão da escritura pública de (...) celebrada em (...) no Cartório Notarial de (...), lavrada a folhas (...) do Livro (...)

Liquidado o imposto de selo referente às verbas (...) da TGIS no montante de € (...)

Esta escritura foi lida e o seu conteúdo explicado aos outorgantes, em voz alta e na sua presença simultânea.

_____
_____

O Notário,

_____
Emitida Factura/Recibo nº

DOCUMENTO COMPLEMENTAR À ESCRITURA DE DOAÇÃO COM RESERVA DE USUFRUTO DO PRÉDIO SITO NA RUA (...) Nº (...), EM LISBOA

CONTRATO DE ADMINISTRAÇÃO DE PRÉDIO URBANO

Entre:

(...), NIF (...), solteira, maior, residente na (...), doravante designada por USUFRUTUÁRIA;

e

(...), NIF (...), casado no regime da separação de bens com (...) e residente na (...), em Lisboa, e (...), NIF (...), casado no regime da separação de bens com (...) e residente na (...), em Lisboa, ambos doravante designados por PROPRIETÁRIOS;

Considerando que:
a) Nesta data e por meio da escritura pública de que o presente contrato constitui Documento Complementar, a USUFRUTUÁRIA procedeu à doação em partes iguais da nua propriedade do prédio urbano sito em (...), descrito na (...)ª Conservatória do Registo Predial de Lisboa, sob a ficha nº (...) da freguesia de (...), e inscrito na matriz urbana sob o art. (...)º, incluindo todas as suas fracções autónomas, doravante designado por PRÉDIO, aos PROPRIETÁRIOS que a aceitaram respectivamente;
b) A doação consubstanciada na escritura pública de que o presente contrato constitui Documento Complementar foi feita incondicionalmente e sem qualquer cláusula modal ou encargo;
c) Não obstante a faculdade de fruição e outras inerentes à posição jurídica da USUFRUTUÁRIA, é seu desejo que sejam os PROPRIETÁRIOS quem, em conjunto por si próprios ou por interposta pessoa, se encarreguem, a partir desta data, de administrar o PRÉDIO, suas partes integrantes e fracções autónomas, de acordo com as regras de boa gestão e com a correspondente obrigação de lhe prestarem contas;

É livremente e de Boa-Fé reciprocamente celebrado o presente CONTRATO DE ADMINISTRAÇÃO DE PRÉDIO URBANO, o qual reger-se-á pelas disposições e cláusulas seguintes:

Cláusula Primeira
(Objecto, Natureza e Prazo de Vigência)

1. Pelo presente contrato a USUFRUTUÁRIA confere poderes aos PROPRIETÁRIOS para a prática de todos os actos de administração ordinária do PRÉDIO, suas partes integrantes e fracções autónomas destinadas ao arrendamento, encontrando-se nesta data vigentes os contratos de arrendamento e de outra natureza constantes do Anexo 1 ao presente contrato, fazendo deste parte integrante.
2. A administração ordinária do PRÉDIO inclui a administração do condomínio tal como definida na lei civil, por um lado, e a administração dos interesses patrimo-

niais da USUFRUTUÁRIA quanto a cada fracção autónoma, devendo sobretudo tal administração obedecer a uma criteriosa gestão orientada para a percepção de rendimento imobiliário, sem prejuízo da sua futura rendibilidade.

3. Para a administração ordinária do PRÉDIO, suas partes integrantes e fracções autónomas, assistem aos PROPRIETÁRIOS os poderes e deveres constantes do presente contrato, sem prejuízo dos demais que sejam impostos por disposições legais ou camarárias.

4. Salvo o disposto no presente contrato, os PROPRIETÁRIOS não dispõem de poderes de representação da USUFRUTUÁRIA, sendo necessária a sua intervenção ou outorga de procuração para a prática de cada determinado acto que haja de ser pessoalmente praticado por esta, sem prejuízo do aconselhamento devido por parte dos primeiros.

5. O presente contrato tem a natureza de prestação de serviços sem retribuição, produz efeitos a partir da presente data e vigorará por tempo indeterminado.

Cláusula Segunda
(Partes Comuns do Prédio)

São consideradas partes integrantes e comuns do PRÉDIO, de acordo com o título de propriedade horizontal e Regulamento de Condomínio respectivos, as identificadas nas alíneas seguintes:

a) O solo, bem como os alicerces, colunas, pilares, fachadas, empenas, paredes mestras e todas as partes restantes que constituem a estrutura do prédio;
b) O telhado ou os terraços de cobertura, ainda que destinados ao uso de qualquer fracção;
c) As entradas, vestíbulos, escadas e corredores de uso ou passagem comum a dois ou mais condóminos;
d) As instalações gerais de água, electricidade, aquecimento, ar condicionado, gás, comunicações e semelhantes;
e) O logradouro, pátios e jardins anexos ao edifício;
f) Os ascensores;
g) Os postos de transformação e o sistema de emergência;
h) As dependências destinadas ao uso e habitação do porteiro;
i) As garagens e outros lugares de estacionamento;
j) Em geral, as coisas que não sejam afectadas ao uso exclusivo de um dos condóminos.

Cláusula Terceira
(Poderes e Deveres dos Proprietários)

1. Em cumprimento do presente contrato e durante a vigência do mesmo, incumbe exclusivamente aos PROPRIETÁRIOS, sem prejuízo da intervenção da USUFRU TUÁRIA quando tal se mostre necessário:

CAPÍTULO II

a) *Assumir a Administração do Condomínio e representar a USUFRUTUÁRIA nas Assembleias de Condomínio, emitindo convocatórias, estabelecendo ordem de trabalhos e intervindo e votando em sua representação, bem como junto de quaisquer entidades administrativas ou particulares, em todo e qualquer assunto relativo às partes comuns do PRÉDIO, suas partes integrantes e fracções autónomas, actuando no sentido e nos termos que considerem por mais convenientes;*

b) *Manter em vigência e/ou promover a celebração de contratos de seguro, de prestação de serviços, ou de outra natureza, com entidades terceiras, relativos às partes comuns do PRÉDIO, suas partes integrantes e fracções autónomas, nos termos e condições que tiverem por convenientes;*

c) *Manter em vigência e/ou promover a celebração de contratos de arrendamento, negociar clausulados, e prometer dar ou dar de arrendamento, habitacional ou de outra espécie, qualquer uma das fracções autónomas que integram o PRÉDIO, nos termos e condições que considerem por mais convenientes;*

d) *Receber e analisar correspondência e proceder a todas as comunicações convenientes com inquilinos de fracções autónomas do PRÉDIO, bem como diligenciar no sentido da actualização e cobrança das rendas devidas e quaisquer outros encargos ou responsabilidades de terceiros, dando quitação dos valores recebidos e podendo abdicar de direitos, total ou parcialmente, em salvaguarda de benefício maior avaliado objectivamente;*

e) *Fiscalizar a conduta dos arrendatários de fracções autónomas do PRÉDIO, nomeadamente quanto à utilização das partes comuns do mesmo;*

f) *Propor e pôr em execução todas as medidas tendentes à valorização do PRÉDIO, atinentes nomeadamente a obras de conservação extraordinária e ou benfeitorias;*

g) *Promover a actuação em Juízo, em quaisquer assuntos relativos à administração do PRÉDIO e/ou aos arrendamentos que incidam sobre qualquer uma das suas fracções autónomas, procedendo às contratações e ao pagamentos das despesas necessárias para o efeito;*

2. Em virtude do presente contrato e durante a vigência do mesmo, incumbem aos PROPRIETÁRIOS as seguintes obrigações perante a USUFRUTUÁRIA:

a) *Manter contabilidade organizada relativamente às despesas e proveitos oriundos ou relativos ao PRÉDIO, suas partes integrantes e fracções autónomas, nomeadamente dando orçamento e balanço às contas, e recorrendo para tal efeito à contratação de serviços de um técnico oficial de contas;*

b) *Fazer face a todas as obrigações tributárias e de taxas municipais relativas ao PRÉDIO e manter em dia as correspondentes obrigações, excluindo-se expressamente o preenchimento da Declaração Anual de IRS da USUFRUTUÁRIA e o pagamento do imposto devido a esse título, os quais permanecem da inteira responsabilidade desta;*

c) *Gerir o pagamento de despesas e o recebimento de proveitos, mediante a utilização de uma conta bancária exclusiva para os assuntos do PRÉDIO;*

d) *Manter em conta de caixa um valor pecuniário adequado a fazer face a todas as despesas com serviços prestados por terceiros com carácter de regularidade e com actos previsíveis de conservação ordinária, de acordo com o orçamentado;*
e) *Provisionar o valor adequado à manutenção de um fundo de reserva relativo a assuntos do condomínio do PRÉDIO, nos termos da lei, e provisionar o valor adequado a contingências que possam resultar de assuntos relativos a arrendamentos das fracções autónomas que constituem o PRÉDIO;*
f) *Prestar com prontidão à USUFRUTUÁRIA as informações que esta lhes solicite, relativas à execução do presente contrato;*
g) *Prestar contas e entregar à USUFRUTUÁRIA o saldo anual apurado nos termos da Cláusula Sexta do presente contrato.*

Cláusula Quarta
(Obrigações da Usufrutuária)

1. Durante a vigência do presente contrato a USUFRUTUÁRIA obriga-se a:

a) *Fornecer aos PROPRIETÁRIOS os meios necessários à execução do contrato, nomeadamente autorizando-os a dispor, em primeira linha, das receitas geradas e/ou cobradas a terceiros provenientes do PRÉDIO, suas partes integrantes e fracções autónomas;*
b) *Reembolsar os PROPRIETÁRIOS das despesas feitas que estes fundamentadamente tenham considerado indispensáveis e indemnizá-los de prejuízos sofridos em consequência do cumprimento do presente contrato.*

2. Os PROPRIETÁRIOS poderão abster-se da execução do presente contrato enquanto a USUFRUTUÁRIA estiver em mora quanto às obrigações previstas nesta Cláusula.

Cláusula Quinta
(Solidariedade entre os Proprietários)

1. Para efeitos do presente contrato, as obrigações dos PROPRIETÁRIOS são solidárias perante a USUFRUTUÁRIA, podendo todavia aqueles socorrer-se de serviços a prestar por terceiros para cumprimento das mesmas.
2. Os actos praticados pelos PROPRIETÁRIOS relativos à execução do presente contrato presumem-se aprovados tacitamente pela USUFRUTUÁRIA, cinco dias após lhe terem sido comunicados por ambos e por escrito.

Cláusula Sexta
(Apuramento, Distribuição e Entregas Antecipadas de Saldo)

1. O saldo resultante da exploração económica do PRÉDIO, incluindo os frutos do seu depósito, é da exclusiva pertença da USUFRUTUÁRIA, devendo ser-lhe distri-

buído prontamente uma vez apurado mediante a aprovação das constas respeitantes ao último ano e a aprovação do orçamento das despesas a efectuar durante o ano seguinte.
2. *O apuramento do saldo referido na presente Cláusula deverá coincidir com cada ano civil, devendo as respectivas contas e orçamento elaboradas pelos PROPRIETÁRIOS mostrar-se concluídas na primeira quinzena de Janeiro, nos termos previstos na lei para os condomínios, devendo a USUFRUTUÁRIA aprová-lo nos termos do nº2 da Cláusula anterior.*
3. *A distribuição do saldo referido na presente Cláusula será feita logo que aprovadas as contas de cada exercício anual por parte da USUFRUTUÁRIA, sem prejuízo da entrega antecipada de valores por conta do mesmo, com periodicidade mensal ou outra que vier a ser convencionada por escrito.*

Cláusula Sétima
(Revogação e Resolução do Contrato)

1. *O presente contrato pode ser revogado a todo o tempo, de comum acordo entre a USUFRUTUÁRIA e os PROPRIETÁRIOS.*
2. *O presente contrato pode ser resolvido livremente pela USUFRUTUÁRIA, mediante comunicação escrita que produz efeitos nos trinta dias seguintes à sua recepção, sendo que a designação de outra pessoa para a administração do PRÉDIO por parte daquela só produz a revogação tácita do presente contrato depois de conhecida pelos PROPRIETÁRIOS.*
3. *A resolução do presente contrato por parte dos PROPRIETÁRIOS só produz efeitos se realizada por ambos, mediante comunicação escrita que produz efeitos nos noventa dias seguintes à sua recepção, e só pode ser realizada ocorrendo incumprimento culposo e reiterado por parte da USUFRUTUÁRIA.*
4. *Em caso de revogação ou de resolução do presente contrato, consideram-se automaticamente transferidos para a USUFRUTUÁRIA todos os direitos adquiridos e obrigações contraídas pelos PROPRIETÁRIOS no âmbito da execução do mesmo, passando esta a responder perante todos os terceiros.*

Cláusula Oitava
(Comunicações e Alterações ao Contrato)

1. *Quaisquer comunicações a efectuar nos termos do presente contrato deverão ser realizadas através de carta registada com aviso de recepção endereçada para os domicílios constantes do mesmo, sendo que, em caso de devolução de carta registada por a mesma não ter sido recebida ou levantada pelo destinatário na morada indicada para o efeito, a mesma produzirá os respectivos efeitos a partir da data de recepção pelo remetente da carta devolvida.*
2. *Quaisquer alterações ao presente contrato deverão ser feitas mediante documento escrito e subscrito por todos os intervenientes, com expressa menção das cláusu-*

las alteradas, suprimidas ou aditadas e conter redacção das cláusulas alteradas, suprimidas ou aditadas.

Inclui 1 Anexo, devidamente rubricado pelos intervenientes; feito em Lisboa, aos (...)

A USUFRUTUÁRIA:
_____

OS PROPRIETÁRIOS:
_____
_____

CONTRATO PROMESSA DE COMPRA E VENDA DE PARTICIPAÇÃO SOCIAL

ENTRE:

PRIMEIRA OUTORGANTE: (...), NIPC (...), matriculada na Conservatória do Registo Comercial de Lisboa, sob o artº. (...), com o capital social de (...) e sede em (...), neste acto regularmente representada pelo seu único sócio e gerente (...)
E
SEGUNDA OUTORGANTE: (...), SA, NIPC (...), matriculada na Conservatória do Registo Comercial de Lisboa, sob o artº. (...), com o capital social de (...) e sede em (...), neste acto regularmente representada pelo seu administrador (...)

é celebrado o presente CONTRATO-PROMESSA DE COMPRA E VENDA DE PARTICIPAÇÃO SOCIAL, que se rege pelas Cláusulas seguintes, reciprocamente acordadas e aceites:

Cláusula 1ª
A Primeira Outorgante é única proprietária e possuidora de um lote de acções ao portador, detidas na sociedade comercial sob a forma de sociedade anónima denominada (...), NIPC (...), matriculada na Conservatória do Registo Comercial de Lisboa, sob o artº (...), com o capital social de (...) e sede em (...).

Cláusula 2ª
Pelo presente contrato, e de acordo com os respectivos termos e condições, a Primeira Outorgante, promete vender à Segunda Outorgante, ou a favor de quem por esta for indicada (desde que cumpridas todas as formalidades previstas na lei e nos estatutos da Sociedade), que ora lhas promete comprar, o mencionado lote de acções a que o número anterior faz referência, lote esse representativo de (...)% ((...) por cento) do capital social da sociedade e constituído pelo total de (...)(...) acções ao portador, do valor nominal de (...) cada uma, numeradas de (...) a (...).
A totalidade das acções identificadas no número anterior desta cláusula serão vendidas livres de quaisquer ónus ou encargos e com todos os direitos e obrigações inerentes.
Até à data de (...), a Primeira Outorgante entregará à Segunda Outorgante os títulos representativos daquelas (...) acções ao portador e, nessa mesma data, tais títulos passarão a ser propriedade desta última, transmitindo-se simultaneamente em seu favor a totalidade dos direitos e obrigações inerentes à titularidade das referidas acções, pela sua qualidade de accionista, designadamente todos os créditos sobre a sociedade de que seja titular.

Cláusula 3ª
No acto de entrega dos títulos mencionados na cláusula anterior, a Primeira Outorgante obriga-se a preencher e subscrever toda a documentação que se mostre necessária para efeitos da transmissão das acções.

Nesse mesmo acto, obrigam-se as Outorgantes a fornecer reciprocamente todos os documentos que, para tais actos, se mostrem necessários, úteis ou convenientes.

Cláusula 4ª
O preço global de compra e venda do lote de (...) (...) acções ao portador a que atrás se fez referência é de EUR: 1.490.000,00 (um milhão e quatrocentos e noventa mil euros).
A Segunda Outorgante pagará o prometido preço global de compra e venda à Primeira Outorgante na data de (...), constituindo condição da entrega dos títulos respectivos.
O pagamento será feito, por meio de cheque, pela Segunda Outorgante e recebido pela Primeira Outorgante na sede desta, sita em (...) até às 20H00 horas do dia aprazado.

Cláusula 5ª
Todas as despesas emergentes da execução do presente contrato serão integralmente de conta da Segunda Outorgante.

Cláusula 6ª
Assiste a ambas as Outorgantes a faculdade de requererem a execução específica deste contrato promessa.

Cláusula 7ª
As Outorgantes envidarão todos os esforços de modo a resolverem por forma amigável qualquer litígio que resultar da execução do presente contrato.
Caso não seja possível resolver o diferendo por acordo entre as partes, o mesmo será dirimido pelo Tribunal Cível da Comarca de Lisboa, com exclusão de todos os demais.

Feito aos (...) dias (...), em dois exemplares originais, sendo cada um dele a selar por cada uma das outorgantes.

A PRIMEIRA OUTORGANTE:

A SEGUNDA OUTORGANTE:

CAPÍTULO II

CONTRATO PROMESSA DE COMPRA E VENDA

Entre

Primeiros Contratantes:
(...), portadora do (...) passado pelo Arquivo de Identificação de Lisboa em (...)e contribuinte fiscal nº (...) casada no regime de separação de bens com (...) e residente no (...), em (...), Oeiras;
(...), portadora do (...) passado pelo Arquivo de Identificação de Lisboa em (...) e contribuinte fiscal nº (...) casada no regime de comunhão de adquiridos com (...), portador do (...) passado pelo Arquivo de Identificação de Lisboa em (...), contribuinte fiscal nº (...) e residente na (...) em (...), Oeiras;
(...), portador do (...) passado pelo Arquivo de Identificação de Lisboa em (...) e contribuinte fiscal nº (...) casado no regime de comunhão de adquiridos com (...) portadora do (...) passado pelo Arquivo de Identificação de Lisboa em (...), contribuinte fiscal nº (...) e residente na (...) em Caxias, Oeiras, por si e como procurador das duas intervenientes anteriormente identificadas;
(...), viúva, residente no (...) em Lisboa portadora do (...) passado pelo Arquivo de Identificação de Lisboa em (...) e contribuinte fiscal nº (...);
(...), divorciada, residente na (...) em Lisboa, portadora do (...) passado pelo Arquivo de Identificação de Lisboa em (...) e contribuinte fiscal nº (...);
(...), solteira, maior, residente no (...) em Lisboa, portadora do (...) passado pelo Arquivo de Identificação de Lisboa em (...) e contribuinte fiscal nº (...);
(...), portadora (...) passado pelo Arquivo de Identificação de Lisboa em (...) e contribuinte fiscal nº (...), casada no regime de comunhão de adquiridos com (...), portador do (...) passado pelo Arquivo de Identificação de Lisboa em (...) e contribuinte fiscal nº (...) e residente na (...) em Lisboa;
(...), portador do (...) passado pelo Arquivo de Identificação de Lisboa em (...) e contribuinte fiscal nº (...) casado no regime da comunhão de adquiridos com (...) portadora do (...) passado pelo Arquivo de Identificação de Lisboa em (...) e contribuinte fiscal nº (...) e residente na (...)em Lisboa;
(...), solteiro, residente na (...) Ponte de Sôr, portador do (...) passado pelo Arquivo de Identificação de Lisboa em (...) e contribuinte fiscal nº (...);
(...), portadora do (...) passado pelo Arquivo de Identificação de Lisboa em (...) e contribuinte fiscal nº (...) casada no regime da comunhão de adquiridos com (...), portador do (...) passado pelo Arquivo de Identificação de Lisboa em (...) e contribuinte fiscal nº (...) e residente na (...) em Lisboa. por si e como procuradora dos seis intervenientes anteriormente identificados;
(...), solteira, maior, residente (...) Ponte de Sôr, portadora do (...) passado pelo Arquivo de Identificação de Lisboa em (...) e contribuinte fiscal nº (...).
(...), viúva, residente na (...) Ponte de Sôr, portadora do (...) passado em Dusseldorf - Alemanha em (...) e contribuinte fiscal nº (...);
(...), viúva, residente na (...) em Lisboa, portadora do (...) passado pelo Arquivo de Identificação de Lisboa em (...) e contribuinte fiscal nº (...);

(...), divorciada, residente na (...) em Lisboa portadora do (...) passado pelo Arquivo de Identificação de Lisboa em (...) e contribuinte fiscal nº (...);
(...), divorciada, residente na (...) em Lisboa, portadora do (...) passado pela Arquivo de Identificação de Lisboa em (...) e contribuinte fiscal nº (...);
(...), solteiro, maior, residente na (...) em Lisboa, portador do B.I. nº 7842570 passado pelo Arquivo de Identificação de Lisboa em 24/03/2004 e contribuinte fiscal nº 182817040;
(...)
Em conjunto adiante designados por PRIMEIROS CONTRATANTES
E
Segunda Contratante:
(...), SA., com sede social na (...), pessoa colectiva nº (...), representada pelo seu administrador (...), que outorga com poderes para o acto, conforme Certidão Permanente do Registo Comercial com o código de acesso ****-****-**** adiante designada por SEGUNDA CONTRATANTE

PREÂMBULO

Considerando que:

A) Os PRIMEIROS CONTRATANTES são donos e legítimos detentores dos seguintes PRÉDIOS que, no seu conjunto, perfazem a área total de (...) m2:
1- Vinha com Oliveiras sito em Famalicão (...) com a área de (...) m2 a confrontar do Norte com (...), Nascente com (...), Sul com (...) e Poente com (...), na Freguesia de (...), Concelho de (...), descrito na Conservatória do Registo Predial de (...) sob o nº (...) e inscrito na matriz predial rústica sob o artigo (...) da referida freguesia de (...);
2- Vinha com Oliveiras sito na Leira Longa (...) com a área de (...) m2 a confrontar do Norte com (...), Nascente com (...), Sul com (...) e Poente com (...) na Freguesia de (...), Concelho de (...), descrito na Conservatória do Registo Predial de (...) sob o nº (...) e inscrito na matriz predial rústica sob o artigo (...) da referida freguesia de (...), no qual se incluem os artigos urbanos (...) e (...).
B) Actualmente os PRÉDIOS melhor descritos no Considerando A) supra, tem a configuração que se encontra assinalada na planta anexa ao presente contrato e que dele faz parte integrante como Anexo I.
C) A SEGUNDA CONTRATANTE está interessada em comprar os PRÉDIOS descritos no Considerando A) com o objectivo exclusivo de nos mesmos vir a construir, ou promover a construção, de áreas comerciais, conforme consta do ante-projecto que se junta ao presente contrato dele fazendo parte integrante como Anexo II.
D) OS PRIMEIROS CONTRATANTES estão interessados em vender aqueles PRÉDIOS.
E) A SEGUNDA CONTRATANTE irá estabelecer negociações com a Câmara Municipal de (...), Ministério da Economia e demais entidades públicas envolvidas no licenciamento com o objectivo de obter as necessárias autorizações para a construção e execução do empreendimento;

F) OS PRIMEIROS CONTRATANTES estão conscientes de que, caso o empreendimento mencionado no Considerando C) anterior não se venha a realizar, os PRÉDIOS não revestem qualquer interesse económico para a SEGUNDA CONTRATANTE;

G) OS PRIMEIROS CONTRATANTES comprometem-se a auxiliar, a SEGUNDA CONTRATANTE sempre que tal lhe seja solicitado no processo conduzido por esta, ou por quem esta indicar, no sentido de obter todas as licenças e autorizações que se revelarem necessárias aos projectos de edificação do referido empreendimento comercial, fornecendo e assinando para tanto toda a documentação que se revelar necessária para os indicados fins, desde que previamente consultados para o efeito;

H) OS PRIMEIROS CONTRATANTES obrigam-se a emitir na data da assinatura do presente contrato, a favor da SEGUNDA CONTRATANTE ou a quem esta indicar, para os efeitos e fins previstos no considerando G), uma PROCURAÇÃO conferindo os necessários poderes para efeito de apresentação, instrução e acompanhamento de requerimentos junto de entidades administrativas nos termos do art.9º e outras disposições conexas do D-L nº 555/99 de 16 de Dezembro na sua actual redacção, com faculdade do seu substabelecimento e com validade até ao último dia previsto neste contrato promessa para a realização da escritura publica de compra e venda dos PRÉDIOS objecto deste contrato promessa.

I) A elaboração de todas as peças necessárias ao licenciamento supra referido incumbe à SEGUNDA CONTRATANTE, competindo-lhe ainda a coordenação, gestão, acompanhamento e entrega dos projectos nas entidades administrativas competentes até à obtenção da aprovação do licenciamento.

J) Serão da responsabilidade da SEGUNDA CONTRATANTE todas as despesas a realizar com vista à execução e aprovação do projecto de licenciamento, nomeadamente, o custo dos honorários dispendidos com os serviços técnicos de engenharia e arquitectura, assim como quaisquer encargos ou taxas, de licenciamento e outras, a suportar junto de entidades públicas ou administrativas.

É, livremente e de boa fé, celebrado o presente contrato promessa, que inclui o preâmbulo supra, o qual subordinam aos seguintes termos e condições:

CLÁUSULA PRIMEIRA
(Objecto)

1. Pelo presente contrato os PRIMEIROS CONTRATANTES prometem vender à SEGUNDA CONTRATANTE, a qual, por sua vez, promete comprar, os PRÉDIOS melhor identificados no Considerando A) anterior, totalmente livres de quaisquer ónus, encargos ou responsabilidades.

2. Em virtude do exposto nos Considerandos C) e F) do presente contrato, cabe à SEGUNDA CONTRATANTE a faculdade de denunciar livremente o presente contrato promessa até à data de (...), sem qualquer contrapartida para os PRIMEIROS CONTRATANTES, assim como, em alternativa, a faculdade de prorrogar a celebração da escritura pública do contrato definitivo de compra e venda respectivo, até à data limite de (...), nos precisos termos e condições das cláusulas seguintes.

CLÁUSULA SEGUNDA
(Escritura Pública do Contrato Definitivo)

1. Incumbe à SEGUNDA CONTRATANTE a instrução e a marcação da respectiva escritura pública do contrato de compra e venda definitivo, a qual deverá realizar-se até ao dia (...), devendo a mesma proceder à convocatória dos PRIMEIROS CONTRATANTES mediante o envio de cartas registadas a estes endereçadas mencionando o Cartório Notarial, o dia e a hora designados, a serem recebidas pelos destinatários com o mínimo de 15 (quinze) dias de antecedência.
2. No prazo de 5 (cinco) dias contados da recepção das cartas referida no número imediatamente antecedente desta cláusula, os PRIMEIROS CONTRATANTES deverão entregar à SEGUNDA CONTRATANTE, todos os elementos que lhes digam respeito e que sejam necessários para a outorga da referida escritura pública de compra e venda.
3. As despesas inerentes à escritura pública e registos relativos à transmissão da propriedade do prédio objecto do presente contrato a favor da SEGUNDA CONTRATANTE, correrão por sua conta exclusiva. OS PRIMEIROS CONTRATANTES reconhecem que os prédios objecto deste contrato poderão ser para revenda caso a SEGUNDA CONTRAENTE assim o entenda.
4. O prazo previsto para a marcação da escritura de compra e venda definitiva considerar-se-á automaticamente ser prorrogado até (...), caso a SEGUNDA CONTRATANTE não proceda à convocatória para a escritura até à data prevista no nº1 da presente Cláusula, importando a produção dos efeitos previstos no nº 4 da Cláusula Terceira deste contrato.
5. Os promitentes compradores poderão ainda ter direito à prorrogação do mesmo prazo previsto para a marcação da escritura de compra e venda definitiva até à data limite de (...), desde que sejam cumpridas as condições previstas no nº 5 da Cláusula Terceira deste contrato.

CLÁUSULA TERCEIRA
(Preço e Regime do Sinal)

1. O preço da compra e venda total dos prédios supra descritos é de 2.250.000,00 € (Dois Milhões duzentos e cinquenta mil euros)
2. A título de sinal, a SEGUNDA CONTRATANTE entregou aos PRIMEIROS CONTRATANTES o valor de 225.000 € (duzentos e vinte e cinco mil euros), do qual estes últimos conferem quitação por meio do presente contrato promessa.
3. Na eventualidade de a SEGUNDA CONTRATANTE comunicar aos PRIMEIROS CONTRATANTES a denúncia do presente contrato prevista no nº2 da Cláusula Primeira mediante o envio de cartas registadas a serem recebidas pelos destinatários até ao dia (...), o valor do sinal mencionado no nº2 da presente Cláusula ser-lhe-á restituído pelos PRIMEIROS CONTRATANTES, em singelo, no prazo máximo de 30 dias.

4. *Ocorrendo a prorrogação automática do prazo para a marcação da escritura de compra e venda definitiva até (...) conforme previsto no nº 4 da Cláusula Segunda, o valor entregue a título de sinal pela SEGUNDA CONTRATANTE considerar--se-á como definitivamente entregue, em obediência ao regime legal do sinal, ou seja dando-se por perdido a favor dos PRIMEIROS CONTRATANTES no caso de incumprimento do presente contrato promessa.*
5. *Para o efeito de a SEGUNDA CONTRATANTE adquirir o direito à prorrogação do mesmo prazo para a marcação da escritura de compra e venda definitiva até à data limite de (...), prevista no nº2 da Cláusula Primeira e no nº5 da Cláusula Segunda, a mesma terá de realizar um reforço do sinal prestado, mediante a transferência bancária do valor de 225.000 € (duzentos e vinte e cinco mil euros) para o NIB ****.****.***********.**, a realizar impreterivelmente até (...), sob pena de incorrerem no incumprimento definitivo do presente contrato promessa, por perda do interesse em realizar o contrato definitivo e sem necessidade de qualquer interpelação.*
6. *O pagamento do valor remanescente do preço devido pela compra e venda definitiva prometida pelo presente contrato deverá ocorrer no acto da celebração da respectiva escritura pública por meio de cheque visado ou cheque bancário a emitir à ordem de (...).*

CLÁUSULA QUARTA
(Autorização para início de trabalhos)

A SEGUNDA CONTRATANTE fica desde já autorizada a proceder, de sua conta exclusiva e sem direito a qualquer restituição, a todos os estudos do solo ou outros que considere necessários, utilizando as técnicas e equipamentos que entender, sem que tal constitua a tradição da posse dos PRÉDIOS a seu benefício.

CLÁUSULA QUINTA
(Execução Específica)

Em caso de incumprimento do presente contrato por parte dos PRIMEIROS CONTRATANTES, assistirá à SEGUNDA CONTRATANTE a faculdade requerer a execução específica do contrato nos termos e para os efeitos previstos no art. 830º do Código Civil.

CLÁUSULA SEXTA
(Renúncia ao reconhecimento presencial das assinaturas)

As partes outorgantes declaram prescindir do reconhecimento presencial das assinaturas deste contrato, bem como renunciar ao direito de invocar a sua nulidade por omissão deste requisito.

CLÁUSULA SÉTIMA
(Endereço dos Outorgantes)

As alterações aos endereços dos outorgantes representantes de outros outorgantes e dos outorgantes não representados, constantes do presente contrato, deverão ser comunicadas por carta registada com aviso de recepção. Caso não o sejam, será o endereço constante no presente contrato aquele que vigorará para efeitos deste contrato.

CLÁUSULA OITAVA
(Lei aplicável e Foro)

1. O presente contrato promessa será interpretado e regulado de acordo com a lei Portuguesa.
2. Em caso de desacordo ou litígio relativamente à interpretação ou execução deste contrato, as partes diligenciarão no sentido de alcançar, por acordo amigável uma solução adequada e equitativa.
3. Não sendo possível uma solução negociada e amigável nos termos previstos no número anterior, cada uma das partes é livre de recorrer ao foro da Comarca de (...), com expressa renúncia a qualquer outro.

CLÁUSULA NONA
(Boa-fé)

1. O presente contrato é assinado por ambas as Partes Outorgantes de boafé, declarando os PRIMEIROS CONTRATANTES que relativamente aos PRÉDIOS objecto do presente contrato não existe nem prevê que venha a existir qualquer litígio judicial ou extra judicial.
2. Consideram as partes CONTRATANTES que todas as cláusulas acordadas e que este Contrato consagra são essenciais na vontade de contratar, pelo que o incumprimento de qualquer delas implica o incumprimento de todo o contrato, com a aplicação das disposições legais e contratuais respectivas.
3. O presente Contrato Promessa de Compra e Venda traduz e constitui o integral acordo celebrado entre as partes, só podendo ser modificado por documento escrito e assinado por ambas.
4. Se qualquer disposição do presente contrato ou a aplicação em concreto da mesma for inválida, ineficaz ou inoponível, a parte restante do presente contrato e qualquer outra aplicação da mesma disposição não será afectada.

Feito em (...), aos (...) dias do mês de (...) de (...), em duplicado, numa única face, guardando cada parte um exemplar.

Pelos PROMITENTES VENDEDORES e PRIMEIROS CONTRATANTES

Pela PROMITENTE COMPRADORA e SEGUNDA CONTRATANTE

Anexos:

I. Planta do TERRENO
II. Ante-Projecto a realizar

Capítulo III

Litigância nos Tribunais: intervenções escritas e intervenções presenciais

17. Advocacia e Litigância

Não creio que exista advogado que, em consciência, haja desistido de aperfeiçoar-se na litigância. Verifico, aliás, que mesmo no caso dos mais ilustres e experientes colegas de profissão, com quem tenho tido o privilégio de colaborar ou contender, não existe um só que não deseje enriquecer mais ainda a sua prática. Referimo-nos claramente aos que exercem a advocacia também na barra dos tribunais, onde representam os seus constituintes envergando a toga: os causídicos. Estes manifestam uma invariável apetência por descobrir novos caminhos, aprofundar a sua sabedoria e munirem-se progressivamente de mais e mais conhecimentos e capacidades. A litigância é uma missão árdua – mais para uns do que para outros, talvez – e sempre solitária, por maior que seja afinal a equipa de colegas de profissão em que se esteja eventualmente inserido.

Litigância é uma palavra estranha no léxico comum, sendo porventura algo críptica para quem não lida com os assuntos jurídicos frequentemente, como talvez possa inferir-se da sua omissão na generalidade dos dicionários de língua portuguesa. Corresponde à actividade desenvolvida pelos intervenientes no âmbito de uma contenda, questão, demanda, pleito, disputa ou lide judicial. Porém, o conceito de litigância pode também ser objecto de algum equívoco. A actuação do *litigante* não se confunde com a do julgador nem com a dos participantes eventuais (testemunhas, peritos, tradutores), em razão de o primeiro se encontrar obrigatoriamente constituído como uma parte interessada (parte processual ou interveniente como tal qualificado na lei processual, ou ainda sujeito processual no domínio do Direito Penal e Contra-Ordenacional). Ou seja aquele que prossegue um interesse próprio enquanto este seja objecto da aplicação da Justiça num tribunal. O litigante – e só ele – pode ainda ser sancionado no caso de haver actuado de má-fé: por ter deduzido pretensão ou oposição cuja falta de fundamento não devesse ignorar; por ter alterado a verdade dos factos ou omitido factos relevantes para a decisão da causa; por ter praticado omissão grave do dever de cooperação; ou por ter feito do processo ou dos meios processuais um uso manifestamente reprovável, com o fim de conseguir um objectivo ilegal, impedir a descoberta da verdade, entorpecer a acção da justiça ou protelar, sem fundamento sério, o trânsito em julgado da decisão[30]. A parte litigante também não se confunde, portanto, com o mandatário que o patrocina em juízo: o advogado. No entanto, a realidade prática, por oposição à abstracção das normas, diz-nos exactamente o inverso... Os atributos do litigante denunciam-no. Ou seja, o bom ou mau litigante, o técnico especialista na litigância, o único que intervém materialmente nos tribunais e conhece os seus meandros é o advogado – não o seu representado. O mesmo é dizer que quem *materialmente* litiga é o advogado, embora o faça *formalmente* em nome do seu representado.

A prosaica dualidade que referimos não consegue, todavia, deturpar um facto que para todos é evidente: a litigância é uma parte componente de importância crucial em uma única actividade profissional: a advocacia. O papel de interlocutor das partes representadas junto dos tribunais está na origem do significado do próprio termo *advogado*. Os tribunais são hoje os órgãos de soberania com competência para administrar a Justiça. Mas mesmo antes da sua institucionalização nos moldes actuais, já o advogado intervinha no exercício da função jurisdicional. A expressão latina *ad vocat*, que já referimos *supra* e que significa *chamado para junto de*, exprime afinal a essência da função daquele profissional, enquanto pessoa qualificada para representar o seu constituinte junto das instituições jurisdicionais, para defender uma dada causa no momento solene da aplicação da Justiça. Como dissemos também, o advogado é o interlocutor do cidadão,

---

[30] Designadamente nos processos regidos, directa ou subsidiariamente, pelo Código de Processo Civil, e nos termos dos arts.456º e segs. de tal diploma.

CAPÍTULO III

a sua voz habilitada nos complexos meandros da administração da Justiça, mas também um interventivo auxiliar desta, entre tantas outras funções como as de prestador de serviços de consultoria e assistência prudencial.

Iniciar ou contradizer um litígio nos tribunais será sempre mais do que aquilo que possa ser reduzido a escrito, tal como a cor não se torna perceptível preto no branco, tal como o movimento não se observa numa folha de papel e tal como a vívida realidade sempre escapa ao livro. A dificuldade em esgotar o tema não carece de demonstração, aliás. Quem litiga nos tribunais sabe como as intervenções processuais – orais ou escritas – importam uma realidade multifacetada, a qual por sua vez é bem distinta da que pode fascinar alguns curiosos, da que chega aos meios de comunicação social distorcida pelas luzes dos holofotes, da que é reproduzida de modo adulterado nas obras de ficção. Interpor e conduzir até final uma acção judicial, ou deduzir oposição à mesma, implica não apenas profunda ciência do Direito Substantivo e do Direito Adjectivo vigentes, mas ainda conhecimentos adquiridos pela experiência acerca da funcionalidade e do funcionamento concreto do sistema judicial, como também, afinal, o domínio de muitos aspectos linguísticos e comunicacionais, e até noções mínimas de psicologia judiciária, ainda que estas se venham a adquirir de modo parcialmente intuitivo. No entanto, por contraditório que possa parecer, estamos convictos de que não se trata de uma actividade que requeira ao advogado que a pratique, de modo algum, características excepcionais ou de invulgar resistência emocional.

Para além da análise da litigância nos tribunais sob um prisma objectivo e neutro e para além da transmissão de conhecimentos específicos, uma parte do conteúdo deste texto poderá apelidar-se de conselhos pessoais de quem realiza a litigância habitualmente. Isto, porque nos parece útil no contributo para a orientação inicial de algum neófito que sinceramente procure informar-se, bem como para a partilha de concepções com os demais interessados na experiência individual de um advogado. Sejamos claros e sem de algum modo pretendermos estabelecer comparações: qual é o advogado que não desejaria que os seus colegas de profissão, alguns deles reconhecidos como grandes causídicos, houvessem dedicado algum do seu tempo a realizar tal exercício, sobretudo no que isso poderia trazer em benefício da sua evolução e aperfeiçoamento individual? Quem não desejaria poder consultar pontualmente algumas das suas alegações e articulados, para sobre estes reflectir, ou mesmo ler da sua pena alguns segredos de profissão? As respostas são óbvias, tanto mais que a litigância é um domínio da advocacia onde sempre haverá muito a aprender. A experiência demonstra-o diariamente.

Por outro lado, a escolha da litigância como tema justifica-se por si própria, dada a sua importância no seio da advocacia. Aliás, depois do aconselhamento jurídico, e da negociação, é certamente a necessidade de patrocínio judiciário a razão mais ponderosa que leva o cliente ao escritório do advogado. Mas, para vincarmos a relevância do tema proposto, recorramos momentaneamente à configuração da advocacia nos sistemas anglo-saxónicos, onde os precedentes jurisprudenciais condicionam as decisões dos tribunais. De modo extremamente simplificado, podemos dizer que na terminologia do sistema britânico, por exemplo, a expressão *lawyer* é usada na acepção da nossa expressão *jurista*. Isto é, designando toda a variedade de profissionais formados em Direito que exerçam uma profissão relacionada com actividade jurídica. Onde se incluem, nomeadamente, os advogados que prestam serviços aos seus clientes, como também os consultores jurídicos empresariais, os redactores de legislação e os próprios magistrados. Já no domínio específico da advocacia, distingue-se entre *solicitor* (ou *attorney*) e *barrister*, ambas sendo figuras que têm correspondência ao nosso tradicional advogado. A diferença entre um e o outro daqueles reside na função específica de cada qual, sendo a litigância precisamente a actividade que os distingue. *Solicitor* é o advogado que tem contacto mais directo com o cliente, sendo o frequente ponto de contacto com este, por quem é consultado para a obtenção de conselho legal ou serviços e diligências diversas[31]. Pelo contrário, *barrister* é o especialista em litigância, que só é envolvido quando um caso determinado exige representação em tribunal. Os seus conhecimentos são mais aprofundados quando ao Direito Processual, matérias probatórias e quanto aos precedentes das decisões judiciais. O seu papel é preponderante na redacção de peças processuais, preparação da produção da prova e intervenção em julgamentos. O *barrister*, na gíria designado também por *litigator*, é portanto o advogado que por excelência desenvolve a litigância nos tribunais.

Ora, em sistemas jurídicos como o nosso, onde o advogado acumula todas aquelas funções, justifica-se plenamente a divulgação de elemen-

---

[31] O *solicitor at law* também pode ter intervenção judicial, mas apenas em tribunais de jurisdição inferior.

tos escritos que possam concorrer para o estudo específico da litigância, uma vez que esta não é menor nem menos exigente ou intensa da que se pratica no referido sistema que nos serviu de exemplo. O aprofundamento das matérias conexas e o estudo específico do modo de propositura das acções judiciais, da eleição do foro destinatário, dos moldes das peças processuais e de muitos outros elementos envolvidos na litigância parece-nos, aliás, bastante recomendável.

Naturalmente que a personalidade e outras características individuais do advogado influem nos diversos aspectos relativos à sua litigância. Certamente que cada um tem a sua postura particular, o seu juízo, as suas convicções pessoais acerca do que seja ou não conveniente fazer. Contudo, somos do entendimento de que poderão existir algumas concepções prévias, ou preconceitos, quanto ao que serão as *boas ou más* características individuais do advogado relativamente à sua aptidão e habilidade para a litigância. Daí, igualmente, a razão de ordem deste nosso capítulo. Onde a procura das características individuais do advogado (bom) litigante estará em primeiro lugar, partindo da opinião dos próprios envolvidos. Trata-se de um exercício a partir do qual se tornará certamente fértil a reflexão. Na sequência, retiraremos as nossas próprias conclusões e tomaremos uma posição, sempre no sentido da introdução a este tema tão peculiar e multifacetado, onde o terreno parece estar todo ainda por desbravar.

18. O Paradigma do Advogado Litigante: Características Pessoais?

Não parece haver dúvida possível acerca do facto de certos advogados se haverem distinguido pela qualidade, o brilho e a eficácia dos serviços prestados a clientes seus na *barra do tribunal*. Os causídicos mais ilustres são, aliás, sobejamente conhecidos e por mérito próprio. Servem muitas vezes de inspiração para os seus colegas, quando não mesmo de exemplo. Casos distintos são aqueles em que a notoriedade de um advogado se adquire, fugaz e casualmente, pela exposição mediática de um dado caso em que participou. A destrinça, no entanto, será fácil de fazer por parte dos seus colegas de profissão.

Aquela qualidade, aquele brilho, aquela eficácia serão certamente devidos a vários factores. Alguns destes factores poderão ser características inatas ou qualidades da pessoa adquiridas ao longo dos anos com trabalho árduo e dedicação. Poderão também ter alguma conexão com um pendor natural para o contencioso judicial. Sobre este assunto, e pensando em possíveis características paradigmáticas do causídico que exerce primorosamente a litigância, façamos a evocação de um ilustre colega de profissão, no trecho que passamos a transcrever, aliás irrepetível pela riqueza pictórica que encerra: «*Ei-lo, submerso, silencioso e especulativo no estudo das lei e dos dossiers, das doutrinas, das jurisprudências e das hermenêuticas. Ei-lo, atento, reflexivo e interrogativo, na confidência sigilosa do seu gabinete, no aconselhamento dos seus constituintes. Ei-lo, amável, cortês e por vezes até transigente, no trato profissional e transaccional com os seus colegas. Ei-lo, inventivo e consistente, convicto e convincente, directo ou enfático, natural ou hiperbólico, dogmático ou pragmático, tocando ora com mestria e partitura adequada ao caso, ora grave, lento e "largo", ora vivo, rápido e "scherzo", já na rigorosa escrita dos articulados, recurso e requerimentos, já na palavra oratória, retórica e eloquente na barra dos pretórios. Estou a lê-lo, a ouvi-lo, a vê-lo, no seu poderoso verbo, escrito e oral, que ele maneja, fluente, embora prévia e cuidadosamente preparado e pensado, temível, imparável e com que ele esgrime, como arma de sedução e convicção, mosqueteiro de capa e espada, envolto na toga, desenvolto na palavra. As suas alegações com as suas tiradas, extensas, minuciosas e documentadas, as suas estratégicas hesitações, pausas e "reprises", o seu estilo, no sentido arquitectónico do discurso, é também gestual, escrito por uma caligrafia no espaço em que ele desenha uma conjugação misteriosa entre a palavra e o gesto, entre o movimento das frases e do corpo, similar à que faz coincidir um som e um sentido, sim, repito, um sentido, face a um tribunal que é preciso convencer, chocar, tranquilizar, despertar, espantar, inquietar, rodear, envolver, tomar em velocidade e, finalmente, tornar silencioso, íntimo e cúmplice pela convicção e pela adesão a que conduzem a razão, a sensibilidade, o sentimento e a emoção (...)*»[32].

Ouçamos ainda o entendimento de um dos mais experientes e ilustres causídicos a quem desafiámos para nos responder, ao fluir da pena e em três linhas apenas, que qualidades ou características definem um advogado como bom litigante: «*Antes de mais, a coragem e a incorruptibilidade. Depois, o apego à verdade e à lealdade, desde logo para com os Colegas, mesmo os opositores. Por fim, a "transpiração" (o estudo e a preparação da intervenção) e a inspiração (viva atenção e reflexos rápidos)!*»[33]. E, em resposta ao mesmo desafio, respondeu-nos da seguinte forma um dos mais célebres bastonários da Ordem dos

---

[32] VEIGA, MIGUEL, *O Direito nas Curvas da Vida*, Concelho Distrital do Porto da Ordem dos Advogados, 2006, pp.19 e 20.
[33] GARCIA PEREIRA, ANTÓNIO.

CAPÍTULO III

Advogados Portugueses, cuja briosa reputação na litigância é por todos reconhecida: «*As qualidades de um bom litigante têm a ver com o saber e a cultura. A escrita de um bom Advogado deverá ser sempre simples e atractiva. A ironia por vezes ajuda. Em audiência a postura e a voz devem exprimir o carácter que imprime convicção, transmitindo persuasão e cativação da atenção. Um bom Advogado litigante nunca desiste; mas o talento consiste em não deixar transparecer teimosia. Os piores defeitos de um Advogado litigante são a arrogância, a vaidade e a presunção*»[34].

Um bom causídico deverá reunir, sem dúvida, uma quantidade apreciável de atributos, mas existirão atributos intrínsecos a cada pessoa que possam considerar-se como requisitos para um bom litigante, ou não haverá a este propósito uma certa mistificação em torno da figura? Não faríamos a maldade de havermos citado tais ilustres colegas para depois, insidiosa e cruamente, contestarmos ou comentarmos o seu muito válido pensamento, valendo-nos de toda a argumentação que reuníssemos, com o tempo que dispusemos para o presente livro. Muito provavelmente, até, cada uma daquelas referências encerra um simbolismo que estará bem mais próximo da verdade do que as considerações que iremos apresentar. Feita esta ressalva, começaremos por afirmar que, em nossa convicção, não existirão advogados que não possam aprender e aperfeiçoar as suas aptidões naturais para a litigância judicial, conquanto se empenhem continuamente em melhorar as suas capacidades e em analisar o resultado das suas acções. Como veremos adiante, parecem-nos preponderante, sobre todos os demais aspectos, os dois seguintes:

a) a boa orientação jurídica e processual – no que tal represente de conhecimentos jurídicos substantivos e adjectivos, mas também de conhecimentos adquiridos quanto ao funcionamento e à funcionalidade dos tribunais;
b) o domínio da escrita – traduzido no uso certeiro da linguagem, na assertividade da linguagem, no direccionamento da redacção do texto para o fim persuasivo e na capacidade de síntese; esta última quer quanto à composição e descrição da matéria de facto (nos articulados) quer quanto à explanação da argumentação jurídica (nas alegações).

---

[34] CASTRO CALDAS, JÚLIO.

A medida da experiência é ainda, sem dúvida, um forte contributo para as qualidades que poderão enformar um bom causídico. E a oralidade, a nosso ver, apenas relevará enquanto complemento, não obstante possa tornar-se significativamente influente no que concerne à produção da prova testemunhal. Não estarão em causa, então, características extraordinárias, invulgares ou longe do alcance do comum jurista que, depois de formado em Direito na universidade, abrace a profissão de advogado.

Mas desengane-se aquele que acreditar que as qualidades do advogado serão bastantes por si só para que os não juristas o considerem como um bom litigante. Já que a avaliação da qualidade de um advogado quanto à sua litigância, sobretudo por parte dos seus clientes, dependerá do resultado dos seus desempenhos. Esta sim, uma crua verdade. Pois repetem-se continuamente os exemplos em que as óptimas capacidades de litigância do advogado nada garantem quanto ao desfecho de uma lide judicial. E, aqui situados, compreenderemos que aquilo que se exige muitas vezes a um advogado para que seja considerado como um bom litigante é, muito mais do que um bom desempenho ou um desempenho extraordinário, um bom resultado. E não é afinal de qualquer advogado que o cliente espera um bom resultado? A resposta, afirmativa, coloca sobre o mesmo a necessidade de aperfeiçoar continuamente a sua prática da litigância.

19. Orientação Jurídica e Processual, Escrita e Oralidade

A litigância nos tribunais está repleta de *dos and don'ts*. Não menos, hipoteticamente, do que uma intervenção cirúrgica, cujo melindre varia, não apenas em função da avaliação diagnóstica inicial, mas também em função da(s) especialidade(s) envolvidas, da natureza da intervenção, do lugar onde se realiza, dos meios e condições de que se dispõe e de outros factores. As decisões e conduta dos intervenientes são, igualmente, fulcrais.

Como acima dissemos, e pensando por ora no prisma de quem despoleta o pleito, a montante da actividade desenvolvida pelos intervenientes no âmbito de uma lide judicial, está o que designámos sinteticamente de *orientação jurídica e processual*. Com efeito, num primeiro momento o diagnóstico jurídico da situação existente levará à determinação da base legal da demanda. Naturalmente que todos os desvios que se verificarem involuntariamente neste domínio irão gerar uma orientação inicial desconforme, que em muitos casos poderá levar a gorarem-se totalmente as expectativas dos sujeitos interessados, quando não mesmo à extinção irremediável dos seus direitos subjectivos. Num segundo momento, já depois de apurada a base legal da demanda, a avaliação e a eleição dos meios processuais a usar – que hão de variar de acordo, pelo menos, com os objectivos fixados e a estratégia de acção delineada – serão igualmente decisivos. A interposição de uma acção judicial num foro inadequado (ou até incompetente) leva desde logo à perda de precioso tempo, quando não mesmo ao resultado que referimos para um diagnóstico jurídico errado: expectativas goradas, quando não mesmo a extinção dos direitos subjectivos. No prisma reactivo, isto é, no ponto de vista de quem se opõem ou contradiz num pleito, já muitas decisões foram tomadas pela parte contrária ou pela entidade responsável pelo libelo acusatório. No entanto, mesmo nestes casos, haverá que fiscalizar as decisões e as escolhas da parte contrária (ou da referida entidade), para além de se manter inalterada a necessidade de diagnóstico jurídico e de fixação de objectivos e de uma estratégia processual.

Daí que consideremos a boa orientação jurídica e processual como determinante para o desfecho da actividade litigante. Implicando, como também dissemos, exigentes conhecimentos jurídicos – substantivos e adjectivos – mas também fiáveis conhecimentos quanto ao funcionamento e à funcionalidade dos tribunais. Acresce, sem menor importância, que uma vez iniciada a lide, existirão sempre e durante o processo judicial muitas decisões a tomar e intervenções a fazer, para as quais será sempre solicitada a orientação jurídica e processual do advogado. Pelo menos até ao trânsito em julgado de uma decisão, se convenientemente ignorarmos por ora a execução coerciva da mesma.

Não obstante, uma vez realizada aquela orientação prévia a montante do processo em si, estará ainda por construir todo o processo judicial, no caso onde este esteja na disposição da vontade das partes, como sucede na generalidade dos casos de Direito Privado, mas também na grande maioria dos casos de Direito Público, à excepção do Direito Penal e do Contra-ordenacional. Construir um processo, tal como toda a actividade de construção, pode obviamente sempre realizar-se de modo mais ou menos adequado. E aqui surge a importância do domínio da linguagem escrita, por parte do causídico.

Expor uma causa de pedir e ajustar um ou mais pedidos correspondentes são tarefas onde o que parece ser fácil pode ser extremamente complexo. Tal como sucede, aliás, na contradição e na oposição àqueles. Isto, porque o advogado deve ter em mente, sempre, que a redacção deve ser orientada pela finalidade material da sustentação de um direito, mas também pela finalidade processual. Uma ou várias palavras, uma ou várias frases, podem deitar tudo a perder. Irremediável e ingloriamente tudo a perder. É mister, portanto, que na redacção dos articulados se leve em conta como se irão desenrolar os autos do processo judicial, a que fases e inflexões eles vão ser sujeitos, e estabelecer metas de curto, médio e de longo alcance.

Exemplificando com uma singela referência, vejam-se os problemas que podem surgir da redacção espontânea da seguinte frase, imaginando-a inserida numa petição inicial:

«*O Autor da herança mobilou a casa de morada de família exclusivamente com bens de sua propriedade*»

Suponhamos que foi exactamente assim que o advogado compreendeu a informação de facto que lhe foi transmitida pelo seu cliente. Ora, invocado este facto nestes termos, as normas substantivas relativas ao ónus da prova serão mais tarde chamadas à colação e, como sabemos: àquele que invocar um direito cabe fazer a prova dos factos constitutivos do direito alegado[35]. Igualmente as normas adjectivas relativas à repartição do ónus da prova e aos casos de dúvida sobre a realidade de um facto poderão ser chamadas à colação e, como também sabemos: *a dúvida sobre a realidade de um facto e sobre a repartição do ónus da prova resolve-se contra a parte a quem o facto aproveita*[36]. Trata-se de um exemplo extremamente simplificado, mas talvez suficiente para se compreender que aquela frase inserida na nossa imaginária petição inicial (de providência cautelar de arrolamento, de acção de inventário judicial, de acção de prestação de contas, ou outras possibilidades ainda), virá provavelmente a ser transcrita de modo literal para um dos pontos da Base Instrutória (ou quesito, na terminologia antiga). Tal, quando da fase dos articulados os autos transitarem para a fase da instrução. Ora, quando chegados mais tarde à fase de audiência de discussão e julgamento, correr-se-á seriamente o risco de aquele facto vir a ser considerado simplesmente «não provado». O primeiro problema surge desde logo no advérbio *exclusivamente*. Uma vez que bastará que se demonstre que uma ou mais peças de mobiliário que constituam a mobília da casa referida não tenha sido adquirida pelo referido autor da herança

---

[35] Conforme dispõe o nº1 do art.342º do Código Civil.
[36] Conforme dispõe o art.516º do Código de Processo Civil.

para que a alegação de facto entre em crise. Em bom rigor, bastará que nenhuma testemunha consiga afirmar peremptoriamente que tem a certeza infalível de que o Autor da herança mobilou a casa de morada de família *exclusivamente* com bens de sua propriedade, ou que isso não passa de uma convicção sua. É certo que o juiz de julgamento poderá cindir a matéria de facto, dando por provada apenas uma parte daquele quesito. Mas mesmo isso poderá trazer novas questões que venham a colidir com a boa decisão da causa. O advérbio em causa, assim como outro tipo de afirmações absolutas, tornam a missão da actividade probatória extremamente difícil, sem que houvesse afinal necessidade de tal vir a ocorrer. Pois foi no momento da redacção da petição inicial que o causídico deveria haver previsto os problemas práticos que poderiam surgir-lhe a jusante, e evitar a sua verificação. Porém os problemas ínsitos naquela frase do articulado não se esgotam no advérbio *exclusivamente*. O verbo *mobilou*, a qualificação do imóvel como *casa de morada de família*, e a consideração genérica de *bens de sua propriedade* podem igualmente vir a causar embaraço ou efeitos colaterais indesejados, se outros cuidados não tiverem sido respeitados no articulado imaginário. E ainda não nos referimos sequer aos aspectos que foram omitidos naquela redacção... Ora, feita a brevíssima referência ilustrativa, cremos ter pelo menos conseguido exprimir a importância do domínio da linguagem escrita por parte do litigante material, pois há de reflectir-se desde logo em todos os aspectos relativos à descrição e à narração dos factos, como melhor veremos adiante. Uma importância que se reflecte logo na composição do objecto do processo.

    Seja como for, até aqui referimo-nos apenas aos articulados. Porém, é óbvio que a omnipresença da escrita na litigância vai muito para além desse território. Desde logo porque cada intervenção suscitada – às partes ou pelas partes – durante a evolução processual terá de realizar-se exclusivamente por meio de requerimentos e/ou exposições escritos – salvas as honrosas excepções que conhecemos, nos momentos da presença física dos mandatários judiciais em diligência judicial. Isto é: a esmagadora maioria das intervenções nos autos realiza-se por peça escrita, existindo consequentemente razões de sobra para que se sobrepesem todos os termos na redacção a utilizar, em função da finalidade e das circunstâncias.

    Quando o que temos vindo a dizer já se tornou bem patente, acrescentemos ainda – à boa maneira do causídico – a realidade emblemática das alegações. Alegações de Direito no processo civil ordinário e as alegações em toda a espécie de recurso (motivações, na designação do Processo Penal), onde toda a contenda passa a desenrolar-se exclusivamente por escrito. Em sede de alegações, relevarão múltiplos factores que se prendem com aspectos linguísticos, tais como a capacidade de apresentação de um raciocínio lógico, a habilidade na explanação clara de argumentos jurídicos, a noção da boa economia do texto, etc. Em suma, uma série de ferramentas de linguagem escrita de que deverá dispor também qualquer jurista – seja ele um jurisconsulto académico, um consultor jurídico empresarial, um assessor jurídico governamental ou camarário, ou mesmo um magistrado. E estamos apenas a referir-nos ao patamar situado bem acima dos aspectos mais básicos da escrita da Língua Portuguesa, como a sintaxe e a ortografia, domínios em que, apesar de tudo, as incorrecções não dão origem, geralmente, a efeitos processualmente perniciosos.

Nas alegações e contra-alegações escritas esgrimam-se os argumentos jurídicos, a definição dos contornos dos factos, a ponderação e a valoração da prova, e muitas vezes, por se encontrar o processo nas Instâncias Superiores, a oralidade é simplesmente uma parte ausente. De onde a nossa convicção da importância maior do uso certeiro da linguagem escrita, da assertividade do texto, do direccionamento da redacção para o fim persuasivo e da capacidade de síntese. Mas não se pode, é certo, escamotear que, para a litigância no conjunto, a oralidade desempenha também um papel de relevo. Os dons de oratória são importantes, é claro, sobressaindo no momento da audiência de julgamento. Mas não definem o advogado como um litigante competente. Desde logo porque poucos milagres poderá fazer um bom orador quando a redacção da matéria de facto e a prova lhe forem desfavoráveis. A oralidade é um importante complemento, sobretudo na esfera da produção da prova testemunhal, como relembraremos *infra* neste texto. Já o mesmo poderá dizer-se do momento das alegações orais – alegações sobre a matéria de facto no Processo Civil; alegações sobre a matéria de facto e de Direito no Processo Penal. Já que a realidade demonstra serem muito relativos os seus efeitos processuais, quando as alegações são declamadas ante um julgador experiente. O julgador poderá, efectivamente, ser levado a considerar novos aspectos, ser solicitado a ponderar aspectos de facto, aspectos de prova e aspectos puramente jurídicos numa nova perspectiva que venha a ser gerada depois de ouvir as alegações do advogado, já que nenhum homem é uma ilha. Mas naturalmente que não deixará de reflectir na solidão do seu gabinete, nem de desconstruir o que seja meramente aparente ou não fundamentado, valorando sobretudo o que foi alegado por escrito e o que foi objecto de prova. Pois, a final da audiência, o que há para decidir será o objecto do processo, e no objecto do processo praticamente só influi o que ficou escrito, salvo no caso específico do Processo Penal onde não se fixa Base Instrutória. Em todo o caso, não são as palavras proferidas pelo advogado as que o julgador mais levará em conta, daí toda a singularidade do trabalho que o causídico deve realizar ao inquirir ou contra-interrogar as testemunhas oferecidas a juízo.

Aqui chegados, permitimo-nos reproduzir o pensamento de um conceituado colega de profissão, que em tempos idos nos disse algo de semelhante. Levando em linha de conta o respectivo condicionamento, ou impacto no percurso crítico, de um processo judicial, a parte mais proeminente do trabalho do advogado é sem dúvida a escrita. Se a ela somarmos a boa orientação jurídica e processual, já a oralidade será um mero complemento. Portanto, em nosso entender também, não será a oratória que qualifica o advogado como um bom litigante. De resto, como qualquer colega de profissão experiente sabe, de igual modo um bom litigante não tem necessariamente de ser um exímio jurisconsulto. Saber suscitar questões e incidentes, manter o sangue frio perante circunstâncias adversas, agir com oportunidade e pragmatismo, adaptar o modo às circunstâncias, ler e reflectir com boa concentração, procurar e estudar sempre que necessário, são várias vezes qualidades que suplantam a oralidade e a ciência jurídica na actividade da litigância.

20. Recomendações para a Redacção de Peças Processuais

Haverá pouco menos possibilidades de se redigir de forma diferente uma peça processual, quantas aquelas que permite a operação de redacção de qualquer texto em Língua Portuguesa. E redigir uma peça processual – seja um articulado, sejam alegações, seja um simples requerimento – requer muito mais do que escolher vocábulos e preencher uma folha em branco com caracteres, ainda que com ortografia correcta e frases bem construídas. A técnica envolvida é demasiadamente dependente do sujeito que a rediz, para que tivéssemos a veleidade de ensaiar regras invariáveis para a descrevermos. No que concerne ao estilo da prosa individual, então as hipóteses aumentam ainda exponencialmente.

Existe um imperativo omnipotente e natural a respeitar, do qual o jurista não pode desviar-se sob pena de votar desde logo ao insucesso o seu trabalho. E este é a obediência, estrita, às *regras de tramitação processual* e mesmo das *regras de forma previstas para cada espécie de peça processual* na boa lei de processo[37]. Ou seja, uma quantidade apreciável de disposições normativas contidas no Código de Processo Civil, no Código de Processo Penal, no Código do Processo Especial de Insolvência, no Código de Processo de Trabalho, no Código de Processo Administrativo, do Código de Procedimento e Processo Tributário, na Lei de Organização Tutelar de Menores, etc. Tais normas deverão ser sempre consideradas caso a caso. Há especificidades próprias da tramitação processual de cada respectivo foro e especificidades próprias para cada espécie de peça processual, que se traduzem por vezes em minudências que exigem do causídico toda a sua cautela (requisitos externos e requisitos internos). Deveres vários, de cujo cumprimento depende quer a admissibilidade da mesma peça processual quer o desempenho da função processual da mesma, tal como, em certos casos, o dever de apresentação liminar da prova, o ónus de impugnação especificada, o ónus de formular conclusões, entre inúmeros outros. O conhecimento profundo do Direito Adjectivo por parte do advogado será, por isso mesmo, uma ferramenta indispensável na redacção de peças processuais. E quanto maior for o domínio daquele conjunto de normas – quanto a cada foro que se considere e quanto a cada espécie de acção – maior será, claramente, a sua capacidade de exercer a litigância com maior eficácia.

As verdadeiras e únicas *regras* a considerar na redacção das peças processuais são, portanto, as que se encontram impostas pelo legislador processual. Em complemento daquelas, existirá ainda uma outra espécie de "regra", esta já relativa ao teor material da peça processual, e imposta indirectamente pelo Direito substantivo. Será a necessidade de a peça processual ser construída de molde a proporcionar a decisão jurídica que se pretende, ou seja, devendo conter a fundamentação necessária – de facto e/ou de Direito – para que se proporcione a aplicação pretendida do Direito ao caso concreto. Por outras palavras, na peça processual não podem (pelo menos) ser omitidos quaisquer dos elementos necessários para a configuração dos direitos subjectivos que se pretendem ver acaute-

---

[37] Tome-se por exemplo paradigmático o art.467º do Código de Processo Civil, que versa sobre os requisitos da petição inicial.

lados, sob pena de jamais se poder atingir o efeito desejado no momento da aplicação do Direito.

Falámos, até aqui, das regras para a redacção das peças processuais, referimo-nos no fundo ao que serão os *requisitos formais* e os *requisitos materiais* das peças processuais.

Sem embargo, o problema inicial persiste. Bastará, aliás, um mínimo de experiência individual do causídico para que este constate, nem que seja apenas pela observação das peças processuais dos seus colegas de profissão, que estas podem infinitamente variar quanto à técnica e ao estilo de redacção – ainda que todos no cumprimento estrito das citadas regras. Deixemos então as regras para o estudo individual e a indispensável consulta caso a caso por parte do advogado, e passemos a falar das nossas *recomendações*. Pois o propósito do nosso livro é precisamente esse – o de ir para além do que se encontra estabelecido na lei e nos manuais académicos de Direito Processual.

Por consideração ao leitor, deixaremos de lado as recomendações para todos óbvias que seriam as de: redigir com ortografia e sintaxe correctas; usando uma linguagem cuidadosa e sem injustificados excessos ou referências de mau gosto que pudessem criar anticorpos ou uma antipatia involuntária nos seus destinatários; ajustando com exactidão e adequadamente as palavras à informação que se pretende transmitir; respeitando as habituais insígnias a usar quando se dirige a cada determinada Instância; manifestando a preocupação com o equilíbrio e a boa economia do texto; sintetizando a descrição dos factos de molde a facilitar a sua avaliação; etc. Em seu lugar, deixaremos apenas as seguintes 9 (nove) recomendações que entendemos justificadas.

20.1. Consideração permanente das finalidades da peça processual

Para efeito do nosso estudo, poderíamos considerar as peças processuais em três grandes conjuntos: os articulados; as alegações; e os outros requerimentos. A distinção terá todavia de ser adaptada em função das diferentes realidades processuais dos foros que não obedecem ao processo civil. Por isso, em alternativa, consideremos os seguintes três conjuntos nucleares:

1) peças processuais em que fundamentalmente se realize a descrição de matéria de facto;

2) peças processuais em que fundamentalmente se discuta matéria de Direito;
3) outros requerimentos previstos na lei e requerimentos *ad hoc*.

Seja qual for o daqueles conjuntos onde se insira uma dada peça processual, a montante da sua redacção deverá encontrar-se, em primeiro lugar, a consideração da sua *respectiva finalidade processual*. Queremos com isto dizer, não apenas que cada peça processual deverá sofrer adaptações a determinados cânones de formatação específica (tal como os que hoje se podem consultar em compêndios de minutas processuais editados), mas sim essencialmente aquilo que aparentemente seria óbvio, ou seja: a peça processual deve ser concebida para o fim da aplicação do Direito por parte do julgador, tendo em conta ainda a tramitação específica dos autos que lhe será consequente.

Para esclarecermos o que pretendemos dizer, e que não se resume ao que já dissemos a propósito dos requisitos formais e materiais, tomemos por referência o conjunto de peças processuais em que fundamentalmente se realize a descrição de matéria de facto. Ora, os factos que vierem a ser narrados (v.g. nos articulados no processo civil), constituirão adiante a massa celular de que se compõe o processo, definindo aliás o próprio *objecto do processo*. Assim, a exposição dos factos condiciona todo o desenrolar subsequente dos autos. Os factos que forem incluídos serão objecto de triagem e mais tarde considerados; os factos que não forem incluídos tendencialmente não serão considerados. Mas o que dissemos vai ainda para mais além disto. O causídico deve ter em mente ao que se destina a sua peça processual, não apenas considerando os efeitos de *longo prazo* (aplicação do Direito por parte do julgador), mas também qual vai ser o destino imediato da peça processual e o impacto que será produzido nos trâmites que lhe serão subsequentes a *curto prazo* (a oposição pela parte contrária, o saneamento do processo, a selecção dos factos relevantes para o exame e a decisão da causa, a actividade probatória). Pensar na formulação da peça processual em que fundamentalmente se realize a descrição de matéria de facto deverá, portanto, implicar permanentemente a ponderação de tudo quanto virá a suceder, em consequência e no futuro do processo. Nomeadamente, ponderar a formulação, ou a configuração, que se pretende dar aos factos, por forma a:

a) dificultar a missão de contradição pela partes oponentes;
b) obter melhores resultados na formulação da matéria de facto assente (ou operação processual equivalente);
c) obter melhores resultados na forma concreta como será redigida a própria base instrutória (ou operação processual equivalente);
d) facilitar a actividade probatória futura;
e) dificultar a actividade probatória futura a realizar pelas partes oponentes.

Ou seja, pensando já na actividade probatória e pensando igualmente no que está imediatamente antes da mesma. Por isso, a boa redacção da peça processual em que fundamentalmente se realize a descrição de matéria de facto poderá ser meio caminho andado para que a litigância venha a ser bem sucedida. E, nessa mesma peça processual, *a maior relevância conformadora dos autos manifesta-se no momento da narração dos factos,* não no momento das considerações de Direito, até porque a determinação da solução jurídica do caso caberá ao julgador. Não se pode dizer que este seja um segredo de profissão, mas será certamente uma boa técnica a recomendar. Sobretudo porque a substância do processo admite uma realidade singular que vai além da realidade dos factos. É a realidade das *proposições de facto*. Como dissemos numa obra anterior[38], no mundo do Direito, a prova não lida directamente com factos, mas sim com enunciados de factos[39]. Parece efectivamente insensato falar-se em prova da verdade dos factos, em vez de em prova da afirmação da verdade dos factos[40]. Assim, "prova de um facto" e "prova da verdade de um facto", não deverão significar mais do que *"prova da verdade das proposições"*[41]. Até porque aquilo que se considera prova só

---

[38] A Defesa e a Investigação do Crime (Guia Prático para a Análise da Investigação e para a Investigação pelos Recursos Próprios da Defesa Criminal), Almedina, 2004 (1ª edição), 2008 (2ª edição).
[39] De acordo com a concepção de GIULIO UBERTIS, em *La Ricerca della Verità Giudiziale*, "Sisifo e Penelope. Il Nuovo Codice di Procedura Penale dal Progetto Preliminare alla Riconstruzione del Sistema", Turim, 1993, pp.89 ss.
[40] Desde logo porque a verdade só se encontra nos próprios factos, e até no processo penal não se pode andar atrás de outra coisa que não da verdade de proposições, de acordo com F.CARRARA, *Programma del Corso di Diritto Criminale, Parte Generale*, III, Prato, 1886, §900, p.201.
[41] Insistindo neste ponto de vista, GIULIO UBERTIS, em *La Prova Penale, Profili Giuridici ed Epistemologici*, Turim, Utet, 1995, pp.8 e 9, demonstra ser errada a perspectiva de análise

o será quando esse algo seja agregado a uma dada hipótese apresentada, podendo, ulteriormente, ser-lhe atribuído um valor probatório positivo ou negativo[42]. Lembrando a formulação que temos feitos em várias obras anteriores e que poderá ter eventualmente o mérito de ser elucidativa: *a batalha entre os diferentes interesses processuais trava-se no terreno das proposições de facto e as armas usadas, de parte a parte, são as provas.*

Recomendações equivalentes deverão, *mutatis mutandis*, fazer-se também quanto às peças processuais em que fundamentalmente se discuta matéria de Direito, sobretudo no âmbito das alegações em sede de recursos[43]. Desde logo porque naquelas peças se fará, uma vez mais, a delimitação inicial do objecto do recurso, sabendo que haverá a considerar importantes especialidades quando, para além da matéria de Direito, o recurso abarque ainda a matéria de facto. Assim, a selecção e a exposição das questões de Direito, a invocação dos sentidos interpretativos das normas, o juízo probatório e os elementos probatórios a considerar na apreciação da matéria de facto, e a argumentação jurídica, condicionarão também todo o desenrolar subsequente dos autos. As questões que forem incluídas serão objecto de triagem e mais tarde consideradas; as questões que não forem incluídas tendencialmente não serão consideradas. Deve, portanto, o causídico uma vez mais ter em mente ao que se destina a sua peça processual, não apenas considerando os efeitos de longo prazo, mas também qual vai ser o destino imediato da peça processual e o impacto que será produzido nos trâmites que lhe serão subsequentes a curto prazo. Pensar na formulação da peça processual em que fundamentalmente se realize a discussão da matéria de Direito deverá, portanto, implicar permanentemente a ponderação de tudo quanto virá a suceder, em consequência e

---

inversa, em que faria sentido falar-se de "*factos falsos*" e "*factos verdadeiros*", em nítida contradição com as características ônticas do discurso fáctico do mundo real.

[42] Neste sentido, e fazendo a correspondência entre o valor probatório de um elemento de prova e a probabilidade da hipótese que se pretende demonstrar, em L.J.COHEN, *The Probable and the Provable*, Oxford, 1977, p.245, apoiando-se em citações de A.GIULIANI, *Il Concetto di Prova. Contributo alla Logica Giuridica*, Milão, 1961.

[43] Casos há onde no simples requerimento de interposição do recurso é obrigatória a menção das normas ou princípios violados, v.g. em certos recursos perante o Tribunal Constitucional – vide a Lei de Organizaçao, Funcionamento e Processo do Tribunal Constitucional (L 28/82 de 15.11 e sucessivas alterações).

no futuro do processo. Nomeadamente, ponderar a formulação, ou a configuração, que se pretende dar aos factos, por forma a:

a) dificultar a missão de contradição pela partes oponentes;
b) centrar a apreciação jurídica no território e nos domínios mais favoráveis aos interesses processuais.

20.2. Subdividir os factos e as questões de Direito cuja demonstração seja assegurada

Em consequência do que acabamos de explicar, nas peças processuais em que fundamentalmente se realize a descrição de matéria de facto poderá existir alguma conveniência em subdividir factos, quando os mesmos sejam favoráveis aos interesses representados e quando a respectiva demonstração por meio de prova esteja razoavelmente assegurada. Desde que aqueles sejam cindíveis, como é óbvio, e desde que tal operação se realize sem exageros que a fizessem cair no ridículo. Todavia, esta operação só por si poderá vir a proporcionar a jusante um rol de factos assentes e de factos considerados provados mais extenso, contribuindo assim para um maior peso relativo da matéria de facto favorável.

De igual modo, embora com efeitos mais atenuados e/ou imperceptíveis, nas peças processuais em que fundamentalmente se discuta matéria de Direito, poderá ser útil segmentar e subdividir questões e considerações, quando cada item venha a ser de demonstração assegurada. Pois quando se fizer o encadeamento das questões e argumentos jurídicos haverá maior relevo dos mesmos aspectos.

20.3. Segmentação e articulação do texto

Ainda na sequência do que dissemos acima, e mesmo nos casos em que tal obrigatoriedade não tenha sido imposta pelo legislador processual, a narração dos factos numa peça processual deve fazer-se de forma segmentada, articulada, sendo exposto cada facto (ou conjunto indissociável) à sua vez. E não se trata de apego a uma espécie de habitualidade ou costume judiciário, não é isso. É que fazer um texto corrido não é adequado à finalidade processual. Desde logo, porque narrar os factos em juízo pressupõe já uma selecção prévia da matéria juridicamente relevante. E tal, consegue-se de melhor modo fazendo uma segmentação, tradicionalmente parágrafo por parágrafo. Esse trabalho prévio facilitará também ao julgador a operação seguinte da selecção dos factos relevantes para o exame e a decisão da causa. Mas é, sobretudo, a necessidade de síntese e de assertividade do texto que impõem tal contributo para a boa economia processual. A segmentação do texto e a sua numeração por artigos proporcionam, em acréscimo, a remissão imediata para cada trecho do texto que seja conveniente fazer, evitando repetições e auxiliando a sua composição lógica. E, ainda, facilitam a ponderação futura de cada facto singularmente considerado para que dele se retirem as devidas consequências jurídicas.

Por outro lado, também nas peças processuais em que fundamentalmente se discuta matéria de Direito, ou em requerimentos de vária ordem que mostrem alguma complexidade, é de toda a conveniência proceder do mesmo modo, cindindo o texto, decompondo-o em unidades mais simples (embora sem a necessidade de se numerarem os diversos parágrafos). O benefício será o de se identificarem pausada e mais facilmente as questões concretas abordadas, os argumentos e consequências jurídicas que se apresentam, bem como todas as demais referências pretendidas, melhor conseguindo que nenhuma passe despercebida ao julgador.

20.4. Acompanhamento do texto com a sua demonstração passo a passo

Mesmo nas situações em que não exista a obrigatoriedade imposta pela lei processual de junção (e/ou apresentação) dos meios de prova com os articulados, nas peças processuais em que fundamentalmente se realize a descrição de matéria de facto é recomendável que, facto a facto, a sua descrição seja acompanhada com a menção e a junção da prova correspondente, sempre que possível (e desde que isso não prejudique outros aspectos da estratégia processual, que amiúde pode tornar vantajosa a retenção de alguns meios de prova até ao tempo mais oportuno para a sua produção). Sobretudo quando esta seja documental, a prova deve ir demonstrando a fidedignidade do causídico aos factos, aportando credibilidade a toda a sua peça processual. Se a descrição tiver ainda correspondência literal no texto do documento para que se remete, melhor ainda. Isto, não apenas também para a obtenção de alguns dos efeitos que referimos atrás (p.ex. não deixar lugar à contradição dos factos, ou obter melhores resultados na formulação da matéria de facto assente), mas ainda para que as proposições de facto surjam alicerçados na objectiva e incontornável realidade, tornando-a evidente.

Alicerçar os factos na sua demonstração imediata, proporcionará um efeito de credibilidade sustentada e em crescendo, que poderá resultar numa maior adesão e convicção por parte do julgador. Por vezes, a demonstração não se pode fazer documentalmente mas sim com a menção de outros factos incontroversos ou algum outro tipo de referências.

Por outro lado, também nas peças processuais em que fundamentalmente se discuta matéria de Direito, a mesma demonstração passo a passo deve manter-se como objectivo, nomeadamente com alusões, citações e remissões para trechos de documentos, para conclusões de pareceres ou para o teor de Jurisprudência dos tribunais, mas também com as meras referências às folhas do processo onde se encontram determinados elementos dos autos (depoimentos, despachos, documentos).

20.5. Assertividade e objectividade, na matéria de facto e na matéria de Direito

Com maior ou menor expressividade, com menos ou mais pronunciado estilo na prosa, a peça processual deverá sempre ser essencialmente objectiva e todas as questões deverão ser abordadas de modo assertivo. Enquanto parte integrante do processo, qualquer pela processual destina-se a fazer aplicar o Direito ao caso concreto. Portanto os factos devem ser considerados já expurgados da subjectividade de quem os expõe, e as questões jurídicas deverão ser apresentadas num sentido afirmativo, uma vez que a aplicação do Direito pela qual se pugna requer soluções determinadas. São, por isso, elementos acidentais e estranhos ao processo os aspectos relativos à pessoa do declarante e ainda muitos dos aspectos atinentes a características pessoais dos intervenientes dos factos (embora, em certa medida, alguns destes possam assumir relevância). São também elementos acidentais e estranhos ao processo as divagações, as apreciações de ordem pessoal ou opinativas, as conjecturas vagas, o enunciar de dúvidas que não venham a ser solucionadas.

Num plano um pouco mais profundo, teremos ainda a considerar que a peça processual sairá tanto mais aperfeiçoada quanto o causídico se possa manter no domínio das afirmações óbvias acerca dos factos e acerca do Direito, deixando assim cada vez mais exíguo o espaço dado à controvérsia. Perante dados factos, as consequências de facto e de Direito deverão decorrer como que por via da consequência necessária, tal como os pedidos formulados deverão estar na exacta correspondência da causa de pedir.

Este esforço, porém, deve ser realizado sem colidir com o rigor dos factos nem com o rigor das apreciações jurídicas.

20.6. Inteligibilidade imediata da redacção

Na redacção de uma peça processual, o causídico deve organizar os factos (ou as questões de Direito) de molde a tornarem-se mais simples e imediatamente perceptíveis por parte do leitor. Aquilo que se acrescentar em inteligibilidade vai traduzir-se em boa compreensão por parte do julgador e, consequentemente, em convicção. Aliás, quando a apreensão inicial do texto se realiza de um modo sólido, criará uma convicção inicial mais difícil de desvanecer perante as peças processuais dos opositores que se venham a seguir na tramitação dos autos. Para tanto, ao redigir a sua peça processual, o causídico deve colocar-se na posição do declaratário, essencialmente na de um julgador que partirá para a leitura da peça processual com desconhecimento prévio do assunto que lhe será exposto. Idealmente, quanto mais simples e acessível for o texto, melhor. Nem sempre será fácil simplificar a realidade que se expõe, ou reduzir as questões jurídicas envolvidas à sua expressão mais escorreita. No entanto, deverá ser essa uma das preocupações sempre presentes, simplificando, sem contudo prejudicar o pormenor a que seja necessário chegar. O texto deverá resultar em um de leitura cómoda, explicando e lembrando mesmo alguns conceitos do conhecimento jurídico geral.

Além deste teor *auto-explicativo* do texto, deve ainda o advogado preocupar-se com a necessidade de captar e de manter a atenção do leitor, não obstante o dever de leitura decorrer *ex officio*. É ao julgador que se dirige o causídico. Daí, deve ainda o advogado tentar prever em que matérias poderão surgir as questões naturais no íntimo do leitor e também quais serão as mesmas questões, por forma a dar-lhes preferencialmente resposta antes que o faça a parte contrária.

De resto, o texto deve ser redigido de acordo com uma sequência, cronológica ou lógica. Como qualquer exposição ou narrativa escrita, naturalmente o texto da peça processual precisa de ordenação, ou seja as suas partes integrantes deverão ser dispostas mediante uma sequência, determinada por forma a tornar a respectiva mensagem inteiramente perceptível. Normalmente, a sequência cronológica na narração dos factos é a que mais se adequa a tal pretendido fim. Tal não implica, contudo, que antes ou durante a narração dos factos não se possam inserir breves trechos de considerações particulares não directamente atinentes aos factos – sob forma de proémio, comentário pontual ou enquadramento circunstancial – desde que tais inserções facilitem a leitura e/ou o entendimento da mensagem. Só em casos excepcionais e justificados se deve interromper a sequência cronológica para dar benefício à sequência lógica.

Esta máxima demonstrará todas as suas vantagens precisamente nos casos em que a matéria de facto a descrever atinja maior grau de complexidade.

Naturalmente, na descrição da matéria de Direito, o encadeamento das questões deverá obedecer à sequência lógica das mesmas, naquilo com que está familiarizado o jurista.

A perceptibilidade do texto deve ser a preocupação primordial, não esquecendo que o leitor destinatário poderá vir a ter de interromper a leitura. Para tanto, é de boa prática segmentar grandes conjuntos de matérias, por meio de títulos ou capítulos separadores, aliás bastante frequentes no mundo judiciário.

20.7. A finalidade persuasiva não deve tornar-se demasiado evidente no texto

Ninguém gosta de se sentir influenciado. Daí, a influência deverá passar subliminarmente. É óbvio que o advogado procurará vencer a sua causa e que, para tanto, se empenhará em redigir a sua intervenção escrita em juízo orientado pelo fim persuasivo. No cumprimento dos seus deveres profissionais, procurará influenciar a leitura dos factos e a interpretação da lei, e espontaneamente apresentará os factos da maneira mais conveniente aos interesses do seu constituinte, mencionará circunstâncias que também lhe sejam favoráveis, e explorará com maior relevos os argumentos jurídicos que mais facilmente lhe darão razão. Recorrerá por vezes a silogismos, outras vezes a determinados exageros, nada mais natural. Porém, recomendamos algum esforço no sentido de não patentear demasiadamente aquele fim persuasivo da sua alocução. Quanto maior for a objectividade na matéria de facto e na matéria de Direito, aí sim, o *ganhar razão* será muito mais firme. Recorde-se também que o julgador é experiente, dispõe de boa capacidade crítica. Se o texto respeitar sempre aquela objectividade na consideração dos factos e do Direito, poderá ainda assim criar-se um efeito de empatia com o leitor neutral. Pelo contrário, omissões, distorções, exageros gratuitos, irão gerar o efeito contrário, colocando o leitor na defensiva e suscitando-lhe a necessidade de colocar mais reservas sobre a informação que lhe seja transmitida.

20.8. A adjectivação e as considerações de ordem opinativa devem ser pontuais

Há quem opte pelo estilo telegráfico, na redacção das suas peças processuais. Há quem opte pelo estilo bíblico. Há de tudo. Há mesmo quem considere que o estilo faz o advogado, certamente coberto de razão. A liberdade na escrita das peças processuais é, aliás, uma riqueza profissional da advocacia, sem a qual tudo se tornaria cinzento. Mas em nosso entender, se é verdade que se humaniza e enriquece uma peça processual com qualificações e atributos subjectivos e alguma consideração de natureza pessoal, também é certo que, ao vulgarizarem-se, todos perderão o seu eventual peso na leitura do texto. Optamos, por isso, por apenas o fazermos pontualmente, no local mais indicado e em tempo oportuno, por forma a não prejudicar a objectividade do todo. De resto as adjectivações, os comentários opinativos (e até conclusões lógicas) são tendencialmente eliminados dos autos até à fase do julgamento, tornando-se também fastidiosos para o leitor quando existam em demasia.

20.9. Ajuste a intensidade do texto à medida adequada

É certo que o causídico deve expor o caso à Instância julgadora com convicção. Por isso, tenderá algumas vezes a fazê-lo com fervor. Porém, a eloquência (ainda que escrita) não deve confundir-se com a veemência das afirmações. Quando um texto contém invariavelmente expressões fortes, grandes adjectivações e uma veemência continuada, esta última dilui-se e perde-se no juízo crítico de quem o lê, pois estará claramente a ser prejudicada a objectividade de que já falámos, aliás. Ora, a nossa recomendação é simples: reserve-se a veemência para quando ela mais se justifique. Os sublinhados e outros meios de realce do texto, as expressões mais drásticas e peremptórias, devem ser objecto de uma certa reserva e usadas com acuidade e oportunidade extremas, de modo a que se justifiquem por si mesmas. De resto, a intensidade deve ser conferida ao texto não apenas com a preocupação enfática, mas sobretudo com a finalidade de acrescentar perceptibilidade ao texto.

21. Alegações de recurso

Em complemento de quanto se expôs acerca da redacção de peças processuais, justifica-se uma palavra adicional acerca das alegações em sede de recurso.

Sabemos que a aplicação do Direito cabe ao julgador. Sabemos também a importância conformadora (que já referimos) das alegações de recurso quanto ao objecto deste. Ora, definido o objecto de recurso, o tribunal da Instância superior deverá dispor já de todos os meios suficientes para proferir a sua decisão, atendendo ao teor dos autos. Mas a realidade faz-nos aconselhar algo mais.

É nas alegações de recurso que o causídico tem a oportunidade para salientar determinadas questões de facto e de Direito contidas nos autos, e também para apresentar e relembrar todos os demais aspectos – factuais, circunstanciais e jurídicos – que não se encontrem imediatamente perceptíveis nos autos. É por meio das alegações, portanto, que deverão ser dados todos os contributos que se justifiquem no caso, no sentido de fornecer elementos a ter em conta na decisão final. Porque a questão jurídica e a sua solução variam por vezes em função do ponto de vista do intérprete-aplicador da lei, naturalmente o advogado terá diante de si inúmeros domínios a explorar, no sentido de favorecer uma decisão que tenha por equitativa, tais como: a profundidade e a complexidade das questões de facto e de Direito; o alcance dos meios de prova; a relevância jurídica de determinados aspectos e/ou consequências; as incoerências verificadas nos autos; a articulação entre as diferentes disposições normativas aplicáveis; as decisões consonantes constantes da Jurisprudência dos tribunais; as considerações da melhor Doutrina.

O objectivo primordial será o de inculcar, no espírito do julgador, a ideia de Justiça de uma solução jurídica apresentada para o caso concreto.

Aqui, nas alegações de recurso, encontra-se o maior desafio às capacidades do advogado, quer quanto ao seu poder de argumentação e raciocínio jurídicos, perspicácia quanto ao meio processual, agindo de forma a demandar maior reflexão por parte das Instâncias superiores, e esforçando-se para criar uma espécie de empatia lógica e intelectual com os julgadores. Para a ilustração destes propósitos através de minutas de alegações por nós utilizadas em casos concretos, deixamos a referência da nossa obra anterior *Litigância* (Almedina, 2009).

22. As Intervenções Presenciais em Tribunal

Sem menor importância do que as matérias que até aqui abordámos – muitas delas relativas ao que se passa a montante da existência do processo em tribunal – estão ainda outras considerações a fazer acerca das intervenções que o advogado fará no desenrolar do litígio. Uma vez iniciada a lide, existirão sempre e durante todo o processo judicial muitas decisões a tomar e intervenções a levar a efeito, para as quais serão convocadas as capacidades de orientação jurídica e processual do advogado. Exigências que se mantêm por toda a tramitação dos autos, pelo menos até ao trânsito em julgado de uma decisão, e, a outro nível ainda, até à completa aplicação do Direito ao caso concreto quando haja necessidade de recorrer a uma execução coerciva daquela. Às intervenções por meio de requerimento escrito ou de outra espécie de peça processual somam-se, naturalmente, as *intervenções presenciais*. Ao passarmos a referir-nos a estas, as nossas considerações dirigem-se àquelas intervenções que se realizam quer na sala de audiências onde o advogado se apresenta togado (*maxime* a Audiência de Discussão e Julgamento), quer no gabinete dos magistrados, como no caso das Audiências Preliminares, dos Debates Instrutórios, entre outros. Mas as nossas considerações poderão ser ainda correspondentemente extensíveis, *mutatis mutandis*, às demais intervenções presenciais que o advogado venha a realizar junto de outros órgãos jurisdicionais ou entidades administrativas com poderes de autoridade, como sejam os Departamentos de Investigação e Acção Penal, os diversos organismos públicos com competência contra-ordenacional e até as esquadras de polícia.

Recuperemos antes de mais o que acima dissemos. Face à boa orientação jurídica e processual do causídico e face ao domínio da escrita que tanto influi na conformação do objecto do processo e em toda a sua tramitação, a nosso ver a oralidade é apenas um importante complemento, não obstante possa tornar-se significativamente influente no que concerne à produção da prova testemunhal. A intervenção do advogado no que concerne à produção da prova em tribunal – uma actuação que se subdivide lógica e sequencialmente em actividades prévias, contemporâneas e posteriores – merece-nos toda a atenção, como também já considerámos neste livro desde a prévia avaliação processual que se seguiu à determinação da base legal da demanda. A pessoa do advogado e a sua influência determinante na produção da prova testemunhal, mais especificamente ainda, justificaram inclusivamente um capítulo autónomo *infra* para o qual teremos de remeter o tratamento desse assunto, por forma a não prejudicarmos a boa economia do presente capítulo. Por isso, passaremos a referir-nos às intervenções presenciais do causídico já sem considerações específicas quanto ao interrogatório e contra-interrogatório das testemunhas, dirigindo-nos para toda a demais esfera de actuação que está ao seu alcance, ainda assim amplo.

O domínio da oralidade é a contra-face do domínio da escrita, na moeda do domínio da linguagem. Servem aqui, portanto, várias das considerações que fizemos acerca da segunda realidade. Porém, os dons da retórica manifestam-se tanto em momentos para todos evidentes – como seja o dos monólogos discursivos ou proclamações, como no caso das alegações finais de um Julgamento, onde mais se patenteia o efeito dramático de uma eventual grandiloquência – como noutros menos notórios, como sejam brevíssimas interlocuções, requerimentos em acta, ou o simples diálogo informal na conciliação ou na discussão da base instrutória, por exemplos. A arte de bem falar tem o seu peso, é certo. Porém muitas vezes, no caso de exageros, poderá produzir efeitos colaterais indesejados, já que os julgadores são também experientes e não deixarão influenciar-se quando a boa oratória não seja mais que fogo-de-artifício. Pessoalmente – já o afirmámos – entendemos que o bom desempenho na oralidade que se leva a cabo na litigância não depende de características extraordinárias, invulgares ou longe do alcance do comum jurista. Ou seja, não sobrevalorizemos os dotes retóricos, pois muitas vezes não é o causídico que bem ora aquele que se torna mais convincente, ou eficaz. Nas intervenções presenciais do causídico, falam mais alto a experiência na condução dos processos, a familiarização com o meio e o sentido de oportunidade. Louvando-nos no que dissemos quanto à discricionariedade técnica e ao estilo individual, de que cada colega de profissão é dono e único senhor, façamos apenas as seguintes breves 10 (dez) recomendações:

22.1. Preparação
Nunca é demais realçar a importância da preparação no bom desempenho de uma intervenção processual. Não apenas a do estudo prévio e o domínio das matérias de facto e de direito que estarão em causa, mas a preparação e a orientação prévios do que se irá afirmar e de como se o fará, ainda que forma meramente esquemática. O encadeamento lógico do discurso e o seu teor essencial devem ser objecto de reflexão prévia, sobretudo quando

a complexidade do assunto não seja ínfima. Existem inúmeras razões para sustentar esta recomendação, mas a primeira é a dos principais inimigos do advogado em tribunal: a exaltação e o nervosismo, que trazem sobre as suas capacidades de raciocínio e de expressão uma espessa nuvem, *when push comes to shove*. O adversário é o próprio causídico, não há outro, nem há sequer razões para ler o tribunal como um meio hostil, nem para ver nos demais intervenientes uma espécie de rivais. A preparação prévia tranquiliza o advogado, que passará a estar seguro, confortável no seu papel e traduzindo conhecimentos que criarão uma natural empatia com o julgador. Também irá manter a sua orientação necessária, sem rigidez, pois deverá manter a boa adaptabilidade às circunstâncias novas e imprevisíveis com que se depare.

22.2. Persuasão e influência

O papel do advogado no processo não se confunde com o do julgador, pois a presença daquele está indissociavelmente ligada ao seu dever de proteger os interesses da parte que representa. Não se trata, de modo algum, de uma subversão do papel do advogado enquanto agente auxiliar da Justiça. Bem pelo contrário. Para se entender o que queremos significar, bastará constatar que a confrontação de pontos de vista e teses fácticas se fará de qualquer modo no processo, mesmo que o advogado se abstivesse de intervir. Pois a aplicação da Justiça aos factos praticados por pessoas, realiza-se sobre uma enumeração segmentada e verbalizada daqueles factos, sempre carreada para os autos também por alocuções linguísticas. Também nas convicções jurídicas, variam as interpretações da lei e na base da aplicação das leis estarão juízos e convicções formadas no íntimo de um julgador. Daí, julgamos que não se pode ignorar o *aspecto argumentativo* que, involuntária ou voluntariamente, cunha todos os dados do processo, sendo que desde o início eles foram sempre introduzidos de modo discursivo e sujeitos a um pré-tratamento de potencialidade persuasiva. A Justiça realiza-se pela intervenção de diversos sujeitos, cada qual com a sua missão, e pela confluência de várias proposições de facto, de várias interpretações jurídicas e convicções íntimas, pelo que ao advogado de uma das partes é exigido o empenho na respectiva sustentação e defesa de legítimos interesses - desde que naturalmente actue leal e conscenciosamente, observando os limites legais e os impostos pela deontologia, orientado para a justa composição do litígio. Estaríamos, aliás, a ser farisaicos se não considerássemos que também as intervenções presenciais do advogado devem obedecer à preocupação de persuadir e influenciar o julgador, nas muitíssimas manifestações que a sua conduta pode assumir.

22.3. Seja esclarecedor
Na sequência do que acabamos de dizer e sob pena de se transformar apenas num incómodo a ignorar, a conduta do advogado deve no entanto contribuir para o esclarecimento do vasto campo de problemas que se apresentam perante o julgador juntamente com a determinação da(s) solução(ões) legal(ais). Sem confundir o seu papel com o do julgador, o causídico deve avizinhar-se dele o mais possível (ainda que sob forma de projecção intelectual), colocando-se no seu lugar, questionando e fornecendo elementos válidos para a boa elucidação da causa. Fá-lo-á valendo-se nomeadamente dos seus conhecimentos adquiridos sobre os assuntos que são trazidos à Instância. Assim estará a colaborar com o apuramento da decisão mais ajustada, não ignorando o seu dever de focar e/ou realçar determinados aspectos que não estejam a ser convenientemente levados em conta, ou mesmo chamando atenção para dadas incoerências que surjam nas teses das partes opostas. Combatendo a ambiguidade dos documentos, dos textos e das afirmações; solicitando elementos adicionais ou medidas processuais quando necessário; reconhecendo até alguns desvios em que se estivesse a incorrer; enfim, agindo como verdadeiro auxiliar da aplicação da Justiça. Esclarecer-se é o que procura o tribunal. Logo, esclarecê-lo é também uma das melhores formas de conduzir o tribunal ao apuramento da verdade dos factos, sem prejuízo dos aspectos argumentativos emanentes ao processo.

22.4. Exame dos factos e da prova
As intervenções presenciais do advogado são tanto mais atendidas quanto mais se cinjam ao exame (e selecção) dos factos e da prova, ou mesmo à discussão da matéria de Direito quanto à sua interpretação e aplicação quando for o momento oportuno. Mas são, portanto, as preocupações de objectividade e assertividade, uma vez mais, as que melhor corresponderão ao bom desempenho das intervenções presenciais. O advogado está presente em juízo para dar o seu contributo esclarecedor e, este contributo esclarecedor deverá cingir-se, tanto quanto possível, ao exame dos factos e da prova, salvo quando lhe seja dada a palavra para alegações de Direito

(como no caso das alegações finais no Processo Penal). É sobretudo neste exame que o tribunal confere maior amplitude, aguarda e admite a colaboração dos mandatários das partes. A selecção da factualidade, a ponderação relativa dos factos conjugados entre si, e a valoração dos meios de prova conjugados entre si e com os factos, constituem provavelmente a parte mais árdua da função do julgador – o qual parte para o exame da causa como espectador. Será portanto neste território que existirá maior receptividade às intervenções do causídico.

22.5. Postura

É atrevimento – dirá algum nosso leitor – recomendar o que quer que seja quanto à postura individual do advogado nas suas intervenções presenciais em Juízo. Admitamos. Mas ainda assim queremos pelo menos explicar a importância que poderá ter a postura do causídico no seu bom ou mau desempenho. Tanto mais que existe a necessidade de que tudo aquilo que diga seja levado em conta. Quando se observa um advogado togado na sala de audiências, dele se espera naturalmente um comportamento leal, arrazoado e conforme com todos os seus deveres deontológicos. O respeito pela probidade e pela dignidade da Justiça manifesta-se, aliás, no comportamento sereno e de extrema civilidade que deve reinar já dentro do próprio tribunal. No entanto, há certos preceitos que – longe de se poderem considerar palacianos – contribuem para que as intervenções presenciais se realizem em boa e franca sintonia com os demais agentes da aplicação da Justiça. Há que atender aos costumes, há que se dirigir ao julgador e aos demais nos tempos e pelos modos próprios, há que adaptar inclusivamente as expressões e a linguagem à assembleia dos presentes, como em qualquer evento da vida social. Mas também há que saber ouvir e manifestar tolerância pelos pontos de vista e as afirmações com que não se esteja de acordo, e esperar sempre pela forma mais conveniente de expressar as discordâncias ou mesmo de reagir em conformidade. Tais preceitos são *le saufe conduit* das intervenções presenciais em Tribunal.

22.6. Causar uma impressão

Muito se pode dizer em tribunal sem que, ao cabo da intervenção do causídico, nada permaneça. Causar uma impressão não se trata de arrebatar a assembleia dos ouvintes, como uma onda que bate estrondosamente sobre um rochedo e depois se desvanece em espuma, não deixando afinal o menor vestígio. Causar uma impressão significa, aqui, deixar convicções e ideias impressas no espírito do julgador. E tal nem sempre é tarefa fácil, requerendo mais do que mera eloquência. Se uma imagem a duas dimensões já é uma forma de comunicação e de transmissão de informação susceptível de causar um impacto indelével em um destinatário, muito mais capacidade terá para o fazer que esteja na presença do julgador e possa com este interagir de viva voz. Daí, que o discurso directo represente sobretudo uma oportunidade singular de influir nas convicções íntimas do julgador que não deverá, portanto, ser desprezada. Será útil, no sentido de causar aquela impressão a que aludíamos, por exemplo concentrar parte do discurso em ideias chave, em *pièces de résistance* elegidas previamente e depois destacadas com muita acuidade e perspicácia. O fito requer sem dúvida saber de experiência feita, mas também ousadia. Citando mais uma vez um nosso colega de profissão (a quem todos reconhecem a ousadia, aliás): «(...) *já Homero dizia, no século IX antes de Cristo, que a poesia é uma forma de colocar uma ideia na alma e que advogar é simplesmente isso: imprimir na alma do juiz a ideia de justiça. Ou não fosse o advogado um inspirador do juiz*»[44].

22.7. Convicção

Quem age ou intervém sem convicção dificilmente será convincente. Por isso, deve a convicção enformar cada intervenção do causídico. Uma convicção autêntica e intimamente ligada com o seu acreditar na justiça da causa pela qual pugna, aliás razão que deverá estar a montante da aceitação do patrocínio da mesma. A convicção aporta solidez e coerência ao discurso, revelando confiança no que se está a dizer, segurança na razoabilidade das convicções. É sem dúvida uma realidade que – de forma autónoma quanto aos argumentos de ordem objectiva – contribui para a sustentação e para a validação das afirmações. A convicção implica que o advogado seja firme, quando necessário, e mantenha a consistência das suas teses até final, pelo que se prende indissociavelmente com a pertinácia, que consideraremos de imediato.

---

[44] VEIGA, MIGUEL, *O Direito nas Curvas da Vida*, Concelho Distrital do Porto da Ordem dos Advogados, 2006, pp.19.

22.8. Pertinácia

A litigância requer força anímica. E não uma força de explosão, ocasional e inconsequente, mas sim acompanhada da capacidade de resistência ou *endurance*. Insistir e persistir até ao limite do aceitável, não esmorecer perante os revezes iniciais ou as novas circunstâncias, pois que a tramitação do processo sempre tenderá a trazer novos obstáculos e contrariedades, configurando desafios às boas capacidades do causídico. Daí as expressões *batalha jurídica*, ou *luta nos tribunais*, que estão inculcadas na imagética do espírito colectivo. A contenda no tribunal dá-se pela colisão de forças opostas, pela discussão dialéctica onde continuamente se encadeiam teses, antíteses e sínteses, acerca dos factos e acerca do Direito, até ao trânsito em julgado da decisão, ou mesmo à sua execução coerciva. Ora, a ausência de pertinácia de um dos lados, o simples esmorecimento das posições assumidas, ou a falta de continuação de uma dada actividade processual devida, propiciam o desequilíbrio e o desfavor da parte representada, embora nem sempre tal aconteça. Naturalmente que o que afirmámos não pode confundir-se com pura teimosia, ou a obstinação irracional e gratuita do mandatário.

22.9. Oportunidade e Pragmatismo

Intervir e tomar a palavra no momento certo e orientar o sentido da actuação em ordem a atingir resultados úteis, são questões que requerem um bom juízo prático do causídico, quando este está presente no tribunal. Uma simples palavra no momento certo – enquanto decorre uma dada diligência processual –, um incidente, um requerimento, uma iniciativa, pode fazer inflectir o curso dos acontecimentos para uma direcção desejada. E o contrário também sucede, exigindo pois a concentração máxima e a argúcia do advogado. Acerca de: quando se manifestar e em que sentido; quando deve, pelo contrário, revelar tolerância por afirmações diversas da parte contrária ou tolerar a decisão de um incidente que tenha sido contrária aos interesses prosseguidos; quando manifestar imediata oposição e mesmo quando interromper; quando reprimir uma vontade natural de intervir.

22.10. Faça-se ouvir

Fazer-se ouvir é uma arte, que aqui pouco mais significa do que captar a atenção de quem nos ouve, mormente a dos julgadores. E captar a atenção dos nossos destinatários não envolve apenas as preocupações de oportunidade e de postura que já referimos, mas ainda a delicados trâmites comunicacionais e cognitivos. Nomeadamente: (1) Fazer afirmações breves, por meio de frases simples e imediatamente inteligíveis; (2) Sintetizar, em lugar de discorrer em grandes alocuções onde se dispersa a reflexão dos ouvintes; (3) Gerir o tempo, pois ninguém mantém a sua melhor atenção indefinidamente; (4) Não ser repetitivo, e recuperar ideias apenas pontualmente e com parcimónia; (5) Criar desafios e espaços duvidosos, para adivinhar as questões íntimas de quem nos escuta e rapidamente lhes indicar a melhor resposta; (6) Usar tonalidades de voz variadas, em função do teor do discurso e falar em volume audível (alto e bom som); (7) Ser assertivo, consequente e imprimindo ritmo às considerações, progredindo equilibradamente nas ideias expostas; (8) Variar o discurso, torná-lo vivo e, claro está, parar se necessário, até ser novamente ouvido com a atenção necessária.

Capítulo IV

O Interrogatório de Testemunhas, em especial

23. A Arte de Interrogar Testemunhas

No multifacetado mundo da advocacia, todos sabemos que a praxe da inquirição de testemunhas é *per si* um domínio crucial do qual depende, em larga medida, o resultado nas questões submetidas a um julgador, seja em que instância for – judicial, administrativa, disciplinar ou outra. Para a boa execução daquela nunca são demasiados os conselhos, nem os elementos informativos que possam contribuir para a sua abrangente compreensão. O tema, infelizmente, não tem suscitado no nosso país o devido destaque em estudos e investigações publicados, ao contrário do que sucede em países submetidos a outros ordenamentos jurídicos onde o tratamento da prova testemunhal é objecto de vívida celeuma e mesmo de estritas regras processuais que limitam várias das inerentes possibilidades da intervenção em uma inquirição.

A arte – essa sim uma verdadeira arte – de formular perguntas e de conduzir um interrogatório, no exame directo e no contra exame da prova testemunhal, é algo que todo o advogado deseja desvelar e precisa de saber, embora muitas vezes não se esforce por a divulgar. É precisamente por isso e pela importância ímpar que o tema desempenha na advocacia que decidimos abordá-lo, pese embora o embargo de tentar fazê-lo de forma sistematizada.

Não pretendemos realizar um exaustivo trabalho acerca do significado e do tratamento da prova testemunhal em si, nem o de apenas esmiuçar os aspectos jurídico-normativos em torno do assunto; não é esse o nosso propósito. O desígnio do presente capítulo é o de munir o advogado com ferramentas práticas de reflexão e de apoio que o capacitem para preparar uma inquirição de testemunhas mais exigente, dando-lhe conta de um espectro de sugestões para problemas concretos, de modo resumido e sem limitar as infindáveis possibilidades de cada caso com que se defronte. Seria impensável ensaiar um texto que desse resposta a todos os desafios, como um catálogo de soluções metafísicas de onde se pudesse extrair a formulação exacta de cada melhor pergunta, tal como catalogar todas as gotas de um oceano uniforme. No entanto, não nos demitidos *a priori* de fazer um esforço nesse sentido, a fim de fornecermos instrumentos de navegação, optando por propor uma espécie de quadro de opções derivadas da experiência, cujo mérito cabe apenas a cada leitor julgar.

24. Significado, preparação e orientação táctica do testemunho

Temos feitos referências esparsas à inquirição de testemunhas, quer enquanto actividade quer enquanto meio probatórios, nomeadamente debruçando-nos sobre o seu valor probatório levando em conta a o alerta feito para a necessidade da reformulação dogmática do juízo probatório[45]. Um dos destaques em que temos insistido é o do reconhecimento do *aspecto argumentativo* emanente a toda a actividade probatória, uma vez que quer a formulação dos factos quer as posteriores conclusões sobre as questões de facto que se retiram depois de produzida a prova baseiam-se em dados introduzidos no processo de modo discursivo e sujeitos a um pré-trata-

---

[45] Quanto à reformulação do juízo probatório, seguindo as orientações de diversa doutrina italiana, propomos desde logo o estabelecimento das seguintes três categorias de juízos probatórios preliminares: a) os *juízos de idoneidade* probatória, relativos à verosimilhança e legalidade do próprio meio de prova, enquanto objecto de análise em si, no domínio dos quais se afere especificamente sobre a validade de cada suporte probatório carreado para o processo; os *juízos de pertinência* da prova, referentes aos limites do direito à actividade probatória, no âmbito dos quais o julgador é chamado a deliberar sobre a oportunidade da actividade probatória, não só atendendo ao momento da apresentação dos respectivos meios, mas também à legitimidade do respectivo sujeito activo; os *juízos de relevância* da prova, atinentes ao âmbito do objecto da prova, *maxime* ao âmbito do próprio objecto do processo, em termos de permitir o afastamento liminar de uma série de suportes que se dirijam à prova de factos exteriores ao *thema probandum* processual.

CAPÍTULO IV

mento de potencialidade persuasiva, o que de certa forma importa a relativização subjectiva de todo o mundo dos factos no processo. Isto é, ao contrário do que aprioristicamente se poderia considerar sobre os factos e as conclusões sobre as questões de facto, se os entendêssemos como dados objectivos, a verdade é que os próprios factos integrados no processo são na realidade proposições de facto, leia-se, *propostas quanto à factualidade*. De onde, lembrando a formulação que fizemos anteriormente e que terá pelo menos eventualmente o mérito de ser elucidativa: «(...) *a batalha entre os diferentes interesses processuais trava-se no terreno das proposições de facto e as armas usadas, de parte a parte, são as provas*».

Ora, a prova testemunhal é um dos meios de prova de que dispõe o advogado no processo e, nesse sentido, um dos instrumentos por via dos quais procurará corroborar as afirmações de facto que apresentou no processo e infirmar as afirmações de facto que lhe sejam contrárias. Sobre ela – a prova testemunhal – há de incidir também um aspecto táctico no desenrolar de um processo, sob pena de o advogado abdicar de legítimas faculdades de que deve lançar mão na defesa dos interesses do seu constituinte ou representado. Nomeadamente designando e arrolando testemunhas em detrimento de possíveis outras, em função da boa direcção da sua actuação processual.

Isto não representa de modo algum uma subversão do papel do advogado enquanto agente da Justiça, bem pelo contrário, já que a confrontação de pontos de vista e teses fácticas se fará de qualquer modo, mesmo que ele se abstenha de intervir. A Justiça realiza-se pela intervenção de diversos sujeitos, cada qual com a sua missão, e pela confluência de várias proposições de facto, pelo que ao advogado de uma das partes é exigido o empenho na respectiva sustentação e defesa de legítimos interesses. Assim, desde que naturalmente actue leal e conscenciosamente, observando os limites legais e os impostos pela deontologia, o advogado deve orientar tacticamente os meios de prova ao seu alcance no sentido da justa composição dos litígios.

Como exemplo de tais limitações legais e deontológicas, relativamente à prova testemunhal, refira-se o que prevê o Estatuto da Ordem dos Advogados, no âmbito da relação do advogado com as testemunhas:

«É vedado a advogado estabelecer contactos com testemunhas ou demais intervenientes processuais *com a finalidade de instruir, influen-*

ciar ou, por qualquer outro meio, alterar o depoimento das mesmas, prejudicando, desta forma, a descoberta da verdade.»[46][47].

Esta proibição expressa é de importância fulcral. Se por um lado a regra parece aconselhar a abstinência total no contacto directo com as testemunhas *em momento prévio* ao da inquirição (inibição há muito consagrada nos usos das comarcas), por outro lado, em bom rigor, afinal não impede absolutamente tal diligência. Certamente que nunca estará em causa a preparação ou programação individual do próprio advogado em face do que lhe tenha sido transmitido quanto ao que será ou não do conhecimento da testemunha. Até porque é ao advogado que cabe a decisão de indicar ou não a mesma e eventualmente oferecê-la a Juízo, consoante o que lhe tiver sido comunicado pelo constituinte seu representado. Mas cumpre realçar que não é despicienda a redacção conferida ao referido preceito legal, nem a latitude da abertura que subsiste, pois *não está consagrada a proibição tout court do contacto prévio com testemunhas*. De acordo com a nossa interpretação e com o entendimento de uma vasta multidão de advogados, é permitido o contacto prévio com as testemunhas em determinadas circunstâncias, nomeadamente quando se trate apenas de descobrir o que é que as mesmas sabem ou podem esclarecer quanto aos factos em relevo num dado processo. Por outro lado, vulgarmente a própria testemunha indaga junto do advogado a que assunto vai ser ouvido, até para se poder documentar convenientemente. Ora, um entendimento segundo o qual vigorasse uma total proibição de contacto prévio entre o advogado e a testemunha seria até contraditório com algumas das diligências necessárias à protecção dos direitos dos cidadãos, como seja o direito a averiguar da mera existência de testemunhas, *maxime* em diligências de investigação criminal. Pelo contrário, as que estão vedadas são as condutas de prévia *promiscuidade* que pudessem levar à alteração do depoimento da testemunha e à sua adulteração enquanto meio de prova. Dito isto, cumpre ainda acrescentar que, como é evidente, a ausência de contactos prévios com uma dada testemunha e o juramento que esta presta no início da audiência[48] – no sentido de

---

[46] Artigo 104º da L 15/2005 de 26.1.
[47] O itálico é nosso.
[48] *Vide* o art.559º, aplicável *ex vi* o art.635º, ambos do Código de Processo Civil e os art.132º nº1 alínea b) e 138º nº3 do Código de Processo Penal.

que vai dizer toda a verdade e apenas a verdade – não servem de garantia quanto à idoneidade de uma testemunha nem quanto à fidedignidade do testemunho, matérias que desenvolveremos adiante.

Por outra parte, já durante o interrogatório, embora o advogado deva sempre pautar-se pelo máximo respeito possível pela genuinidade das declarações da testemunha, o certo é que irá estabelecer-se uma inevitável interacção entre a sequência das palavras e o sentido das perguntas e entre a sequência das palavras e o sentido das respostas, sendo portanto evidente que o advogado poderá, nessa medida, influir no desenrolar do depoimento. Tal interacção comunicacional e cognitiva com a testemunha estará, desde logo, na dependência do estilo individual e da inspiração do interrogador. Portanto e porque para o advogado o interrogatório tem objectivos imediatos (o que se pretende que a testemunha afirme) e uma finalidade (os factos concretos a provar), a nossa sugestão vai no sentido de o mesmo programar o seu desempenho no momento do interrogatório de cada testemunha, de acordo com o que seja a prognose possível quanto ao conhecimento e ao comportamento de cada testemunha, tenha ela sido por si indicada no processo ou tenha ela sido oferecida pela parte contrária. Designadamente o planeamento de um conjunto de perguntas imprescindíveis e de perguntas acessórias ou eventuais, assim como a delimitação de uma genérica orientação táctica, optando por um ou mais métodos de condução da inquirição.

Ao estudar o enquadramento do testemunho a produzir, deve o advogado ter presente um conjunto de circunstâncias susceptíveis de condicionar a sua produção, tais como:

a) o nervosismo próprio da intimidação que sente um dado sujeito ao ser submetido a um interrogatório mais ou menos solene[49], na sala de audiências de um tribunal, no gabinete de um magistrado, ou numa outra instância administrativa ou policial;
b) o posicionamento do sujeito em face dos interesses processuais das partes ou da matéria sujeita a litígio;

---

[49] A árdua missão e o papel de uma testemunha no processo penal é estudada com particular interesse por ENRICO ALTAVILLA em *Psicologia Judiciária*, tomo II - *Personagens do Processo Penal*, pp.251 a 322, Almedina, 2003.

c) o momento em que se espera venha a ser iniciado o depoimento, qual episódio em uma narrativa, face ao desenvolvimento do processo e ao decurso da própria audiência;
d) as expectativas quanto à capacidade de expressão e quanto à razoabilidade, idoneidade e razão de ciência do sujeito; entre outros factores.

Em momento prévio ao da inquirição, é portanto conveniente definir como irá o interrogador conduzir o interrogatório. Porque existem diversos modos de um interrogador interagir com a testemunha e assim influir, sem subverter, no depoimento da mesma, julgamos útil desde logo estabelecer diferentes tipos de atitude a tomar em face de cada caso concreto, consoante os já citados objectivos imediatos da inquirição (o que se pretende que a testemunha afirme) e a finalidade da produção da prova (os factos concretos a provar). Nessa medida, o comportamento geral do inquiridor poderá variar ente o que designamos por um *pólo passivo* e um *pólo activo*.

O *pólo passivo* de comportamento do inquiridor corresponde a um modelo de total isenção, de ausência absoluta de interferências, procurando formular as questões de forma abstracta e sem fornecer dados prévios. O *pólo activo* de comportamento do inquiridor, pelo contrário, corresponde a um modelo interventivo, de acordo com o qual aquele interage com a testemunha, podendo fazê-lo em sentidos diversos, tais como: um sentido afirmativo, destacando factos para que a testemunha os corrobore ou levando a testemunha a afirmá-los; um sentido reactivo, tomando posição perante as declarações da testemunha; um sentido construtivo, conectando factos e declarações em ordem a erigir conjuntos de informação validada; um sentido destrutivo, interligando também factos e declarações mas já em ordem a invalidar ou enfraquecer conjuntos de informação.

De modo a melhor concretizarmos o que acabamos de afirmar quanto a estas variantes comportamentais, passaremos a evidenciar os métodos de abordagem e derivativas na condução do interrogatório em que aquelas se podem traduzir.

25. Métodos de abordagem e derivativas na condução do interrogatório

Quando o julgador que preside a uma audiência confere ao advogado o uso da palavra para que este inicie e dê sequência ao interrogatório ou ao contra interrogatório de uma testemunha – muitas vezes requisitando-lhe que previamente indique a que matérias pretende que esta seja ouvida[50] –, a ordem dos trabalhos passa momentaneamente a estar a cargo do segundo, sem prejuízo de o primeiro poder interromper os trabalhos ou intervir sempre que julgue necessário ou conveniente.

Naquele momento tão familiar a qualquer praticante da advocacia, não se trata apenas de proporcionar ao advogado que estabeleça a ordem das interrogações a realizar, mas naturalmente também de lhe atribuir o poder de formular as perguntas e dirigi-las directamente à testemunha pela forma que entenda conveniente, bem como o de conduzir toda a produção da prova testemunhal de acordo com a sua livre determinação, embora dentro dos parâmetros que legalmente estão estabelecidos, os quais são bem escassos. Antes de mais, certamente se espera que o inquiridor não extrapole em demasia o objecto do processo e mais estritamente o objecto da prova. Além disso, como o que evidentemente se pretende é ouvir a testemunha, ouvir aquilo que ela tem para dizer, impõem os costumes que sejam dados espaço e condições para que esta profira as suas declarações o mais espontânea e autonomamente possível, pois só assim se assegurará o valor probatório do depoimento e a sua eventual utilidade processual. Estas matérias – a do valor do testemunho enquanto meio probatório e as suas condicionantes – justificariam por si um compêndio que lhe fosse subordinado e certamente inscrevem-se nas que deverão ser estudadas por todos os interessados nas Ciências Jurídicas e agentes jurisdicionais. Todavia é no âmbito daquelas faculdades que são conferidas ao inquiridor que desejamos situar o que apelidamos de métodos de abordagem e derivativas de condução do interrogatório.

De resto, é também função do advogado reagir ou não consoante, entre outros factores:

a) a prova seja já precisa e completa;
b) a prova possa conter erros;

---

[50] É nomeadamente o caso da inquirição de testemunhas no processo civil, em que vigora a limitação de se apresentar um número máximo de testemunhas por cada facto, quer haja base instrutória (processo comum) quer não (processo sumário e sumaríssimo). No Processo Penal, a única limitação é a do número máximo de testemunhas abonatórias (cfr.art.315º nº4 do Código de Processo Penal).

c) a prova possa ser incompleta;
d) a prova possa ser irrazoável[51].

Como deixámos dito atrás, há diversos modos de um inquiridor influir no desenrolar do interrogatório, consoante a orientação táctica que se pretenda imprimir ao testemunho. Uns mais interventivos, outros menos, e uns mais construtivos que outros. Ora, adiante iremos apresentar algumas das possibilidades de orientação do interrogatório, os tais *métodos*, cuja expressão prática é deixada ao livre arbítrio de cada inquiridor. Porque a interacção entre tais métodos é perfeitamente possível e até desejável, consoante a evolução e o resultado das respostas que uma dada testemunha vá deixando expressas, os mesmos consubstanciam também propostas de *derivativas* na condução do interrogatório. Ou seja, além de orientações gerais também constituem alternativas para a inflexão das perguntas em novas direcções, durante o interrogatório, uma vez que o interrogador deve ir adaptando o seu próprio discurso à medida do desenrolar do testemunho, tendo sempre em vista os objectivos imediatos e a finalidade a atingir com o depoimento.

Para sistematização utilitária e brevíssima ilustração com exemplos sobre o assunto é apresentada uma tabela sobre o assunto na secção seguinte do presente capítulo.

25.1. Expositivo

O método que designamos por expositivo consiste em dar à testemunha a plena oportunidade de dizer tudo o que sabe sem constrangimentos. Nomeadamente, depois de situar a testemunha no lugar e no tempo dos factos, solicitando-lhe que simplesmente diga ao julgador o que sabe ou assistiu, deixando-a plenipotenciária no seu discurso.

Na condução do interrogatório, designadamente no seu início, revela-se de boa prática este método igualmente por colocar o inquiridor na posição de mero espectador, de alguém que, com total objectividade, se limita a aceitar o que a testemunha irá declarar de *motu proprio* e sem sugestões ou influência prévia. As questões deverão ser colocadas da forma mais gené-

---

[51] Esta enunciação corresponde integralmente à proposta por MARCUS STONE, o qual, depois de uma carreira na advocacia em Edimburgo, desempenhou funções de Juiz na Escócia por mais de 25 anos, em *Cross-Examination in Criminal Trials*, Butterworths, Londres, 1995.

rica possível e fornecendo também a menor quantidade possível de factos ou de dados pré-adquiridos, tentando mesmo assim fazê-lo sempre com abstracção. Perguntando sem nada afirmar. Deve pedir-se à testemunha que exponha o que sabe, da melhor forma que puder e souber, e com o detalhe que livremente decida. Muitas vezes assim se obtém um discurso escorreito e perceptível, com a tónica de um resultado mais imparcial, mais espontâneo e, por isso mesmo, de maior autenticidade presumida.

Pressupõe o afastamento, o distanciamento do inquiridor em face da prova testemunhal que se produz, na qual aquele não influi de todo. Constitui, por isso, o paradigma do modo ideal de colocar questões à testemunha, muitas vezes usado pelos ilustres magistrados do Ministério Público em sede de processo criminal, nomeadamente ante sujeitos que mostrem pleno conhecimento dos factos. Quando seja possível concluir o interrogatório usando apenas este método, tendo desta forma a testemunha esclarecido todas as circunstâncias relevantes de que tem conhecimento ou pode atestar, estaremos perante um depoimento o mais espontâneo possível, ou que faz presumir também a sua fidedignidade.

25.2. Exploratório

O método que designamos por exploratório consiste em solicitar à testemunha que se pronuncie objectivamente sobre mais factos para além daqueles que espontaneamente referiu, fazendo se necessário incursões em domínios não estritamente contidos no objecto da prova. Como que procurando todo o alcance do conhecimento da testemunha acerca dos factos, nomeadamente colocando questões concretas sobre determinadas circunstâncias sobre as quais o depoente ainda não se tenha pronunciado.

Na condução do interrogatório, muitas vezes deixar uma testemunha terminar o seu depoimento sem dela se extrair todas as informações de que dispõe, pode significar uma oportunidade perdida de se ver apurada no processo a globalidade da informação necessária para a boa decisão da causa. Por isso, ciente de que, uma vez terminado o depoimento de uma testemunha, a atenção do inquiridor será solicitada para novas fontes de informação, é de toda a conveniência não deixar sair a testemunha do seu lugar sem que aquele se haja certificado de que nada mais poderá ser acrescentado pela primeira antes de dar o testemunho por concluído.

Pedir algo mais de que a testemunha se recorde, ou mesmo tomando a iniciativa de lhe perguntar pelos factos antecedentes, pelas circunstâncias ou possíveis justificações dos factos principais. O que pode ser feito com uma tónica expositiva – isto é colocando as questões da forma mais genérica possível e fornecendo também a menor quantidade possível de factos ou de dados pré-adquiridos e, de modo geral, aceitando novamente o que a testemunha irá declarar de moto próprio – ou já de um modo sugestivo, insinuador, ou outros como veremos adiante.

Uma das cambiantes é a do pedido dos esclarecimentos acerca do que já foi deposto, aliás previsto na boa lei do processo civil[52] em sede de faculdades de contra interrogatório. Estes, consistem genericamente em aprofundar o alcance e o conteúdo de determinados factos ou declarações prévias.

Outra das cambiantes possíveis é a da pormenorização, propondo ou solicitando à testemunha que aumente o grau de detalhe do seu depoimento. Nomeadamente, pedindo-lhe que explique *quem, onde, o quê, como* e *porquê*. Neste caso pretende-se descer ao detalhe e funcionar como uma lupa de aumento sobre os factos, o que várias vezes é suficiente para demonstrar que uma testemunha afinal desconhece integralmente os factos. Outras vezes, porém, é o modo adequado a corroborar absolutamente a razão de ciência da testemunha e a autenticidade do testemunho.

Por outra parte, o método em causa terá muitas vezes a vantagem de trazer a juízo o total esclarecimento de dados aspectos que serão necessários para integrar a fundamentação da decisão. Factos que, inclusivamente, podem nem se integrar nos que são propriamente objecto do processo.

Uma técnica envolvida neste método é a de subdividir longas questões em várias questões curtas, por forma a que a testemunha tenha a oportunidade de discorrer também sobre as minudências dos factos.

25.3. Confirmativo

O método que designamos por confirmativo consiste em usar o depoimento da testemunha como instrumento de validação de factos alegados ou mesmo de documentos e outros meios de prova constantes do processo. Nomeadamente, caminhando a par e passo com estes últimos e levando o depoente a pronunciar-se sobre a autenticidade, o teor e a explicação dos mesmos.

Na condução do interrogatório de uma dada testemunha não deve ser esquecida a possibilidade de outros testemunhos virem a invalidar factos

---

[52] *Vide* especialmente os nº2 e nº4 do art.638º do Código de Processo Civil.

alegados ou mesmo de documentos e outros meios de prova constantes do processo. Por isso poderá ser conveniente instrumentalizar o depoimento de uma testemunha no sentido de o utilizar para reforçar o valor de outros meios de prova e atingir assim a melhor demonstração das respectivas proposições de facto.

Além disso não raras vezes a mera existência de um documento escrito que confirme um dado facto é suficiente para que este venha a ser dado como provado. Sucede com frequência que os documentos juntos aos autos não reflectem a realidade dos factos, mas sim um esforço no sentido de criar aparência, como no caso da simulação de negócios, das declarações extraídas contra a vontade genuína do declarante, ou de documentos oficiais emitidos para dar cobertura jurídica formal a uma dada situação de facto que é diversa. Por isso, a oportunidade de ter uma testemunha a depor que possa corroborar o teor um ou mais documentos ou de outros meios de prova constantes do processo não deve ser desprezada sem uma boa razão. Acresce, que muitas vezes é útil à estratégia processual do advogado realçar e dar ênfase determinados aspectos que poderiam ser desconsiderados ou ponderados com ligeireza, nomeadamente explicando as circunstâncias em que surgiram os meios de prova em apreço, a sua razão de ser e objectivos, assim também conferindo unidade ao encadeamento da prova a produzir.

Quando os documentos coincidem com os depoimentos a convicção gerada sobre os factos subjacentes dificilmente será abalada, já que eles se tornam evidentes. E é uma faculdade nem sempre aproveitada pelo inquiridor, a de solicitar que sejam exibidos à testemunha os meios de prova já constante do processo (a *hard evidence*) e presumivelmente conhecida pelo julgador, assim desperdiçando a ocasião de lhe dar maior relevo e significado[53].

Obviamente que o método confirmativo se aplica igualmente no sentido de corroborar declarações de anteriores testemunhas, assim se obtendo um efeito exponencial pela uniformidade das versões dos depoentes, embora

---

[53] Aliás, a iniciativa nesse sentido pode partir da própria testemunha, de acordo com o preceituado no nº6 do art.638º do Código de Processo Civil onde se dispõe que «*A testemunha antes de responder às perguntas que lhe sejam feitas, pode consultar o processo, exigir que lhe sejam mostrados determinados documentos que nele existam, ou apresentar documentos destinados a corroborar o seu depoimento (...).*»

nem sempre constitua isso uma circunstância determinante para que o julgador forme a sua convicção acerca dos factos provados.

Em dadas ocasiões, num depoimento conduzido pelo método confirmativo, pode tornar-se indispensável assumir uma cambiante conciliatória. Isto é, no domínio do relacionamento de diferentes meios de prova ou de diferentes depoimentos – que se pretendam ver confirmados – surge ocasionalmente a necessidade de harmonizar determinados aspectos que *prima facie* pudessem parecer incoerentes ou contraditórios perante um entendedor comum. Deve o inquiridor, por isso mesmo, posicionar-se o mais possível de modo distante em face das afirmações da testemunha para que possa em tempo útil aperceber-se da conveniência da sua intervenção nas citadas ocasiões. Nestes casos, deverá solicitar claramente à testemunha que, por meio de explicações, colmate uma incongruência entre duas afirmações contrárias ou entre elementos de prova que aparentem ser contraditórios. Nomeadamente, pedindo-lhe que se pronuncie sobre as razões que demonstrem tal compatibilidade.

25.4. Infirmativo

O método que designamos por infirmativo consiste em usar o depoimento da testemunha como instrumento de invalidação de factos alegados ou mesmo de documentos e outros meios de prova constantes do processo. Nomeada e igualmente, caminhando a par e passo com estes últimos e levando o depoente a pronunciar-se sobre a desconformidade, o teor e a explicação do sentido dos mesmos.

Pretende-se que, na condução do interrogatório de uma dada testemunha, se obtenha a prova do contrário ou de diverso daquilo que consta de uma dado documento ou outro meios de prova constantes do processo, escrutinando-os e *desmontando-os*.

Muitas vezes é a única, ou uma segunda, oportunidade de contraditar o teor de dados documentos que poderiam levar a que o julgador aceitasse como dado adquirido. Retirar a força probatória a um dado documento, tanto mais acessível quanto este não disponha de força probatória acrescida[54].

---

[54] É o caso dos documentos autênticos (p.ex. uma escritura pública)e o dos documentos particulares autenticados (p.ex. um contrato com assinaturas sujeitas a reconhecimento presencial), no domínio das questões cíveis, cuja *força probatória* se encontra legalmente definida respectivamente nos art.371º e art.376º do Código Civil.

Valem, no inverso, as considerações feitas *supra* quanto ao método confirmativo. De resto, também obviamente, o método infirmativo se aplica no sentido de anular ou contrariar declarações de anteriores testemunhas, assim se obtendo o efeito de enfraquecimento dos depoimentos não coincidentes, suscitando a dúvida no espírito do julgador.

25.5. Sugestivo

O método que designamos por sugestivo consiste em demandar a testemunha sobre hipóteses de facto suscitadas pelo inquiridor, pontual ou sucessivamente, levando-a a afirmar e a pronunciar-se consequentemente. Pôr os factos na boca da testemunha, ou seja *auxiliando a sua memória*, em alguns casos, ou levando-a a aceitar como possível um dado facto que lhe é proposto pelo interrogador.

Este é, aliás, um dos clássicos baluartes da actuação agressiva do inquiridor, admitido com várias e significativas limitações em alguns ordenamentos jurídicos[55].

Pretende-se induzir a testemunha num dado sentido da sua resposta, condicionando-a a afirmá-la, o que pode ser feito através de silogismos lógicos ou de pequenas sugestões que podem ser inseridas com maior ou menor visibilidade em sequências de questões. Por exemplo formulando uma pergunta que já contém a resposta.

Não raras vezes o inquiridor chega a um beco sem saída tendo a testemunha dito que, sobre determinados aspectos, nada sabe ou assistiu, ou mostrando-se relutante em fazer afirmações convictas. Em tais ocasiões, encontrando-se por exemplo a testemunha situada na data e no local dos factos, este método capacita o inquiridor para ir mais além e propor-lhe a aceitação de determinadas ficções de facto em que poderá obter respostas produtivas. Outras vezes importará apenas obter um maior alcance sobre o depoimento já prestado para se obterem respostas mais determinantes.

É importante usar deste método com *grano salis*, isto é, com prudência e apenas pontualmente, orientando o depoimento de forma indirecta mas sem o liderar por inteiro, sob pena de o seu valor probatório ser nulo.

---

[55] No Código de Processo Civil Português, designadamente no nº3 do seu art. 638º, o legislador consagrou o mero dever de o juiz que preside à audiência obstar a que os advogados coloquem à testemunha perguntas sugestivas.

Deste método deriva ainda o insinuador, que adiante se apresenta, o qual pode ser considerado como o expoente máximo da sugestão. Ao passo que a técnica insinuatória afirma factos como certos ou modifica-os, assim testando a reacção da testemunha perante os mesmos, a técnica meramente sugestiva traduz-se na mera proposta de hipóteses sobre eles.

25.6. Insinuador

O método que designamos por insinuador consiste em fornecer à testemunha uma versão dos factos que não coincide com a sua e suscitar a sua apreciação sobre ela, desta forma forçando a testemunha a reagir e eventualmente a ir validando outra versão dos factos, mais favorável aos interesses do inquiridor.

Apresentar novos ou diferentes factos como consequência necessária das afirmações anteriores da testemunha, assim importando uma coloração diferente às teses do depoente, alterando a *atmosfera* dos factos.

Impõe-se que a abordagem de certas questões críticas se faça com grande cautela e aos poucos, avançando com lentidão, iniciando no ponto de partida (*terminus a quo*) para alcançar a conclusão final (*terminus ad quem*) satisfatória, de modo a que seja aceitável para a testemunha modificar as suas prévias afirmações ou completá-las mediante a intervenção determinante do inquiridor.

Trata-se positivamente de forçar a testemunha a admitir e corroborar dadas proposições de facto, pelo que é uma actividade que poderá ser usada de modo mais ou menos insidioso e concretizada de modo menos agressivo – como por exemplo fazendo apenas convergir para a mesma conclusão diversas questões, ou recapitulando os factos e as afirmações da testemunha para, sem os subverter totalmente, os alterar ligeiramente – ou de modo mais agressivo – como por exemplo anulando ou corrigindo expressamente alguns aspectos ou fornecendo factos falsos para levar a testemunha a afirmá-los e assim demonstrar a inveracidade do que foi dito (*misleading the witness*).

Este é também um dos clássicos estandartes da actuação agressiva do inquiridor, igualmente admitido com várias e significativas limitações em alguns ordenamentos jurídicos[56].

---

[56] *Vide*, uma vez mais no nº3 do art. 638º do Código de Processo Civil, o mero dever de o juiz que preside à audiência obstar a que os advogados coloquem à testemunha perguntas sugestivas.

Para o método insinuador é muitas vezes fundamental recapitular o depoimento perante a testemunha, isto é sumariar os aspectos principais do que já foi afirmado, fazendo-o de forma não fidedigna, mais uma vez colocando os factos na boca da testemunha ou omitindo-os. Fazendo-o a par e passo para deixar solidamente construída e vincada no espírito do julgador a versão final que a testemunha vier a admitir sobre os factos. Em depoimentos muito extensos é útil proceder de acordo com esta técnica, realizando o exame do caminho percorrido, para ordenar o depoimento, testar a fiabilidade ou eliminar importância de alguns aspectos. Sobretudo no início de um contra interrogatório para partir de pontos assentes, em que várias vezes a testemunha refere: *eu não disse isso*. Em alternativa, ou apenas em certos trechos, na recapitulação pode respeitar-se a fidedignidade do que foi relatado pela testemunha e repetir as questões com intuito de eliminar aspectos dúbios ou aspectos desfavoráveis, somando apenas os que são convenientes. Com as respostas obtidas poderão favorecer-se determinadas teses que possam a ser admitidas como possíveis ou enfraquecer afirmações anteriormente peremptórias, perante a eventual impossibilidade de a testemunha manter as suas convicções iniciais.

25.7. Interpretativo

O método que designamos por interpretativo consiste em pedir à testemunha que dê a sua opinião, tão objectiva quanto possível, acerca dos factos. Isto, não obstante a necessidade sempre presente de o depoente se afastar o menos possível no domínio da objectividade. Nomeadamente perguntando pela possíveis causas, efeitos e consequências de determinados factos, bem como do seu significado, sob o ponto de vista da testemunha.

É um método que se encontra no prolongamento do método exploratório, embora a fronteira entre ambos seja bem visível. No caso do método interpretativo não se solicita à testemunha que refira objectivamente mais factos no sentido de explorar todo o alcance do conhecimento. Pelo contrário, o que se pretende é levar a testemunha para outro *terreno* que não o dos puros factos. Se bem que exista o risco de tornar o testemunho demasiado subjectivo – conclusivo, ou de mera convicção pessoal – a experiência revela que o julgador tende a levar em linha de conta na sua apreciação dos factos também as convicções, as apreciações e as conclusões retiradas pelas testemunhas que conviveram de perto com os factos.

Uma das possibilidades ao dispor do inquiridor é solicitar à testemunha que, com as reservas que forem oportunas, dê a sua interpretação pessoal acerca de um certo facto ou de uma dada conexão de factos. Por exemplo, pedindo-lhe que desenvolva uma explicação que torne inteiramente perceptível ao julgador um determinado facto, uma circunstância ou um documento ou outro meio de prova. Tal pode incluir-se no âmbito dos já referidos esclarecimentos, que indicámos a propósito do método exploratório.

Certas testemunhas trazem consigo a chave de determinados assuntos por serem portadoras de conhecimentos especiais. Com maior ou menor envolvência nos factos principais do objecto do processo, muitas vezes determinadas testemunhas poderão mesmo não ter um conhecimento dos factos directamente incluídos no objecto do processo mas, ainda assim serem exímias na justificação. E, por isso, poderão ser significativamente úteis no âmbito da produção de determinada prova. Esclarecimentos sobre as características de um dado local, as práticas habituais ou os costumes de determinada actividade, sobre regras de actuação de determinadas profissões, ou mesmo simplesmente para decifrarem o teor de documentos ou aspectos crípticos de factos ou meios de prova que estejam no processo ou sejam implicados.

Várias vezes especialistas em medicina, informática, física, química, balística, engenharia civil ou em qualquer outra actividade, desde que não hajam intervindo como peritos no desenrolar do processo, poderão ser oferecidos como testemunhas pela parte que os propõe apenas para obter a explicação, de viva voz e em audiência, de pontos dúbios ou de questões que careçam de conhecimento específico. Nestas situações, pelo facto de serem totalmente alheios aos interesses em causa no processo, o depoimento de tais pessoas é muitas vezes melhor aceite pelo julgador, pela aparência (por vezes falaciosa) de terem prestado declarações com maior isenção e objectividade.

25.8. Concludente

O método que designamos por concludente consiste em pedir à testemunha que responda ou repita a sua resposta, por forma a situá-la numa categoria exacta e assim se possam extrair daquela elementos seguros.

É o também clássico método das perguntas e respostas *sim-ou-não*, a que muitas vezes se recorre perante testemunhas que já se revelaram hostis ou de quem não se pretende grandes esclarecimentos. Nomeadamente quando a testemunha dá respostas evasivas, ambivalentes, confusas, ou imprecisas, suscita-se a necessidade de definir tão exactamente quanto possível qual o sentido útil das suas afirmações.

Será tanto ou mais falível quanto sejam insuficientes as categorias de resposta que se admitam, o que facilmente se compreende. Pois se se pretende que a testemunha diga por exemplo se as calças do autor do crime eram de ganga ou de tecido, se os factos ocorreram de noite ou de dia, ou se um contrato foi lido na íntegra ou não antes de ser assinado, estão a limitar-se indelevelmente as possibilidades de serem encontrados os correspondentes terceiros géneros nas suas respostas.

Nestes casos impõe-se que o inquiridor saiba agir com firmeza, mas também com a flexibilidade que o bom senso e a perspicácia lhe hão de impor, já que a taxatividade das respostas implica algumas vezes um esforço de simplificação que pode conduzir a uma prova defeituosa ou incompleta.

25.9. Reconstitutivo

O método que designamos por reconstitutivo consiste em solicitar à testemunha que se pronuncie sobre os factos de acordo com a ordem cronológica ou a sequência lógica julgada por mais conveniente à percepção de todos os aspectos. Isto, no sentido de oferecer o retrato mais completo possível da realidade, tornando-a mais perceptível ao olhos do julgador.

Não é novo o problema da natureza fragmentária da memória das pessoas. Certos elementos recordam-se com precisão outros caem no esquecimento progressivamente. Assim, aquilo que teoricamente seria o ideal, ou seja que a testemunha recordasse cada um dos mais ínfimos pormenores e os relatasse de molde completo, na prática muitas vezes revela-se impossível.

As referências da testemunham carecem por isso muitas vezes de ser ordenadas, enquadradas em inúmeras circunstâncias, posicionadas de acordo com a imagem geral dos factos como peças que encaixam num *puzzle*. Aliás, é precisamente por isso que se consagra, nomeadamente no processo penal, a prova por reconstituição (do crime) como um meio de prova perfeitamente distinto da prova testemunhal, embora desta seja em rigor indissociável. Porquanto a reconstituição do facto[57] pode e deve realizar-se com a intervenção de sujeitos processuais e também de testemunhas.

---

[57] Entre nós consagrada especificamente no art.150º do Código de Processo Penal, embora possa realizar-se de modo impróprio em qualquer diligência de Exame no Local, prevista

Daí que se verifiquem muitos casos em que é mais produtivo para o efeito útil do depoimento que este se desenrole colocando-se a testemunha perante a necessidade de não seguir a ordem do seu raciocínio apenas, mas sim a da ordem cronológica a da sequência lógica que melhor permita captar a realidade.

De resto, a ilustração do depoimento com esquiços ou imagens quando os factos se reportem a locais, a sistematização de pontos concretos em esquemas que permitam a sua visualização, são por vezes um recurso a que se deve lançar mão no sentido da interligação entre os factos que permita a reconstituição mais fácil da realidade.

25.10. Repetitivo

O método que designamos por repetitivo consiste em formular por mais de uma vez as mesmas questões à testemunha, ainda que com ligeiras alterações nas perguntas concretamente formuladas.

Como dissemos a propósito da recapitulação, em sede do método insinuador, pode ser útil por vezes apenas repetir as questões com intuito de testar a coerência do ponto de vista da testemunha ou eliminar aspectos dúbios ou aspectos desfavoráveis referidos anteriormente pela testemunha, somando apenas os que são convenientes.

A persistência num dado ponto da matéria de facto confere-lhe só por si um imediato maior relevo e por isso é de boa nota justificá-la perante o julgador. Uma das técnicas usadas pelo interrogador consiste em afastar-se do tema proposto por mais ou menos tempo, consoante as possibilidades de cada caso concreto, para a ele regressar mais tarde. Neste *regresso* ao tema de debate, pode aumentar-se o ritmo das questões e colocá-las em série, de modo a que o depoente seja solicitado a responder de modo mais ágil, na tentativa de que *caia* assim em contradição com declarações anteriores.

A insistência produz resultados, embora nem sempre. Mas muitas vezes, por exemplo em sede de contra interrogatório, a testemunha acaba por involuntariamente diz algo diferente ou ligeiramente diverso do que afirmou anteriormente.

A pura repetição das questões, no entanto, se for feita sem o adequado sentido crítico do interrogador pode ser tomada por pura inabilidade sua,

no art.354º do mesmo diploma, ou de Inspecção Judicial, prevista nos arts.612º e segs. do Código de Processo Civil.

perante uma resposta que não lhe tenha sido conveniente. De onde, tal repetição deverá ser realizada de modo não evidente, por exemplo a pretexto de se procurar um maior grau de pormenor no depoimento.

25.11. Argumentativo

O método que designamos por argumentativo consiste em debater com a testemunha, passo a passo, um dado segmento do (ou mesmo todo o) seu depoimento.

Como já enunciámos acima, no início do nosso segundo capítulo, nunca é demais salientar a existência do *aspecto argumentativo* emanente a toda a actividade probatória, uma vez que quer a formulação dos factos quer as posteriores conclusões sobre as questões de facto que se retiram depois de produzida a prova se baseiam em dados introduzidos no processo de modo discursivo e sujeitos a um pré-tratamento de potencialidade persuasiva, o que de certa forma importa a relativização subjectiva de todo o mundo dos factos no processo.

Ora, naturalmente durante o interrogatório de uma testemunha o inquiridor pode ter razões para não concordar com o que é dito ou ter algo a opor ao que é afirmado e ser conveniente expressá-lo, contrapondo obstáculos e fundamentos válidos ao depoente. É na resposta a tal argumentação do inquiridor que muitas vezes se vai mais além na profundidade de um depoimento. Um dos aspectos em que este método se revela útil é o de obter uma justificação plausível para interromper a cadência do discurso da testemunha, quando esta esteja a derivar em sentido contrário ao das teses que se pretendem afirmar. Pode ser conveniente para o advogado que a testemunha, por exemplo, não disponha do tempo livre e do espaço de manobra suficiente para causar um estrago irreparável na prova já produzida.

Porém, nestes casos em que a testemunha é interrompida durante o seu depoimento, sobretudo se for feito de modo recorrente, existe o risco de o julgador intervir – e até assumir as rédeas da inquirição[58] – por entender que está a ser perturbada a conveniente produção da prova testemunhal. Outros risco de incorrer em excessiva argumentação com a testemunha é

---

[58] Consigna o nº5 do art.638º do Código de Processo Civil, *v.g.*, que «*O presidente do tribunal avocará o interrogatório quando tal se mostre necessário para assegurar a tranquilidade da testemunha ou pôr termo a instâncias inconvenientes.*»

a possibilidade de estar se vir a tornar demasiadamente hostil, assim passando a esforçar-se por ser evasiva ou por contrariar simplesmente os interesses processuais que defende o interrogador.

25.12. Confrontador

O método que designamos por confrontador consiste em colocar a testemunha ante factos diferentes dos que ela refere, ou inconciliáveis com os que ela refere, no sentido de simplesmente a desmentir de imediato.

Nomeadamente surpreendendo o depoente com um dado ou uma questão inesperada, por foram a que este perca a confiança com que depunha. Por exemplo confrontando a testemunha com afirmações prévias inconsistentes, com factos inconciliáveis ou desfavoráveis à sua versão por forma a fracturar a credibilidade das suas afirmações, o que será tanto ou mais possível de atingir quanto abundem factos ou documentos em contrário, face ao que foi afirmado.

A confrontação directa com a testemunha exige uma especial confiança por parte do inquiridor, quanto ao efeito útil que pretende atingir, o que depende da solidez dos elementos que invocar.

Estamos uma vez mais diante de um dos clássicos métodos da actuação agressiva do inquiridor, muito vizinho também do que a seguir referiremos, que é o da pura e simples desacreditação da testemunha. Designadamente quando se inicie um contra interrogatório em que se tenha a perspectiva de que o depoente nada dirá que seja favorável ao contra-interrogador. A confrontação da testemunha corresponde a pôr em causa o que a mesma afirmou, por exemplo suscitando a discussão acerca das condições de observação de que a testemunha dispôs quando teve contacto com os factos. Pôr em causa as circunstâncias clássicas que se prendem com a razão de ciência, nomeadamente:

a) a distância e o tempo do decurso da observação;
b) as obstruções à visibilidade;
c) as distracções circunstanciais.

Por vezes equivale quase a uma *declaração de guerra* às afirmações da testemunha e é um método que pode ter uma importância decisiva quando a ele se recorre no momento oportuno, pois a testemunha que se *dê por vencida* ou se remeta ao silêncio depois de confrontada certamente verá o seu depoimento apagado do espírito do julgador, por haver deposto sem convicção e/ou com inverosimilhança.

25.13. Desacreditador

O método que designamos por desacreditador consiste em conduzir o depoimento de uma dada testemunha com o intuito exclusivo ou principal de a descredibilizar aos olhos do julgador, não já dirigindo o *ataque* às suas afirmações, mas às condições e características da própria testemunha.

É um dos métodos que se situa no limite das técnicas destrutivas do interrogatório e que, no processo civil, pode ser maximizado por via de um incidente deduzido no fim do depoimento de uma dada testemunha, pela parte contra a qual aquela foi produzida59.

Para pôr em causa o crédito de que poderia beneficiar uma dada testemunha, o centro nevrálgico das questões deve centrar-se nos factores prévios que possam ser decisivos ao estabelecimento do valor probatório do seu depoimento. Como seja a sua idoneidade, a qual corresponde à credibilidade abstracta de que ela pode ou não beneficiar quanto ao que vier a afirmar, tendo em conta o relacionamento especial e a equidistância daquela quanto às partes processuais e aos interesses em jogo no processo. Num sentido mais lato, a idoneidade não exclui também aquela credibilidade abstracta de que ela pode ou não beneficiar quanto ao que vier a afirmar, estabelecida consoante o grau de honorabilidade da testemunha.

É o desafio máximo da pessoa da testemunha, passando pelo prescrutar das possíveis motivações para depor, de prévias contendas judiciais ou litígios com algumas das partes processuais, com antecedentes que revelem ou possam suscitar a sua falta de boa reputação, etc. Por outro lado também pôr em causa algumas questões já próprias da razão de ciência que não se prendam directamente com a observação dos factos que são objecto do processo, tais como as qualificações ou o nível de conhecimentos do depoente.

Sucede em alguns casos que é no decurso do depoimento que a testemunha revela indícios sobre aqueles aspectos, pelo que nem sempre é desejável que o interrogatório ou o contra interrogatório tenha início pelo método desacreditador, sob pena de colocar a testemunha de sobreaviso e

---

[59] O incidente da *contradita*, previsto nos arts.640º a 641º do Código de Processo Civil a que faremos referência particular em conjunto com a *acareação, infra*.

poder vir a ocultar circunstâncias que pudessem influir na credibilidade que lhe pode conferir o julgador.

26. Tabela dos Métodos e Derivativas de Condução do Interrogatório

Expositivo	*«Diga-nos o que sabe ou presenciou»*
Exploratório	*«O que esteve na origem disso?»*
Confirmativo	*«O que pode justificar a aparente contradição com o documento?»*
Infirmativo	*«Apesar do que consta no documento, o que é que se passou?»*
Sugestivo	*«Sendo o autor o empresário, quem comanda a empresa?»*
Insinuador	*«Pelas suas palavras sou levado a concluir que (...), é isso?»*
Interpretativo	*«Consegue explicar-nos porque terá sucedido assim?»*
Concludente	*«Responda sim ou não»*
Reconstitutivo	*«Vamos ver outra vez, respeitando a ordem dos factos»*
Repetitivo	*«Este ponto é muito importante e eu vou ter de lhe perguntar outra vez»*
Argumentativo	*«Eu discordo e vou-lhe dizer porque discordo»*
Confrontador	*«Isso não pode ser verdade perante (...)»*
Desacreditador	*«Já admitiu que é trabalhador de uma das partes»*

27. Regras para a formulação de questões

A formulação das próprias perguntas deve também obedecer a determinadas regras de oratória para benefício do efeito útil do testemunho produzido que é a prova de determinados factos, ou melhor, de determinadas proposições de facto.

Já diz o adágio popular que *para uma pergunta idiota uma resposta tola*; e nada mais acertado.

A testemunha ideal é aquela que não necessita de questões elaboradas para responder com a clareza e esclarecer o julgador com a segurança e a convicção desejáveis. Porém, a realidade que se apresenta ao inquiridor é frequentemente diferente. Pode um depoente trazer consigo elementos informativos extremamente válidos para a descoberta da verdade ou para corroborar ou infirmar factos e circunstâncias e, afinal, vir a deixar a sala de audiências ou outra Instância onde decorra o seu interrogatório sem que dela tenham sido extraídos tais elementos. Algumas vezes por dificuldade de entendimento das questões outras vezes por incapacidade de expressão a que foram alheios quem a interrogou. Se o interrogador formular questões desconexas, confusas, imprecisas e sem o sentido da objectividade, será quase impossível à testemunha suprir tais deficiências no seu depoimento, como todos compreendem.

Por isso e com o mero intuito de ilustrar o que acabamos de dizer, auxiliando a memória daquele que se propõe conduzir um interrogatório testemunhal, apresentaremos de forma sistematizada algumas das regras a respeitar durante a inquirição, como objectivos a ter presentes na formulação das questões que melhor couberem a cada caso.

27.1. Ordem
As perguntas que o inquiridor dirija à testemunha devem obedecer a uma sequência lógica, a qual deverá ser perceptível ao destinatário e a todos os assistentes.

Tal sequência lógica das perguntas que deve ser estabelecida e obedecida destina-se a permitir o melhor acompanhamento da produção da prova por parte do julgador. Assim como em qualquer comunicação entre dois sujeitos ou diálogo produtivo, o desrespeito pela devida ordem dos assuntos poderá importar a confusão entre os interlocutores, alguns dos quais não irão manifestar-se apesar de terem captado as comunicações de modo deficiente.

Uma das sequências sempre possíveis é a ordem cronológica dos acontecimentos, não sendo todavia sempre a aconselhável. Uma alternativa evidente é também a da própria ordem pela qual os factos a que se reportam as perguntas constam do processo: a ordem seguida pela Base Instrutória, quando esta exista, seguindo as perguntas o sentido dos quesitos pela sua numeração, por exemplo. Ou a ordem da descrição dos factos constante da peça processual a cuja prova se dirige o testemunho, seja uma petição inicial, uma contestação, ou um Despacho de Acusação.

Ao cabo de um depoimento que foi sujeito à devida ordem, torna-se reconfortante a sensação de esclarecimento que permite a explicação uniforme de uma dada versão dos factos fornecida pelo testemunho. Em acréscimo, o facto de não terem existido injustificados saltos lógicos entre assuntos, adiciona naturalidade e racionalidade ao discurso. Por estas razões, mais facilmente permanecerá na memória do julgador.

27.2. Conexão

As perguntas que o inquiridor dirige à testemunha devem encadear-se umas com as outras e também com as respostas que vão sendo oferecidas.

É necessário, antes de mais, verdadeiramente ouvir a testemunha. O encadeamento da nova pergunta com a anterior pergunta é menos importante do que o encadeamento da nova pergunta com a anterior resposta dada pela testemunha. Por esta razão muitas vezes se justifica desrespeitar a ordem previamente programada em benefício do inteiro esclarecimento de um conjunto de circunstâncias.

Por outra parte, deve o inquiridor fornecer à testemunha uma explicação para a mudança súbita entre assuntos, no caso de esta se impor por alguma razão nomeadamente de boa economia processual, podendo inclusivamente explicar-se à testemunha, antes de formular a nova questão, a razão pela qual se irá mudar de tema. Fazendo uma introdução, se necessário.

Nem sempre a ordem das perguntas corresponde à que a testemunha espera. É necessário assegurar que seja respeitado, na medida do possível e do conveniente, o fio de raciocínio da própria testemunha – e reflexamente também do julgador. Várias vezes sucede que algumas circunstâncias a que a testemunha se dispunha a depor deixam depois de ser esclarecidas por sobrevirem novas questões e outros assuntos que requerem a concentração.

Ao cabo de um depoimento em que foi respeitada a conexão, com um mínimo de *saltos lógicos* de assunto para assunto, obtém-se certamente com maior facilidade um resultado de maior consistência e um testemunho mais completo.

27.3. Clareza

As perguntas que o inquiridor dirige à testemunha devem ser totalmente perceptíveis.

Formuladas em linguagem escorreita e simples, permitindo saber exactamente o que se pretende saber da testemunha. Só assim se estabelecerá um diálogo imediatamente perceptível para o julgador e para toda a assistência presente no acto da produção da prova testemunhal, o que se traduzirá numa demonstração bastante mais eficaz.

Questões são questões, considerações são considerações. Misturar as duas realidades gera certamente fáceis confusões. Pode o advogado comentar e ou (com *grano salis* para que não se tornem em alegações), ir comentando ou tecendo considerações, mas quando remata a pergunta deve fazê-lo de forma inequívoca, proporcionando o esclarecimento exacto da posição que a testemunha há de assumir perante os assuntos suscitados.

A clareza da pergunta possibilita o esclarecimento maior das questões, reflectindo-se em igual atitude por parte do julgador. Como resposta a perguntas claras pode o inquiridor exigir do depoente também respostas claras, objectivas e inequívocas.

Todavia, nem sempre a clareza deve ser interposta na primeira abordagem, pois uma formulação menos clara da pergunta pode levar a testemunha a esclarecer outros factos ou circunstâncias que se pretendem descobrir sem o perguntar directamente. O que acabamos de referir é sobretudo importante quando seja prudente sondar previamente a atitude geral que a testemunha tem sobre os factos, antes de o inquiridor chegar à colocação das questões fulcrais. A este propósito, vejam-se as considerações que faremos adiante sobre o contra interrogatório em especial.

27.4. Simplicidade

As perguntas que o inquiridor dirige à testemunha devem ser concisas e o mais singelas possível, quer quanto à simplicidade da linguagem (os termos usados), quer quanto à construção das frases, a qual deve ser escorreita e de fácil percepção.

A simplicidade da oratória do interrogador reflectir-se-á potencialmente na simplicidade do discurso da testemunha, o que aportará maior perceptibilidade ao conjunto. Isto é, se por um lado a pergunta é feita com visíveis reservas e rodeios, com inusitada delicadeza e precaução excessiva na escolha dos termos, isso certamente, por outro lado, incutirá na testemunha preocupações de igual cautela e contenção nas palavras.

Resulta pois ser um dever do interrogador o de pugnar para que a testemunha e reformule a sua resposta se tal for conveniente, tornando simples o que seja aparentemente complexo. Quando se abordam problemas imbricados e que envolvam alguma complexidade nos pormenores ou nas explicações técnicas, é então adequado subdividir também as questões, por forma a que tudo seja suficiente e devidamente esclarecido.

A simplificação e o tratamento sintético dos assuntos pode trazer consigo, naturalmente, alguns problemas de falta de plenitude. Porém, se há que completar respostas, tal não deve ser feito à custa da perceptibilidade das expressões mas sim mediante uma maior quantidade de explicações e segmentação dos aspectos possivelmente.

Muitas vezes é no decurso da inquirição das testemunhas que os diversos contornos do caso concreto se deslindam no espírito do julgador e, precisamente por isso, tornar-se-ão mais facilmente presentes no espírito e nas convicções íntimas daquele julgador as afirmações e as explicações que reduzam o caso à sua mais simples expressão.

27.5. Precisão

As perguntas que o inquiridor dirige à testemunha devem estabelecer um campo de resposta limitado ao que se pretende saber. O expoente máximo da precisão obtém-se por exemplo mediante a formulação das perguntas do tipo *sim ou não*, que referimos a propósito do método concludente.

De igual modo como indicámos quanto à clareza da questão a formular também nem sempre a precisão deve ser interposta na primeira abordagem, pois uma formulação menos clara da pergunta pode levar a testemunha a esclarecer outros factos ou circunstâncias que se pretendem descobrir sem o perguntar directamente. Daí, que o grau de precisão deva ser aumentado de forma progressiva, seccionando longas questões em pequenas perguntas e consoante a testemunha dê indícios de que as suas respostas serão convenientes aos interesses defendidos pelo inquiridor.

Aliás, não é debalde que a necessidade de se obter da testemunha um depoimento preciso está consagrada na própria lei processual civil[60].

---

[60] *Vide* o nº1 do art.638º do Código de Processo Civil.

27.6. Oportunidade

As perguntas que o inquiridor dirige à testemunha devem as mais adaptadas ao momento, no sentido de ser extraída de cada resposta sua maior eficácia.

Sem esquecermos quanto foi dito a propósito da ordem e da conexão entre temas a que a formulação das perguntas devem também obedecer, respeitar a oportunidade certa para a colocação das questões é também uma boa regra a que deve obedecer o interrogador.

Há uma hora certa para colocar determinadas questões, um momento mais apropriado. Nomeadamente quando por casualidade a testemunha entra num dado assunto e o deixa sem o devido aprofundamento. Esta será uma ocorrência fortuita, favorável a que – com toda a pertinência – o inquiridor peça à testemunha que se pronuncie, a propósito, sobre novas perguntas dentro do mesmo tema, desde logo para que não permaneçam dúvidas no espírito do julgador ou aspectos incompletos a que será difícil retornar mais tarde sem alguns inconvenientes. Muitas vezes, agindo deste modo, o inquiridor previne a necessidade futura de a testemunha ser colocada perante pedidos de esclarecimento efectuados pela parte contrária ou mesmo pelo tribunal, sem que o enquadramento prévio esteja assegurado da forma mais conveniente.

Porém, tal ocasião pode ser gerada intencionalmente pelo interrogador que exerce o controlo do interrogatório, por exemplo através de uma sequência prévia de perguntas dirigidas a uma conclusão final. *Beating around the bush*, para fazer surgir tal oportunidade, desde logo assim assegurando que a questão final venha no desenvolvimento dos esclarecimentos que estão a ser prestados. É o que se passa quando, nomeadamente, se pretendem extrair consequências das afirmações anteriores, ainda que se corra o risco de alguma redundância.

Assim, é um pressuposto que se respeite o ritmo e a cadência própria do discurso da testemunha, aos olhos do julgador.

27.7. Objectividade

As perguntas que o inquiridor dirige à testemunha devem ser formuladas no sentido de se obter a informação de que aquela dispõe quanto ao seu conhecimento dos factos concretos, abstendo-se o mais possível de lhe solicitar a expressão das suas opiniões ou juízos sobre a realidade. Isto é, de modo a que o depoente se cinja ao que é objectivo, evitando pronunciar-se com a interferência da sua subjectividade.

Pelo contrário, a subjectividade influi normalmente de forma negativa na eficácia e na validade do testemunho. Por isso o legislador reprime a manifestação de meros rumores e das convicções pessoais durante a produção da prova testemunhal[61].

Desde logo, em bom rigor, a objectividade do interrogatório deve partir da objectividade das próprias proposições de facto constantes do processo, à demonstração das quais se dirige a prova – a base instrutória (no processo civil) ou o libelo acusatório (no processo penal). Na sequência da formulação das perguntas ao depoente, tal objectividade deve continuar a ser respeitada, de modo a que a testemunha também assim o entenda.

Isto, salvo pontuais excepções como vimos a propósito do método interpretativo da condução do interrogatório, justificadas pela melhor percepção da realidade quando o discurso é integrado.

Ora, quando a testemunha se pronuncia sobre os factos sem que lhe seja suscitada a expressão das suas opiniões, as respostas certamente beneficiarão de uma maior isenção e logo de fiabilidade.

27.8. Finalidade

As perguntas que o inquiridor dirige à testemunha devem ter presente o objectivo da produção da prova a que se destinam, nomeadamente: dirigindo-se à demonstração das proposições de facto carreadas para o processo e situando-se na defesa dos interesses representados pelo inquiridor, isto é, nem sempre com a exclusiva preocupação de prosseguir na descoberta da verdade.

Como já dissemos por mais de uma vez, para o advogado o interrogatório tem objectivos imediatos (o que se pretende que a testemunha afirme) e uma finalidade (os factos concretos a provar). De onde, a colocação de questões não pode ser feita de forma puramente discursiva, antes pelo contrário. Embora respeitando os tempos e a boa sequência de um diálogo, se possível, em bom rigor o interrogador deverá formu-

---

[61] *Vide*, designadamente e para o processo penal, o art.130º do Código de Processo Penal, onde se consigna «1. Não é admissível como depoimento a reprodução de vozes ou rumores públicos. 2. A manifestação de meras convicções pessoais sobre factos ou a sua interpretação só é admissível nos casos seguintes e na estrita medida neles indicada: a) quando for possível cindi-la do depoimento sobre factos concretos; b) quando tiver lugar em função de qualquer ciência, técnica ou arte; c) quando ocorrer no estádio de determinação da sanção.»

lar questões e conduzir a sequência do interrogatório de acordo com o melhor caminho para atingir o resultado pretendido, isto é, a prova das proposições de facto mais consonantes com os interesses processuais representados.

Com isto, pretende-se salvaguardar o efeito útil do depoimento, por forma a que este seja dirigido num determinado sentido. Pelo inverso, um interrogatório realizado sem ter presente a finalidade das perguntas formuladas corre o risco de derivar para assuntos fúteis, ou mesmo de confundir o que já se encontrava evidenciado. Em algumas situações as perguntas sem finalidade podem ser até contraproducentes, por criarem dúvidas que não se suscitariam de outro molde ou por fazer adentrar a curiosidade da Instância em questões que não era conveniente serem abordadas e que poderiam ter sido evitadas. É o caso das perguntas desnecessárias e perigosas, que melhor veremos adiante.

27.9. Plenitude

As perguntas que o inquiridor dirige à testemunha devem cobrir todos os aspectos da prova em que aquela possa oferecer um contributo válido, sem excepção. Devem abranger completamente o horizonte dos factos e circunstâncias que sejam do conhecimento daquela.

Aqui, uma das razões principais para que o interrogador prepare previamente a condução do interrogatório, anotando mesmo, se necessário, as questões a formular em torno de cada facto que se pretende apurar ou um conjunto de tópicos que represente os temas sobre os quais deverá incidir o depoimento. Isto, sem perder de vista a oportunidade de serem acrescentadas novas questões, consoante o desenrolar do testemunho e o dever de dar sequência a novas demandas quando se suscitem em face das respostas que vão sendo obtidas.

É certo que, algumas vezes, só depois de findo o depoimento de uma dada testemunha e de ouvidas outras pessoas surge no espírito do inquiridor o interesse em alargar aquele leque inicial de assuntos. Outras vezes, é quando o julgador ou a parte contrária interrogam a testemunha já oferecida e ouvida por uma das partes que surgem novos problemas e circunstâncias a esclarecer, sem que o interrogador originário esteja no uso da palavra. Neste sentido e não obstante a faculdade de voltar a solicitar ao julgador novos esclarecimentos da testemunha já ouvida ou mesmo que ela seja outra vez convocada para comparecer no tribunal ou em outra instância onde decorra a produção de prova, deverá sempre o inquiridor tentar antecipar as questões que previsivelmente lhe serão colocadas pela parte contrária, por forma a *cobri-las* convenientemente.

A verdade é que dispor de uma testemunha a que se podem fazer instâncias e colocar questões corresponde a uma faculdade processual de afirmação (e prova) de factos no processo, de duração limitada e por vezes fugaz. Por esta razão, enquanto ela depõe, tem o inquiridor ao seu dispor um importante meio de intervenção de que importa não abdicar, até se esgotarem a capacidade de da mesma serem extraídas as declarações úteis à defesa dos respectivos interesses processuais.

27.10. Controlo

As perguntas que o inquiridor dirige à testemunha não devem prejudicar o domínio da *conversação* por parte do inquiridor. Este é quem sabe quais são os objectivos e a finalidade a ter em conta, ao que é que a prova se dirige e porque é que pretende interrogar a testemunha que tem na sua presença. É a ele que compete defender determinados interesses processuais durante a produção da prova testemunhal.

Assim e da mesma forma que cabe ao interrogador que ofereceu a testemunha ou que a contra-interroga zelar pela utilidade processual do livre discurso da testemunha, cumpre-lhe também assegurar que, na medida das possibilidades, o depoente não derive do objecto da prova e, sobretudo, não afirme aquilo que não se pretende ouvir.

Naturalmente que tal controlo não deve chegar ao ponto de condicionar visivelmente o testemunho, sob pena de este perder o seu valor probatório intrínseco. Deve ser o depoente quem decide as palavras que usa e as frases que formula, mas pelo contrário deve ser o inquiridor quem dirige o diálogo. Isto, desde logo porque é uma faculdade processual inerente a toda a actividade probatória.

Obviamente que o exercício de um adequado controlo da inquirição exige habilidade, diplomacia e subtileza, de modo a que se respeitem a harmonia do diálogo e o ritmo próprio do discurso da testemunha durante o interrogatório. Tal não significa que o interrogador abdique do seu controlo efectivo, desde logo socorrendo-se de comedidas interrupções – quando forem necessárias – para solicitar à testemunha que se concentre em determinadas questões, no sentido de esclarecer o tribunal de modo útil ao processo.

27.11. Última pergunta

Tendo presente que o acto de interrogar uma testemunha se insere na actividade probatória e que o meio de prova testemunhal é apenas mais um que contribui para a *afirmação das proposições de facto* insertas no processo, é da praxe que o advogado conclua o interrogatório com uma pergunta que permita obter uma respectiva última resposta favorável aos interesses processuais que defende. Isto, na tentativa de, através das palavras finais da testemunha conotar todo o seu depoimento com um sentido genérico (ou pelo menos final) que seja benéfico para a(s) tese(s) defendida(s) no processo.

Outras vezes, quando tal não é possível, a última pergunta pode também destinar-se a obter um esclarecimento inequívoco da posição assumida pela testemunha quanto a um assunto fulcral, ou face a uma dada questão que haja ficado algo indefinida, por forma a pelo menos se extrair um conteúdo útil à prova que acaba de se produzir.

É uma regra bem conhecida e praticada nas salas de audiências, embora certamente seja discutível se esta prática traz alguma vantagem à parte que conclui a produção da prova, nomeadamente porquanto o julgador não terá deixado de estar atento a todas as declarações que a testemunha proferiu e à própria evolução do depoimento. Não é obviamente pela derradeira declaração que todas as anteriores se desvanecerão. Porém, a coberto de um último esclarecimento em ordem ao apuramento da verdade, é realmente um método recorrente, quer seja no final de um interrogatório quer no final de um contra interrogatório.

Assim como a primeira, por vezes *la dernière mot*, a última impressão causada no julgador tem uma particular relevância Destarte, a nosso ver, a última pergunta tem de modo geral a capacidade de transmitir uma impressão final de forma realçada, susceptível de vincar perante o julgador uma dada afirmação. Por isso, releva o suficiente para que lhe seja feita esta breve referência.

28. Critérios para a apreciação crítica de um testemunho

A apreciação crítica de um testemunho cabe também ao inquiridor e não apenas ao julgador[62]. Desde logo porque é aquele que tem a responsabi-

---

[62] Quanto a este último, *vide* o nº2 do art.653º do Código de Processo Civil e nº2 do art.374º do Código de Processo Penal.

lidade de conduzir o interrogatório e por isso deverá, a par e passo e distanciando-se o mais possível da ocorrência, conseguir discernir a validade e a utilidade do que se pergunta e do que se vai obtendo como respostas respectivamente. Depois de produzido, o conjunto das afirmações da testemunha sujeita-se a ser objecto de uma operação de crítica racional da qual dependerá, em larga medida, o seu valor probatório, isto é, a força processual de sustentação das proposições de facto a cuja prova se dirigiu..

Como já dissemos em outra sede[63]: «(...) *assim como saberá qualquer julgador experiente, o valor probatório do testemunho deverá depender da avaliação rigorosa de diversos aspectos, por forma a apurar-se da sua contribuição para o apuramento da realidade de certos factos.*

Desde logo, para melhor compreensão do fenómeno, pode o depoimento humano dividir-se em categorias, por forma a serem consideradas diversas das suas vertentes, como por exemplo:

a) *em função da sua forma – oral ou escrita, podendo o depoimento oral ainda vir a assumir a forma transcrita ou registada por outro meio;*
b) *em função do sujeito depoente – a testemunha, o perito, o arguido, o ofendido ou o lesado, com todas as subdivisões que ainda se possam estabelecer;*
c) *em função da razão de ciência do sujeito – por conhecimento directo ou indirecto; de ordem presencial, circunstancial ou técnica;*
d) *em função do seu conteúdo ideológico – narrativo, sensitivo, interpretativo, conclusivo ou de juízos sobre os factos, os actos e as pessoas;*
e) *em função do seu conteúdo idiomático – escorreito, perceptível, confuso, imperceptível;*
f) *em função do seu conteúdo lógico – coerente, incoerente, verosímil, inverosímil, probabilístico, certo, incerto;*
g) *em função do grau de certeza manifestado pelo sujeito quanto ao seu conteúdo – seguro, inseguro, duvidoso ou ignorante;*

sem prejuízo do infindável número de categorias que possam ser estabelecidas de acordo com a sua utilidade.

Por outro lado, a avaliação do depoimento variará ainda de acordo com as capacidades intelectuais e de expressão do depoente, a sua naturalidade ou espon-

---

[63] Vide o nosso *A Defesa e a Investigação do Crime, Guia Prático para a Análise da Investigação e para a Investigação pelos Recursos Próprios da Defesa Criminal*, Almedina , 2004, pp.99 a 100.

taneidade, a sua emotividade, a sua credibilidade e o seu "desprendimento" face aos sujeitos processuais e ao objecto do processo. Bem como importará destrinçar o que foi fruto de um depoimento espontâneo e o que foi fruto de colaboração entre o orador e o auditor, assim como o que o depoente pretendeu afirmar pelo meio concreto como se expressou.

Neste domínio, sobretudo, interessará ao avaliador aceder o mais possível à observação directa do depoente, a fim de completar a sua análise com a observação da mímica gestual e facial do inquirido, do tempo, ritmo, hesitações, pausas e os silêncios do mesmo, o seu estado de espírito nervoso ou tranquilo, a par de todos os sinais exteriores do sujeito que, de acordo com a experiência humana, possam fornecer dados para a análise do seu depoimento.

De resto, o depoimento humano estará sempre condicionado pelas características do seu sujeito, incluindo as que se prendem com o seu trabalho intelectual sobre os factos apreendidos e com a arrumação das suas ideias, quer ao nível consciente quer inconsciente.».

Ora, sem embargo das múltiplas possibilidades de reconhecimento de critérios neste domínio, faremos a síntese de alguns daqueles que poderão ser mais úteis, sobretudo para serem levados em conta no calor do debate que surge no momento das alegações de facto. Tais critérios que adiante se apresentam, sem a pretensão de exaustão, representam no seu conjunto diversos vectores de crítica que poderão influir na atribuição de maior ou menor o valor probatório a um dado testemunho. São os que mais se vulgarizaram pela importância que adquiriram nas fundamentações jurisdicionais quanto à decisão da matéria de facto, sendo por isso já familiares para quem exerce a advocacia e para os demais agentes da Justiça.

De resto, tais critérios também poderão ser levados em conta pelo inquiridor na preparação dos interrogatórios, no sentido de lhe poderem fornecer objectivos a atingir ou, no sentido inverso, qualidades a combater em face das testemunhas que sejam apresentadas a Juízo pela parte contrária.

28.1. Autenticidade

A autenticidade ou a honestidade de um testemunho significa o esforço da testemunha no sentido de reproduzir fielmente o que foram as suas percepções e o que são os seus registos cognitivos acerca da realidade dos factos, sendo, portanto, algo de graduável. Um testemunho poderá ser tanto mais autêntico quanto mais se verifique o seu carácter espontâneo, ou seja, nem premeditado nem induzido.

Será injusto, talvez, mas é importante reconhecer que, pelo contrário, quanto maior for a reflexão ou o mero silêncio prévios a uma dada resposta, esta correrá o risco de ser entendida como intencional.

A autenticidade de um testemunho não equivale, porém, à veracidade dos factos ou das afirmações da testemunha, mas sim apenas o seu empenho em ser sincera. Assim sendo e porque inúmeras circunstâncias medeiam os factos e a sua percepção individual, por um lado, e ainda o registo cognitivo e a expressão oral deste, por outro, não se pode exigir ou esperar ouvir a verdade pura e objectiva, *stricto senso*, ao depoente. Enumerando apenas algumas de tais condicionantes, vejam-se por exemplo as distintas capacidades de memória e de observação, as diferentes sensibilidades e estados emotivos, as diversas integrações psicológicas e hábitos mentais, entre muitos. Como exemplo prático do que acabamos de afirmar, nada melhor do que ouvir o testemunho de diferentes pessoas sobre os mesmos factos, numa dada situação em que todas se empenhem no sentido de serem fidedignos para com a realidade, pois que ainda nesse caso certamente cada uma apresentará sua diferente versão. É pelo menos o que se constata nas audiências de julgamento.

A prática, porém, tem demonstrado que uma testemunha que responda de modo natural e fluente, com respeito pelas suas próprias dúvidas e incertezas, mais facilmente será julgada uma pessoa franca e, por isso, o seu testemunho tenderá a ser julgado como credível. Daí, que o interrogador deva permanecer atento à autenticidade do testemunho, tal como o fará o julgador. Esta é uma das razões que, a somar a outras já referidas, desaconselham de todo o ensaio prévio das respostas, sob pena de minar de forma irreversível o valor da prova testemunhal de que se dispõe.

Pelo inverso, quando o fito seja o de afectar a credibilidade de uma dada testemunha, uma das vias possíveis será a de tentar interferir nos sinais que indiciem a sua espontaneidade ou pelo menos pôr em causa o grau da autenticidade, em sede de apreciação crítica.

28.2. Segurança

A segurança de um testemunho prende-se com a convicção com que a testemunha proferiu as suas declarações, reveladora do correspondente grau de certeza que esta demonstrou quanto ao que afirmou. A testemunha que apresente a sua versão sobre os factos sem demonstrar reservas quanto ao que enunciou dá um contributo indelével à produção da prova, tanto maior quanto for a sua idoneidade e a razão de ciência, a par de outros factores. O que assume um particular relevo em matérias de discussão técnica, científica, ou que exijam conhecimentos especiais por parte do depoente.

Respostas dadas com firmeza, sem hesitações quanto ao sentido final do que é declarado e sem aceitar espaço para dúvidas indiciam que a testemunha sabe do que fala e, sustentando convictamente as suas afirmações, o seu testemunho será nessa medida mais convincente para o respectivo julgador. Isto, contanto que não se trate de uma falsa segurança, isto é uma mera crença não fundamentada em razões objectivas ou puramente opinativa.

É difícil contrariar o valor probatório de um depoimento seguro. Porém, na apreciação crítica de um testemunho com tal característica outros critérios poderão afectar a sua credibilidade, tal como a insuficiência de qualificações do declarante, a falta de verosimilhança das respostas ou o grau de subjectividade das próprias questões sobre as quais a testemunha se pronunciou.

28.3. Isenção

A isenção de um testemunho corresponde à imparcialidade das afirmações produzidas, no sentido do alheamento do declarante quanto à influência do que enunciou em face dos interesses em causa no processo.

Quando uma testemunha pretende ser isenta ela tentará abster-se de apresentar as suas opiniões – excepto quando a tal for solicitada, naturalmente – cingindo-se o mais possível à objectividade dos factos. Nestas circunstâncias, de igual modo a mesma dirá que não sabe, que não pode assegurara ou que não observou, quando lhe sejam formuladas questões sobre factos que desconhece ou sejam propostas sugestões sobre hipóteses de facto que não deva corroborar.

A testemunha isenta é aquele que se revela fidedigna para com os factos e que não toma partido nem tece considerações de valor sobre os mesmos. Daí que será tanto mais isento o depoimento quanto menor for a subjectividade do mesmo ou dos temas a que se solicitaram as respostas.

Várias vezes sucede que, sob a capa de uma isenção total, criada habilmente por considerações em que a testemunha refere que se limitará apenas a dizer o que sabe e nada mais, surgem diversas declarações tendenciosas e que materialmente representam a tomada de partido em face dos interesses em causa no processo. Cumpre nesses casos, ao realizar-se a apreciação crítica do testemunho, destrinçar em que aspectos a testemunha poderá ter sido imparcial dos demais em que haja revelado maior parcialidade. Tanto mais que, como já dissemos, a percepção da realidade e a sua expressão oral são processos e actividades onde a individualidade sempre influi, em maior ou menor grau. De resto, será vulgar que entre meras afirmações de factos se incluam algumas conclusões ou raciocínios do sujeito, ainda que de forma pouco aparente.

28.4. Perceptibilidade

A perceptibilidade de um testemunho consiste na sua inteligibilidade, ou seja na possibilidade de as declarações neles contidas serem correctamente entendidas pelos destinatários. Um discurso escorreito, claro e sem ambiguidades é o mais compreensível.

Muitas vezes é de forma involuntária que uma dada testemunha depõe de modo confuso, baralhando factos e questões, assim produzindo no julgador igual resultado de embaraço. Tal poderá ficar a dever-se a uma fraca capacidade de expressão oral ou mesmo a mecanismos de raciocínio labiríntico. Porém, outras vezes a falta de perceptibilidade de um testemunho resulta de uma deliberada vontade em não esclarecer certos aspectos ou até de omitir certas afirmações, como no caso comum de a testemunha partilhar de interesses conexos com os que estão em jogo no processo ou temer as consequências subjectivas que possam ser extrapoladas para si de determinadas circunstâncias.

A um nível mais detalhado, cumpre registar que quando se retrata qualquer facto por meio oral, necessariamente o declarante terá de mencionar e omitir elementos por forma a que o seu discurso possa ser convenientemente entendido. Tal selecção de elementos e a própria construção das orações, emanentes ao processo da verbalização pode conferir maior grau de persuasão às afirmações, para além de o tornar inteligível. E, frequentemente, o depoimento sintético de uma testemunha com dons de oratória é o mais perceptível. Ora, neste domínio, a apreciação crítica de um testemunho deverá realizar-se debruçando-se, para além da sua perceptibilidade, na análise do que foi propriamente o seu conteúdo, na medida em que possa ter-se por completo ou incompleto, porque pode o discurso ter sido significativa ou razoavelmente perceptível mas não inteiramente esclarecedor dos factos e circunstâncias que se pretendem ver apurados.

28.5. Coerência

A coerência de um testemunho é a razão da compatibilidade intrínseca entre as diferentes afirmações nele contidas. Naturalmente que a coerência poderá também ser aferida quanto ao conjunto da prova produzida, em termos de harmonia sistemática, mas não é a isso que nesta sede nos referimos.

A conformidade e consonância entre as várias respostas dadas por uma testemunha influem, de modo determinante, na credibilidade desta, o que naturalmente se compreende. Pois se o mesmo indivíduo se contradiz ao longo do seu próprio discurso, por via de regra, o terá mentido deliberadamente em algum aspecto ou terá expressado o fruto de uma imaginação inconsistente.

É precisamente ao nível da fiabilidade que a coerência se manifesta. Por isso, o inquiridor que queira pôr em causa ou testar a fiabilidade de um, esforçar-se-á em primeiro lugar por tentar suscitar ou encontrar incompatibilidades entre as afirmações de uma dada testemunha, nomeadamente através dos métodos e derivativas sugestivo e insinuador que acima apresentámos. Isto é, tentando que a testemunha venha a *cair em contradição*, o que poderá afectar o valor probatório de todo o depoimento e não apenas de uma parte.

Quando o discurso é absolutamente coerente, ele aportará consistência e solidez ao conjunto das afirmações produzidas pela testemunha. Porém, a sustentabilidade assim alcançada com um depoimento poderá ser afectada na medida em que a testemunha não tenha fundamentado convenientemente as suas convicções ou haja admitido que não sabe, não tem a certeza ou não recorda algum aspecto. Assim sendo, importa algum risco sobre os resultados o facto de o interrogador insistir em tentar abalar a consistência de um depoimento pedindo mais esclarecimentos e insistindo em sugestioná-la para que se contradiga, pois quanto mais dá azo a que a testemunha se manifeste de forma coerente, menor será o âmbito da crítica que sobre ele possa vir a fazer em sede de alegações de facto.

28.6. Verosimilhança

A verosimilhança de uma afirmação da testemunha consiste na possibilidade de a primeira corresponder à verdade, na medida do que seja admissível em termos das regras da Natureza ou da experiência humana, bem como em face dos conhecimentos adquiridos pela Ciência ou por outros domínios do conhecimento adquirido de um modo geral. Verosímil é o que pode e aparenta ser verdadeiro, por oposição ao que seja impossível ter-se verificado, em dadas circunstâncias. Implica portanto o relacionamento entre o facto afirmado e outros factos, regras ou informações, no sentido de se extrair um juízo de possibilidade de verificação.

Para além do que dissemos, as relações de verosimilhança ou de inverosimilhança podem também ser estabelecidas pelo julgador ou por quem faça um juízo valorativo do testemunho, entre o que foi afirmado e o que de um modo geral já se encontra assente no processo e não possa ser contrariado de forma credível. Por exemplo, quando a testemunha afirma uma realidade incompatível, em termos de possibilidade da sua ocorrência, com uma dada versão dos factos já dada por adquirida.

Inequivocamente, o teor do depoimento que venha a ser considerado inverosímil conduzirá à conclusão de que aquilo que a testemunha afirmou é simplesmente falso, ainda que a falsidade não seja deliberada. O mesmo é dizer que a falta de realismo de uma dada afirmação pode importar a aparente falsidade de todo o testemunho.

Um problema de difícil solução pode surgir quando a verdade dos factos possa parecer inverosímil. Não é, apesar de tudo, um caso raro, aquele em que o que parece impossível foi o que sucedeu e que cabe à testemunha afirmar e sustentar. São as situações em que a realidade suplanta a imaginação. Nestes casos, a própria testemunha deverá reconhecer tal aparência de irrealidade, assim criando empatia com os interlocutores, sem prejuízo de lhe caber um dever especial de elucidar o julgador quanto ao que se verificou, recorrendo na medida do que for possível à demonstração por outros meios de prova.

28.7. Razoabilidade

A razoabilidade de uma afirmação da testemunha consiste na medida da sua possível aceitação por uma razão esclarecida. Pode mesmo falar-se num juízo de probabilidade sobre o que aquela afirmou, de acordo com os padrões comuns de comportamento, as regras da Natureza ou da experiência humana.

Implica portanto o relacionamento entre o facto afirmado e outros factos, regras ou informações, no sentido de se extrair um juízo de admissibilidade racional quanto ao que foi declarado.

Quando a testemunha descreveu que um sujeito agiu de determinada maneira, por exemplo, será razoável aceitá-lo se corresponder de algum modo ao que seria expectável, ao nível das reacções e da psicologia humanas. Ou quando esteja em causa uma ocorrência de facto verosímil mas invulgar, de certa forma poderá pôr-se em causa a sua razoabilidade., perante aquilo que seria o expectável, de acordo com a normalidade.

É certamente uma categoria de abordagem mais subjectiva do que a da verosimilhança, pois variará em diversas medidas de acordo com o julgamento individual de cada sujeito.

Trata-se de aferir da probabilidade e não da possibilidade, sendo portanto uma questão sujeita a maior discussão. Algo pode ser verosímil, mas não muito razoável, no sentido de ser absolutamente excepcional. Neste sentido, para se analisar a razoabilidade de uma dada afirmação há que apreciar a probabilidade, também em face das regras da Natureza ou da experiência humana, bem como em face dos conhecimentos adquiridos pela Ciência de um modo geral, ou, como acima diferenciamos, em face do que de um modo geral já se encontre assente no processo e não possa ser contrariado de forma credível.

28.8. Rigor

O rigor de um depoimento traduz-se na precisão[64] e ausência de ambiguidades do que foi afirmado.

A ausência de rigor num testemunho permite que, ao realizar-se a sua apreciação crítica, sejam levantadas hipóteses diversas quanto ao que a testemunha admitiu ou afirmou, e ainda que sejam aventadas explicações hipotéticas quanto às razões pelas quais a mesma não se definiu claramente em face das perguntas que lhe foram formuladas. Torna, assim, possível que se façam diferentes interpretações das suas palavras.

Pelo contrário, quando o seu depoimento haja sido exacto e sem deixar espaço para equívocos, tanto maior será o seu poder afirmativo dos factos a que se reportou.

O depoimento poderá ser intrinsecamente rigoroso (ou não), na medida da exactidão do seu conteúdo e na medida das exigências lógicas de quem proferiu o discurso, mas poderá ser também extrinsecamente rigoroso (ou não), na medida do esclarecimento exacto que as respostas dadas trouxeram em face dos factos que constituíram objecto das suas afirmações.

---

[64] No nº1 do art.638º do Código de Processo Civil consagra-se a exigência de precisão no depoimento da testemunha.

Assim, a exigência de rigor deve partir da própria testemunha e, no decurso do depoimento, ser feita por quem a interroga. Não raras vezes é o próprio julgador quem interrompe o depoimento momentaneamente para fazer tal diligência. Porém, uma vez findo o depoimento, na posterior análise crítica, importa ter presente que as falhas ao rigor representarão sempre *pontos fracos* capazes de debilitar a própria consistência daquele, uma vez que muitas vezes as afirmações confusas ou nebulosas são feitas intencionalmente para ocultar factos ou circunstâncias que a testemunha não desejou esclarecer convenientemente.

28.9. Fundamentação

A fundamentação de um testemunho traduz-se na sustentação do depoimento em razões válidas ou em outros meios de prova, *maxime* em suporte documental.

Num depoimento fundamentado a testemunha não se limitou a afirmar as suas convicções, mas também as justificou e demonstrou.

Um testemunho devidamente fundamentado terá um valor probatório significativamente maior, aportando uma consistência difícil de pôr em causa. As bases do testemunho torná-lo-ão igualmente credível e aparentemente isento, consoante sejam objectivos os fundamentos apresentados. Será um depoimento que beneficia de *leverage* em face dos demais e, por isso, mais susceptível de ser defendido numa análise crítica.

Porém, o depoimento fundamentado correrá o risco de ser indissociável dos seus suportes. Neste sentido, para apreciar criticamente um testemunho fundamentado, numa óptica destrutiva, impõe-se investir sobre os seus fundamentos, como se fossem os pilares de uma sólida ponte. Haverá que pôr em causa a validade das razões e dos meios de prova que o sustentaram, no sentido de demonstrar que os pressupostos foram erróneos ou falsos.

28.10. Idoneidade e razão de ciência da testemunha

A idoneidade[65] de uma testemunha corresponde à credibilidade abstracta de que ela pode ou não beneficiar quanto ao vier a afirmar, tendo em conta

---

[65] No art.635º do Código de Processo Civil consagra-se que, depois de sujeitar a testemunha a juramento, o juiz «(...) *procurará identificar a testemunha e perguntar-lhe-á se é parente, amigo ou inimigo de qualquer das partes, se está para com elas nalguma relação de dependência e se tem interesse, directo ou indirecto na causa.* (...) *Quando verifique pelas respostas que o declarante é inábil para ser*

o relacionamento especial e a equidistância daquela quanto às partes processuais e aos interesses em jogo no processo[66.] Num sentido mais lato, a idoneidade não exclui também que aquela credibilidade abstracta de que ela pode ou não beneficiar quanto ao vier a afirmar se estabeleça consoante o grau de honorabilidade da testemunha.

A razão de ciência[67] de uma testemunha consiste na justificação do seu conhecimento em face dos factos submetidos ao processo, a qual poderá influir também na credibilidade abstracta de que ela pode ou não beneficiar quanto ao vier a afirmar. Neste caso ter-se-á em conta a(s) capacidade(s) individual(is) que a testemunha terá de asseverar quanto ao que se passou, quanto ao que observou e quanto ao que sabe, de acordo com a sua posição específica no momento e local dos factos ou de acordo com as suas qualificações especiais. Trata-se de saber porque é que a testemunha sabe. Isto, porquanto são variáveis as razões pelas quais a testemunha pode ter conhecimento do que irá afirmar: por conhecimento directo ou indirecto; de ordem presencial, circunstancial ou técnica; etc.

A importância destes dois critérios de análise de um testemunho espelha-se desde logo no facto de terem consagração legal. É para aferição dos mesmos que se realiza o interrogatório preliminar a que adiante faremos referência. É certo que quer a idoneidade quer a razão de ciência não se reportam ao testemunho, mas sim à testemunha. Consistem em critérios atinentes ao sujeito declarante, em face da matéria dos autos que será objecto de prova[68]. Por isso são objecto de averiguação prévia ao inter-

---

testemunha ou que não é a pessoa que fora oferecida, o juiz não a admitirá a depor.» Para assegurar formalmente a fidedignidade da testemunha à verdade, o mencionado preceito remete ainda para o art.559º do Código de Processo Civil, onde se reza que *«1- Antes de começar o depoimento, o tribunal fará sentir ao depoente a importância moral do juramento que vai prestar e o dever de ser fiel à verdade, advertindo-o ainda das sanções aplicáveis às falsas declarações. 2- Em seguida, o tribunal exigirá que o depoente preste o seguinte juramento: "Juro pela minha honra que hei-de dizer toda a verdade e só a verdade". 3- A recusa a prestar o juramento equivale à recusa a depor.»*

[66] Para aferir da idoneidade da testemunha, o Código de Processo Penal prevê que se solicitem esclarecimentos prévios à testemunha *«sobre quaisquer circunstâncias relevantes para a avaliação da credibilidade do depoimento»*, cfr. art.138º nº3 do mesmo diploma.

[67] No nº1 do art.638º do Código de Processo Civil consagra-se que a testemunha deverá indicar *«(...) a razão da sua ciência e quaisquer circunstâncias que possam justificar o conhecimento dos factos; a razão de ciência invocada será, quando possível, especificada e fundamentada.»*

[68] A idoneidade e a razão de ciência estão quase para a prova testemunhal como a força probatória formal está para a prova documental. Nas sábias palavras de VAZ SERRA, A., em

rogatório propriamente dito, a qual é realizada pelo julgador, embora o interrogador possa igualmente fazer incidir algumas questões sobre tais matérias. Porém, incluímos estes dois critérios

Pela razão de ciência pode cair um testemunho, isto é, diminuir ou ser anulada a sua validade processual ou força probatória, como nos casos do depoimento indirecto, ou *testemunho de ouvir dizer*[69], da expressão de meras conclusões ou convicções pessoais[70] e no caso da expressão de rumores ou vozes públicas[71].

Portanto, de modo reflexo e porque está em causa a credibilidade prévia da testemunha, ambos os critérios poderão constituir factores de valorização ou de desvalorização de um dado testemunho, em sede da sua apreciação crítica.

29. Valor do testemunho como meio de prova

As provas têm por função a demonstração da realidade dos factos. Assim dispõe o legislador no Código Civil Português[72], no início de um extenso capítulo de disposições normativas relativas à prova, ao cabo do qual surgem cinco preceitos especificamente atinentes à prova testemunhal. Veremos adiante as principais diferenças entre os regimes legais relativos à prova testemunhal, consoante o ramo do Direito em que nos situemos, mas desde já é de referir que, no Direito Civil, consigna-se que:

– a prova por testemunhas é admitida em todos os casos em que não seja directa ou indirectamente afastada[73];

Provas, Lisboa, 1962, pp.320 «Em matéria de força probatória de documentos, há que distinguir a força probatória *formal* da força probatória *material*, pois, antes de mais, há que apurar se o documento á autêntico ou genuíno (quer dizer, se provém realmente do seu autor aparente), e só depois, uma vez averiguado que o é, qual o valor probatório do mesmo documento quanto ao seu conteúdo (quer dizer, quanto às declarações dele constantes).»

[69] Para o processo penal, *vide* o art.129º do Código de Processo Penal.
[70] Para o processo penal, *vide* o nº1 do art.130º do Código de Processo Penal.
[71] Para o processo penal, *vide* o nº2 do art.130º do Código de Processo Penal.
[72] *Vide ipsis verbis* o art.341º do Código Civil.
[73] *Vide ipsis verbis* o art.392º do Código Civil.

– a força probatória dos depoimentos das testemunhas é apreciada livremente pelo tribunal[74][75].

A *prova*, ou realidade probatória num sentido lato, é uma noção que se sujeita a inúmeros equívocos, desde logo patentes em termos linguísticos. Como já expusemos noutra obra, em que nos debruçámos sobre diversos aspectos da problemática da prova no processo penal[76], conforme o contexto significativo em que se encontre inserido, *prova* poderá designar diversas realidades, se bem que lhes seja inegável a comunhão de um sentido originário comum.

Desde logo o próprio legislador emprega o termo em duas acepções distintas:

a) designando um processo activo e direccionado para a demonstração de uma afirmação, a actividade probatória[77], sendo neste sentido que se pode atribuir às partes processuais um ónus de prova[78], que se estatui sobre o objecto da prova[79], sobre os métodos de prova[80], etc.;

b) ou designando, diversamente, a realidade material invocada para a demonstração de uma afirmação, o suporte probatório ou o meio de prova, e é neste sentido que se estatui sobre a legalidade da prova[81], que se regulamentam os próprios meios de prova[82], os meios

---

[74] Vide *ipsis verbis* o art.396º do Código Civil e o art.655º do Código de Processo Civil

[75] No processo civil esta liberdade está condicionada pelo art.655º do Código de Processo Civil, onde se dispõe que *«1- O tribunal colectivo aprecia livremente as provas, decidindo os juízes segundo a sua prudente convicção acerca de cada facto. 2- Mas quando a lei exija, para a existência ou prova do facto jurídico, qualquer formalidade especial, não pode esta ser dispensada»*, o que remete para as disposições dos arts.341º a 396º do Código Civil.

[76] Vide o nosso *A Defesa e a Investigação do Crime, Guia Prático para a Análise da Investigação e para a Investigação pelos Recursos Próprios da Defesa Criminal*, Almedina, 2004, pp.50 a 72.

[77] Para contacto com uma autêntica Teoria Geral da Actividade Probatória, vide ALFREDO BARGI, *Procedimento Probatório e Giusto Processo*, Nápoles, Jovene Editore, 1990.

[78] V.g. art. 342º do CódigoCivil.

[79] V.g. art.124º do Código de Processo Penal.

[80] V.g.art.126º do Código de Processo Penal.

[81] V.g. art.125º do Código de Processo Penal.

[82] V.g.arts.128º ss. e 292º do Código de Processo Penal.

de obtenção da prova[83], que se criam regras sobre a produção da prova[84], sobre a valoração da mesma[85], etc.

No entanto, prova pode ainda significar o próprio juízo de mérito que incide sobre os respectivos suportes, o juízo probatório, ou seja, a consideração racional de um dado facto como assente pela valoração de determinado(s) meio(s) de prova. E é neste sentido que podemos falar em prova legal plena[86], em indícios de prova, em prova suficiente, entre outros.

Acresce a estas variantes da noção de prova, que para a formação do referido juízo probatório, é ainda identificável a atribuição objectiva e subjectiva de uma determinada importância demonstrativa, o designado valor probatório[87], sempre emanente a qualquer suporte. O valor probatório resulta no fundo de uma consideração racional, de um verdadeiro juízo de valor, que relaciona um dado suporte material com o facto ou ideia que se pretende demonstrar, e atribui um determinado grau de credibilidade à mesma relação[88]. E, por vezes, este valor probatório é mesmo fixado *a priori* pelo legislador, em função de critérios gerais de mérito sobre o suporte probatório, normalmente baseados em regras de experiência, mas também em critérios de segurança e certeza jurídicas[89].

Alguns domínios jurídicos permitem mesmo o estabelecimento de elaboradas regras de graduação de provas e do respectivo valor probatório, como se pode encontrar no domínio das disposições sobre prova prevista no Código Civil[90]. Regras estas que, nomeadamente quando seja aplicável o Código de Processo Civil, limitam a liberdade do julgador na valoração da prova testemunhal[91].

---

[83] V.g.arts.171º ss do Código de Processo Penal.
[84] V.g. art.340º do Código de Processo Penal.
[85] V.g.art.355º do Código de Processo Penal.
[86] V.g. art.347º do Código Civil.
[87] O legislador utiliza frequentemente também a expressão "força probatória", para designar esta realidade, v.g. nos arts.358º, 371º, 376º, 389º, 391º e 396º, todos do Código Civil.
[88] Neste sentido, também GIULIO UBERTIS, *La Prova Penale, Profili Giuridici ed Epistemologici*, Turim, Utet, 1995, pp.62 ss.
[89] V.g. os arts.371º, 376º, 379º, 389º, 391º e 396º do Código Civil e os arts.163º, art.167º e 169º do Código de Processo Penal.
[90] V.g. arts.352º ss. Código Civil.
[91] *Vide* uma vez mais o art.655º do Código de Processo Civil.

Ora, a distinção da categoria do valor probatório (ou força probatória) está intimamente relacionada com a realização concreta de um determinado juízo probatório. Juízo probatório esse que, por sua vez, está sujeito a diferentes – mas muito semelhantes – princípios jurídicos e processuais de acordo com cada ramo de Direito, mas que, quanto à valoração da prova testemunhal, se reconduzem em última instância ao denominador comum da livre avaliação por parte do julgador[92] - facto extraordinariamente rico em consequências para a possível variação do valor e sentido da prova.

Portanto, a latitude da valoração da prova testemunhal é de tal ordem indefinida que delegada nas mãos do julgador individual (ou julgadores no caso do tribunal colectivo) a eventual definição de regras de ponderação individual. Neste âmbito são recorrentes os critérios das regras da experiência humana e o do prudente arbítrio[93] do julgador, os quais, pela demasia na abstracção, situam o problema no campo da quase total indefinição de critérios, assim abrindo uma verdadeira problemática em torno do designado *juízo de facto*. O que significa também que a valoração de um testemunho nem sempre é dissociável da valoração de outros testemunhos, nem sequer a valoração da prova testemunhal é dissociável, em mais de um aspecto, da valoração do conjunto da prova produzida.

Assim sendo, para o estabelecimento de um seguro juízo de facto sobre a prova testemunhal, há a valorar desde logo toda a prova produzida, por um lado, e ainda as próprias características psicológicas, de personalidade e de experiência individual do próprio julgador, por outro lado. Ou seja, inúmeros factores de instabilidade e incerteza que se apresentam no caminho do inquiridor que se proponha aferir do valor probatório de cada testemunho.

Como aspectos a considerar na avaliação da prova testemunhal, podemos desde logo distinguir claramente os seguintes dois vectores do problema:

---

[92] *Vide* o citado art.396º do Código Civil e os arts.125º e 127º do Código de Processo Penal. Para desenvolvimentos sobre este assunto em particular, por todos, M.NOBILI, Il Principio del Libero Convincimento del Giudice, Milão, 1974, pp.32 ss. e S.PATTI, *Libero Convincimento e Valutazione delle Prove*, in "Rivista di Diritto Processuale", 1985, p.495 ss..
[93] No nº1 do art.655º do Código de Processo Civil o legislador refere-se à *prudente convicção* dos julgadores.

- O seu valor probatório (ou força probatória) intrínseco, reflectido na influência do testemunho *per si* nos juízos de facto;
- O seu valor probatório (ou força probatória) relativo, reflectido também na influência do testemunho nos juízos de facto, mas já nas situações em que existam meios de prova de sinal contrário.

Deixámos já acima expostos diversos critérios susceptíveis de contribuir para a apreciação crítica[94] do *valor probatório intrínseco* do depoimento testemunhal: a autenticidade; a segurança; a isenção; a perceptibilidade; a coerência; a verosimilhança; a razoabilidade; o rigor; e fundamentação do depoimento; e ainda a idoneidade e razão de ciência da testemunha. Todos em adição à noção genérica de credibilidade do depoimento[95].

Para construção de critérios que permitam a apreciação crítica do *valor probatório relativo* da prova testemunhal, isto é, do valor que se estabeleça em face de outros meios de prova de sinal contrário, propomos os seguintes, todos no sentido de irmos mais além do que sejam as meras convicções íntimas do julgador:

a) a força probatória legalmente estipulada para cada meio de prova, quando exista[96];
b) a confluência de aspectos coincidentes entre o testemunho e outros meios de prova credíveis no processo;
c) o máximo aproveitamento possível dos segmentos do depoimento compatíveis com os outros meios de prova credíveis no processo;
d) a predominância de aspectos coincidentes num conjunto de provas seguras, em prejuízo dos outros meios de prova, desde que haja outros fundamentos (para além da quantidade) para reputar aquele conjunto mais credível;

---

[94] *Análise crítica das provas* é a formulação usada pelo legislador no nº2 do art.653º do Código de Processo Civil e *exame crítico das provas* a usada pelo legislador no nº2 do art.374º do Código de Processo Penal; regras a que já fizemos referência.

[95] Nomeadamente o único factor mencionado no nº3 do art.138º do Código de Processo Penal.

[96] *Vide* uma vez mais os arts.371º, 376º, 379º, 389º, 391º e 396º do Código Civil e os arts.163º, art.167º e 169º do Código de Processo Penal. O respeito por tais regras sobre a força probatória no processo civil é imposto, como já dissemos, pelo nº2 do art.655º do Código de Processo Civil.

CAPÍTULO IV

À vista de tão singelas disposições legais que dispõem sobre a força probatória do depoimento testemunhal[97] - onde impera a livre apreciação pelo julgador – sobretudo quando comparadas com as que dizem respeito aos outros meios de prova[98], tornam-se legítimas as dúvidas acerca do seu valor relativo no processo, designadamente no processo judicial. O mesmo é perguntar: será que a prova testemunhal tem um valor probatório meramente residual?

Não é assim. Evidentemente que se num dado processo apenas se produzam provas testemunhais, ou os outros meios de prova sejam incompletos para se obter a demonstração das proposições de facto, a prova testemunhal passa a ser de imediato a mais importante. Contudo, mesmo perante a abundância de outros meios de prova, a realidade prática revela que a influência da prova testemunhal na fundamentação das decisões e nas próprias decisões de facto assume muitas vezes o protagonismo no conjunto da prova produzida. É importante que se diga que o peso da prova testemunhal costuma efectivamente ser decisivo até para a formação das convicções gerais do julgador. Portanto, dispor de um bom *lote de testemunhas* é muitas vezes a melhor arma processual de que se pode dispor no sentido de realizar a prova das proposições de facto, sendo muitas vezes suficiente para anular uma extensa prova documental[99]. Na formu-

[97] Art.396º do Código Civil e art.127º do Código de Processo Penal
[98] *Vide* uma vez mais os arts.371º, 376º, 379º, 389º e 391º do Código Civil e os arts.163º, art.167º e 169º do Código de Processo Penal.
[99] Com intuito ilustrativo citemos o exemplo de um julgamento em que interviemos numa comarca do interior do nosso país. Discutia-se quem era o proprietário de uma extensa quantidade de vacas. Os animais estavam afectos a uma exploração pecuária onde todo o efectivo de *gado vacum* se encontrava: (1) inscrito para atribuição de direito a prémios sobre vacas aleitantes junto do INGA (Instituto Nacional de Intervenção e Garantia Agrícola); (2) descrito como activo na respectiva contabilidade empresarial; (3) brincado e discriminado em boletins individuais de modelo oficial para controlo sanitário pelos serviços competentes da Administração; (4) constava de correspondentes facturas de compra dos animais, de venda dos seus frutos (os bezerros) e justificava diversas despesas com a alimentação e o seu tratamento; (5) o produto da venda dos seus frutos estava reflectido em declarações fiscais de rendimentos; etc. Situação na qual, portanto, existia prova documental abundante no sentido de demonstrar que aquele efectivo era pertença da referida empresa. Porém, em contrário de tal proposição de facto depuseram o vaqueiro e pouco mais trabalhadores agrícolas que, enquanto testemunhas, explicaram e justificaram perante o tribunal porque é que formalmente a documentação apresentava aquele teor mas, na verdade e materialmente, o gado sempre fora pertença de um terceiro. Ora nestas circunstâncias – e bem (diga-se em abono

lação de CASTRO MENDES, que tem plena correspondência na conjugação das disposições da lei vigente, «toda a prova é prova bastante (para justificar a decisão), devendo o *quantum* da prova ser fixado em atenção a todas as características do caso concreto e, especialmente, à importância do processo, à posição processual da alegação a provar, ao conteúdo dessa alegação.»[100]

Porém, não obstante o que se constata ser o significativo peso da prova testemunhal na prática judiciária, paradoxalmente o sistema judicial tende a não abdicar das suas reservas perante a por razões de fiabilidade[101].

30. A Subjectividade e o Condicionamento da Testemunha

Sem prejuízo de quanto temos vindo a referir neste estudo acerca da subjectividade do testemunho – nomeadamente a propósito das condicionantes que influem sobre a sua autenticidade do depoimento – e que nos dispensamos agora de repetir, entendemos que cabe neste momento abordar especificamente o tema, a fim de desenvolver um pouco mais a problemática que o mesmo proporciona.

Em certa medida, o testemunho é indissociável da pessoa que o prestou, da sua personalidade. Isto, porque podem constituir factores de perturbação mecanismo jurisdicional da aplicação da Justiça:

- factores psicológicos intrasubjectivos da testemunha;
- factores comunicacionais na expressão das ideias.

No âmbito dos primeiros, é notório que a idiossincrasia do sujeito declarante é perfeitamente única e individual, o que implica que cada pessoa tenha *pontos de vista* diferentes sobre a realidade. Em rigor, não é possível conhecer a fundo aquele que está por trás da aparência do declarante, nem muito menos aquilo que está por trás das suas afirmações.

---

da verdade) – o tribunal terminou por atribuir a este terceiro a propriedade da vacada, com base unicamente em prova testemunhal.

[100] Em *Do Conceito da Prova em Processo Civil*, 1961, pp.70.

[101] Um dos princípios oriundos do Direito Romano era precisamente *Unus Testis Nullus Testis*, de acordo com o que a existência de uma mera testemunha seria insuficiente para produzir a prova de um facto; princípio que esteve na origem de regras em alguns sistemas medievais onde se estipulavam números mínimos de testemunhas para a prova de libelos acusatórios contra determinadas categorias de sujeitos.

Como factores identificáveis ao nível da intrasubjectividade de cada testemunha, devemos pelo menos mencionar: os diversos modos de integração dos factos no registo cognitivo; as variáveis capacidades de captação e percepção das informações; os hábitos mentais e vícios de raciocínio ou de associação entre fenómenos; as experiências anteriores de cada um; as diferenças de cultura dos sujeitos e a sua permeabilidade ao ambiente social; a influência do tempo e das emoções sobre a memória[102].

Além destes factores próprios da testemunha em si, surgem os outros factores de perturbação que já se relacionam com o momento e o meio ambiente em que decorre a produção do testemunho, que apelidámos de factores comunicacionais. Porque a inquirição formal é normalmente um evento *stressante*, ela é geradora de ansiedade, consoante os maiores ou menores: solenidade da diligência; experiência do indivíduo; e o grau de intimidação da Instância (que pode ser uma sala de audiências ou um gabinete de um tribunal, uma esquadra de polícia, um departamento dos serviços administrativos públicos, etc). Nestes factores comunicacionais estão ainda presentes as influências distintas de: os sinais da expressão verbal e não verbal; os padrões e os distúrbios no comportamento que poderão indiciar maior ou menor credibilidade; o nível de aproveitamento do conteúdo narrativo em face da natureza espontânea ou induzida das declarações; a distorção da comunicação pela disposição e pelos estados emotivos do declarante; entre outros.

Tudo somado e demonstrada que possa estar a falibilidade da prova testemunhal em função da subjectividade e do condicionamento da testemunha, justificam-se plenamente as reservas de que devem ser objecto as declarações humanas enquanto meio para a demonstração da veracidade de factos na aplicação da Justiça.

31. A Subjectividade do Julgador

Por tudo quando vimos a propósito do valor probatório do testemunho – em larga medida deixado ao prudente arbítrio do julgador, já que este dispõe de liberdade na apreciação da sua força probatória – não ficariam completas as referências à participação da subjectividade na prova testemunhal sem nos debruçarmos sobre os aspectos que nesse âmbito dizem

---

[102] Alguns destes aspectos abordados em pormenor por ALTAVILA, ENRICO, em *Psicologia Judiciária*, Almedina, 2003, II volume, pp.252 a 266.

respeito ao julgador, embora com a economia imposta pela sistematização do presente trabalho.

Pois que, como é óbvio, na exegese e crítica analítica da prova, inerentes à formação das convicções íntimas do(s) julgador(es) estão também factores de perturbação do mecanismo jurisdicional da aplicação da Justiça, entre os quais:

– factores psicológicos intrasubjectivos do julgador.

A este nível, terão certamente relevância, tal como indicámos a propósito da testemunha: os diversos modos de integração dos factos no registo cognitivo; as variáveis capacidades de captação e percepção das informações; os hábitos mentais e vícios de raciocínio ou de associação entre fenómenos; as experiências anteriores de cada um; as diferenças de cultura dos sujeitos e a sua permeabilidade ao ambiente social; a influência do tempo e das emoções sobre a memória, esta última agora já relativa ao momento em que os depoimentos foram objecto de exame directo. Acrescem, naturalmente, os aspectos que se prendem com o pré-entendimento das questões suscitadas pelo próprio processo na mente do julgador, bem como os pré-juízos sobre os factos que constituem o objecto do litígio, na sequência do estudo que tenha realizado em momento anterior ao da inquirição das testemunhas; aspectos estes onde assumem particular relevo as diferentes *capacidades* do julgador quanto à sua inserção prévia na teia dos factos e das circunstâncias que constituem a causa.

Contudo, justifica-se ainda somar a tais factores outros que são exógenos ao julgador mas que são susceptíveis de interferir em grande medida com a sua subjectividade. Factores sistemáticos inerentes ao processo e à Instância[103] que influem no o percurso processual até à decisão, tais como:

a) o tempo útil e a atenção disponíveis para a audiência e para o estudo prévio e posterior do processo (a agenda do julgador);
b) a pluralidade de pontos de vista que possam ser tidos em conta no juízo, como no caso de um tribunal colectivo ou de um júri;

---

[103] Para uma abordagem integrada deste assunto *vide* FORZA, ANTONIO, *Il Processo Invisibile – Le Dinamiche Psicologiche nel Processo Penale*, Marsilio Editori, Veneza, 1997.

c) os erros de transmissão do depoimento oral para o sumário ou o registo escrito (transcrição).

Em suma, tudo o que justifica medidas de ponderação do relativismo[104] da prova testemunhal, considerada como parte integrante da fundamentação das decisões de facto.

32. Interrogatório Preliminar, Testemunho Fundamental e Testemunho Acessório

Ao advogado que representa específicos interesses no processo, mais do que a quaisquer outros sujeitos ou intervenientes processuais, cabe direccionar a actividade probatória no sentido da demonstração de diversas proposições de facto. Daqui o *aspecto argumentativo* emanente a toda a prova, como temos vindo a fazer referência. Àquele interlocutor da Justiça compete, na prática, defender também as suas teses por meio da inquirição de testemunhas, o que é aquilo em que consiste a produção da prova testemunhal.

Interrogar e nessa medida interagir com o depoente é uma actividade comunicacional por excelência, o que não deve ser esquecido. E, como em todos os domínios da comunicação, existem regras a obedecer no sentido de melhor se transmitirem as mensagens, nomeadamente as que estão inerentes à produção da prova testemunhal. Neste sentido, também é benéfico para os objectivos imediatos (o que se pretende que as testemunhas afirmem) e a finalidade (os factos concretos a provar) do interrogatório de testemunhas, que sejam destacados e realçados certos segmentos em prejuízo de outros. Seria possível enumerar várias razões que justificam a conveniência em dar mais relevo a certos depoimentos e a certas questões abordadas num depoimento, em face de outros e outras. Mas para o efeito sucinto deste trabalho bastará lembrar que são em certa medida limitados os recursos do inquiridor quanto à sua postura interventiva e agressiva nos interrogatórios, o que impõe que se poupem esforços desnecessários. Por outro lado é aconselhável que se tomem medidas por forma a que a capacidade de atenção do julgador seja concentrada nos aspectos probatórios essenciais.

---

[104] Acerca do relativismo probatório, *vide* o nosso *Defesa Criminal Activa (Guia da sua Prática Forense)*, Almedina, 2004, pp.67 a 72.

Daí a utilidade de classificar os testemunhos de acordo com as respectivas função e relevância, quer no processo, quer na actividade probatória realizada pelo advogado.

Uma primeira distinção, estabelecida na própria lei processual[105] e que leva em conta a função e a relevância da inquirição no próprio processo é a que se estabelece entre: *interrogatório preliminar* e *interrogatório propriamente dito*. O interrogatório preliminar é conduzido pelo julgador, precede o testemunho propriamente dito e destina-se a obter a identificação da testemunha e a aferir da sua idoneidade, nomeadamente para se saber se esta é parente, amiga ou inimiga de alguma das partes, se está para com elas numa relação de dependência e se tem algum interesse directo ou indirecto na causa[106]. No final do interrogatório preliminar o julgador dita para a acta da audiência o que *a testemunha disse aos costumes*. O interrogatório propriamente dito é o que se traduz no testemunho, que há de ser conduzido em primeiro lugar pelo interveniente da parte ou sujeito processual que a ofereceu a juízo e depois pelos restantes, sem prejuízo do poder de intervenção do julgador a todo o tempo[107] e do poder de avocação do interrogatório[108].

A segunda distinção por nós proposta corresponde ao comum das preocupações do advogado e leva em conta a função e a relevância da inquirição no conjunto da actividade probatória levada a cabo mediante a intervenção daquele. É a que se estabelece entre *testemunho principal* e *testemunho acessório*, na medida das respectivas capacidades que o testemunho poderá

---

[105] Vide o art.635º do Código de Processo Civil. No Código de Processo Penal não se enuncia expressamente a categoria do interrogatório preliminar, mas dispõe-se no seu art.138º nº3 que «*A inquirição deve incidir, primeiramente, sobre os elementos necessários à identificação da testemunha, sobre as suas relações de parentesco e de interesse com o arguido, o ofendido, o assistente, as partes civis e com outras testemunhas, bem como sobre quaisquer circunstâncias relevantes para avaliação da credibilidade do depoimento. Seguidamente, se for obrigada a juramento, deve prestá-lo, após o que depõe nos termos e dentro dos limites legais.*». Vide ainda o 348º nº3 do mesmo diploma.

[106] Registe-se que consoante o resultado obtido no interrogatório preliminar, o julgador pode considerar a testemunha inábil para depor e, por outro lado, a parte contra a qual for produzida a testemunha pode impugnar a sua admissão a depor, deduzindo o incidente de impugnação. Vide os arts.635º nº2, 636º e 637º do Código de Processo Civil.

[107] Aliás extensivo a todos os membros do tribunal, cfr. nº4 do art.638º do Código de Processo Civil e o nº5 do art.348º do Código de Processo Penal.

[108] Um vez mais *vide* o nº5 do art.638º do Código de Processo Civil.

vir a ter funcionalmente, ou seja na afirmação ou na negação das proposições de facto constantes do processo.

Neste domínio, vários factores poderão influir no sentido de um testemunho se considerar funcionalmente principal ou acessório:

a) consoante a razão de ciência ou a proximidade da testemunha com os factos – neste caso o testemunho principal será aquele que emana de quem mais próximo esteve dos factos;
b) consoante as capacidades persuasivas da testemunha – neste caso o testemunho principal será aquele que emana de quem oferece maior credibilidade;
c) consoante o grau da pormenorização e da explicação dada pela testemunha sobre os factos – neste caso o testemunho principal será aquele que for mais esclarecedor;
d) consoante o depoimento haja incidido sobre os aspectos determinantes para a boa decisão da causa – neste caso o testemunho principal será aquele que abordou as questões de maior importância relativa; entre outros.

A utilidade desta distinção proposta encontra-se em três sedes processuais. Em primeiro lugar, ajudará o inquiridor a programar e a preparar melhor o conjunto das inquirições que hão de vir a realizar-se. Em segundo lugar, durante o interrogatório deverá fornecer-lhe a indicação de onde centrar com mais empenho os seus esforços. E por último, em sede de apreciação crítica da prova testemunhal (nomeadamente no momento das alegações de facto), o facto de encontrar e de se reportar com maior incidência aos testemunhos principais, tornarão certamente mais sólida a sua argumentação.

33. Especificidades Processuais de Cada Ramo do Direito

Aos diferentes ramos do Direito correspondem em alguns casos também universos distintos ao nível das suas regras processuais. De facto, em pouco são comparáveis nomeadamente o Processo Tributário, o Processo Administrativo, o Processo Penal e o Processo Civil. Por isso, em cada um daqueles casos em que o sistema adjectivo é autónomo naturalmente no que tange ao tratamento da prova testemunhal esta é objecto de regras diferentes. A este nível, as principais diferenças surgem indubitavelmente entre o Processo Civil (que contém o processo comum que por regra é de aplicação subsidiária[109]) e o Processo Penal.

Ao nível da prova testemunhal, as diferenças de regimes entre estes dois últimos sistemas processuais são múltiplas e deverão ser objecto de estudo e exame atento consoante neles se venha a situar o interrogatório a desenvolver pelo advogado[110]. Isto, porque perscrutando atentamente e com a antecedência conveniente as normas que passamos a indicar, certamente em cada caso se municiará de ferramentas válidas no sentido de aproveitar faculdades e inibir abusos pela parte contrária:

- para o processo civil – os arts.392º a 396º do Código Civil e as seguintes disposições do Código de Processo Civil: art.508º-A nº2, arts.512º e 512º-A, art.559º (aplicável *ex vi* o art.635º nº1), especialmente os arts.619º a 645º, art.651º nº6, art.655º e ainda os arts.787º nº3, 789º, 794º nº1 e 796º;
- para o processo penal – o art.127º, os arts.128º a 139º, os arts.348º a 353º e o art.355º, todos do Código de Processo Penal.

Como dissemos no início deste trabalho acerca do tema nele proposto, não iremos esmiuçar os aspectos jurídico-normativos em torno da prova testemunhal – para o que será útil desde logo a consulta da legislação anotada, de Jurisprudência e da melhor Doutrina nos respectivos manuais dos Cursos de Direito Processual[111].

É certo que o Direito Civil e o Direito Penal pouco ou nada têm em comum, o que se reflecte nos princípios, na estrutura, na sistematização

---

[109] É o caso que se verifica: no processo laboral (*vide* o art.1º, nº2 do Código de Processo do Trabalho); no processo administrativo (*vide* o art.1º do Código de Processo nos Tribunais Administrativos); no processo fiscal (*vide* o art.2º do Código de Procedimento e de Processo Tributário). No processo penal só é lícito recorrer às disposições do Código de Processo Civil para integração de lacunas e desde que se harmonizem com aquele – *vide* o art.4º do Código de Processo Penal.

[110] Note-se que, quando se reza no art.348º do Código de Processo Penal que «À produção da prova testemunhal na audiência são correspondentemente aplicáveis as disposições gerais sobre aquele meio de prova, em tudo quanto não for contrariado pelo disposto neste capítulo», tal remissão é feita para os arts128º a 129º do mesmo diploma e não para o Direito Civil ou Processual Civil.

[111] Sem desconsideração pelos demais, nomeadamente CASTRO MENDES, *Direito Processual Civil*, A.A.F.D.L., 1986, e GERMANO MARQUES DA SILVA, *Curso de Processo Penal*, Verbo, 1993.

e nas normas dos respectivos Direitos Processuais. Porém, ao abordar-se a prática do interrogatório de testemunhas na advocacia é seguramente útil pelo menos assinalar as seguintes divergências cruciais entre o processo civil e o processo penal:

a) Diferentes funções da prova ao nível do processo. No processo civil as provas dirigem-se à demonstração das proposições de facto numa lide que depende da iniciativa das partes e que se destina à solução de um pleito cujo objecto é definido pelas mesmas (dentro da legalidade). Ao passo que no processo penal as provas destinam-se prioritariamente a permitir a descoberta da verdade (embora também, em concreto, se ensaie a demonstração das proposições de facto dos libelos acusatórios) num processo que depende da sua promoção pelo Estado e que se destina à realização da Justiça criminal no quadro de uma prévia tipificação de ilícitos e de penas. Em acréscimo, só no processo penal a prova assume a importância de ser o suporte legítimo da existência e da subsistência do próprio processo, sem o qual deverá ser arquivado logo nas suas fases preliminares;
b) Diferentes momentos da produção da prova testemunhal no processo. A diferença das funções da prova no processo civil e no processo penal traduz-se em estruturações também totalmente diversas dos respectivos processos. Ao nível da estrutura e do faseamento do processo, os pontos de contactos entre o processo civil e o processo penal somente começam a surgir na fase da Audiência de Julgamento[112] e nas Instâncias superiores. Por isso, enquanto no processo civil a produção da prova testemunhal ocorre numa sequência contínua durante Audiência de Discussão e Julgamento, no processo penal, pelo contrário, a produção da prova testemunhal decorre de modo disperso durante as fases preliminares do Inquérito e da Instrução e, novamente, já numa sequência contínua durante Audiência de Discussão;
c) Diferentes categorias de valor entre os elementos da prova. Em oposição ao que sucede no processo penal, o processo civil não reco-

---

[112] *Maxime*, quando se decidem as questões atinentes à responsabilidade civil entre as partes civis no âmbito do processo penal.

nhece normativamente a existência da categoria do *indício*, o qual corresponde a um elemento de prova com menor força probatória[113].

d) Diferentes exigências sobre a prova ao nível do juízo probatório, ou juízo de facto. Ao passo que no processo civil as incertezas ou as dúvidas sobre a realidade de um facto não obstam à aplicação da lei material e são solucionadas caso a caso pela regra do desfavor contra a parte que o invocou[114], no processo penal o *non liquet* nas questões da prova deve ser resolvido em favor do arguido, porquanto vigora o princípio *in dubio pro reo*[115], de acordo com o qual não pode ocorrer a condenação nem o desfavor do arguido enquanto subsistir uma dúvida razoável[116][117]. No rigor dos conceitos, também o ónus da prova *stricto senso* é um instituto exclusivo do Direito Processual Civil;

e) Diferentes posições e atribuições do Ministério Público. Se o paradigma do processo civil é o de um composto por duas partes processuais e um julgador, no processo penal, pelo contrário, durante

---

[113] A distinção entre indício e prova está patente desde logo na diferenciação das suas funções em diversas partes do Código de Processo Penal, mas não está isenta de suscitar grande problemática. Para GIULIO UBERTIS, em *Fatto e Valore nel Sistema Probatorio Penale*, Milão, 1979, p.115, a «*distinção entre prova e indício concerne à modalidade lógica da conclusão sucessiva*», em que a prova significará uma relação de forte probabilidade e o indício significa pouco menos que uma presunção simples. Em sentido compatível, também L.MONTESANO, *Le 'Prove Atipiche' nelle 'Presunzioni' e negli 'Argomenti' del Giudice Civile*, "Rivista Diritto Processuale, 1980, p.244.

[114] Vide o art.516º do Código de Processo Civil que dispõe «*A dúvida sobre a realidade de um facto e sobre a repartição do ónus da prova resolve-se contra a parte a quem o facto aproveita.*»

[115] O princípio *in dubio pro reo* vigora no domínio da apreciação das provas e é mera decorrência do princípio mais lato e constitucionalmente consagrado (no art.32º nº2 da Constituição da República Portuguesa) da presunção da inocência do arguido, por sua vez estruturante de todo o processo penal e responsável por diversas garantias do estatuto processual e da defesa do arguido.

[116] Em virtude da falta de uma norma especial que a defina, não é unívoca na Doutrina portuguesa a exigência da razoabilidade quanto às características da *dúvida* que determina o favorecimento do arguido nas questões da prova. Na formulação de VAZ SERRA, A., em *Provas*, Livraria Petrony, Lisboa, 1962, pp.26, «*As provas não têm forçosamente que criar no espírito do juiz uma absoluta certeza acerca dos factos a provar, certeza essa que seria impossível ou geralmente impossível: o que elas devem é determinar um grau de probabilidade tão elevado que baste para as necessidades da vida.*»

[117] Daí o sentido do brocardo *In Criminalibus Probationem Debent Esse Luce Clariores* (em matéria criminal a prova deve ser mais clara do que a luz).

a primeira fase preliminar do processo (Inquérito) o Ministério Público dirige os autos de acordo com as suas atribuições e nas fases subsequentes permanece como sujeito processual[118], competindo-lhe deduzir a acusação e sustentá-la efectivamente na instrução e no julgamento, o que envolve o dever e iniciativa de indicar, inquirir e contra examinar testemunhas, em adição ao que vierem a fazer o defensor do arguido, o advogado do assistente e o advogado dos lesados. Para além disso, no processo penal – ao contrário do que sucede no processo civil onde pode representar os interesses de uma das partes, nomeadamente do Estado, dos incapazes e ausentes[119] – a actuação do Ministério Público tem de obedecer a estrita objectividade nas suas intervenções e sempre no sentido de colaborar com o tribunal na descoberta da verdade e na realização do Direito[120];

f) Diferentes poderes de valoração da prova ao nível do julgador. No processo penal o juiz não está vinculado pelas regras da tarifação legal da força probatória de determinados meios constantes do Código Civil[121], embora esteja vinculado por outras, tais como o valor acrescido da prova pericial[122] e dos documentos autênticos e autenticados[123];

g) Diferentes objecto e limites do depoimento testemunhal. No domínio do processo civil o objecto da prova são, dentro dos que foram alegados pelas partes, os factos que o julgador considere relevantes para o exame e a decisão da causa e unicamente os que devam considerar-se controvertidos ou necessitados de prova[124]. Ao passo

---

[118] A par do juiz, do próprio tribunal, dos órgãos de polícia criminal, do arguido, do defensor, do assistente e das partes civis; cfr.arts.8º a 84º do Código de Processo Penal.
[119] *Vide* os arts.15º a 20º do Código de Processo Civil.
[120] *Vide* o art.53º do Código de Processo Penal.
[121] Uma vez mais, *vide* os arts.371º, 376º, 379º, 389º, 391º e 396º do Código Civil.
[122] O art.163º do Código de Processo Penal dispõe que «*1. O juízo técnico, científico ou artístico inerente à prova pericial presume-se subtraído à livre apreciação do julgador. 2. Sempre que a convicção do julgador divergir do juízo contido no parecer dos peritos, deve aquele fundamentar a divergência*».
[123] O art.169º do Código de Processo Penal dispõe que «*Consideram-se provados os factos materiais constantes de documento autêntico ou autenticado enquanto a autenticidade do documento ou a veracidade do seu conteúdo não forem postas em causa.*»
[124] *Vide* o art.513º do Código de Processo Civil.

que no do processo penal aquele abrange todos os factos juridicamente relevantes para a existência ou inexistência do crime, a punibilidade ou não punibilidade do arguido e a determinação da pena ou da medida de segurança[125] e ainda, se tiver lugar pedido civil, os factos relevantes para a determinação da responsabilidade civil.

Ora, assim também a prova testemunhal no processo civil deve cingir-se ao mencionado universo, enquanto no processo penal pode abranger matérias como a personalidade e o carácter do arguido, suas condições pessoais e conduta anterior e todas as circunstâncias susceptíveis de influir na aplicação da lei ao caso concreto[126][127].

Outras razões importam a maior fluidez do objecto da prova no processo penal em face do processo civil, nomeadamente a necessidade de no processo civil comum se elaborar um selecção da matéria de facto[128] que irá servir de guião da prova durante a Audiência da Discussão e Julgamento[129], o que é técnica estranha ao processo penal;

h) Diferentes faculdades no contra interrogatório e no confronto com declarações anteriores. Enquanto no processo civil o contra interrogatório está unicamente limitado aos factos sobre os quais a testemunha já depôs sob indicação da parte que a ofereceu a juízo (embora na medida do que for indispensável para se completar ou esclarecer o depoimento)[130], no processo penal, pelo contrário, durante o contra interrogatório podem ser suscitadas questões não levantadas no interrogatório directo[131]. Por outro lado, no processo civil não se

---

[125] Vide o art.124º do Código de Processo Penal.
[126] Ainda assim dentro dos limites impostos pelos arts.128º a 130º do Código de Processo Penal.
[127] Não obstante as citadas diferenças, quer num quer noutro processo *Sententia Debet Esse Conformis Libello*.
[128] Seleccionando a matéria de facto que deva considerar-se controvertida, de acordo com o que for relevante para a decisão da causa, segundo as várias soluções plausíveis da questão de direito (hoje a Matéria de Facto Assente e a Base Instrutória, equivalente à anterior Especificação e o Questionário); cfr. arts.508º-A nº1 alínea e) e art. 511º do Código de Processo Civil.
[129] Com efeitos tão relevantes quanto a limitação do número de testemunhas que se podem ouvir a cada ponto da matéria de facto; cfr. arts.633º e 789º do Código de Processo Civil.
[130] Como reza o nº2 do art.638º do Código de Processo Civil «(...) *o interrogatório* (da testemunha) *é feito pelo advogado da parte que a ofereceu, podendo o advogado da outra parte fazer-lhe, quanto aos factos sobre que tiver deposto, as instâncias indispensáveis para se completar ou esclarecer o depoimento.*».
[131] Vide o nº 4 do art.348º do Código de Processo Penal.

prevêem limitações quanto à possibilidade de se confrontar a testemunha com dadas afirmações que ela haja produzido sobre os factos em momento anterior ao da Audiência de Discussão e Julgamento, ao invés do que se verifica nas regras da Audiência de Julgamento do processo penal onde, por imposição do princípio da imediação da prova[132], não é permitida a leitura das declarações (transcritas) anteriormente prestadas pelas testemunhas nem, reflexamente, a sua referência é admitida, salvo situações excepcionais[133].

34. Exame de Outros Meios de Prova por Intermédio do Testemunho

A influência da prova testemunhal no domínio probatório processual não se esgota no exame directo das testemunhas. Com efeito, para além do interrogatório e do contra interrogatório presencial das testemunhas – onde integrámos também a análise de prova documental e de outros meios de prova constantes dos autos[134] feita em Audiência, bem como os pedidos de informação genérica ou de esclarecimento de determinados factos situados fora do objecto do processo por parte do julgador ou dos inquiridores – existem outras formas de participação processual daquelas, nomeadamente para exame de outros meios de prova.

Referimo-nos a diligências instrutórias onde pode ser admitida a intervenção das testemunhas, tais como:

- Reconstituição do facto – quer no processo penal[135] quer no processo civil[136], por iniciativa do tribunal ou a requerimento das partes ou sujeitos processuais, quando houver necessidade de determinar se um facto poderia ter ocorrido de certa forma, é admissível a sua reprodução, tão fiel quanto possível, das condições em que se afirma ou se supõe que haja ocorrido. Não está excluída a participação das testemunhas, poderão intervir terceiros também na qualidade de

---

[132] Consagrado no art.355º do Código de Processo Penal.
[133] Previstas nos demais números do mesmo art.356º do Código de Processo Penal.
[134] Neste último caso, *vide* por exemplo o nº4 do art.138º do Código de Processo Penal, onde se reza «*Quando for conveniente, podem ser mostradas às testemunhas quaisquer peças do processo, documentos que a ele respeitem, instrumentos com que o crime foi cometido ou quaisquer outros objectos apreendidos.*»
[135] *Vide* art. 150º do Código de Processo Penal.
[136] *Vide* arts. 612º a 615º do Código de Processo Civil.

- técnicos auxiliares e o seu registo poderá ser feito com recurso a meios audiovisuais.
- Inspecção judicial e exame no local – quer no processo penal[137] quer no processo civil[138], por iniciativa do tribunal ou a requerimento das partes ou sujeitos processuais, pode ser determinado inspeccionar coisas ou pessoas, a fim de se esclarecer aquele sobre qualquer facto que interesse à decisão da causa, podendo deslocar-se ao local da questão. Não está excluída a participação das testemunhas, poderão intervir terceiros também na qualidade de técnicos auxiliares e, do respectivo auto, poderão constar fotografias a fim de serem juntas ao processo.
- Reconhecimento de pessoas e objectos – no processo penal[139], quando houver necessidade de se proceder à identificação de pessoas ou de objectos relacionados com a prática do crime, estes serão exibidos à testemunha, procedendo-se de acordo com determinados formalismos previstos na lei no sentido de se assegurar a autenticidade da reconhecimento.

Daqui resulta que, quanto aos citados três meios de prova que o legislador distingue da prova testemunhal, o papel da testemunha no processo não se resume à sua participação por meio da prestação do depoimento *tout court*.

35. Depoimentos Não Testemunhais

Dos testemunhais distinguem-se outros depoimentos prestados pela via oral que passamos a classificar, consoante as respectivas função processual e relação do sujeito declarante em face dos interesses em causa no processo. Nomeadamente para distinguirmos entre:

- os depoimentos dos intervenientes principais ou interessados na causa – sejam as partes processuais[140] no processo civil ou o arguido, o assistente e as partes civis no processo penal;

---

[137] *Vide* art. 354º do Código de Processo Penal.
[138] *Vide* arts. 612º a 615º do Código de Processo Civil.
[139] *Vide* arts. 147º a 149º do Código de Processo Penal.
[140] Onde se incluem os terceiros admitidos no processo a participar sob regime de intervenção principal ou acessória, conforme dispõem os arts. 320º a 341º do Código de Processo Civil, os

CAPÍTULO IV

– os depoimentos dos intervenientes acidentais ou auxiliares da Justiça – designadamente os peritos e os técnicos que assessorem o julgador.

No presente trabalho que apenas se dirige ao tratamento da prova testemunhal, esta ressalva visa sobretudo alertar o inquiridor para as significativas diferenças de regime e de significado processual quando lida com as declarações e o interrogatório de outros sujeitos.

Para os primeiros, quer no processo civil[141] quer no processo penal[142] estipula-se conjuntos de regras especiais sempre a ter em conta pelo inquiridor, com particular destaque para as que dizem respeito ao estatuto processual do arguido, sobretudo na fase da sua participação em Julgamento. Naturalmente a força probatória dos depoimentos em causa será de natureza claramente distinta em face dos depoimentos testemunhais, embora se possa ainda levar em linha de conta os métodos e derivativas de condução de interrogatório, as regas para a formulação de questões e alguns dos critérios para a apreciação crítica dos depoimentos que propusemos neste nosso trabalho.

Para os depoimentos dos intervenientes acidentais ou auxiliares da Justiça, também quer o processo civil[143] quer o processo penal[144] contêm normas especiais acerca do modo de inquirição e da respectiva força probatória (acrescida no caso do processo penal[145], como vimos *supra*), que convém ter presente no momento da sua produção.

---

habilitandos (arts.371º e segs. do C.P.C.), bem como os terceiros que deduzam oposição ou embargos, nos termos dos arts.342º e segs. do mesmo diploma.

[141] *Vide* a secção da *prova por confissão das partes*, nos arts.552º a 567º do Código de Processo Civil e ainda os arts.352ºa 361º do Código Civil.

[142] *Vide* os arts.140º a 145º e os arts.342º a 347º do Código de Processo Penal.

[143] *Vide* o art.588º do Código de Processo Civil acerca da comparência dos peritos em tribunal para esclarecimentos e o art.614º nº2 do mesmo diploma quanto à comparência do técnico nomeado para intervir em Inspecção Judicial. De resto, o tribunal tem o poder de convocar para depor qualquer pessoa não indicada como testemunha, nos termos do art.645º também do mesmo diploma.

[144] *Vide* o art.158º do Código de Processo Penal e, quanto à Audiência de Julgamento, o art.350º do mesmo Código para o depoimento dos peritos e consultores técnicos, bem como o art.351º nº2 do mesmo diploma para o depoimento do perito que intervenha na perícia sobre o estado psíquico do arguido.

[145] *Vide* o art.163º do Código de Processo Penal.

36. Tipos de Testemunha

Na realidade, a inquirição de testemunhas é uma diligência marcada por fortes componentes sociais e psicológicas, as quais não poderiam ver-se reflectidas na mudez e na imutabilidade da norma jurídica. Por mais que o académico perscrute as normas, os princípios, os Acórdãos, as actas de audiência concernentes à prova testemunhal, deles nunca extrairá o mínimo indício do que concretamente ocorre durante um interrogatório. Cada novo caso é certamente distinto do anterior, porém, além da pura casuística é possível deixar certas referências, generalistas é certo, quanto ao modo de reacção das testemunhas no sentido de identificar certos padrões de comportamento.

Há testemunhas evasivas, que se mostram relutantes em dizerem o que sabem. Há outras excessivamente empenhadas em defender determinadas afirmações. Algumas falariam muito mais se as deixassem fazê-lo, e outras, pelo contrário, dizem o mínimo possível. Existe sem dúvida um espectro multicolor de *tipos de testemunha* que, uma vez apreendido, poderão permitir ao inquiridor situar-se melhor perante o destinatário das suas perguntas, no sentido da melhor *performance* do depoente em função dos objectivos imediatos (o que se pretende que a testemunha afirme) e da finalidade (os factos concretos a provar) do interrogatório. Não é nosso desígnio entaipar em categorias uma realidade tão vasta e cambiante como a da variação entre tipos de testemunhas pois, como já dissemos, tal seria tentar catalogar todas as gotas de um oceano uniforme. Todavia, há pelo menos certos *tipos* mais curiosos de testemunhas, quanto aos quais gostaríamos de deixar algumas recomendações práticas.

36.1. A Testemunha Independente

É a categoria do cidadão zeloso, ciente dos deveres de colaboração com a Justiça no sentido da descoberta da verdade e a que tenta cumprir à letra o juramento legal que prestou. Colaborará com o julgador na medida da verdade e não irá contra os seus princípios morais, esforçando-se por ser minucioso quando o seu conhecimento o permite, declarará que não pode afirmar quando não sabe o suficiente sobre os factos e pautar-se-á por ser o menos opinioso possível. Perante este *tipo* de testemunha, o inquiridor não deverá forçá-la a ir contra os seus princípios, mas sim aproveitá-los em benefício da credibilidade de que o seu depoimento poderá vir a beneficiar. a testemunha. Por outro lado, não deverá também intimidar-se com a sua aparente inflexibilidade, deixando-a colocar todas as reservas que ela pretenda quando lhe é pedido o aprofundamento dos assuntos.

36.2. A Testemunha Especialmente Motivada
É muito variável a natureza dos interesses que possam estar presentes no seio de uma testemunha que se mostre distintamente incentivada em conotar os factos com determinadas consequências. Entre tais interesses, certamente todas as *razões para mentir* de que falaremos adiante a propósito do falso testemunho. Frequentemente é o caso do assalariado que é ouvido quando se discutem assunto da empresa, o familiar ou amigo que simpatiza com uma das partes, ou alguém que pretende beneficiar determinados interesses processuais em prejuízo de outros. Normalmente será levada a fazer exageros, afirmações levianas, ou a compor a realidade acrescentando ligações entre factos que se devem unicamente à sua imaginação. Perante este *tipo* de testemunha, o inquiridor deverá ser cauteloso na escolha dos assuntos que propõe e intervir desde logo identificando as razões que levam a testemunha a produzir as suas afirmações.

36.3. A Testemunha Ansiosa
Seja por influência do evento *stressante* da inquirição em si, seja porque está ciente das consequências da decisão sobre os interesses *sub judice* ou porque tem algo a ocultar em juízo, há dadas testemunhas que são incapazes de se mostrarem descomprometidas. O nervosismo da testemunha é frequentes vezes o maior responsável por determinadas declarações insuficientes ou até inconsistentes. Perante este *tipo* de testemunha, o inquiridor deve tentar colocá-la à vontade, informalizando o discurso e a sua conduta. Deve mostra-se paciente e dar todo o tempo necessário para que a testemunha expresse completamente o que sabe acerca dos factos, contrariando a sua *pressa* em concluir o depoimento.

36.4. A Testemunha Desfavorável
Há certo tipo de testemunhas que farão um esforço denotado para responder a tudo quanto se lhe pergunte da forma mais inconveniente possível para os interesses representados pelo inquiridor. Nomeadamente é o que se verifica repetidamente ante as testemunhas apresentadas pela parte contrária. Perante este *tipo* de testemunha, o inquiridor deve fazer o mínimo de perguntas possível, sabendo que quanto mais tenta demons-

trar em favor das suas teses processuais mais corre o risco de obter efeitos lesivos sobre a prova já produzida. Quando decida colocar questões, então o inquiridor deve limitar-se às que pode prever venham a ser respondidas em sentido neutral ou favorável.

36.5. A Testemunha Hostil

Por vezes a isso conduzida pelas manobras capciosas ou agressivas do inquiridor, certas testemunhas mostram claramente a antipatia pelo inquiridor, ou pela parte que este representa, ou pelos interesses e afirmações declarados no processo por uma das partes. Perante este *tipo* de testemunha, o inquiridor deverá reagir de forma determinada, impondo à testemunha que tenha presente que o seu dever de colaboração com a Justiça é um dever para com o tribunal e a comunidade. Pode também tentar levar testemunha a evidenciar a sua hostilidade, por forma a afectar a idoneidade da mesma e a credibilidade do depoimento.

36.6. A Testemunha Improdutiva

É aquela de quem não se consegue extrair uma declaração válida ou fiável no decurso de toda a inquirição. Seja por incapacidade de expressão ou de raciocínio, seja por falta da necessária razão de ciência ou meramente de credibilidade, seja ainda por excesso de zelo quanto ao que pode afirmar com absoluta certeza ou não. Perante este *tipo* de testemunha, o inquiridor deverá usar de recurso excepcionais no sentido de a colocar perante a necessidade de se pronunciar sobre os factos, ainda que com recurso a métodos sugestivos e insinuadores. Isto sem prejuízo de, a dado ponto imposto pelo bom senso, dever aceitar como facto consumado que não valerá a pena insistir mais.

36.7. A Testemunha Profissional

É sabido que algumas profissões determinam a comparência da pessoa para sustentar os seus actos em juízo. Na sua qualidade de agente, o fiscal de finanças, o polícia. Casos há em que o profissionalismo decorre da circunstância de a testemunha estar a prestar depoimento (naturalmente falso) por ter sido pago para isso ou a troco de um benefício indirecto. Perante este *tipo* de testemunha, o inquiridor deverá tentar demonstrar a natureza tendenciosa daquela ou o automatismo das suas respostas, procurando insinuar factos falsos para que sejam confirmados e assim pôr em causa a sua idoneidade ou a razão de ciência, afectando de modo indelével a credibilidade do depoimento. Quando o caso o imponha, poderá também demonstrar a existência do falso testemunho e agir em conformidade, como se verá adiante.

37. Inquirição e Contra Inquirição
Da inquirição temos versado até ao momento presente, salvo esparsas referências que fomos fazendo ao contra interrogatório.

O contra exame da prova testemunhal é um momento muito específico do depoimento testemunhal, várias vezes carecendo de maior subtileza e delicadeza por parte do interrogador, sobretudo enquanto convenha reter a agressividade. Momento em que por mais de uma vez se estabelece um ambiente particularmente tenso, podendo chegar ao limite de uma guerra muda, onde a hostilidade chega a ser declarada como já vimos (por vezes até reciprocamente).

O contra interrogatório está sujeito a limites expressos e a limites tácitos. Os expressos são os que estão consagrados nas várias disposições da lei adjectiva[146], e os tácitos são precisamente a medida da razoabilidade[147] e os limites do que o julgador vier a permitir, tendo presente as cláusulas gerais e os conceitos indeterminados ínsitos naquelas respectivas normas.

A contra inquirição é, por outro lado, normalmente um espaço em que o julgador tende a admitir menos instâncias por parte do inquiridor e muitas vezes tenta coartar a intervenção deste considerando que as matérias propostas já foram suficientemente esclarecidas pela testemunha.

Como regras para uma boa convivência com uma testemunha oferecida pela outra parte, SCHITTAR, DOMENICO propõe as seguintes[148], as quais acolhemos, com respeito pelas especificidades de cada caso concreto, enquanto orientações úteis:

---

[146] *Vide* os nº2, nº3 e nº5 do art.638º do Código de Processo Civil e os arts.128º, 129º, 130º e nº4 do Código de Processo Penal.
[147] Por exemplo a medida do que sejam os factos sobre os quais já haja deposto (para os efeitos do nº2 do art.638º do Código de Processo Civil), a medida do que sejam perguntas impertinentes ou sugestivas (para os efeitos do nº3 do mesmo preceito), a medida do que seja estritamente indispensável para a prova de elementos constitutivos do crime (para os efeitos do nº2 do art.128º do Código de Processo Penal), etc.
[148] *Vide* SCHITTAR, DOMENICO em *Il Controesame*, «Il Processo Invisibile», Marsilio, 1997, pp.245 a 246.

a) ser breve – ou seja, respeitar a boa economia processual, centrando-se nas questões essenciais e sem tentar alterar as afirmações da testemunha pela pura insistência;
b) colocar perguntas breves e com palavras claras – ou seja, de acordo com algumas das regras para a formulação de questões que apresentámos neste estudo, escolher palavras simples e questões directas;
c) colocar apenas perguntas sugestivas – ou seja, não correr riscos quanto ao que a testemunha poderá vir a esclarecer livremente, situando previamente (e o mais possível) as respostas dentro de parametros fornecidos pelo inquiridor;
d) não colocar perguntas das quais não se possa prever a resposta – ou seja, evitar dar um sentido exploratório à condução do interrogatório, sob pena de incorrer em temas desfavoráveis ou de suscitar afirmações adversas;
e) auscultar as respostas antes de formular as perguntas – ou seja, rodear as questões sensíveis de perguntas preliminares que permitam ao inquiridor assegurar-se previamente de que pode entrar em questões chave com segurança;
f) não contender directamente com o depoente – ou seja, evitar tornar a testemunha absolutamente hostil, uma vez que nesse estado ela poderá esforçar-se por produzir um dano irreparável na prova;
g) não consentir que a testemunha repita as respostas já dadas – ou seja, não se limitar a dar a oportunidade para que a testemunha reincida nos aspectos desfavoráveis, vincando-os e inculcando no julgador certezas inconvenientes;
h) não consentir que a testemunha dê mais explicações sobre assuntos desfavoráveis – ou seja, não colmatar no contra interrogatório as ausências e as falhas cometidas durante o interrogatório anterior, nem proporcionar o aprofundamento dos assuntos contraproducentes;
i) evitar colocar um pergunta a mais – ou seja, ter presente a finalidade de cada pergunta, por forma a não realizar as que pudessem ser desnecessárias, porque perigosas quanto às respostas;
j) reservar os pedidos de explicação para o final – ou seja, em benefício do maior aproveitamento possível da perceptibilidade do depoimento e da capacidade de atenção do julgador, tratar do que é breve em primeiro lugar e só no fim deixar espaço para dissertação nos temas considerados favoráveis.

38. Impugnação, Acareação e Contradita

Merecem ainda uma particular atenção no nosso trabalho as seguintes faculdades técnicas associadas à inquirição de testemunhas (ou de outros depoentes) consagradas na lei adjectiva como incidentes[149].

Em primeiro lugar, e apenas consagrado no processo civil, o incidente da impugnação da testemunha[150] por iniciativa da parte contra a qual aquela foi oferecida a depor:

- Na eventualidade de existirem fundamentos pelos quais o juiz devesse obstar ao depoimento[151], logo que termine o interrogatório preliminar da testemunha[152] (ou seja antes do início da produção do depoimento propriamente dito) o advogado da parte contra a qual foi oferecida a testemunha intervém requerendo que esta seja impedida de depor, aduzindo desde logo os fundamentos da impugnação. Caso o juiz admita o incidente, ouve a testemunha a tal matéria que, se não for confessada, é objecto de prova a produzir especialmente para o efeito. Finda tal diligência, o juiz decidirá de imediato se a testemunha deve depor ou não.

Em segundo lugar, quer no processo civil[153] quer no processo penal[154] surge-nos a figura da acareação:

- Havendo oposição directa entre os depoimentos das testemunhas ou entre estes e o depoimento de parte ou de um sujeito processual, a requerimento ou oficiosamente o tribunal convoca as pessoas em questão novamente e submete-as a segundos depoimentos em simultâneo. As pessoas a acarear poderão então confirmar ou modificar as suas declarações anteriores, ou mesmo contestar directamente os seus opositores, podendo do incidente ser lavrado auto. Em todo e

---

[149] Por vezes até consagradas como meio de prova distinto, como é o caso da acareação no processo penal.
[150] *Vide* os arts.636º e 637º do Código de Processo Civil.
[151] Nomeadamente os relativos a inabilidade que constam dos arts.616º e 617º do Código de Processo Civil.
[152] *Vide*, uma vez mais o art.635º do Código de Processo Civil.
[153] *Vide* os arts.642º e 643º do Código de Processo Civil.
[154] *Vide* o art.146º do Código de Processo Penal.

qualquer caso, incumbirá ao julgador aceitar como mais credível ou não alguma das diferentes versões dadas sobre os factos.

No processo civil, que é um mais sujeito a dados formalismos, surge ainda consagrada a contradita[155]:

– Ao terminar o depoimento de uma dada testemunha, a parte contra a qual aquela foi produzida pode contraditá-la, alegando qualquer circunstância capaz de abalar a credibilidade do depoimento, quer por afectar a razão da ciência invocada pela testemunha, quer por diminuir a fé que ela possa merecer. Na sequência desta diligência por parte do inquiridor, o julgador decide se admite ou não o incidente da contradita propriamente dito. Se for recebido, a testemunha é ouvida especificamente sobre a matéria invocada para contraditá-la, assim se estabelecendo uma instância de discussão com objecto próprio e no âmbito da qual se podem arrolar novas testemunhas e proceder à junção de prova documental.

39. Procedimento a Adoptar Perante o Falso Testemunho

Porque a visão de cada pessoa sobre a realidade é única, a mentira de uma testemunha será apenas a sua deliberada falta à verdade, havendo formas diversas de falsear a verdade, quer por acção quer por omissão. Embora o julgador venha a firmar no seu espírito determinadas convicções a que confere variáveis graus de certeza, nem sempre é possível concluir que a não coincidência das declarações proferidas por determinada testemunha com aquelas convicções corresponde a uma mentira deliberada.

Feita esta ressalva, é óbvio que se identificam casos em que positivamente se manifesta que uma dada testemunha afirma factos falsos e sustenta-os mesmo depois de ser confrontada com aquilo que venham a ser as tais certezas sobre a realidade histórica dos mesmos. Nestes casos estaremos perante falso testemunho.

Nem sempre se esclarecem os motivos pelos quais determinada testemunha falseia a verdade, mas ainda assim vejamos, porque muito ilustrativas, as razões para mentir apresentadas por ALTAVILLA, ENRICO[156]:

---

[155] *Vide* os arts.640º e 641º do Código de Processo Civil.
[156] Em *Psicologia Judiciária*, Almedina, 2003, II volume, pp.315 a 317.

a) o interesse;
b) o temor;
c) o afecto;
d) a vindicta;
e) a corrupção;
f) a leviandade;
g) a paixão;
h) a vaidade.

Perante o falso testemunho, poderá ou não o inquiridor ter interesse em tomar uma atitude que vá para além dos comentários em sede de alegações de facto, suscitando o descrédito do julgador sobre o depoimento. Quando, por algum motivo, se mostre imprescindível ou conveniente encarar com todas as consequências o facto de uma testemunha violar o seu juramento e desrespeitar a dignidade da Justiça mentindo em tribunal, pode o inquiridor desde logo, consoante o caso, suscitar ou não os incidentes da acareação e da contradita, que acabámos de referir. Em complemento e/ou em alternativa pode requerer ao julgador que faça lavrar na acta do julgamento ou da diligência o teor do depoimento, ou do trecho de depoimento, que reputa como falso, a fim de o registar por transcrição em auto próprio, fazendo menção da finalidade do seu requerimento. Em momento posterior poderá requerer que seja extraída uma certidão judicial daquele auto e com ela instruir procedimento criminal autónomo por falsas declarações[157].

40. Pergunta Perigosa, Pergunta Desnecessária, Pergunta Inadmissível

Como já dissemos, um interrogatório realizado sem ter omnipresente a boa finalidade de cada uma das perguntas formuladas corre o risco de derivar para assuntos fúteis, ou mesmo de confundir o que já se encontrava evidenciado. Em algumas situações tais perguntas podem revelar-se contraproducentes, por criarem dúvidas que não se suscitariam de outro molde ou por fazer adentrar a curiosidade da Instância em questões que não era conveniente serem abordadas e que poderiam ter sido evitadas. É o caso das perguntas desnecessárias e perigosas, que demandam sempre a boa reflexão do inquiridor no sentido de serem evitadas.

---

[157] Tipo de ilícito previsto e punido no actual art.360º do Código Penal.

A pergunta desnecessária é a que não cumpre uma função indispensável no percurso probatório que o inquiridor deve levar adiante e que, por isso, poderia ser evitada. Por vezes aquela é também inconsequente, mas deve fazer-se o alerta no sentido de que a pergunta desnecessária pode tornar-se perigosa na medida em que crie um risco de consequência desfavorável sobre o mesmo percurso probatório que o inquiridor deve levar adiante.

Por tais razões, e para evitar vir a dar argumentos à parte contrária, deverão ser evitadas perguntas nomeadamente quando:

- careçam totalmente de oportunidade, no sentido de poderem gerar novas dúvidas sobre o que já está seguro;
- o depoimento da testemunha já se mostre completo e estejam satisfeitos convenientemente os objectivos imediatos e a finalidade do interrogatório;
- a testemunha já deu indícios de que vai oferecer resposta desfavorável se for inquirida a determinados assuntos;
- haja temas sensíveis em que se desconhece totalmente qual pode ser o sentido da resposta que será dada pela testemunha;
- se esteja perante testemunhas desfavoráveis ou hostis que poderão esforçar-se para causar dano nos interesses defendidos pelo interrogador;
- em sede de contra interrogatório não se deva consentir que a testemunha dê mais explicações sobre assuntos desfavoráveis.

Por outro lado, a inadmissibilidade de determinadas perguntas, embora não seja terreno virgem na dogmática do processo no Direito Português, é domínio onde impera grande incerteza e grau de indefinição, pelo uso de conceitos indeterminados na lei.

Isto porque, como já vimos: (1) a lei processual civil exige que não se extrapole em demasia a matéria de facto seleccionada pelo tribunal e prevê[158] que o tribunal deva obstar à formulação de perguntas desprimorosas, impertinentes, sugestivas, capciosas ou vexatórias às testemunhas; e (2) a lei processual penal possibilita que se averiguem todos os factos juri-

---

[158] Dispõe o nº3 do art.638º do Código de Processo Civil que «*O presidente do tribunal deve obstar a que os advogados tratem desprimorosamente a testemunha e lhe façam perguntam ou considerações impertinentes, sugestivas, capciosas ou vexatórias (...)*»

dicamente relevantes para a existência ou inexistência do crime, a punibilidade ou não punibilidade do arguido e a determinação da pena ou da medida de segurança (e ainda, se tiver lugar pedido civil, os factos relevantes para a determinação da responsabilidade civil), proibindo expressamente[159] a produção do depoimento indirecto, da expressão de meras convicções pessoais e de rumores ou vozes públicas.

Há ainda outros exemplos de perguntas inadmissíveis, como as que versem sobre assuntos submetidos a sigilo profissional ou sigilo de outra natureza, assim como as que ultrapassem certos limites decorrentes da lei material como as que ofendam a reserva da vida privada.

Porém, como se demonstra *a contrario senso*, a latitude da admissibilidade tem fronteiras demasiadamente imprecisas, as quais decorrem em última análise de critérios de pura razoabilidade. Perante este cenário a prática tem revelado ser o julgador que preside aos trabalhos quem tem o papel determinante no que toca a definir as fronteiras da inadmissibilidade das questões, nomeadamente em face da necessidade de salvaguardar o valor probatório e a legalidade do testemunho.

41. Aspecto Argumentativo dos Factos e Futuro da Prova Testemunhal
Praticamente no desenlace deste breve trabalho que empreendemos num sentido utilitário, gostaríamos de enunciar um problema que constitui o pano de fundo da intervenção do advogado na produção da prova testemunhal. Sabemos que este é um imprescindível auxiliar da acção da Justiça e que desempenha um papel específico no processo, designadamente servindo de interlocutor e de defensor dos interesses legítimos das partes e dos sujeitos processuais nas diversas Instâncias. O problema, que tem alcance para além da pura retórica, consiste em saber se, ao nível da matéria de facto, o que verdadeiramente ocorre na produção da prova testemunhal é a busca da verdade ou o julgamento por concurso onde se premeia o melhor desempenho.

Para a resposta à questão, cumpre abarcar diversas vertentes da proposição. Desde logo é necessário compreender que, mesmo nas questões relativas à matéria de facto, a missão do julgador é distinta da missão do advogado, embora ambos sirvam a Justiça. Ao primeiro, mais do que arbitrar na discussão da matéria de facto compete aproximar-se o mais possível

---

[159] *Vide* os arts.129º e 130º do Código de Processo Penal.

dos fenómenos julgados e também munir-se de válida fundamentação das suas conclusões. Ao segundo, incumbe certamente esclarecer o julgador mas também demonstrar a veracidade do que afirmou nas suas proposições de facto enquanto de tal veracidade permanecer convicto, pois não pode olvidar a meio do percurso que, dentro da compatibilidade com os seus deveres éticos e deontológicos, tem o dever de defender interesses particulares na aplicação do Direito.

Não nos parece excessivamente desinquietante evidenciar que a realidade histórica dos factos não é alcançável em Juízo. Não o é, desde logo porque os fenómenos que ocorreram no mundo causal não são reproduzíveis na sua globalidade, antes se chegando a meras representações parciais dos mesmos, a pontos de vista aceitáveis, por uma aproximação tão mais limitada quanto escasseiem os meios de prova disponíveis.

Numa Justiça que versa sobre factos praticados por pessoas, onde a enumeração segmentada e verbalizada daqueles factos é carreada para os autos também por alocuções linguísticas e a subsequente aplicação das leis é realizada mediante juízos e convicções formadas no íntimo de um julgador, tais condicionantes desde logo importam que a verdade histórica seja categoricamente inalcançável numa decisão. E, naturalmente, se na produção da prova também se recorre à intervenção directa e à audição de determinadas pessoas – as testemunhas – no sentido de se possibilitar a demonstração de factos, tal circunstância não deverá causar estranheza nem sequer justificar o descrédito na Justiça humana.

A perene conclusão é a de que, se a verdade não se apura, pelo menos persistirá a necessidade de a Justiça ser aplicada. E para a aplicação do Direito ao caso concreto o julgador necessita dos factos. Aqueles factos que ocorreram no passado, *facta praeterita*, e que deixaram atrás de si apenas seus vestígios e as impressões cognitivas das testemunhas que com os mesmos tiveram contacto. Por isso, aquilo que o julgador conseguirá representar e vir a afirmar como a verdade dos factos - ou seja os factos provados – situar-se-á na segunda das categorias platónicas da *verdade teórica* e da *verdade prática*[160]; ou seja, melhor situando no nosso problema, na *realidade reconhecida processualmente*. Assim, falece uma parte do problema proposto, se entendermos a busca da verdade como possibilitando chegar a um fim absoluto, pois tal busca dirigir-se-á para um objectivo impossível.

---

[160] Em KELSEN, HANS, *A Ilusão da Justiça*, Martins Fontes, São Paulo, 1995, pp.267 a 271.

CAPÍTULO IV

De outra parte, a realidade reconhecida processualmente é a que resulta demonstrada perante os sábios e experientes olhos do julgador, mediante a intervenção de todos os agentes da Justiça, cada qual com a sua missão específica, cabendo ao advogado realçar o peso num dos pratos da balança e não ser o seu fiel.

Noutra obra pugnámos pelo *reconhecimento da ausência da verdade objectiva do meio judiciário*[161], o que, em significativa medida decorre também do reconhecimento do *aspecto argumentativo* emanente a toda a actividade probatória, onde se inclui a testemunhal. Neste aspecto, o advogado concorre no processo com a sua prova, dirigindo-se à demonstração das suas próprias proposições de facto, submetendo à douta apreciação do julgador a consideração da aceitação ou não das mesmas proposições como demonstradas ou não demonstradas (provadas ou não provadas). Mas isto, nunca para almejar um *prémio* pelo bom desempenho. Neste aspecto, o problema proposto contém algo de caricatural. Pois o que verdadeiramente se procura na realização da Justiça não é beneficiar ou prejudicar as partes ou os sujeitos processuais em função da sua eficácia processual.

Em nosso entender o que ocorre na produção da prova ao nível da matéria de facto, é confirmação, a negação ou o aperfeiçoamento das proposições de facto constantes do processo, enquanto esforço conjugado para a realização da Justiça na medida do que foi possível apurar em juízo.

O julgador poderá ser mais ou menos influenciado pelo desempenho processual de uma das partes (ou sujeitos processuais), poderá fundamentar-se mais ou menos nas proposições de facto trazidas ao processo pelos mandatários daquelas partes (ou sujeitos processuais), no entanto procurará seguramente – sem o objectivo ilusório de alcançar a verdade histórica – construir o justo juízo sobre quanto foi possível ou não demonstrar. Tal prova das proposições de facto será julgada de acordo com o mérito, não das partes, mas dos meios de prova disponibilizados.

Para bom desempenho da espinhosa missão de julgador, a Ciência do Direito reconhece a necessidade do máximo de imediação da Instância em

---

[161] Vide o nosso *Defesa Criminal Activa (Guia da sua Prática Forense)*, Almedina, 2004, pp.138, onde afirmámos ainda que «*É inevitável, e mesmo bastante condicionador de quaisquer evoluções neste domínio, tomar consciência de que a verdade objectiva está ausente do meio judiciário e que, portanto, há que rodear todo o processo lógico do estabelecimento da "verdade judicial" do máximo de precauções possível*».

face da prova, *maxime* no processo penal como já vimos também. O acto de assistir à produção da prova implica um esforço continuado de todos os intervenientes no sentido da representação da realidade, da sua recreação, tão próxima da verdade quanto possível. Porém, a posição do julgador será sempre distante da realidade ocorrida. Daí, que as capacidades de locução do advogado se venham a traduzir numa inquestionável influência sobre o julgamento das questões de facto[162], uma vez que para o julgador chegar aos factos tem de passar pela prova e esta está, em alguma medida, na disponibilidade das partes e dos seus representantes.

A subjectividade inerente e a falibilidade da prova testemunhal são componentes inevitáveis do sistema que, precisamente por isso, deverão ser reconhecidas e aceites, sem prejuízo do aperfeiçoamento das normas da sua regulação que possam suscitar maiores segurança e certeza jurídicas e judiciárias. Não é razoável propor a irradicação da prova testemunhal, porque nesse caso o processo poderia ficar sem os factos. Além disso as questões de facto nem sempre ficam completamente representadas só com os factos, sendo necessário tentar compreender os fenómenos inteiros, integrados também nas diferentes subjectividades, domínio onde por excelência deverão participar as testemunhas.

A prova testemunhal veio para ficar e, assim sendo, torna-se imprescindível para o advogado o domínio da técnica na sua produção, ou seja, da arte de interrogar testemunhas.

---

[162] CASTANHEIRA NEVES propõe a diferenciação entre a questão-de-facto da questão-de-direito, no contexto metodológico da análise do caso jurídico, enquanto categorias distintas que operam em momentos diferentes do processo de solução de um caso jurídico. De acordo com este autor, e é posição que acolhemos, será correcto identificar a *questão-de-facto* com o momento metodológico da selecção crítica dos dados de facto, isto é, a definição da situação pré-jurídica. CASTANHEIRA NEVES distingue ainda dois momentos fundamentais no domínio da questão-de-facto: um de prévio controlo crítico, em que se determina o âmbito da situação fáctica com relevância jurídica; e outro de comprovação da veracidade dos dados de facto. Para uma sucinta revalorização do problema, *vide* A.CASTANHEIRA NEVES, *Metodologia Jurídica, Problemas Fundamentais*, "Stvdia Ivridica", 1, Coimbra Editora, 1993, pp.162 ss. Para um aprofundamento exaustivo sobre esta problemática, *vide* CASTANHEIRA NEVES, *Questão-de-facto, Questão-de-Direito ou o Problema Metodológico da Juridicidade*, Almedina, Coimbra, 1967.

Capítulo V
Defesa Criminal

42. A Importância Crucial da Actividade do Advogado que Assume a Defesa Criminal

O patrocínio forense no processo penal é o paradigma do direito ao apoio jurídico, e o mandato judicial no processo crime é o que mais envolve a necessidade de comunhão entre defensor e defendido, por natureza.

A sustentar tal afirmação estão, não apenas as diversas normas jurídicas que definem o estatuto do defensor e o direito à comunicação do arguido com este – indo-se ao ponto de regulamentar até as condições a observar no contacto entre o arguido e o advogado na própria esquadra ou posto de polícia, onde o primeiro esteja detido[163] – mas também as referências especiais que a matéria mereceu na «*Compilação das Normas e Princípios das Nações Unidas em Matéria de Prevenção do Crime e Justiça Penal*» da Organização das Nações Unidas[164].

---

[163] *Vide* o Despacho do Ministério da Administração Interna nº10.717/2000 de 26 de Fevereiro, publicado no Diário da República, II Série, de 25 de Maio.

[164] Em Anexo àquele documento da O.N.U., editado pela P.G.R., Lisboa, 1995, foram consagrados os «*Princípios Básicos Relativos à Função de Advogado*», em cujo conteúdo foram consagrados diversos e exigentes deveres dos governos dos Estados Membros, no sentido de estes tomarem medidas para assegurar sempre a representação por advogado de todas as pessoas sujeitas ao processo penal.

Assim, bem se compreende a importância de um patrocínio qualificado no processo penal, compatível com o papel de «*servidor da justiça e do direito*» que cabe ao advogado «*no exercício da profissão e fora dela*»[165].

Quando assume a Defesa Criminal de um determinado arguido, o advogado assume também o encargo de proteger os seus interesses num processo extremamente severo, em termos psicológicos e não só, no qual o seu representado poderá sentir-se como «David contra Golias», encarando toda a máquina judicial e os órgãos de polícia criminal como inimigos que têm de ser enfrentados.

Porém, tal possível quadro mental não corresponde exactamente à realidade, uma vez que o que aquela máquina judicial e aqueles órgãos de polícia têm por missões a descoberta da verdade e a perseguição dos agentes do crime, com o fim último da realização da Justiça Penal. Logo, não necessariamente a perseguição do arguido defendido.

Por decorrência do princípio constitucional da presunção de inocência do arguido, no Processo Penal português o ónus da prova da prática do crime cabe às entidades acusatórias, *maxime* ao Ministério Público e, assim, é certo que a Defesa Criminal pode, na prática, resumir-se ao exercício do contraditório na Audiência de Julgamento, por parte do defensor. Várias vezes assim sucede, nomeadamente nos casos em que um defensor oficioso é nomeado ao arguido, no início do próprio Julgamento[166].

Contudo, o exercício inadequado de uma Defesa Criminal pode votar ao total insucesso as reais possibilidades de defesa de um determinado arguido, em cada caso concreto, sendo certo que quaisquer falhas no patrocínio podem ter imediatas consequências na sua esfera jurídica, algumas mesmo catastróficas, como uma desproporcionada pena privativa da liberdade. O inverso também é verdadeiro.

Mas estas banais afirmações servem apenas para enquadrar um dos tópicos que propomos para a discussão e que constitui uma das suas ideias de base que devemos desde já transmitir; a saber:

- a Defesa Criminal pode e deve ser exercida de forma activa/interventiva, por diversa ordem de razões.

---

[165] *Vide* o art.76º do actual Estatuto da Ordem dos Advogados.
[166] *Vide* as considerações feitas acerca do patrocínio oficioso do arguido, nas matérias finais deste capítulo, *infra*.

Com actividade da Defesa Criminal, neste caso, pretendemos designar, com total abrangência, todo o imenso espaço de actuação em prol do arguido que vai para além da sua representação em sede de Julgamento e nos eventuais recursos a este subsequentes. Nomeadamente: todo o *side work* de recolha de prova e aconselhamento que o defensor deve desenvolver em paralelo com o curso dos autos, desde o seu início; a conveniente preparação da produção da prova em Julgamento desde o início do patrocínio; e, por outro lado, a *intervenção directa* nos próprios autos durante as fases preliminares do processo, ou seja, *na própria investigação criminal*.

Esta afirmação é feita precisamente no sentido de combater a excessiva dependência da Defesa Criminal quanto às informações disponibilizadas pelo arguido ao seu defensor, assim como o apagamento a que, inadvertidamente, por inúmeros defensores é votada a disposição prevista no Código de Processo Penal (CPP) português, que prevê o direito de o arguido intervir no Inquérito e na Instrução, «*oferecendo provas e requerendo as diligências que se lhe afigurarem necessárias*[167]».

Com efeito, umas vezes, o próprio segredo de justiça que impende sobre o processo na sua fase preliminar de Inquérito tem a capacidade natural de inibir o defensor de intervir num universo que desconhece. Outras vezes, a falta de conhecimento de circunstâncias de facto potencialmente favoráveis ao arguido e que deveriam ser carreadas para o processo em tempo oportuno, decorrem da demissão e da ausência do arguido quanto à sua própria Defesa, cegamente postergada e confiada à sorte das investigações oficiosas.

Não são raros os casos em que o defensor opta por um papel totalmente passivo durante as investigações criminais, pelo menos durante a fase preliminar do Inquérito, até que sobrevenha o conhecimento do teor da Acusação que vier a ser formulada, na qual (sob pena de nulidade) terão de discriminar-se, entre outros elementos: a narração dos factos e das circunstâncias do(s) crime(s) imputado(s) e a identificação das testemunhas e demais meios de prova a produzir em Julgamento[168].

Surpreendentemente, casos haverá em que tal medida extrema de alheamento do processo até à Acusação poderá parecer adequada, sem significar que o defensor adiou a sua missão. Certamente nas situações em que

---

[167] *Vide*, hoje, o art.61º nº1 alínea g) do CPP.
[168] *Vide*, hoje, o art.283º nº3 do CPP.

existam sólidas razões para crer que o Inquérito terminará pelo Arquivamento do processo, sem mais, ou quando seja imperativa a prévia total fixação do objecto do processo[169], para que se decida a final da direcção lógica a imprimir à Defesa.

No entanto, são normalmente perversas as consequências da ausência total de intervenção da Defesa nas investigações criminais e, algumas vezes, mesmo irremediavelmente fatais para a prova de determinadas circunstâncias que poderiam ter sido averiguadas na fase preliminar de Inquérito.

Por outro lado, como também a experiência imediatamente revela, o bom patrocínio da Defesa Criminal não depende apenas – directa ou indirectamente, relativa ou absolutamente – do "grau de actividade" do defensor nas fases preliminares do processo penal. Pois, se muito embora a total inactividade do defensor seja raramente aconselhável, desde logo, reflexamente, também uma "hiperactividade" injustificada do defensor nas fases preliminares do processo pode ser em larga medida prejudicial aos interesses do arguido. Pelo menos no que tange: ao fomento de investigações em sentido contrário ao pretendido; à demonstração gratuita de um excessivo interesse nos factos indiciados; e à *credibilidade da actuação processual do arguido*, a qual, nunca será demais recordar, poderá ser tida em conta em sede de determinação de medida concreta da pena[170].

De onde, a sobrecarga dos autos de Inquérito com intervenções, incidentes e/ou requerimentos supérfluos ou imponderados pode facilmente mostrar-se contraproducente, caso a actividade da Defesa Criminal nas investigações não seja convenientemente doseada, em função do caso concreto.

Seja como for, em sede de considerações genéricas, como dissemos, as razões que justificam *a actividade da Defesa Criminal nas fases preliminares do processo penal* são várias, destacando-se entre estas desde logo as seguintes:

---

[169] Em bom rigor, a fixação do objecto do processo só ocorre definitivamente durante o próprio Julgamento, nos termos do art.339º nº4 CPP.

[170] As actuais disposições dos arts.71º nº2 e 72º nº1 do Código Penal português, parecem legitimar por inteiro esta reconhecida prática da ponderação, por parte do Tribunal de Julgamento, do facto de o arguido ter ou não colaborado na descoberta da verdade ao longo do processo penal, em sede da determinação da medida concreta da pena.

- a maior profundidade da investigação de todas as circunstâncias favoráveis à Defesa;
- o auxílio por parte dos órgãos de polícia criminal na investigação das circunstâncias favoráveis à Defesa;
- a utilização dos meios de recolha de prova exclusivamente disponíveis para as entidades judiciárias, com o seu *Jus Imperi*;
- a recolha de prova na fase processual em que se dispõe de mais tempo útil para o efeito;
- o descondicionamento das investigações, normalmente dirigidas no sentido acusatório;
- a intervenção directa na fixação do objecto do processo;
- o impulsionar o conhecimento da argumentação contrária aos pontos de vista da Defesa, logo no momento da Acusação, se esta vier a ter lugar;
- a maior antecipação possível das questões de facto e de direito convenientes à Defesa;
- a possibilidade de prolongar as investigações no sentido de serem tomadas outras medidas práticas convenientes à defesa dos interesses do arguido.

43. A Visão do Todo do Processo e as Circunstâncias Concretas da Tramitação dos Autos

Como é sobejamente sabido, por decorrência das disposições da Constituição da República Portuguesa[171], a actual sistematização do processo penal português obedece ao princípio do acusatório, o qual impõe a atribuição das funções investigadora e acusatória a uma entidade jurisdicional diferente daquela à qual cabem as funções julgadoras.

Para cabal respeito daquele princípio constitucional, a estrutura do Processo Penal português veio a prever uma tramitação tripartida, que, em linhas gerais, se divide em:

1) A fase preliminar do *Inquérito*, que corresponde à instrução do processo por excelência, promovida e dirigida pelo Ministério Público, tendo em vista a realização da investigação e recolha dos compe-

---

[171] *Vide* o actual nº5 do art.32º da C.R.P.

tentes meios de prova, concluindo pelo arquivamento ou pela acusação do(s) arguido(s);
2) A subsequente, mas facultativa, fase preliminar da *Instrução*, a qual pode ser promovida por iniciativa dos demais sujeitos processuais, tendo em vista também a instrução do processo e a reapreciação dos indícios existentes e da decisão anterior quanto ao desfecho do Inquérito, a cargo de um Juiz de Instrução;
3) A fase do *Julgamento*, a cargo do Tribunal Criminal, necessariamente composto por magistrados que não hajam intervindo nas fases preliminares do processo.

Assim, o processo penal corresponde, à partida e em termos práticos, a um processo de tramitação *suis generis* na Ordem Jurídica Portuguesa, pois nenhum outro se lhe assemelha.

Porém, muitas outras circunstâncias concorrem para a singularidade do processo penal, como sejam: o facto de os actos materiais e as investigações durante o Inquérito e a Instrução serem levados a cabo pelos órgãos de polícia criminal, muitas vezes dispersos; muitos dos actos processuais e requerimentos de recolha de meios de prova serem submetidos, na própria fase de Inquérito, à iniciativa e ao controlo por parte de um magistrado que não tem a direcção do Inquérito (o Juiz de Instrução)[172]; extensas possibilidades da aplicação de medidas de coacção e de garantia patrimonial mediante decisão sumária, durante as fases preliminares do processo; entre outras.

Por outro lado, posteriormente à fase do Julgamento, o processo penal continuará ainda a ter características singulares e excepcionais no que toca ao regime de recursos e ao da própria execução das decisões transitadas em julgado[173], como excepcional é, no fundo, todo o Direito Penal.

Acresce que, não obstante as diversas finalidades de cada uma das fases do processo, o processo penal está também sujeito ao princípio do contraditório[174], ao longo de todo o seu curso.

---

[172] *Vide* os actuais arts. 268º e 269º CPP.
[173] Falamos da Execução das Penas e das Medidas de Segurança, cujo regime geral também está previsto no CPP, a par de outros diplomas legais, como se refere na parte final deste trabalho.
[174] *Vide*, uma vez mais, o actual nº5 do art.32º da C.R.P.

Ora, facilmente se compreende que, para o sucesso de uma Defesa Criminal, é imprescindível ter uma exacta e fiel noção do todo do processo penal; desde o seu início.

Desde logo, porque o arguido pode exercer a sua Defesa, quer no Inquérito, quer na Instrução, quer em sede de Contestação e Audiência de Julgamento, quer ainda na fase dos Recursos e até em fase de Execução da Pena.

As circunstâncias concretas em que vai decorrer a investigação criminal, em cada caso, são imponderáveis à partida, por naturalmente imprevisíveis. Porém, elas deverão ser rapidamente antecipadas, a partir do início do Inquérito, a fim de a direcção da Defesa ter em conta tais circunstâncias concretas da tramitação dos autos, em função de uma visão do todo do processo.

Não se deve perder de vista que, quer nas fases preliminares do processo quer no próprio decurso da Audiência de Julgamento, o Ministério Público tem por atribuição a descoberta da verdade material dos factos, seja ela favorável ou desfavorável a uma Acusação. Contudo, a Queixa-Crime e/ou a Denúncia e/ou a Notícia do Crime, conduzem inevitavelmente o Inquérito no sentido acusatório. Isto é, a informação inicial constante dos autos, à qual podem inclusivamente estar associados já indícios da ocorrência de um crime, é responsável por todo um despoletar de investigações, no sentido acusatório. Daqui que, *o curso lógico imprimido ao processo é, inicialmente, um curso em direcção à Acusação*, o que poderá manter-se até à Audiência de Julgamento.

Ora, por razões de ordem vária, à Defesa Criminal pode convir discorrer os seus argumentos, oferecer meios de prova ou contraditar, em momentos diversos do processo e de modos diversos, em cada fase processual.

E, sobretudo por este motivo, uma boa noção do todo do processo é indispensável ao sucesso dos argumentos que a Defesa Criminal venha a despender, até porque, como é sabido, *os autos progridem para Julgamento com a mera existência de indícios (suficientes) da prática do crime pelo arguido*.

O mesmo é dizer-se que o Defensor deve ter uma boa leitura de cada fase processual, no sentido de melhor utilizar as faculdades processuais de que dispõe.

Para tal, alguns princípios e regras da experiência devem ser tidos em conta, tais como:

- Na investigação do crime, existe uma separação funcional na cadeia dos intervenientes judiciários, sendo muitas das diligências leva-

das a cabo e relatadas por entidade diferente daquela que dirige e promove o Inquérito e a Instrução;
- Ao contrário do que se verifica com as entidades judiciárias que sucessivamente intervêm no processo, em dados momentos limitados, somente a Defesa do arguido se mantém (ou pode manter) com uma intervenção uniforme, desde o início ao fim do curso dos autos;
- Durante a fase do Inquérito, a Defesa tem um conhecimento muito limitado do objecto do processo e um quase total desconhecimento dos indícios que foram recolhidos e dos meios de prova assegurados;
- As diligências de investigação oficiosa que a Defesa queira levar a cabo, deverão de ser requeridas em tempo útil, nas fases preliminares do processo (Inquérito ou Instrução);
- Quanto mais a Defesa do arguido se haja alheado da fase de Inquérito dos autos, certamente mais estes serão omissos quanto a aspectos relevantes para a Defesa;
- Não obstante o dever da descoberta da verdade, por parte das entidades judiciárias, as investigações criminais levadas a cabo no Inquérito têm um curso lógico acusatório, que lhes é imprimido *ab initio* pela Queixa-Crime e/ou a Denúncia e/ou a Notícia do Crime;
- A fase da Instrução é, por definição, a fase por excelência da contradição da tese acusatória e da contraprova dos indícios constantes dos autos, pois é posterior à (primeira) fixação do objecto do processo;
- Porém, no decurso da fase de Instrução, o recurso aos meios oficiosos de recolha de prova é, por via de regra, mais limitado, até porque os prazos fixados para o encerramento da Instrução são inferiores aos fixados para o encerramento do Inquérito[175];
- O Tribunal de Julgamento é a entidade que estará menos condicionada pelo sentido lógico acusatório imprimido aos autos nas suas fases preliminares, estando obrigado a considerar somente a prova produzida *ex novo* e submetida a análise em Audiência;

---

[175] Cfr. o actual art.306º CPP com o actual art.276º CPP.

- O "factor surpresa" na produção da prova da Defesa só é susceptível de produzir o seu máximo efeito no decurso da Audiência de Julgamento.

44. O Arguido, as Circunstâncias do Caso Concreto e a Direcção da Defesa

Embora o domínio das investigações pertença às entidades judiciárias, a verdade é que, por via de regra, é o arguido quem «parte em vantagem» para o processo penal, pois é o arguido que tem o maior e mais profundo conhecimento das circunstâncias do crime, à excepção das situações singulares em que se associe a plena inocência do arguido ao seu total desconhecimento do objecto das investigações.

Porém, a experiência vem demonstrando que nem sempre o arguido é o melhor colaborador da Defesa, embora seja também o seu principal interessado. Isto porque, não raras vezes, o arguido esconde do seu defensor várias circunstâncias de facto relativas ao crime ocorrido, algumas vezes porque atribui inadvertidamente pouca importância a determinados aspectos, mas muitas vezes porque faz uma fé cega em que não se venham a descobrir todas as circunstâncias do crime.

É quase uma «verdade de *La Palice*», mas nunca é demais realçá-la:

- Para o sucesso e a consistência da Defesa Criminal, há que aproveitar a «vantagem» do arguido quanto ao maior e mais profundo conhecimento que provavelmente tem dos factos e das circunstâncias do crime; de onde, o arguido deve fornecer ao seu defensor o mais completo e detalhado conhecimento que tenha dos factos e das circunstâncias do crime, bem como dos meios de prova que se encontram disponíveis.

Isto, por duas ordens de razões. Primeiro, porque só o domínio dos factos e dos meios de prova porá ao dispor do defensor os meios necessários para actuar em defesa do arguido. Mas, em segundo lugar e sem menor importância, também porque só assim poderá o defensor minimamente prever o que os órgãos de investigação criminal vão certamente conseguir apurar, devendo este aspecto assumir a maior relevância na programação da direcção da Defesa Criminal.

Para tanto, também o papel de conselheiro do defensor assume igual relevo, na medida das plenas capacidades da relação de confiança que tem de existir de parte a parte com o arguido.

Há um longo percurso a percorrer desde a entrevista inicial do arguido com o seu defensor, para que este possa, com segurança, definir conjuntamente com o seu constituinte a direcção a imprimir à Defesa.

Neste sentido, é desde o começo do patrocínio que o defensor deverá ponderar conjuntamente com o arguido a direcção da sua Defesa. Todavia, a par e passo com o curso e a tramitação do processo penal, deve ser feita a reavaliação da mesma direcção da Defesa, seja:

- quanto ao sentido lógico da Defesa Criminal;
- quanto ao sentido processual da Defesa Criminal.

Quando falamos em *sentido lógico* da Defesa Criminal, queremos designar a finalidade a atingir, em termos da afirmação geral dos factos por parte do arguido e relativamente ao arguido, tendo em conta o dever da sua coerência ao longo do processo. Pois, se casos temos em que a Defesa do arguido será melhor exercida quando dirigida para a sua absolvição – pela inconsistência provável das teses acusatórias, ou por outros motivos que seria inútil tentar sumariar – temos, por outro lado, casos em que será mais conveniente dirigir a Defesa de uma *Culpa Lata*, para uma *Culpa Levis* ou *Culpa Levissima*. De onde, em tese: (1) há factos que devem ser reconhecidos, pois é inútil negar as evidências; (2) há factos que devem ser negados ou desvalorizados e (3) há factos que devem ser esclarecidos ou valorizados. Contudo, o certo é que é de toda a conveniência que tal curso lógico da Defesa seja estabelecido o mais cedo possível, no que toca ao *iter* processual.

Porém, assunto distinto, mas não independente deste último, é o do *sentido processual* da Defesa Criminal, com o que pretendemos designar o modo e o tempo em que deverão enquadrar-se as iniciativas da Defesa no âmbito do processo e ao longo da tramitação deste, por forma a extrair de cada acto a(s) sua(s) melhor(es) consequência(s). Isto é, há que gerir a actuação da Defesa em função dos momentos oportunos, tendo em conta a tramitação específica do Processo Penal que, como vimos, é tripartida e *suis generis*. Ou seja: definir quando intervir no processo, com que meios e em que sentido.

CAPÍTULO V

Para tanto, a recolha de informações junto do arguido e de terceiros é crucial – quer quanto a factos e circunstâncias, quer quanto aos meios de prova.

Neste domínio, não é novidade que o defensor deve começar por obter do seu representado o relato circunstanciado de todos os factos conexos com o que possa prever seja o objecto do processo penal. Tal relato circunstanciado não deve circunscrever-se apenas ao que o arguido repute como relevante, por razões óbvias e, sempre que possível, deverá desde logo ser acompanhado de toda a *hard evidence* de que o arguido disponha.

Para tanto, deverá o defensor sempre intervir como entidade inquiridora, no caso de pretender determinadas informações, de modo a dar a maior latitude possível ao seu campo de análise, mas também – e porque nesse momento o defensor é ainda um terceiro que ouve o caso pela primeira vez – para que o defensor possa fazer um prévio diagnóstico do caso concreto e do próprio arguido. Pois, tão relevante como o conhecimento dos factos é a boa avaliação e o conhecimento das capacidades de comunicação do defendido: como se expressa; como reage a perguntas imprevistas; como são as suas resposta naturais.

Num segundo momento, há que depurar os factos e as circunstâncias relatados da conotação/interpretação que lhes dá o arguido, reservando o defensor a sua própria interpretação e distinguindo os vários sentidos interpretativos possíveis.

Nesta busca inicial, poderá ser conveniente o recurso ao auxílio de terceiros, a fim de se obter o maior campo de análise possível e o mais pormenorizado possível, promovendo as entrevistas que se possam vir a ter por úteis, ainda que o objectivo não seja já o da pesquisa de possíveis testemunhas.

Para o relato circunstanciado dos factos por parte do defendido, propomos o seguinte exercício: a divisão do relato circunstanciado em secções e subsequente re-narração de secção a secção – para ampliação do grau de detalhe dos factos; para busca de circunstâncias relevantes; e para busca de meios de prova possíveis.

Para a procura e a avaliação dos meios de prova existentes, propomos o seguinte exercício: o defensor deve colocar-se no lugar dos órgãos de polícia criminal e das entidades acusatórias, os quais, certamente, procurarão recolher prova (elementos materiais, documentos, testemunhas) por todos os meios possíveis – para busca dos meios de prova disponíveis;

e para e antecipação das diligências que poderão vir a ser promovidas oficiosamente no âmbito das fases preliminares do processo penal.

45. Os Cinco Vectores da uma Defesa Criminal Activa

45. 1. Descondicionamento do Sentido Acusatório da Investigações

No Processo Penal não há verdades absolutas quanto ao que deva ou não deva fazer-se em prol da Defesa. Contudo, tal não é razão bastante para que não se devam apresentar certas linhas de orientação da Defesa Criminal que, em nosso entender, sempre contribuem para um melhor desempenho no interesse do arguido.

Desde logo, convém esclarecer que, ao contrário do que sucede com o Ministério Público que intervém no processo penal, o defensor não tem por incumbência a descoberta da verdade, muito embora esteja adstrito a exigentes deveres de colaboração com a Justiça, desde logo consignados – se necessário fosse – no art.78º do Estatuto da Ordem dos Advogados[176].

Nem tão-pouco tem o defensor a função de administrar a Justiça, que incumbe exclusivamente aos Tribunais.

Isto é, independentemente do escrupuloso respeito pelos seus deveres profissionais de advogado, o papel de agente da Justiça que tem o defensor não é um papel neutral no processo penal, mas sim um de protecção dos interesses do seu constituinte, dentro dos limites da lei.

Por outro lado, é seguro que, dos mesmos factos, sempre há um ponto de vista mais favorável ao arguido. E este ponto de vista não é, certamente, o ponto de vista que carreiam os autos, sobretudo até à fase de Julgamento,

---

[176] Os deveres do advogado para com a comunidade, legalmente consagrados, são os de: «*pugnar pela boa aplicação das leis, pela rápida administração da justiça e pelo aperfeiçoamento das instituições jurídicas; não advogar contra lei expressa, não usar de meios ou expedientes ilegais, nem promover diligências reconhecidamente dilatórias, inúteis ou prejudiciais para a correcta aplicação de lei ou a descoberta da verdade; recusar o patrocínio a questões que considere injustas; colaborar no acesso ao direito e aceitar nomeações oficiosas nas condições fixadas na lei e pela Ordem dos Advogados; protestar contra as violações dos direitos humanos e combater as arbitrariedades de que tiver conhecimento no exercício da profissão; não solicitar nem angariar clientes, por si nem por interposta pessoa; não aceitar mandato ou prestação de serviços profissionais que, em qualquer circunstância, não resulte de escolha directa e livre pelo mandante ou interessado*».

sobretudo quando é a própria lei processual que encara o arguido como aquele «*contra quem*» corre o processo[177].

Porquanto, embora com as finalidades últimas da descoberta da verdade e da realização do direito[178], as entidades que dirigem as investigações[179] dirigem-nas para a investigação de um crime, para a determinação dos seus agentes e respectivas responsabilidades, em ordem a decidir sobre a acusação[180] e a submissão da causa a julgamento[181].

Pelo que – não é injusto dizê-lo – a partir do momento em que determinados suspeitos são constituídos arguidos, a busca incessante de elementos de prova e indícios acarreta normalmente uma consequência bem visível, em termos práticos, que é a de *o processo penal se desenvolver em sentido oposto ao da Defesa Criminal*[182].

Aliás, os deveres funcionais das entidades judiciárias que conduzem as investigações também assim o favorecem, uma vez que o Ministério Público tem ainda por atribuições as de: abrir Inquérito perante a notícia de um crime[183]; apreciar o seguimento a dar a quaisquer denúncias, queixas e participações que receba[184]; deduzir acusação perante indícios suficientes[185] e sustentá-la efectivamente na instrução e no julgamento[186]; e o Juiz de Instrução deverá remeter o processo penal para julgamento desde que existam os *indícios suficientes* de se ter verificado o crime e de este poder ser imputável ao arguido[187].

Ou seja, numa acepção ilustrativa, nas fases preliminares do processo, o princípio que vigora é o *In Dubio Contra Reo* ; pois a mera existência de

---

[177] *Vide* os arts.58º nº1 alínea a) e 272º nº1 CPP.
[178] *Vide* o actual nº1 e a alínea d) do nº2 do art.53º CPP.
[179] O Ministério Público, durante o Inquérito, nos termos do actual nº1 do art.263º conjugado com o nº1 do art.262º e com a alínea b) do nº2 do art.53º, todos do CPP; e o Juiz de Instrução, durante a Instrução, nos termos do actual nº4 do art.288º CPP.
[180] *Vide* o actual nº1 do art.262º CPP.
[181] *Vide* o actual nº1 do art.286º CPP.
[182] Como dissemos, a lei processual prevê mesmo que o Inquérito corre «contra *pessoa determinada*», na actual alínea a) do nº1 do art.58º e no nº1 do actual art.272º, ambos CPP.
[183] *Vide* o actual nº2 do art.262º CPP.
[184] *Vide* a actual alínea a) do nº2 do art.53º CPP.
[185] *Vide* o actual art.283º, nº1 e nº2, CPP.
[186] *Vide* a actual alínea c) do nº2 do art.53º CPP.
[187] *Vide* o actual nº1 do art.308º, o actual art.298º todos do CPP.

elementos probatórios com valor indiciário contra o arguido conduz o processo para Julgamento.

Com algum exagero, é certo, poderíamos afirmar mesmo que, na expectativa da obtenção de resultados produtivos e positivos, as entidades que intervêm nas investigações criminais procuram algo, e esse algo não é mais do que arguidos e provas contra os arguidos.

E, por via de regra, não são as mesmas entidades quem parte em busca dos argumentos da Defesa ou das provas da inocência do arguido, limitando-se algumas vezes aquelas a aguardar que este venha oferecê-las ao processo, por sua própria iniciativa.

De resto, o processo penal carreia indícios e provas recolhidos, pelo que é de toda a conveniência que passe também a carrear indícios e provas[188] favoráveis ao arguido, na medida do que for conveniente para a Defesa.

Daí que, em nosso entender, uma das principais linhas de força da Defesa Criminal deverá ser a reorientar o curso das investigações para um sentido a si favorável, uma vez que, naturalmente, aquelas seguem condicionadas a um sentido acusatório.

Neste sentido, falaremos em descondicionamento do sentido acusatório do processo.

---

[188] Sem prejuízo do desenvolvimento *infra* desta temática, embora a lei processual se refira a «indícios» e a «provas» de forma distinta, em sedes várias (referindo-se aos indícios nas fases preliminares do processo), a verdade é que, em bom rigor, nem a lei processual nem o Direito legislado de uma forma geral apresentam qualquer definição de «indícios» ou distinção expressa entre esta figura e a das «provas». Estipula o art.341º do Código Civil, quanto à função das provas, que *«As provas têm por função a demonstração da realidade dos factos»* e, partindo de regras legais como esta, tem-se entendido que aos «indícios» caberá a função de um começo de prova, operando-se a distinção entre estes dois conceitos de acordo com o critério da sua força probatória. Este é o critério generalizado na Jurisprudência dos tribunais portugueses, na qual se expende inclusivamente a diferença ente o **valor indiciário** e o **valor probatório** dos respectivos meios de prova. Existem ainda sedes legais que justificam a discussão deste assunto como a curiosa disposição do actual nº1 do art.391º-A CPP, onde se lê *«havendo provas simples e evidentes de que resultem indícios suficientes (...)»*. Outra distinção possível, específica para o processo penal, será a estabelecida de acordo com o critério do momento da sua produção, considerando-se provas as que forem produzidas em Julgamento (art.340º CPP) e indícios os que constarem dos autos em momentos anteriores (arts.200ºnº1, 201º nº1, 202º nº1 alínea a), 283º, 298º, 302º nº3, 308º CPP). Porém, até esta distinção não pode assumir-se como plena, em face de preceitos como o art.292º CPP.

45. 2. Colaboração na Descoberta da Verdade Durante as Fases Preliminares do Processo

Retomando o tópico da intervenção da Defesa na própria investigação criminal e interligando-o com o que acabámos de afirmar quanto à necessidade de se descondicionar o curso das investigações no sentido lógico da acusação, debrucemo-nos sobre este vector proposto como segunda linha de orientação da Defesa Criminal.

A colaboração activa do arguido na descoberta da verdade, no decurso das investigações em especial, deverá constituir um dos objectivos da Defesa Criminal, a expressar em cada intervenção sua. Não necessariamente "toda a verdade", pois tal não é incumbência da Defesa, mas certamente os diversos aspectos e circunstâncias favoráveis ao arguido que sejam desconhecidos ainda no processo penal.

Isto porque, por um lado, sempre que o arguido se mostra activo na descoberta da verdade, isso só poderá vir a favorecê-lo em função da forma como passa a ser encarado no processo – como alguém que se oferece à Justiça e a auxilia. Pois o arguido que colabora é o arguido que não teme e cuja atitude mais revela interesse na realização da Justiça. Por outro lado, a verdade é que os meios de investigação oficiosa também estão ao dispor da Defesa, desde que o arguido exerça as suas respectivas faculdades processuais.

Como acima enunciámos, existem fortes motivos para que a Defesa Criminal intervenha no Inquérito e na Instrução, «*oferecendo provas e requerendo as diligências que se lhe afigurarem necessárias*».

Vejamos, um a um, os motivos que já foram adiantados:

i) Maior profundidade da investigação de todas as circunstâncias favoráveis à Defesa. Com efeito, a fim de ser promovida a recolha de prova quanto a factos e circunstâncias de facto favoráveis ao arguido, a Defesa Criminal pode e deve requerer a realização de todas as diligências que entenda por convenientes – seja durante o Inquérito, directamente à entidade que o dirige (Ministério Público) ou ao Juiz de Instrução[189] competente para intervir em actos tipificados[190],

---

[189] *Vide* o actual nº2 do art.268º CPP.
[190] *Vide* os actos do Inquérito de competência exclusiva do Juiz de Instrução, no actual art.268º CPP e os actos do Inquérito necessariamente ordenados ou autorizados pelo mesmo, no actual art.269º CPP.

seja durante a Instrução, ao respectivo Juiz de Instrução. Assim, a Defesa Criminal tem, para além da possibilidade de fazer juntar aos autos elementos probatórios de que disponha, também a faculdade de requerer a investigação de factos e circunstâncias que tenha por conveniente para os interesses do arguido. Mormente, deverá a Defesa fazê-lo sempre que tenha a necessidade ou conveniência de comprovar factos e circunstâncias que lhe sejam favoráveis, ou sempre que entenda necessário ou conveniente esclarecer aparências desfavoráveis ou falsas imputações que possam vir a surgir.

ii) Auxílio por parte dos órgãos de polícia criminal na investigação das circunstâncias favoráveis à Defesa. No mesmo fio de raciocínio, só intervindo activamente nas investigações e na descoberta da verdade, requerendo o que for tido por conveniente, pode a Defesa Criminal obter o auxílio dos órgãos de polícia criminal; o que significa ter acesso a buscas e apreensões, intercepção e registo de comunicações, à reconstituição do crime, à acareação de testemunhas, às perícias e exames laboratoriais, etc.; em suma, a todos os meios de prova e meios de obtenção de prova previstos no Código do Processo Penal [191]. O que é tanto mais importante, quanto o arguido passará a ter a seu serviço, e ao serviço da investigação dos factos da Defesa, os mesmos órgãos de polícia criminal que coadjuvam o Ministério Público[192] e o Juiz de Instrução[193] nas investigações oficiosas.

iii) Utilização dos meios de recolha de prova exclusivamente disponíveis para as entidades judiciárias, com o seu *Jus Imperi*. Recuperando as últimas afirmações, a possibilidade de a Defesa Criminal requerer a realização de diligências oficiosas no âmbito das investigações, conferir-lhe-á o mesmo *Jus Imperi* de que dispõem os tribunais e as autoridades judiciárias, os quais, nomeadamente, têm direito a ser coadjuvados por todas as outras autoridades com uma colaboração que prefere a qualquer outro serviço[194], têm o poder

---

[191] *Vide*, com especial relevo, os actuais arts.128º a 170º, 171º a 190º e 268º e 269º CPP.
[192] *Vide* os actuais art.55º, art.56º e art.263º CPP.
[193] *Vide* os actuais art.55º, art.56º e nº1 do art.288º CPP.
[194] *Vide* o actual nº2 do art.9º CPP.

de convocar quaisquer pessoas para a prestação de depoimentos[195] ou para a intervenção como perito[196], têm o poder de levar a efeito exames, revistas, buscas e apreensões, etc., incluindo o recurso a meios internacionais de investigação[197], consoante o que estiver previsto nos diversos Tratados de Cooperação Judiciária em matérias criminais nos quais interveio o Estado Português. O que se traduz num poder, quase ilimitado, de recurso aos meios de prova mais diversos, que conhecem como fronteira única a da sua legalidade[198].

iv) Recolha de prova na fase processual em que se dispõe de mais tempo útil para o efeito. Outra razão ponderosa para que a Defesa intervenha activamente nas investigações criminais é, sem dúvida, o tempo. Isto porque, muito embora o arguido possa apresentar requerimentos de prova durante a Audiência de Julgamento e mesmo até em recursos a esta posteriores[199] e mesmo até depois de transitada em julgado a decisão final[200], a verdade é que em tais sedes sujeitar--se-á a diversas contingências desfavoráveis que não cumpre agora desenvolver, mas que se prendem com boas razões de estrutura e economia processuais. Portanto, é no Inquérito e na Instrução – ou seja, nas fases próprias para o efeito – que a Defesa Criminal deve requerer as diligências de prova que impliquem prazos dilatados, desde logo porque os prazos processuais e a estrutura do processo penal assim o prevêem. E, entre o Inquérito e a Instrução, já poderá a Defesa ponderar qual o melhor momento para requerer diligências de recolha de prova, em função das diversas condicionantes de cada uma destas duas fases preliminares do processo, conforme melhor veremos adiante. Contudo, quanto ao oferecimento de provas ao processo (e não já recolha de prova), esta máxima não se aplica.

---

[195] *Vide* o actual art.131º CPP.
[196] *Vide* o actual nº1 do art.153º, conjugado com o nº1 do art.152º, CPP.
[197] *Vide* os actuais arts.229º a 233º do CPP.
[198] *Vide* o actual art.125º CPP que dispõe: «*São admissíveis as provas que não forem proibidas por lei*».
[199] *Vide* a alínea c) do nº3 do art.412º CPP, o art.4º do CPP conjugado com o art.706º do Código do Processo Civil, e ainda o art.380º-A CPP, para o caso do julgamento do arguido na sua ausência.
[200] *Vide* o art.453º CPP.

v) Descondicionamento das investigações, normalmente dirigidas no sentido acusatório. Acima, tivemos oportunidade de esclarecer o que se entende pelo condicionamento das investigações no sentido acusatório. Porém, agora e desenvolvendo os mesmos conceitos de condicionamento e descondicionamento, o que importa mencionar é que a Defesa deve empreender iniciativas no sentido do descondicionamento do processo penal logo nas suas fases preliminares e, sempre que possível, no próprio Inquérito. Porquanto, interessa à Defesa que as entidades judiciárias se debrucem – investigando e analisando – sobre os factos e as circunstâncias que mais favorecem o ponto de vista do arguido. Fazer inflectir as investigações em sentidos ainda desconhecidos das entidades judiciárias; dar relevo ao apuramento das circunstâncias atenuantes; criar a necessidade de comprovar causas de exclusão de culpa; gerar dúvidas quanto à responsabilidade criminal do arguido; explorar debilidades de certas imputações que são feitas ao arguido – são apenas alguns dos objectivos possíveis a atingir mediante o descondicionamento do normal sentido acusatório das investigações, quando o objecto não seja, desde logo, o do Arquivamento do processo.

vi) Intervenção directa na Fixação do Objecto do Processo. Ora, retomando o que acaba de se dizer *supra*, acrescentamos que uma das formas como a Defesa pode descondicionar o sentido acusatório dos autos é intervindo na própria fixação do objecto do processo, que ocorre necessariamente no Despacho de Acusação. O que, longe de poder conseguir-se de forma imediata, pode todavia lograr-se de forma mediata. Isto é: o conjunto de factos e circunstâncias que vierem a apurar-se na sequência das intervenções e requerimentos desenvolvidos pela Defesa no âmbito do Inquérito, naturalmente deverá influir na descrição dos factos e na selecção dos factos relevantes que o Ministério Público terá de fazer no seu Despacho de Acusação[201]. Ou seja, assim tentará a Defesa obter, à partida, um libelo acusatório mais favorável, susceptível de influir em todo o curso subsequente do processo penal.

vii) Impulsionar o conhecimento da argumentação contrária aos pontos de vista da Defesa, logo no momento da Acusação, se este vier

---

[201] *Vide* o actual art.283º CPP.

a ter lugar. Ainda acrescentando ao que acima se disse, pela intervenção da Defesa nas investigações criminais e pela exploração das suas teses iniciais por parte das autoridades judiciárias, o defensor obterá ainda um precioso contributo para a reavaliação da Direcção da Defesa, em toda a sua actuação subsequente. Isto porque, os resultados das diligências de investigação requeridas passarão a constar do Inquérito e, certamente, sobre tais resultados as entidades judiciárias terão de pronunciar-se. Ora, desta forma, as autoridades judiciárias que intervêm no Inquérito terão de inscrever nos seus relatórios e conclusões a contra-argumentação relativa às teses iniciais da Defesa, antes da feitura do Despacho de Acusação, assim proporcionando o respectivo conhecimento logo após o fim do segredo de justiça que impende sobre os autos até ao momento da prolacção desse despacho.

viii) Maior antecipação possível das questões de facto e de direito convenientes à Defesa. Em plena consonância com o que acabamos de dizer, complementarmente com o conhecimento da argumentação contrária aos pontos de vista da Defesa, a intervenção da Defesa nas investigações criminais também antecipará a própria discussão das questões-de-facto e das questões-de-direito[202] que melhor convierem ao arguido e que poderão ser da natureza mais diversa. Desde questões como a prova do Alibi (ou mesmo da sua inocência), a imputação objectiva e subjectiva aos tipos penais de crime, a exis-

---

[202] CASTANHEIRA NEVES defende que a diferenciação da questão-de-facto da questão-de-direito deve estabelecer-se no contexto metodológico da análise do caso jurídico, enquanto categorias distintas que operam em momentos diferentes do processo da sua solução; de acordo com o que será correcto identificar a questão-de-facto com o momento metodológico da selecção crítica dos dados de facto, isto é, a definição da situação pré-jurídica, e a questão-de-direito com o momento metodológico da selecção das normas jurídicas aplicáveis, ou seja, a definição da respectiva solução jurídica CASTANHEIRA NEVES distingue ainda dois momentos fundamentais no domínio da questão-de-facto: um de prévio controlo crítico, em que se determina o âmbito da situação fáctica com relevância jurídica; e outro de comprovação da veracidade dos dados de facto (em *Metodologia Jurídica, Problemas Fundamentais*, "Stvdia Ivridica", 1, Coimbra Editora, 1993, pp.163 ss.). Para uma sucinta revalorização do problema, *vide* A.CASTANHEIRA NEVES, *Metodologia Jurídica, Problemas Fundamentais*, "Stvdia Ivridica", 1, Coimbra Editora, 1993, pp.162 ss. Para um aprofundamento exaustivo sobre esta problemática, *vide* A.CASTANHEIRA NEVES, *Questão-de-facto, Questão-de-Direito ou o Problema Metodológico da Juridicidade*, Almedina, Coimbra, 1967.

tência de causas de exclusão da sua responsabilidade penal (exclusão da ilicitude, da culpa ou da punibilidade), a circunstanciação do *iter criminis*, o estabelecimento da dúvida sobre determinados factos indiciados, ou mesmo questões puramente processuais relativas às lacunas da investigação, como sejam a da ausência dos autos de determinados agentes que deveriam ser investigados, a falta de credibilidade de certos resultados dos actos de investigação, ou os próprios requerimentos de prova que o arguido haja apresentado e que não hajam sido satisfeitos. Isto, porque uma maior antecipação das questões convenientes à Defesa conferir-lhes-á maior peso no desenrolar do processo pelas fases subsequentes, pois poderão vir a ser retomadas e desenvolvidas.

ix) Possibilidade de prolongar as investigações no sentido de serem tomadas outras medidas práticas convenientes à defesa dos interesses do arguido. Sem colidir com o dever legal de o advogado «*não usar de meios ou expedientes ilegais, nem promover diligências reconhecidamente dilatórias, inúteis ou prejudiciais para a correcta aplicação de lei ou a descoberta da verdade*»[203], a verdade é que, em simultâneo com a intervenção nas investigações e em pleno decurso do tempo que as mesmas impliquem, o defensor não deverá descurar a tomada de outras medidas práticas convenientes à defesa dos interesses do arguido. Certamente não nos reportamos à eliminação da prova remanescente nem à disseminação do património do arguido – o que poderia ainda agravar a sua responsabilidade penal – mas sim à reparação voluntária de prejuízos dos lesados, ao estabelecimento de contactos e acordos indemnizatórios com as vítimas, e a todo o amplo domínio da sanação de determinados vícios ou irregularidades, susceptível de influir positivamente no processo penal. Em acréscimo, quer a conduta do arguido posterior à prática criminal, quer o seu esforço para reparar as consequências do crime em especial, quer o mero decurso do tempo, poderão funcionar como atenuantes da sua responsabilidade penal[204].

---

[203] *Vide* a actual alínea b) do art.78º do Estatuto da Ordem dos Advogados.
[204] *Vide*, respectivamente, a alínea e) do nº2 do art.71º e a alínea d) do nº2 do art.72º, ambos do Código Penal.

Por outro lado, a tantos e tais motivos que justificam a intervenção e a colaboração activa da Defesa Criminal no decurso das investigações – oferecendo provas e requerendo diligências de prova – soma-se ainda o facto de, não raras vezes, ser vantajoso para o arguido antecipar-se às diligências oficiosas que certamente seriam realizadas por iniciativa das autoridades judiciárias

Por fim, em jeito de princípio de base, sempre se deverá ter presente que o arguido em nada sairá prejudicado pelo facto de comprovar *ad abundat* e enriquecer os autos com tudo quanto lhe possa ser favorável, o mais cedo possível.

45. 3. Selecção de Materiais Probatórios e Timings de Intervenção

Para a Defesa Criminal, tão importante como intervir nas investigações e descondicionar o sentido acusatório em que correm as mesmas, é ter presente que o oferecimento de provas ao processo e/ou o requerimento de diligências pode ser contraproducente, por um lado, e pode produzir mais ou menos efeitos benéficos para a Defesa, por outro lado, em função do momento processual em que é levado a cabo.

Como princípio de base, deve desde já ter-se presente que nem o arguido é obrigado a oferecer e/ou produzir a prova que lhe possa ser desfavorável, nem o arguido é obrigado a oferecer e/ou produzir prova até à Audiência de Julgamento; tudo, por decorrência do princípio da presunção de inocência que será sobretudo tido em conta nesta última fase do processo.

Como segundo princípio, devemos ainda ter presente que o arguido pode – porque lhe é lícito – fazer o melhor uso possível de cada fase processual. Por isso falámos acima de sentido processual da sua Defesa.

Neste âmbito, tem a Defesa que se preocupar constantemente com a selecção de materiais probatórios, por um lado, e com os *timings* da sua intervenção processual.

Ou seja, para a criteriosa selecção do que deve e não deve carrear para os autos, a Defesa terá de programar cuidadosamente a sua intervenção nas três fases distintas que se situam em momento anterior ao da prolacção da Sentença:

1) o Inquérito;
2) a Instrução;
3) a Audiência de Julgamento, compreendendo a Contestação.

Porquanto, se é verdade que a antecipação de certas questões e/ou meios de prova confere maior peso na sua ponderação ao longo de todo o processo, também é certo que, muitas vezes, será melhor para a Defesa reservar as suas iniciativas para momentos ulteriores, em função do caso concreto.

Já referimos acima que, durante a fase do Inquérito, a Defesa tem um conhecimento muito limitado do objecto do processo e um quase total desconhecimento dos indícios que foram recolhidos e dos meios de prova assegurados. Daí, facilmente se compreende que, *durante a fase de Inquérito, a Defesa deverá evitar toda e qualquer iniciativa que, inadvertidamente, possa fazer aumentar o objecto do processo em qualquer aspecto que lhe possa ser prejudicial.* Até porque muitas das diligências oficiosas de recolha de prova podem ter-se desenrolado com deficiências ou com resultados insuficientes, o que poderá vir a ser explorado pela Defesa, por diversas formas, nas fases subsequentes do processo.

De resto, por exemplo, se a nulidade de uma determinada diligência oficiosa de recolha de prova for suscitada no decurso do Inquérito, podem as autoridades judiciárias ainda repetir a mesma ou sanar os seus vícios, quer em fase de Inquérito quer de Instrução. Ao mesmo passo, se a insuficiência da prova acusatória for constatada antes de tempo, podem as autoridades judiciárias ainda esforçar-se por combatê-la antes da Audiência de Julgamento.

Por outro lado – também já o dissemos – o "factor surpresa" na produção da prova da Defesa é susceptível de produzir o seu máximo efeito no decurso da Audiência de Julgamento. De facto, se até ao Julgamento os meros indícios contra o arguido fazem prosseguir o processo (*In Dubio Contra Reo*), na Audiência de Julgamento já as meras dúvidas sobre os factos servem os interesses da Defesa (*In Dubio Pro Reo*). Por isso, é no Julgamento que a Defesa soma todos os seus argumentos, todas as suas provas e soma todas as falhas processuais, em função do pretendido descrédito da Acusação, a qual disporá, nesse momento, de um curto espaço de tempo para contrariar aquelas posições.

Portanto, já se imagina quão importante pode ser o correcto planeamento dos *timings* da intervenção da Defesa.

Assim, em função destas importantes condicionantes que acabamos de referir, poderemos sugerir ainda a afirmação dos seguintes princípios orientadores da oportunidade da intervenção processual da Defesa:

CAPÍTULO V

i) Durante o Inquérito, deve o arguido procurar enriquecer e aumentar o objecto do processo com todos os factos, circunstâncias e meios de prova que possam ser-lhe favoráveis.

ii) Durante a Instrução, deve o arguido procurar contraditar a qualificação criminal dos factos e os indícios contra si constantes do processo (bem como repetir os requerimentos de prova que, eventualmente, não hajam sido satisfeitos em sede de Inquérito), sem prejuízo de sempre evitar que as autoridades judiciárias possam rectificar falhas processuais.

iii) Durante a Audiência de Julgamento, deve o arguido procurar surpreender com factos e provas ainda desconhecidos e explorar todas as debilidades processuais, porquanto o Julgamento é a fase processual em que todos os argumentos da Defesa podem ganhar mais relevo, em função do princípio *In Dubio Pro Reo*.

Contudo, deve a Defesa, ainda, ter presente que, conforme também já referimos *supra*, no decurso da fase de Instrução, o recurso aos meios oficiosos de recolha de prova é, por via de regra, mais limitado, até porque os prazos fixados para o encerramento da Instrução (prazo geral de dois e quatro meses) são inferiores aos fixados para o encerramento do Inquérito (prazo geral de seis e oito meses)[205].

Ora, para o bom desempenho de tão importante vector da Defesa Criminal quanto seja o da selecção de materiais probatórios e dos *timings* de intervenção da Defesa, deverão, defensor e arguido, constantemente analisar o curso dos autos e, fazendo uso da boa visão do todo do processo, recorrer à simulação das suas intervenções, no intuito de melhor prever quais seriam os respectivos efeitos produzidos nos autos.

Ou seja, no quadro da orientação da actuação processual da Defesa, arguido e defensor haverão sempre que ponderar cada um dos efeitos práticos que possam ser produzidos, antes de cada intervenção nos autos. E, para tanto, a prognose de tais efeitos poderá ser tentada por meio da simulação da cada acto, tendo em vista as condicionantes de cada caso e momento concretos.

---

[205] Cfr. o actual art.306º CPP com o actual art.276º CPP.

45.4. Enquadramento ao Tipo e Relevo das Circunstâncias Atenuantes

Todo o arguido pretende a sua absolvição e, por via de regra, o seu objectivo processual mais elevado será mesmo o do arquivamento do Inquérito ou o da sua não pronúncia, equivalente ao arquivamento em sede de Instrução.

Naturalmente, tais deverão ser também, *a priori*, os objectivos da Defesa Criminal. Porém, casos há em que absolvição do arguido é de todo improvável e, mais casos haverá ainda, em que o arquivamento do processo será mesmo impossível pela existência de indícios suficientes que imputem a prática do crime ao arguido.

Isto, para definir um outro importante vector da Defesa Criminal, muitas vezes descurado por quem decide negar certas evidências, pugnando cegamente pela absolvição do arguido; pois, quem nega as evidências, normalmente descura as atenuantes. É o vector do enquadramento mais favorável ao tipo de ilícito e do relevo das circunstâncias atenuantes.

Porquanto, importa à Defesa ter sempre presente que o Processo Penal não visa senão a aplicação do Direito Penal substantivo ao caso concreto, o que justifica imediatamente a importância deste vector.

A vertente do enquadramento mais favorável ao tipo de ilícito pode ser decisiva, sempre para diminuir a responsabilidade penal, mas por vezes mesmo para a própria absolvição do arguido ou para o arquivamento do processo. A vertente do relevo das circunstâncias atenuantes, também. O que é positivamente certo é que incumbe à Defesa, sempre – mesmo nos casos em que a sua finalidade seja a de pugnar pela absolvição do arguido, negando os factos que lhe sejam imputados –, sustentar ao longo do processo penal o enquadramento mais favorável ao tipo de ilícito e conferir o maior relevo possível das circunstâncias atenuantes, melhor prevenindo assim a possibilidade da sua condenação. Tanto mais que o Ministério Público também está obrigado *ex oficio* de defender o mais correcto enquadramento jurídico que ao caso couber[206].

Daí que, antes de mais, seja fundamental ter sempre presente a dependência funcional do Direito Processual, face ao Direito Penal material.

---

[206] Inclusivamente, o Ministério Público está obrigado a apresentar recurso da decisão final, no interesse exclusivo do arguido, como se prevê no actual art.409º CPP e no art.53º nº2 alínea d) do CPP.

CAPÍTULO V

"O Direito processual é instrumental e acessório em relação ao Direito substantivo"[207], no sentido em que aquele visa apenas possibilitar o cumprimento das finalidades deste último.

Sendo o Direito Processual Penal o sistema normativo que pauta a aplicação do Direito Penal ao caso concreto, logo, enquanto sua expressão adjectiva, o processo penal terá de sujeitar-se igualmente ao sistema e à dogmática jurídico-penal[208].

É mesmo comum o entendimento de que Processo Penal e Direito Penal se confundem num todo constitutivo do sistema criminal, a par ainda das instâncias criminais[209]. Todavia, se houvera de entender-se esta como uma posição algo idealista, seguramente ela expressa bem a necessidade de aproximação máxima entre todas aquelas realidades.

O Direito Penal não pode aplicar-se sem processo[210], nem está na disposição das partes[211] e, por isso, realiza-se exclusivamente através da pró-

---

[207] Apud KARL ENGISCH, *Introdução ao Pensamento Jurídico*, 1977 (traduzido para português por J.BAPTISTA MACHADO, Fundação Calouste Gulbenkian, 6ª edição, Lisboa, p.141).

[208] O que não prejudica a existência de fortes obstáculos na concretização processual de certos ditames da lei penal substantiva, como pretende J.ANTÓNIO BARREIROS, em *Os Novos Critérios Penais: Liberalismo Substantivo, Autoridade Processual?*, Revista do Ministério Público, nº14, 1983, pp.53-76.

[209] Já assim em FRANCISCO DUARTE NAZARETH, *Elementos do Processo Criminal*, 7ª edição, Coimbra, 1886, p.1, ao afirmar: *"O direito criminal é o systema, ou complexo de leis relativas aos delictos e penas; e ao modo de executar a lei penal (...) Divide-se em duas partes - o direito penal - e o processo. O direito penal determina as violações do direito a que deve ser infligida uma pena, e egualmente a pena que corresponde a cada uma d'ellas. O processo determina as regras e fórmas de applicar a penalidade"*, citando ainda BASÍLIO ALBERTO, *Lições de Direito Criminal* §1 e RAUTER, *Traité du Droit Criminel*, Cap.1 § 1; também em LUÍS OSÓRIO DA GAMA E CASTRO DE OLIVEIRA BAPTISTA, *Notas ao Código Penal Português*, 2ª ed., Coimbra, 1923, p.1: *"O direito penal divide-se em: direito penal propriamente dito, substantivo ou material e direito penal processual adjectivo ou formal"*.

[210] Regra desde logo enunciada no art.32º da Constituição da República Portuguesa.

[211] No ordenamento jurídico português não faz qualquer sentido falar-se numa autonomia privada quanto ao sistema jurídico-penal, vigorando, no entanto, em outros ordenamentos como no norte-americano, figuras como a *plea negotiation* ou *plea bargainig* subvertem os princípios básicos do Direito Penal, apelando à ideia de disponibilidade do arguido e da entidade acusatória (*prosecutor*) quanto ao objecto do processo penal. No entanto, nem mesmo nestes ordenamentos se pode considerar que exista uma verdadeira autonomia privada no domínio penal porquanto, desde logo, o dever de punir decorre sempre da estatuição da lei e não da estipulação das partes. Para maiores desenvolvimentos, vide, entre outros, J.GASPER, *Reformers versus Abolitionists: Some Notes for Further Research on Plea Bargaining*, "Law & Society

pria actividade jurisdicional[212]. Assim, se a aplicação da lei penal obedece aos seus próprios princípios, também a actividade jurisdicional deverá respeitá-los.

Como afirma CAVALEIRO DE FERREIRA, "(...) *o direito penal e o processo penal formam uma unidade. Aquele só se realiza mediante o processo. O melhor direito penal será uma sombra vã, se a sua aplicação processual não corresponder ao seu espírito. O direito penal e o processo penal devem por isso ajustar-se aos mesmos princípios.*"[213].

Review", Nova Iorque, 1979, pp.567 ss. e H.DIELMANN, *'Guilty Plea' und 'Plea Bargaining' im amerikannischen Strafverfahren - Moglichkeiten fur den Deutschen Strafprozess*, "Goltdammer's Archiv fur Strafrecht", 1981, pp.558 ss.. Entre nós, e de forma sumária, J.FIGUEIREDO DIAS e M.COSTA ANDRADE, *Criminologia, O Homem Delinquente e a Sociedade Criminógena*, Coimbra, 1992, pp.483 ss.. Todavia, deverá registar-se que o próprio ordenamento jurídico português começa a abrir comportas à técnica do *plea negotiation*, em obediência a princípios de eficácia, nem sempre compatíveis com o carácter eminentemente ético do Direito Penal. Tanto assim que, no âmbito da legislação de combate à droga, designadamente no art.31º do D-L nº15/93 de 22 de Janeiro de 1993, consagram-se casos de dispensa ou atenuação da pena para os delinquentes que, entre outras atitudes, auxiliem "*concretamente as autoridades na recolha de provas decisivas para a identificação ou a captura de outros responsáveis (...)*", ainda que esteja já provada a acção típica, ilícita e culposa, o que tem sido objecto de consagração em outros domínios penais. Também no âmbito da recente legislação sobre a criminalidade fiscal, designadamente no art.26º do Regime Jurídico das Infracções Fiscais Não Aduaneiras (D-L nº20-A/90 de 15 de Janeiro de 1990, com a redacção conferida pelo D-L nº394/93 de 24 de Novembro), é colocado no poder do Ministério Público o poder de decidir pelo arquivamento do processo - na eventualidade da confissão do arguido e sua colaboração na descoberta da verdade - quando, com a concordância do Juiz de instrução, se entendam satisfeitas as exigências de prevenção e se entenda não estar perante infracção de "*forte gravidade*", ainda que haja uma acção típica, ilícita e culposa, provada sem margem para dúvidas.

[212] Na generalidade dos ordenamentos jurídicos ocidentais, a alternativa ao processo penal começa, de facto, a existir, diante da crescente possibilidade da negociação e da concertação entre entidade acusatória e arguido. Contudo, tal realidade não deixa de consistir apenas numa alternativa puramente eventual e nem sempre possível, já que nunca poderá vir substituir a actividade jurisdicional penal. Os acordos no processo penal retiram a formalidade ao processo, tornam-no mais célere e aumentam a capacidade da Justiça penal para a resolução de casos. Porém, sempre com prejuízo de um sem número de princípios jurídicos (alguns constitucionais), tais como o princípio da publicidade do processo, o princípio da legalidade, o princípio da igualdade, entre outros. Neste mesmo sentido, WINFRIED HASSEMER, *La Ciência Jurídico Penal en la República Federal Alemana*, apud "Anuario de Derecho Penal Y Ciencias Penales", tomo XLVI, F.I, 1993, pp.71 ss.

[213] M.CAVALEIRO DE FERREIRA, *Curso de Processo Penal*, Vol.I, Lisboa, 1981, p.18.

CAPÍTULO V

Portanto, todo o Direito e a actividade processuais penal têm por função servir os fins do Direito Penal e, logo assim, sujeitam-se forçosamente às orientações definidas por este.

De onde se extrai que, sendo a prova o elemento vital do processo penal, se no processo penal se pretende determinar o(s) autor(es) e as circunstâncias da prática do crime, a prova terá obrigatoriamente que incidir sobre todos os elementos constitutivos do mesmo, sejam estes objectivos, subjectivos, circunstanciais, intelectuais ou volitivos.

Com efeito, é na unidade incindível dos factos no mundo causal que há que discernir a verificação de todos os pressupostos da infracção penal: acção-típica-ilícita-culposa-punível. Logo, todos os elementos constitutivos do crime terão de ser deduzidos de factos, do mundo causal.

Isto é, se, de acordo com a fundamentação dogmática do próprio Direito Penal, forçosamente, todos os elementos constitutivos do crime hão-de verificar-se em concreto, para que possa ser desencadeada a responsabilidade penal, logo todos os elementos constitutivos da infracção têm que ser reportados a factos concretos.

Com efeito, este deve ser o cariz da complementaridade funcional do Processo Penal face ao Direito Penal substantivo, no sentido de uma relação de complementaridade dogmática que tenha incidências prácticas não apenas "de iure constituendo" num sistema processual idealizado, mas "de iure constituto", quer na simples interpretação da lei processual, quer na construção dos institutos processualísticos próprios[214].

Portanto, todos aqueles factos concretos têm que ser objecto do devido tratamento processual. Designadamente, se no processo penal há-de fazer-se a prova do cometimento de um crime, então esta há-de incidir sobre todos os seus elementos, reportados ao mundo dos factos.

Neste sentido, também EDUARDO CORREIA afirma que *"Toda a construção jurídica, se quiser chegar a bom termo, não pode abstrair-se de que o direito e as suas relações se situam num plano que, por força do processo ideográfico da formação dos seus conceitos, se distingue do mundo das ciências da natureza; não deve*

---

[214] Precisamente no mesmo sentido, GIUSEPPE BETTIOL, utilizando critérios lógicos e teleológicos, em *Instituições de Direito e Processo Penal*, especialmente no capítulo sobre "Processo Penal e Dogmática Jurídica" (trad.portuguesa de M.COSTA ANDRADE, Coimbra, 1974, pp.215 ss.)

esquecer que o crime, como fenómeno jurídico que é, só pode também compreender-se como produto da referência teorética a certos factos empíricos (...)"[215].

Em suma, impõe-se a conclusão de que o processo penal se submete ao Direito Penal e, assim, aquele há-de ter em conta todas as categorias dogmáticas da moderna Teoria Geral da Infracção, designadamente assumindo as consequências que tal relacionamento há-de reflectir no domínio probatório.

De onde, são imprescindíveis para a Defesa o pleno domínio da lei penal substantiva e dos conceitos fundamentais da dogmática própria da Teoria Geral da Infracção, como sejam, nomeadamente:

a) relativamente ao enquadramento típico, *stricto senso* – o conceito de acção penalmente relevante; os elementos objectivos do tipo de crime (de facto e de direito); os elementos subjectivos do tipo de crime (tipos de dolo, negligência e elementos subjectivos especiais); a necessária incidência dos elementos subjectivos do tipo sobre as circunstâncias agravantes típicas; o domínio do processo causal e o nexo de causalidade nos crimes de resultado (de dano e de mero perigo); a análise da participação do agente no *iter criminis*, nas vertentes do seu domínio da execução e da prática de actos de execução do crime; o título subjectivo da comparticipação (nas categorias da autoria directa, mediata, co-autoria, instigação e mera cumplicidade).

b) relativamente às causas de exclusão da ilicitude, culpa e/ou punibilidade – cláusula geral da exclusão da ilicitude e categorias tipificadas das causas de exclusão da ilicitude e da culpa; o recurso à analogia no enquadramento das causas de exclusão; elementos objectivos e subjectivos das causas de exclusão da ilicitude e da culpa; requisitos da punibilidade da tentativa; possibilidades de isenção de pena; prescrição da pena e prescrição do procedimento criminal; amnistia.

c) relativamente a todos os factores susceptíveis de influir na determinação da medida concreta da pena – os critérios para a escolha da pena; os pressupostos da atenuação especial da pena; as circuns-

---

[215] EDUARDO CORREIA, *A Teoria do Concurso em Direito Criminal*, Coimbra, Almedina, Reimpressão 1983, pp.327 ss.

tâncias tipificadas em sede das regras de determinação da medida da pena.

Mais do que apenas em sede da Audiência de Julgamento, pois nem sempre é esse o momento em que melhor se poderão tentar obter os respectivos meios de prova, já em sede de Inquérito e de Instrução deve a Defesa Criminal preocupar-se em prevenir a hipótese da condenação. E, para a hipótese da condenação, poderão ser determinantes as questões de facto e de direito que importam diferentes medidas de condenação.

Assim sendo, a intervenção e a influência de terceiros na prática dos factos autuados, as capacidades do arguido, as suas motivações, as solicitações para a prática do crime, em suma, todas as condicionantes do comportamento do arguido, que, sempre que sejam favoráveis, deverão ser realçados pela Defesa, a par do melhor enquadramento possível das suas acções na lei penal substantiva vigente.

Naturalmente que, tal como todas as intervenções da Defesa na tramitação do processo, a adução daquelas questões deverá ser programada em função do seu *timing* ideal e em função do grau de necessidade do recurso a tal argumentação.

Todavia, este é um campo de análise que não deve ser deixado virgem até ao momento da Audiência de Julgamento porque, muitas vezes, implica diligências de investigação prévia, as quais devem ser promovidas pelas autoridades judiciárias, em prol da Defesa Criminal.

45. 5. Programação do Julgamento em função do princípio *In Dubio Pro Reo*

Antes de mais, devemos esclarecer que o princípio processual *In Dubio Pro Reo*, que vigora no domínio da apreciação das provas, não se identifica com o princípio mais lato e constitucionalmente consagrado da presunção de inocência do arguido[216], muito embora aquele seja encarado na nossa Ordem Jurídica como um corolário deste último princípio.

Desde logo, porque o princípio constitucional da presunção de inocência é um dos princípios fundamentais do Direito Processual Penal,

---

[216] Por sua vez, o princípio da presunção de inocência do arguido deriva do princípio da culpa (*nulla poena sine culpa*), o qual é estruturante de todo o Direito Penal português.

responsável por diversas garantias processuais do estatuto processual e da defesa do arguido.

Mas, mais do que uma simples regra de ónus da prova[217], o princípio processual *In Dubio Pro Reo*, que vigora no domínio da apreciação das provas, estabelece que, na apreciação dos factos que se devam considerar provados ou não provados, o julgador deverá, em caso de *non liquet* nas questões da prova, considerá-los por provados ou por não provados, de acordo com os interesses do arguido, já que este deve presumir-se inocente até prova em contrário.

Registe-se que, mercê do princípio processual *In Dubio Pro Reo* vigorar no Direito Processual sem uma previsão legal específica, sendo unanimemente entendido como uma decorrência da presunção de inocência, também está por demonstrar que o mesmo conheça como limite o da dúvida razoável[218]. Porém, o que é certo é que, para se darem por provados os factos relativos à responsabilidade penal do arguido, será necessário que as entidades acusatórias desenvolvam a prova suficiente para que o julgador possa, com segurança, dar os respectivos factos por assentes, sem a subsistência de dúvidas relevantes.

Ora, tal princípio *In Dubio Pro Reo*, levados às últimas consequências, traduz-se, sem dúvida, numa *vantagem processual que a Defesa Criminal deve saber utilizar* na sua capacidade negativa – a de negar os factos da acusação – e na sua capacidade positiva – a de afirmar os factos da defesa.

Contudo, a aplicação daquele princípio não pode estender-se a todas as matérias de facto que surjam no âmbito do processo. Pois o benefício da dúvida que está estabelecido em favor do arguido apenas abrange os factos constitutivos da eventual responsabilidade penal. E, ainda, muito embora previsto para vigorar em todo o processo, a aplicação plena daquele mesmo princípio só tem verdadeiramente lugar na Audiência de Julgamento. Pois é somente na Audiência de Julgamento que se exige dos respectivos meios uma força probatória e não uma força meramente indiciária.

---

[217] Em bom rigor, parece mesmo inadequada a referência a um ónus de prova formal no processo penal, porquanto este conceito civilista não tem em conta o dever de objectividade que impende sobre o Ministério Público.

[218] A prova da culpa do arguido *beyond reasonable doubt*, como é entendida no Direito Anglo-Saxónico.

CAPÍTULO V

Assim sendo, no domínio das questões de facto, deve a Defesa Criminal esforçar-se por potenciar esta verdadeira «vantagem processual», designadamente prevendo cuidadosamente o que apenas suscitará em sede de Julgamento e o que apenas revelará em sede de Julgamento.

Já o dissemos: «é no Julgamento que a Defesa soma todos os seus argumentos, todas as suas provas e soma todas as falhas processuais, em função do pretendido descrédito da Acusação» e «*durante a Audiência de Julgamento, deve o arguido procurar surpreender com factos e provas ainda desconhecidos e explorar todas as debilidades processuais, porquanto o Julgamento é a fase processual em que todos os argumentos da Defesa podem ganhar mais relevo, em função do princípio In Dubio Pro Reo*».

Teremos ocasião de desenvolver *infra* diversas considerações a propósito da actuação da Defesa na Audiência de Julgamento.

Contudo, o que desde já pretendemos afirmar como vector da Defesa Criminal, é que, desde o início dos autos e ao longo do curso das fases preliminares, a direcção processual da Defesa Criminal deve ter em conta a programação da sua actuação em Julgamento, seleccionando matérias e reservando argumentos.

Desde logo, entre outros, reservando: a exploração exacta de cada falha das autoridades judiciárias no decurso das investigações; os meios de prova que poderiam ter conduzido as investigações em sentido contrário ao pretendido pela Defesa; os factos e meios de prova que, respectivamente, careceriam de morosas investigações por parte das autoridades judiciárias para serem contraditados.

Por último, uma forte componente de prova, por parte do arguido em sede de Julgamento, ajudará a *centrar a discussão da causa nas questões que a Defesa Criminal estabelecer*, conferindo-lhes, assim, maior relevância. Tanto assim, que por vezes existem determinadas questões que, convenientemente reservadas até ao último momento, são susceptíveis de conferir só por si a aparência de superficialidade às investigações oficiosas, descredibilizando-as, ou trazendo sobre elas uma forte componente de dúvida.

Porque, também já o dissemos, «*O Tribunal de Julgamento é a entidade que estará menos condicionada pelo sentido lógico acusatório imprimido aos autos nas suas fases preliminares, estando obrigado a considerar somente a prova produzida ex novo e submetida a análise em Audiência*».

46. Afloramentos da Problemática da Prova no Processo Penal

46.1. Prova e o seu Significado

Antes de avançarmos para as matérias relativas à tramitação prática do processo e porque a Defesa Criminal não deve alhear-se da importante problemática da prova – sobretudo dos avanços que têm sido conquistados em matéria da prova no processo penal – entendemos por essencial situar aquela problemática em algumas das suas actuais questões centrais, as quais podem servir de importante instrumento de avaliação da prova e de actuação processual por parte do arguido.

Tanto mais quanto (já o afirmámos) a prova é o substracto do processo penal, desde o seu início e durante todo o seu curso, podendo ainda ser a causa da reapreciação da decisão transitada em julgado, em sede de recurso extraordinário de Revisão de Sentença[219]. Ao contrário do que sucede com o processo civil, o processo administrativo, o processo laboral e outros.

A prova civil e a prova penal, constituem institutos jurídicos que, embora derivados de uma origem e orientados por um sentido comuns[220], apresentam inúmeras diferenças, não apenas segundo critérios normativos, como também ao nível do seu significado funcional.

Enquanto actividades normativizadas, com efeito, não consistem em actividades diferentes, mas estão certamente vinculadas a diferentes exigências, em função de diferentes objectivos.

Naturalmente, no presente trabalho, ser-nos-á particularmente necessário considerar o relacionamento da prova com o processo penal.

O processo penal, especificamente, visa a aplicação do Direito Penal aos factos penalmente relevantes. Ou seja, perante uma dada ocorrência de facto, enquadrável juridicamente como crime, o processo penal é desencadeado com o objectivo de possibilitar a aplicação da lei penal substantiva.

Para tanto, em momento prévio ao da aplicação da lei, está desde logo em causa a constatação e a verificação da ocorrência do facto criminalmente relevante, bem como a definição exacta das circunstâncias e condi-

---

[219] *Vide* os actuais arts.449º e segs. CPP, os quais serão objecto de análise *infra*.
[220] Na verdade, ao nível do relacionamento com o Direito substantivo, e no âmbito das funções que lhes cabem no domínio processual da fixação da matéria de facto, aqueles são institutos semelhantes, senão mesmo de igual significação.

ções de ocorrência do mesmo, a fim de possibilitar a total fundamentação da decisão[221].

Porém, todo o procedimento criminal está humanamente limitado pela sua realização *ex post facto*, uma vez que tem por objecto a consideração de factos ocorridos em momento necessariamente anterior.

Este condicionamento, evidente por natureza, implica que os juízos feitos sobre os factos ocorridos no mundo causal não sejam destes contemporâneos e não se baseiem num conhecimento directo por parte das várias instâncias de decisão processual.

Assim, o conhecimento da factualidade subjacente ao processo só é possível mediante a existência e conhecimento de determinados suportes probatórios - materiais e/ou verbais - carreados para os autos, de modo a possibilitar a análise de uma realidade passada: as provas.

Citando CARNELUTTI, *"Quello che rimane non è l'atto; ma la prova"*[222]; daqui a importância evidente da prova para o processo penal.

Aliás, lembremo-nos que o processo penal visa, *maxime*, a realização dos objectivos de política criminal corporizados no sistema normativo penal substantivo, aos quais aquele deve obediência[223]. Logo, toda a finalidade lógica do processo penal - a aplicação do Direito ao caso concreto para realização da Justiça Penal - parte de um pressuposto de identidade entre facto real e facto processualmente provado. Pressuposto este que não é

---

[221] Aliás, toda a estrutura do processo penal corrobora esta afirmação, paradigmatizada na estrutura da audiência de julgamento em obediência ao princípio da imediação. Neste sentido, MANUEL CAVALEIRO DE FERREIRA afirma que *"o processo penal mostra-nos em todo o seu desenvolvimento uma estrutura formal ordenada em função da decisão judicial"* (*Curso de Processo Penal*, Vol.I, Lisboa, 1955, p.19).

[222] FRANCESCO CARNELUTTI, *Metodologia del Diritto* (1939), Pádua, Cedam, reedição 1990, p.57.

[223] Em boa verdade, a relação existente entre a política-criminal, o Direito Penal e o Processo Penal, está longe de ser pacífica e uniforme. Ao invés de se lograr uma perfeita coordenação entre todas aquelas disciplinas, em comum ainda com a criminologia, em termos de permita actuar sobre a realidade criminal em dois vectores: descrever-explicar-prever e prevenir-punir--controlar, o certo é que parece existir um desencontro crónico entre as mesmas disciplinas, o que se reflecte na perda de eficácia e de legitimidade de cada uma delas. Sobre este assunto, vide J.CONTRERAS, *La Definición de Criminalidad. Competencias del Derecho Penal y de las Ciencias Sociales*, "Quadernos de Política Criminal", 1981, pp.439 ss.

verdadeiro, traduzindo-se, afinal, num mero objectivo a atingir no âmbito da própria actividade processual[224].

Assim, a perseguição processual penal dos agentes é apenas eventualmente a perseguição dos verdadeiros criminosos, implicando a selecção maximizada dos diferentes suspeitos da prática do crime e a investigação aturada das circunstâncias do mesmo, uma vez que só com os factos verdadeiros se realiza o Direito Penal.

Tal como a própria eficácia da política criminal, traduzida na lei penal, está condicionada à prévia determinação dos factos reais, também nenhum sentido e/ou propósito teria o Direito Penal isolado dos factos concretos, verdadeiramente ocorridos, conquanto é facilmente compreensível que nenhum ramo do Direito conseguiria a sua eficácia e, consequentemente, a sua realização apartados dos factos jurídicos.

Conceitos consolidados dogmaticamente como dignidade penal[225], bem jurídico essencial[226] ou conceito material de crime[227], que sujeitam a pre-

---

[224] Para uma noção sumária da recente evolução das clássicas questões do processo penal na Europa, que foi objecto de amplas modificações nas últimas décadas, *vide*, nomeadamente, *O Novo Processo Penal na Europa*, Revista do Ministério Público, nº39, 1989, pp.177 ss.com comunicações de J.FIGUEIREDO DIAS, M.COSTA ANDRADE, M.LOPES ROCHA, J.CUNHA RODRIGUES, A.LABORINHO LÚCIO, entre outros.

[225] O conceito de dignidade penal corresponde a uma referência doutrinária da dogmática penalista, que significa, sinteticamente, a expressão de uma intolerabilidade social de condutas ilícitas, que, por esse motivo, torna necessária a incriminação. Porém, este requisito "negativo" da incriminação deve ser co-relacionado com um outro requisito "positivo" da mesma, sendo este a "carência de tutela penal" por parte do bem jurídico. Para maiores desenvolvimentos, *vide* MANUEL DA COSTA ANDRADE, *A Dignidade Penal e a Carência de Tutela Penal como Referências de uma Doutrina Teleológico-Racional do Crime*, em R.P.C.C. nº2 (1992) pp.173 ss..

[226] O conceito de bem jurídico essencial, noção reivindicada como própria da dogmática penalista, em oposição à de "interesse" própria do Direito privatístico, corresponde, em suma, a uma noção valorativa que enquadra em si apenas os bens, axiomas ou interesses sociais e individuais, considerados unanimemente como indispensáveis ao equilíbrio comunitário e desenvolvimento da personalidade, dentro da estrutura social global. Para maiores desenvolvimentos, *vide* EMILIO DOLCINI e GIORGIO MARINUCCI *Constituição e Escolha dos Bens Jurídicos*, em R.P.C.C. nº4 (1994) pp.149 ss.. Entre nós, ainda MARIA FERNANDA PALMA, *Direito Penal - Teoria do Crime*, Lisboa, 1984, pp.11.ss., chamando a atenção para o problema do bem jurídico enquanto procura de um fundamento científico do Direito Penal, sob as perspectivas de HASSEMER, FEUERBACH, entre outros.

[227] O conceito material de crime corresponde a uma categoria procurada pela dogmática penalista, no intuito de encontrar critérios unitários do desvalor ético mínimo, que possam

CAPÍTULO V

visão de uma pena privativa da liberdade a uma multiplicidade de condicionalismos, em função da gravidade da sanção imposta, só fazem sentido se enquadrados também num sistema processual compatível com exigências de máxima certeza e segurança jurídicas, pelo que seria defraudar o próprio conceito de Justiça Penal caso não se visasse, acima de qualquer outro valor, a determinação *a posteriori* - com o maior grau de certeza possível - da realidade dos factos sujeitos ao processo[228].

Portanto, todos os condicionalismos e limitações impostos ao Direito Penal substantivo deverão, forçosamente, reflectir-se também no âmbito do processo penal, sem o que o sistema penal perderia o seu significado e a sua legitimidade.

Conforme expressou MALATESTA: *"O direito da sociedade só se afirma racionalmente como direito de punir o verdadeiro réu; e para o espírito humano só é verdadeiro o que é certo."*; *"É necessário, porém, observar que na crítica criminal não se fala do facto senão como realidade verificada."*; «*Qual é a verdade que se procura em matéria penal? É, já o dissemos, a verdade objectiva que entra no espírito do julgador por meio de prova*"[229].

---

servir de denominador comum a todas as incriminações. Isto é, o conceito material de crime será uma noção-padrão que deverá orientar e limitar o legislador, quando este pondera a criação de infracções criminais, em lugar de se permitir a ilimitada proliferação jurídico-penal. Não será, seguramente, a própria lei penal que deverá conter um conceito material de crime. Contudo o texto constitucional pode ser objecto de pesquisa, no sentido de se extraírem deste critérios axiológicos e normativos que contribuam para o confronto entre as incriminações concretas e um conceito unitário orientador da definição de condutas criminosas. A dificuldade de alcançar de um conceito material de crime, partindo do conceito-cerne de bem jurídico essencial, é unanimemente reconhecida (*vide*, por todos, MARIA FERNANDA PALMA, *Direito Penal - Teoria do Crime*, Lisboa, 1984, pp.8 ss., e CONCEIÇÃO VALDÁGOA, *O conceito Material de Crime e a Doutrina do Bem Jurídico*, em "Alguns Apontamentos de Direito Penal (Parte Geral)", F.D.L.,1991/92). No entanto, MARIA FERNANDA PALMA, propõe hoje 3 critérios tendencialmente delimitadores de um conceito material de crime, a saber: o carácter imediato da lesão de bens jurídicos essenciais, mesmo sob a forma de perigo; o maior desvalor ético da acção infractora em face das infracções de Direito de Mera Ordenação Social; e a impossibilidade de tolerância da lesão, atendendo à irreparabilidade do dano (ensino teórico de 1993/94, na Faculdade de Direito da Universidade de Lisboa).

[228] Note-se que para isso contribui a própria estrutura acusatória do processo penal em Portugal faz impender sobre duas entidades distintas, ambas sujeitas ao princípio da busca da verdade material, a obrigação de verificar a certeza sobre a veracidade dos factos autuados.

[229] N.FRAMARINO DEI MALATESTA, *A Lógica das Provas em Matéria Criminal*, Vol.I, (tradução portuguesa J.ALVES DE SÁ, Lisboa, 1911, pp.16, 101 e 128, respectivamente).

De onde se conclui que a finalidade da busca da verdade material no processo penal[230], bem como as exigências impostas pelas normas e princípios do Direito Penal, irão, finalmente acabar por assumir relevo prático na consideração de todas as questões em torno da prova no processo penal.

Tanto assim que, mais do que em qualquer outro ramo de Direito Processual, a prova apresenta-se como a própria a essência ontológica do processo penal, em virtude de um valor funcional fortíssimo, estranho a outros sistemas[231]. Veja-se que, por exemplo, entre várias especificidades do processo penal face aos demais sistemas processuais[232], o processo penal nunca acolhe quaisquer efeitos cominatórios. Por outro lado, impende sobre as várias instâncias de controlo a obrigação de porem fim ao processo assim que se constatem insuficiências ao nível da prova[233].

E tal porque, em virtude do princípio da presunção de inocência, não apenas todos os factos alegados têm que ser objecto de prova nos termos gerais (à excepção única dos factos notórios), como também os factos provados de forma duvidosa serão tidos como provados ou não provados consoante seja mais favorável ao arguido[234][235].

---

[230] Neste sentido e elevando a verdade material à categoria de princípio do processo penal português, vide MANUEL CAVALEIRO DE FERREIRA, *Curso de Processo Penal*, Vol.I, Lisboa, 1955, pp.49 ss.

[231] De modo algum esta perspectiva é acolhida unanimemente. Em contrário, *vide*, por exemplo, a posição defendida por MIGUEL FENECH, segundo a qual a prova constitui simples "*condição de procedibilidade*" (*apud El Proceso Penal*, 4ª ed., Madrid, Agesa, 1982, pp.297 ss.). Porém, mesmo este ponto de vista acaba por nos dar razão quanto à importância ontológica da prova para o processo penal, ainda que de forma indirecta.

[232] Desde logo decorrentes do art.32º da Constituição da República Portuguesa.

[233] É bem explícito o art.277º do CPP, quanto a esta obrigação, quando estatui que, em sede de inquérito (o realçado é nosso): "1.*O Ministério Público procede, por despacho, ao arquivamento do inquérito, logo que tiver recolhido prova bastante de se não ter verificado o crime, de o arguido não o ter praticado a qualquer título,* (...) 2.*O inquérito é igualmente arquivado se não tiver sido possível ao Ministério Público obter indícios suficientes da verificação de crime ou de quem foram os agentes.*(...)"; assim como o art.308º nº1 CPP em sede de Instrução.

[234] Em notória oposição às regras processuais do Direito Civil, como é patente no art.516º do Código do Processo Civil.

[235] Há ainda quem defenda que o princípio *in dubio pro reo* imponha o termo do processo penal através de decisão atempada e material, no caso de insuficiências probatórias, sob pena do mesmo processo existir *contra reum*. Assim em CRISTINA LÍBANO MONTEIRO, *Perigosidade de Inimputáveis e 'In Dubio Pro Reo'*, "Stvdia Ivridica", 24, Coimbra, 1997, p.23

CAPÍTULO V

Ou seja, só os factos provados para além da dúvida podem servir de suporte à condenação por facto penalmente relevante. Portanto, é legítimo concluir que:

- os factos penalmente relevantes fundamentam o processo penal, mas não possibilitam, por si só, o juízo penal e a consequente responsabilidade;
- os factos penalmente relevantes são processualmente relevantes por intermédio da prova;
- de onde, em bom rigor, é a prova o suporte legítimo da existência do processo penal;
- por estes motivos, e porque são muito restritivos as normas e princípios do Direito Penal material, as exigências probatórias do processo penal são maximizadas, não conhecendo paralelo em outros ramos de Direito Processual.

No universo jurídico[236], o estudo da prova está intimamente ligado com o dos critérios e instrumentos utilizados pelas instâncias judiciais para a aquisição da matéria de facto que, posteriormente, será sujeita à competente aplicação de normas[237]. Tanto assim, que é por meio daquela que se ensaia a reconstrução processual dos factos que fundamentam a decisão judicial, independentemente dos critérios jurídicos subjacentes à própria justiça da decisão[238].

---

[236] Abstivemo-nos aqui, deliberadamente, de demoradas considerações sobre a prova nos demais domínios científicos, nos quais é conceito que sempre assumiu uma importância nuclear, quer no âmbito das ciências naturais, quer sociais e humanas. Tanto mais que a prova jurídica dos factos constitui, ainda hoje e reconhecidamente, o paradigma da prova empírica em geral. Neste sentido, GIULIO UBERTIS, *La Prova Penale, Profili Giuridici ed Epistemologici*, Turim, Utet, 1995, p.2.

[237] Assim, em *Prove.Attraverso la Nozione di Prova/Dimonstrazione*, 1986 (tradução para o idioma italiano, Milão, 1990), F.GIL chama a atenção para a necessidade de reconhecimento de uma recíproca interacção entre a metodologia científica e a metodologia judiciária, cujo movimento dialéctico provoca a instrumentalização da prova, em benefício da prevalência da demonstração.

[238] Em bom rigor, a matéria probatória e os juízos sobre as questões-de-facto, devem considerar-se, por serem prévios, alheados de toda a problemática da justeza da decisão sobre as questões-de-direito. Neste sentido, M.TARUFFO, *La Prova dei Fatti Giuridici, Nozioni Generali*, Milão, 1992, p.43. Para uma diferenciação metodológico-problemática, *vide* ainda CASTA-

O arrazoado fáctico construído e invocado pelo julgador como suporte de ulteriores qualificações lógicas, valorativas (ou simplesmente retóricas), que conduzem à aplicação da lei, decorre antes de mais de uma realidade processual prévia, composta por processos de selecção e avaliação de material probatório[239] e aceite desde que se reconheceu a insuficiência das concepções positivistas lógico-dedutivas que, outrora, concebiam o juiz como uma mera *"boca que que pronuncia as palavras da lei"*[240].

Porém, também a realidade probatória está sujeita a inúmeros equívocos, desde logo patentes em termos linguísticos.

Com efeito, consoante o contexto significativo em que se encontre inserido, "prova" poderá designar diversas realidades, se bem que lhes seja inegável a comunhão de um sentido originário comum[241].

Desde logo o próprio legislador emprega o termo "prova" em duas acepções distintas:

a) designando um processo activo e direccionado para a demonstração de uma afirmação, a **actividade probatória**[242], sendo neste sentido que se pode atribuir às partes processuais um ónus de prova[243], que se estatui sobre o objecto da prova[244], sobre os métodos de prova[245], etc.;

b) ou designando, diversamente, a realidade material invocada para a demonstração de uma afirmação, o **suporte probatório** ou o meio de prova, e é neste sentido que se estatui sobre a legalidade da

---

NHEIRA NEVES, *Questão-de-Facto Questão-de- Direito ou o Problema Metodológico da Jurisdicidade*, Almedina, Coimbra, 1967.

[239] M.TARUFFO, *La Motivazione della Sentenza Civile*, Pádua, 1975, p.212.

[240] MONTESQUIEU, *Lo Spirito de la Legge*, 1748 (tradução para o idioma italiano, vol.I, Turim, 1952, p.287), citado por L.FERRAJOLI, em *Diritto e Ragione. Teoria del Garatismo Penale*, Roma-Bari, 1989, p.XVII, para critica do conceito positivista de juízo como operação silogística perfeita, construída na base de uma enunciação pura dos factos provados, onde o juiz desempenharia a função de *"bocca della legge"*.

[241] Vide, a este propósito, F.CARRARA, *Programma del Corso di Diritto Criminale, Parte Generale*, III, Prato, 1886, § 900, p.201.

[242] Para contacto com uma autêntica Teoria Geral da Actividade Probatória, vide ALFREDO BARGI, *Procedimento Probatório e Giusto Processo*, Nápoles, Jovene Editore, 1990.

[243] V.g. art. 342º do CódigoCivil.

[244] V.g. art.124º CPP

[245] V.g.art.126º CPP

prova[246], que se regulamentam os próprios meios de prova[247], os meios de obtenção da prova[248], que se criam regras sobre a produção da prova[249], sobre a valoração da mesma[250], etc.

No entanto, prova pode ainda significar o próprio juízo de mérito que incide sobre os respectivos suportes, o **juízo probatório**, ou seja, a consideração racional de um dado facto como assente pela valoração de determinado(s) meio(s) de prova. E é neste sentido que podemos falar em prova legal plena[251], em indícios de prova, em prova suficiente, entre outros.

Acresce a estas variantes da noção de prova, que para a formação do referido juízo probatório, é ainda identificável a atribuição objectiva e subjectiva de uma determinada importância demontrativa, o designado **valor probatório**[252], sempre emanente a qualquer suporte. O valor probatório resulta no fundo de uma consideração racional, de um verdadeiro juízo de valor, que relaciona um dado suporte material com o facto ou ideia que se pretende demonstrar, e atribui um determinado grau de credibilidade à mesma relação[253]. E, por vezes, este valor probatório é mesmo fixado *a priori* pelo legislador, em função de critérios gerais de mérito sobre o suporte probatório, normalmente baseados em regras de experiência, mas também em critérios de segurança e certeza jurídicas[254].

Alguns domínios jurídicos permitem mesmo o estabelecimento de elaboradas regras de graduação de provas e do respectivo valor probatório, como se pode encontrar no domínio das disposições sobre prova prevista no Código Civil[255].

---

[246] V.g. art.125º CPP
[247] V.g.arts.128º ss. e 292º CPP
[248] V.g.arts.171º ss CPP
[249] V.g. art.340º CPP
[250] V.g.art.355º CPP
[251] V.g. art.347º Código Civil.
[252] O legislador utiliza frequentemente também a expressão "força probatória", para designar esta realidade, v.g. nos arts.358º, 371º, 376º, 389º, 391º e 396º, todos do Código Civil.
[253] Neste sentido, também GIULIO UBERTIS, *La Prova Penale, Profili Giuridici ed Epistemologici*, Turim, Utet, 1995, pp.62 ss.
[254] V.g. arts.163º, art.167º, 169º CPP
[255] V.g. arts.352º ss. Código Civil.

Neste âmbito e também naqueles outros em que tal se venha a verificar ser adequado, a prova documental surge por vezes como a única que possibilita um rigoroso juízo probatório, uma verdadeira certeza quanto à relação do respectivo suporte com a afirmação que se pretende provar, porquanto, em determinados casos, o documento constitui o próprio acto a ser provado. Neste sentido, CARNELUTTI conclui ser possível afastar as tradicionais dificuldades de prova *"quando si tratta di prova documentale, tra l'atto e la prova finiamo per non distinguere più"*[256].

Porém, nem sempre a realidade jurídica se compadece com uma sistematização deste tipo.

Desde logo, em virtude de uma distinção essencial entre a noção de "prova" em sentido estrito e a noção de "indício", a que nomeadamente o legislador também faz apelo[257].

Com efeito, dentro da noção ampla de elementos de prova, poderemos encontrar as diferentes categorias da "prova" e do "indício"[258], que correspondem, inegavelmente, a realidades empíricas de recorrência generalizada, no âmbito de qualquer a avaliação probatória processual[259]. No entanto, confrontados com a necessidade de estabelecer uma diferenciação objectiva entre aquelas categorias, seremos forçados a admitir que tal só será possível com referência a regras de experiência e de cálculo probabilístico - a utilizar por cada julgador em cada momento concreto do juízo probatório -, relacionadas com o grau de segurança conclusiva atribuída, individualmente e por modo de avaliação lógica, a um dado elemento probatório que pretenda demonstrar a respectiva hipótese factual[260].

---

[256] FRANCESCO CARNELUTTI, *Metodologia del Diritto*, Padova, 1939 (re-edição de 1990), p.57.
[257] *V.g.* quanto ao prosseguimento da Instrução, pelo despacho de pronúncia, para o que bastarão os *"indícios suficientes"* da prática do crime, nos termos do art.308º nº1 do CPP.
[258] Vide a curiosa definição (figurada), dada por JEAN LARGUIER em *Procédure Pénale*, 4ª ed., Paris, 1994, Dalloz, *"indícios, são testemunhas mudas que não mentem"* (p.172).
[259] GIULIO UBERTIS, *La Prova Penale, Profili Giuridici ed Epistemologici*, Turim, Utet, 1995, pp.44 ss.
[260] No mesmo sentido, G.BELLAVISTA, *Gli Indizi nel Processo Penale*, 1971 (reedição em "Sudi sul Processo Penale", vol.IV, Turim, 1992, pp.58 ss.), e em sentido compatível, VICENZO MANZINI, *Trattato di Diritto Processuale Penale Italiano*, 6ª ed., vol.III., Turim, 1970, p.526.

CAPÍTULO V

Portanto, a *"distinção entre prova e indício concerne à modalidade lógica da conclusão sucessiva"*[261], em que a prova significará uma relação de forte probabilidade e o indício significa pouco menos que uma presunção simples[262].

Assim, tal distinção estará intimamente relacionada com o juízo probatório que analisaremos adiante.

Juízo probatório esse que, por sua vez, está sujeito aos princípios processuais penais da atipicidade da prova e da livre convicção do julgador[263] - facto extraordinariamente rico em consequências para a possível variação do valor e sentido da prova.

Por si, estes princípios abrem portas a inúmeras possibilidades de execução das actividades/operações probatórias, bem como delegam em ulteriores instâncias a eventual definição de regras de valoração, criando desta forma uma verdadeira problemática em torno do designado "juízo de facto".

É que, para estabelecimento de um seguro juízo de facto, baseado no valor das provas em presença, inúmeros factores de instabilidade se apresentam no caminho do julgador.

46.2. Imaterialidade e prova
Reza o Cód.Civil que *"As provas têm por função a demonstração da realidade dos factos"*[264] e, neste sentido, tem sido entendido que "prova" é a referência habitual da linguagem jurídica para designar o processo de fixação da matéria de facto[265].

Todavia, torna-se desde logo necessário constatar que, especialmente no mundo do Direito, a prova não lida directamente com factos, mas sim

---

[261] GIULIO UBERTIS, *Fatto e Valore nel Sistema Probatorio Penale*, Milão, 1979, p.115.
[262] De acordo com L.MONTESANO, *Le 'Prove Atipiche' nelle 'Presunzioni' e negli 'Argomenti' del Giudice Civile*, "Rivista Diritto Processuale, 1980, p.244, que apresenta os *"elementos indiciários"* como uma espécie de presunção simples.
[263] *Vide* os arts.125º e 127º do C.P.P. Para desenvolvimentos sobre este assunto em particular, por todos, MANUEL CAVALEIRO DE FERREIRA, *Curso de Processo Penal*, Lisboa, 1955, pp.297 ss., M.NOBILI, Il Principio del Libero Convincimento del Giudice, Milão, 1974, pp.32 ss. e S.PATTI, *Libero Convincimento e Valutazione delle Prove*, in "Rivista de Diritto Processuale", 1985, p.495 ss..
[264] *Vide* o art.341º do Código Civil.
[265] Neste exacto sentido, FRANCESCO CARNELUTTI, *La Prova Civile*, Roma, 1915 (re--edição de 1947), p.13.

com enunciados de factos[266]. Isto é, parece na verdade insensato falar-se em prova da verdade dos factos, em vez de em prova da afirmação da verdade dos factos[267]. Assim, "prova de um facto" e "prova da verdade de um facto", não deverão significar mais do que *"prova da verdade das proposições"*[268].

Assim, e antes de mais, cumpre reconhecer a insuficiência estrutural do conceito de prova, em termos de este inexistir desligado da respectiva demonstração que pretende atingir. Isto é, algo só se considera prova, quando esse algo seja agregado a uma dada hipótese apresentada, podendo, ulteriormente, ser-lhe atribuído um valor probatório positivo ou negativo[269].

De onde, será necessário partir-se da hipótese factual que se pretenda demonstrar, para se poder avaliar o alcance probatório de um dado suporte.

Tanto mais que é certo que, no meio judicial, a prova está estritamente relacionada com a fundamentação da pretensão das partes, apresentada como a própria base da demanda ou da defesa[270].

Assim, não será de todo descabido concluir que - embora possa aprioristicamente parecer uma conclusão algo sofismada - no âmbito processual, a prova incide sempre sobre algo de imaterial, na medida em que se dirige para a demonstração de proposições sobre factos.

Porém, ainda que apenas enquanto objectos destas proposições, pode pretender-se a prova de factos em sentido estrito, ou de relações conjecturais entre factos e/ou agentes, ou ainda de realidades puramente imateriais. Neste âmbito, enquanto mero suporte de proposições sobre factos, desde logo há-de reconhecer-se bastante mais problemática qualquer acti-

---

[266] De acordo com a concepção de GIULIO UBERTIS, em *La Ricerca della Veritá Giudiziale*, "Sisifo e Penelope. Il Nuovo Codice di Procedura Penale dal Progetto Preliminare alla Riconstruzione del Sistema", Turim, 1993, pp.89 ss.

[267] Desde logo porque a verdade só se encontra nos próprios factos, e no processo penal não se pode andar atrás de outra coisa que não da verdade de proposições, de acordo com F.CARRARA, *Programma del Corso di Diritto Criminale, Parte Generale*, III, Prato, 1886, §900, p.201.

[268] Insistindo neste ponto de vista, GIULIO UBERTIS, em *La Prova Penale, Profili Giuridici ed Epistemologici*, Turim, Utet, 1995, pp.8 e 9, demonstra ser errada a perspectiva de análise inversa, em que faria sentido falar-se de "*factos falsos*" e "*factos verdadeiros*", em nítida contradição com as características ônticas do discurso fáctico do mundo real.

[269] Neste sentido, e fazendo a correspondência entre o valor probatório de um elemento de prova e a probabilidade da hipótese que se pretende demonstrar, em L.J.COHEN, *The Probable and the Provable*, Oxford, 1977, p.245, apoiando-se em citações de A.GIULIANI, *Il Concetto di Prova. Contributo alla Logica Giuridica*, Milão, 1961.

[270] Cfr. G.A.MICHELI, *Jura Novit Curia*, em Rivista Diritto Processuale, 1961, p.579.

CAPÍTULO V

vidade, suporte ou juízo probatórios que incida sobre realidades puramente imateriais.

Tanto assim que (1) pode-se pretender provar um simples facto[271]. Neste caso, embora, afinal, não seja muito simples consensualizar acerca da própria noção de facto[272], teremos de reconhecer que a complexidade da actividade probatória poderá resumir-se à sua expressão mínima[273]. Desde logo porque muitos factos naturais e humanos encontram-se registados em suportes materiais identificáveis, em que se podem reconhecer os seus traços ontológicos.

Por outro lado, (2) pode-se pretender provar um acto, o que poderá implicar uma maior complexidade, já que se traduz em factos produzidos por uma vontade a identificar e que, por vezes, aglomera em si uma multiplicidade de factos em sentido estrito. Porém, ainda neste caso a actividade probatória poderá desenrolar-se proveitosamente por intermédio de suportes satisfatórios, nomeadamente por meio testemunhal ou de registos materiais de variadas espécies.

---

[271] A raiz etimológica do substantivo "facto" (a expressão latina "*factum*", particípio passado do verbo "*facere*"), baseia-se no significado de "o que foi feito", ou seja, aquilo que se realizou forçosamente no passado e que foi preservado pela memória.

[272] Na verdade, o facto não é mais do que um conceito. O conceito de facto importa a existência de um substrato histórico da realidade, delimitado por um significado, um princípio e um fim. Nas palavras de FRANCESCO CARNELUTTI, facto é *"uma peça que se destaca ou se procura destacar do passado"* (Diritto e Processo, A.Morano, Nápoles, 1958, p.95).Quanto a este problema, sistematizando sumariamente a polémica existente em torno da noção de "facto", vide, por todos, FREDERICO ISASCA, *Alteração Substancial dos Factos e a sua Relevância no Processo Penal Português*, Almedina, Coimbra, 1992, pp.59.ss., sem prejuízo de aprofundamentos acerca do conceito processual de "facto", sob um prisma neo-kantiano em EDUARDO CORREIA, *Processo Criminal*, Coimbra, 1954, e sob um prisma "metodológico-problematizante" em ANTÓNIO CASTANHEIRA NEVES, *Questão-de-facto Questão-de-Direito ou O Problema Metodológico da Jurisdicidade*, Almedina, Coimbra, 1967.

[273] Mesmo no domínio puro dos factos, a realidade não é tão simples quanto uma visão apressada possa fazer supor. Em boa verdade, é discutível a própria existência dos factos, em face de uma realidade contínua e ininterrupta. Tanto assim que os factos não são entes em si, não têm suporte ontológico directo, antes sendo, conforme dissemos na nota anterior, recortes da realidade, da memória humana da realidade. Neste sentido, U.SCARPELLI afirma, com bastante acuidade, que: *"Os factos são complicados; os factos sociais são os mais complicados de todos. O simples falar de factos, como se os factos estivessem ali tranquilamente por sua conta esperando o nosso conhecimento fáctico, é um modo ingénuo de se expressar, que esconde grandes complicações epistemológicas"* (em *Introduzione all'Analisis delle Argumentazioni Giudiziarie*, "Diritto e Analisi del Linguagio, Milão, Edizioni di Comunitá, 1976, p.415).

Pelo contrário, (3) caso se pretendam estabelecer relações entre factos, como por exemplo um nexo de causalidade, por intermédio de prova, tal implicará certamente a extrapolação dos próprios suportes materiais, que terão de ser acompanhados por conclusões racionais atinentes a regras de experiência humana, o que, sem dúvida, irá traduzir-se numa complexidade apreciável ao nível da actividade probatória. Isto porque a causalidade é já algo que não tem plena existência no mundo dos factos, uma vez que resulta necessariamente de um juízo racional, quase de uma avaliação científica das regras do mundo natural.

Porém, (4) se daqui partirmos para a prova de um pensamento, de um *animus*, ou mesmo ainda de uma emoção, necessariamente iremos encontrar uma complexidade extrema, senão mesmo uma total impossibilidade probatória, em termos rigorosos. Tanto assim que todas as realidades imateriais, não reconhecíveis directamente em qualquer suporte probatório. Pelo contrário, quanto a estas, só a confissão, enquanto *regina probatio*, poderia assegurar a total segurança do juízo probatório[274].

Com efeito, os problemas próprios da prova do *animus*, do dolo, da consciência da acção ou da ilicitude, não são problemas novos na dogmática processualista[275], quer penalista quer civilista. Antes pelo contrário, podem incluir-se entre aqueles que menos soluções apresentaram ao longo da evolução da Ciência do Direito[276], precisamente pela improbabilidade manifesta de se lograr a realização de prova directa.

Será então apenas possível, quanto a realidades imateriais em geral, uma prova indirecta, baseada em indícios e meras conjecturas racionais? E, neste quadro, fará sentido exigir a prova da culpa penal?

---

[274] Em bom rigor, nem mesmo a hipótese da prova por confissão poderia assegurar uma total segurança ao juízo probatório, em face das designadas "confissões de favor", das confissões no âmbito do *plea bargaining*, e mesmo, por vezes, da própria incerteza por parte do agente quanto aos seus pensamentos e emoções passadas.

[275] Como é reconhecido unanimemente em todos os sistemas jurídicos ocidentais, de acordo com MARIANO MENNA, em *Logica e Fenomenologia della Prova*, Nápoles, Jovene Editore, 1992.

[276] Neste sentido, reconhecendo os problemas da efectivação e operatividade das normas que apelam para dados subjectivos do agente (em obediência ao aforismo "*Non Datur Peccatum Nisi Voluntarium*"), e criticando fortemente as modernas tendências sistemáticas que propugnam o desaparecimento da consciência e da vontade no âmbito da imputação culposa de actos ilícitos, apelidadas de medidas legislativas de "*ontologismo repressivo*", vide, por todos, GIULIANO BALBI, *La Volontà e il Rischio Penale d'Azione*, Nápoles, Jovene Editore, 1995, pp.155 ss. e pp.240 ss.

Lembremo-nos que, além das dificuldades probatórias próprias do domínio das realidades imateriais, certamente existirão ainda dificuldades acrescidas quando se ensaia a prova de algo que não está talvez ainda muito bem definido, como seja a culpa no processo penal.

Sendo certo que *ad impossibilia nemo temur*, teremos ainda assim de indagar todas as eventuais vias de se lograr a prova da culpa, antes de concluir pela sua impossibilidade.

Assim, cumpre desde logo estabelecer que culpa se pretende provar no processo penal.

Neste sentido, como acima ficou assumido ser a culpa o momento valorativo da análise da infracção criminal em que se realiza o juízo de censura, nos termos de um conceito de culpa de raiz normativa, provar a culpa, correspondendo a provar o juízo de censura, poderia ser algo de profundamente formalista e mesmo logicamente incompreensível.

Por este motivo, torna-se necessário re-analisar o próprio conceito de prova e de juízo de facto, para que possamos concluir acerca da possibilidade ou impossibilidade de se provar a culpa penal.

46.3. Reformulação do Juízo Probatório

As questões que sempre se colocaram em torno do juízo probatório[277], enquanto actividade racionalizada de valoração dos meios de prova por parte do julgador, são ainda hoje, porventura, das mais melindrosas de todo o Direito Processual[278].

Na verdade, a importância daquelas questões decorre, desde logo, do facto de, colocados de parte os dados normativos substanciais aplicáveis a

---

[277] São clássicas algumas das preocupações dogmáticas, colocadas em torno do trígono "prova-juízo-verdade". Na verdade, este tem sido sempre um tema fecundo na doutrina processualista e também no domínio da Filosofia do Direito, ao que se ficam a dever as contruções da "verdade formal" (a realidade descrita e provada) e da "verdade judicial" (a realidade formal fixada definitivamente por meio de sentença), em nítido prejuízo da verdade material enquanto finalidade de todo o processuo penal. Neste sentido, é importante o contributo de L.FERRAJOLI, em *Diritto e Ragione. Teoria del Garantismo Penale*, Roma-Bari, 1989, pp.21 ss. Desenvolvidamente sobre este assunto, *vide* BALDASSARE PASTORE, *Giudizio, Prova, Ragion Pratica. Un Approccio Ermeneutico*, Milão, Giuffré Editore, 1996.

[278] Como reconhece, nomeadamente, MANUEL CAVALEIRO DE FERREIRA, *Curso de Processo Penal*, Lisboa, 1955, p.279, acrescentando ainda que, por sua vez, "*o direito probatório é a parte mais viva do processo*"

um caso concreto, a cada aplicação jurisdicional do Direito estar sempre subjacente um juízo probatório, designado por juízo de facto.

Registe-se mesmo que a importância do juízo probatório é inclusivamente anterior à do próprio conteúdo das normas substantivas[279], porquanto deve aquele ser prévio ao entendimento e aplicação do Direito.

Tanto mais que *"a justiça da decisão assenta primordialmente na verdade dos factos admitida como pressuposto da aplicação do direito"*[280].

É neste contexto que na generalidade dos sistemas jurídicos ocidentais se assiste a um verdadeiro debate epistemológico acerca da prova e dos métodos judiciários do seu processamento[281].

Em boa verdade, a *quaestio facti* tem sido sistematicamente esquecida e votada à sombra pelo jurista formalista, quando paradoxalmente é o domínio que permite um maior uso da discricionaridade[282] por parte do julgador[283].

Acresce que, desde o início do Século XVIII, a generalidade das modernas legislações ocidentais abandonou progressivamente as velhas fórmulas do processo inquisitorial, que se baseavam numa tarifação apriorística e

---

[279] A este propósito, e realçando a primazia do processo penal no âmbito da potencialidade da sua influência directa, ORTOLAN afirmava expressivamente: *"Que peut une bonne pénalité contre une mauvaise procédure criminelle? Rien. Que peut une bonne procédure pénale contre une mauvaise pénalité? Beaucoup."* (Cours de Législation Pénale Comparée, Introduction Philosophique, p.88, citado por FRANCISCO DUARTE NAZARETH, Elementos do Processo Criminal, 7ª edição, Coimbra, 1886, p.I).

[280] MANUEL CAVALEIRO DE FERREIRA, Curso de Processo Penal, Lisboa, 1955, p.279

[281] GIULIO UBERTIS, La Prova Penale, Profili Giuridici ed Epistemologici, Turim, Utet, 1995, pp.2 ss.; e ainda em Fatto e Valore nel Sistema Probatorio Penale, Milão, 1979, p.55.

[282] A discricionaridade judicial, que ganha a sua eficácia por meio do reconhecimento com força obrigatória geral de valorações pessoais autónomas operadas no íntimo do julgador, é uma componente sempre presente em qualquer tipo de decisão judicial, à imagem do que sucede com a maioria das decisões administrativas, e deve ser assumida como característica geral de todo o sistema jurídico. *Vide*, neste sentido e encetando prolongada discussão sobre o tema, KARL ENGISH, Introdução ao Pensamento Jurídico, 6ª ed. (trad.portuguesa de JOÃO BATISTA MACHADO, Lisboa, F.C.Gulbenkian, 1988, pp.214 ss.).

[283] A este propósito, ANDRÉS IBÁÑEZ afirma mesmo que a *quaestio facti* foi mesmo abandonada pela Ciência do Direito por ter sido considerada, pelo menos tacitamente, irrelevante (em Neutralidade ou Pluralismo na Aplicação do Direito? Interpretação Judicial e Insuficiências do Formalismo, trad.portuguesa por A.ESTEVES REMÉDIO, Revista do Ministério Público, nº65, 1996, p.18).

CAPÍTULO V

legal do valor das provas, cedendo sucessivamente lugar à convicção interior do julgador[284].

Na verdade, um rápido bosquejo histórico da evolução do juízo de facto no mundo jurídico e judicial, aponta indubitavelmente para a progressiva assunção da sua subjectividade.

Desde logo, pelo abandono bastante precoce do sistema da prova sobrenatural, ou do juízo divino, aplicado na Antiguidade grega e hebraica, em determinados períodos da Idade Média Ocidental e presente ainda hoje em certas comunidades tribais africanas[285]. Sistema em que, registe-se, não é sequer possível destrinçar o julgamento da questão-de-facto da questão-de-direito, uma vez que pelo respectivo processo se responde globalmente à questão de "quem tem razão"[286].

Depois, também pelo abandono generalizado das práticas de tortura para obtenção da *confessio in iure*, que faria prova plena, a *probatio probatissima* que daria certeza absoluta[287] do cometimento do crime, utilizadas na Antiguidade, no período Romano[288], e recuperadas mais tarde, com a cobertura do Direito Canónico, quer na baixa Idade Média, quer durante o período do Antigo Regime, sujeito sempre a uma absoluta estrutura inquisitória do processo penal.

---

[284] De acordo com J.FRANK (trad.M.BIDEGAIN) *Derecho e Incertidumbre*, Buenos Aires, Centro Editor de America Latina, 1986, p.77-79.

[285] De acordo com JEAN-PHILIPE LÉVY, *L'Évolution de la Preuve des Origines à nos Jours*, in "La Preuve" (Recueils de la Société Jean Bodin pour L'Histoire Comparative des Instituitions), Vol.XVII, Bruxelles, Librairie Encyclopédique, 1965, pp.16 ss..

[286] Cfr. Ainda JOHN GILISSEN, *La Preuve en Europe du XVI au Début du XIX Siècle*, in "La Preuve" (Recueils de la Société Jean Bodin pour L'Histoire Comparative des Instituitions), Vol.XVII, Bruxelles, Librairie Encyclopédique, 1965, pp.755 ss.

[287] Sempre contestada por numerosos tratadistas, como seria natural, de acordo com RAUL C.VAN CAENEGEM, *La Preuve au Moyen Âge Occidental*, in "La Preuve" (Recueils de la Société Jean Bodin pour L'Histoire Comparative des Instituitions), Vol.XVII, Bruxelles, Librairie Encyclopédique, 1965, pp.691 ss.

[288] Porém o Direito Romano apenas permitia a submissão a turtura quanto à população escrava, de acordo com ROBERT FEENSTRA, *La Preuve Dans la Civilisation Romaine - Rapport de Synthèse*, in "La Preuve" (Recueils de la Société Jean Bodin pour L'Histoire Comparative des Instituitions), Vol.XVI, Bruxelles, Librairie Encyclopédique, 1965, pp.643 ss.

Mais tarde, verificar-se-ia ainda o abandono generalizado das fórmulas taxativas de valor probatório[289], tradicionais do espírito meticuloso do Direito Comum que regeu a Europa Cristã entre os Séculos XII e XVIII, e que vigoraram também no âmbito do processo penal[290].

Assim, o juízo de "provado/não provado" assumiu inegavelmente um relevo fundamental em toda a actividade jurisdicional, uma vez que dele depende o sucesso da aplicação do Direito ao caso concreto.

Neste sentido, atentos à importância da problemática do juízo probatório[291], podemos facilmente compreender o melindre que tradicionalmente a rodeia, uma vez que as principais questões nunca foram resolvidas, se é que alguma vez o poderiam ser definitivamente.

Com efeito, desde a antiguidade que se discutem os temas da certeza judiciária e da lógica das probabilidades, no âmbito da *quaestio facti*.

Contudo, as clássicas questões continuaram eternamente sem resposta, como sejam: é possível uma certeza objectiva sobre os factos, mediante a consideração dos meios de prova?; é exigível uma certeza sobre os factos, para a aplicação do Direito?; se a certeza for graduável, que grau de certeza deverá ser exigível?; bastará a mera probabilidade, para a aplicação do Direito?; que grau de probalidade é exigível?; o que é a dúvida?; a dúvida afasta a possibilidade de aplicar a lei?

Embora tais questões não hajam perdido a sua actualidade, entende-se hoje não ser epistemologicamente correcta a tradicional forma de as colocar, havendo que, pelo contrário, proceder à devida sistematização dos problemas, nomeadamente sectorizando-os.

---

[289] Este método classificatório, que pecava nitidamente por um excesso de formalismo e aritmética, num domínio tão complexo por natureza, dividia e hierarquizava rigidamente todos os meios de prova, atribuíndo-lhes determinada força acima ou abaixo de duas fronteiras essenciais: *probationes plenae* e *probationes semiplenae*, somando aritmeticamente o seu número e contabilizando o resultado final. *Vide*, a este propósito, a análise irónica de VOLTAIRE: "Admitem-se quartos e oitavos de provas. Pode-se encarar, por exemplo, um ouvir dizer como um quarto, um outro ouvir dizer mais vago como um oitavo, de sorte que oito rumores, que não passam de um eco mal fundado, se podem tornar uma prova completa" (citado por JOÃO BERNARDINO GONZAGA, *A Inquisição em seu Mundo*, 7ª ed., São Paulo, Saraiva, 1994, p.30).

[290] De acordo com JEAN-PHILIPE LÉVY, *L'Évolution de la Preuve des Origines à nos Jours*, in "La Preuve" (Recueils de la Société Jean Bodin pour L'Histoire Comparative des Instituitions), Vol.XVII, Bruxelles, Librairie Encyclopédique, 1965, pp.9 ss.

[291] Para aprofundamentos desenvolvidos sobre este assunto, *vide* MARIANO MENNA, *Logica e Fenomenologia della Prova*, Nápoles, Jovene Editore, 1992.

Desde logo, em momento prévio, há-de reconhecer-se a existência de juízos probatórios preliminares[292], anteriores ao próprio juízo de facto, resultante, por sua vez, da valoração definitiva dos meios de prova. Assim, no domínio daqueles juízos probatórios preliminares, são hoje de alguma forma assumidos, nomeadamente pelo seu reconhecimento na prática judiciária:

a) os **juízos de idoneidade** probatória[293], relativos à verosimilhança e legalidade do próprio meio de prova, enquanto objecto de análise em si, no domínio dos quais se afere especificamente sobre a validade de cada suporte probatório carreado para o processo;
b) os **juízos de pertinência** da prova[294], referentes aos limites do direito à actividade probatória, no âmbito dos quais o julgador é chamado a deliberar sobre a oportunidade da actividade probatória, não só atendendo ao momento da apresentação dos respectivos meios, mas também à legitimidade do respectivo sujeito activo;
c) os **juízos de relevância** da prova[295], atinentes ao âmbito do objecto da prova, *maxime* ao âmbito do próprio objecto do processo, em termos de permitir o afastamento liminar de uma série de suportes que se dirijam à prova de factos exteriores ao *thema probandum* processual.

Por outro lado, e quanto à existência e significado dos conceitos de "certeza", "incerteza" e de "dúvida" judiciárias, progressos foram registados

---

[292] Para uma perspectiva global, sem contudo obedecer exactamente à terminologia aqui proposta, vide GIULIO UBERTIS, *La Disciplina del Giudizio di Primo Grado*, in "Sisifo e Penelope. Il Nuovo Codice di Procedura Penale dal Progetto Preliminare alla Ricostruzione del Sistema", 1991, pp.191 ss. Para alguns aflormentos, do mesmo autor, *La Prova Penale, Profili Giuridici ed Epistemologici*, Turim, Utet, 1995, pp.62 ss.

[293] Vide D.SIRACUSANO, *Prova: III) Nel Nuovo Codice di Procedura Penale*, in "Enciclopedia Giuridica Treccani", Vol.XXV, Roma, 1991, p.8.

[294] Neste domínio, em termos de perspectivas coincidentes, *vide* V.GREVI, *Libro III - Prove*, pp.205 ss. e M.NOBILI, *Il Nuovo 'Diritto delle Prove' ed un Rinnovato Concetto di Prova*, in "Legislazione Penale", 1989, p.397.

[295] Quanto a este assunto *vide*, nomeadamente, M.TARUFFO, *Studi sulla Rilevanza della Prova*, Pádua, 1970, pp.33 ss.

com a pura e simples exclusão liminar da certeza, mesmo até pelas ciências exactas[296], mas já há muito operada pela própria Filosofia do Direito[297].

Em boa verdade, há muito tempo que a doutrina processualista reconheceu a impossibilidade de atingir a verdade[298], no âmbito das actividades instrutórias, propondo em alternativa concepções relativistas, como a construção da "verdade semântica"[299], em atenção ao contexto próprio do desenrolar da actividade de interpretação da realidade, considerada por alguns como mais apropriada para o meio judicial[300].

De onde, a avaliação da verificação de um facto é feita pelo julgador, não em termos de procura de uma certeza, mas inegavelmente por meio das

---

[296] Note-se que, mesmo no âmbito das ciências rigorosas, como a Matemática e a Física, já se encontra reconhecida a impraticabilidade da certeza. Respectivamente por K.GODEL, que em 1931 demonstrou a existência de proposições matemáticas insolúveis, e por W.HEISENBERG, que em 1949 demonstrou a existência de *"relações de incerteza"* no Domínio da física, de acordo com JEAN-PAUL SARTRE, *Questioni di Metodo*, 1957 (tradução para o idioma italiano em *"Critica della Ragione Dialetica"*, Milão, 1963, pp.37 ss).

[297] De acordo com A.GIULIANI, em *Il Concetto di Prova. Contributo alla Logica Giuridica*, Milão, 1961, p.240, que, desenvolvendo o pensamento de FRANCESCO CARNELUTTI, chama a atenção para a inevitabilidade da utilização de cálculos probabilísticos subjectivos, na apreciação dos dados probatórios objectivos. Este autor, citando extensa bibliografia, dá como definitivamente ultrapassado o dogma da certeza judicial. No mesmo sentido, ainda CH.PERELMAN e L.OLBRECHTS-TYTECA, *Trattato dell'Argumentazione. La Nuova Retorica*, 1958 (trad.italiana, Turim, 1966, pp.270 ss.), P.COMANDUCCI, *La Motivazione in Fatto*, in "La Conoscenza del Fatto nel Processo Penale", a cargo de GIULIO UBERTIS, Milão, 1992, pp.237 ss. Para uma perspectiva de pura Filosofia do Direito, sobre este assunto, *vide* ainda EZQUIAGA GANUZAS, *Los Juicios de Valor en la Decisión Judicial*, em "Anuario de Filosofia del Derecho", 1964, pp.35 ss.

[298] Aqui entendida como realidade fáctica objectiva..

[299] No caso específico do meio judicial, mais propriamente, a **verdade judicial**. Outros autores como CASTANHEIRA NEVES, preferem designar esta realidade por **"verdade prática"**, assim em *Questão-de-Facto Questão-de-Direito, ou O Problema Metodológico da Jurisdicidade*, Almedina, Coimbra, 1967, pp.465-484 e também em *Metodologia Jurídica, Problemas Fundamentais*, "Stvdia Ivridica ", 1, Coimbra Editora, 1993, p.164.

[300] Tanto assim, que a apresentação de quaisquer hipóteses reconstrutivas da factualidade, só poderá ter a pretensão de alcançar a máxima aproximação possível à realidade verdadeiramente ocorrida. Neste sentido e para aprofundamentos sobre esta questão, *vide* L.FERRAJOLI, *Diritto e Ragione. Teoria del Garantismo Penale*, Roma-Bari, 1989, pp.21 ss. e pp.41 ss., desenvolvendo, entre outras, as concepções de A.TARSKI, *La Concezione Semantica della Verità e i Fondamenti della Semantica*, in "Semantica e Filosofia del Languagio, 1952, a cargo de L.LINSKY (trad.italiana, Milão, 1969).

CAPÍTULO V

tonalidades da possibilidade, da probabilidade e da credibilidade, sempre condicionadas, todavia, por perspectivas propositivas de alegação sobre o significado geral dos factos.

Este processo de progressivo desencantamento sobre a verdade e a certeza judicial, culminou possivelmente na assunção definitiva do relativismo probatório, enquanto reconhecimento da falência da prova como infalível meio gnoseológico do mundo causal, ou pelo menos da sua insuficiência[301].

O relativismo probatório[302] deriva, afinal, do reconhecimento da ausência da verdade objectiva do meio judiciário[303]. Ausência esta que é colmatada pela actividade probatória, a um tempo, desenvolvida de modo contraditório e subordinada às respectivas intenções de demonstração[304], e pelo juízo probatório a outro, que, antes de mais, é por si também um juízo subjectivo[305].

Portanto, o aspecto argumentativo emanente a toda a actividade probatória[306], é hoje unanimemente reconhecido[307], importando a definitiva

---

[301] Neste sentido, vide GIULIO UBERTIS, La Prova Penale, Profili Giuridici ed Epistemolgici, Turim, Utet, 1995, pp.18 ss.

[302] M.NOBILI, em Concetto di Prova e Regime di Utilizzazione Degli Atti nel Nuovo Codice di Procedura Penale, in "Foro Italiano", 1989, vol.V, p.275, prefere falar em "concezione relativistica della prova".

[303] É inevitável, e mesmo bastante condicionador de quaisquer evoluções neste domínio, tomar consciência de que a verdade objectiva está ausente do meio judiciário e que, portanto, há que rodear todo o processo lógico do estabelecimento da "verdade judicial" do máximo de precauções possível.

[304] Acerca da dialéctica conflituante decorrente das posições processuais assumidas pelas partes, vide MARIANO MENNA, Logica e Fenomenologia della Prova, Nápoles, Jovene Editore, 1992.

[305] Em sentido concordante, vide G.CAPOGRASSI, Giudizio, Processo, Scienza, Verità, "Rivista Diritto Processuale", 1950, I, pp.1 ss; FRANCESCO CARNELUTI, Torniamo al Giudizio, "Rivista Diritto Processuale", 1949, I, pp.165 ss.; e ainda S.SATTA, Il Mistero del Processo, 1949, "Rivista Diritto Processuale", 1949, I, pp.273 ss.

[306] Como bem observou M.ATINENZA, a maior parte dos problemas difíceis que tanto os tribunais como os órgãos não jurisdicionais da administração têm de conhecer e resolver, são problemas respeitantes aos factos, de modo que os argumentos que têm lugar por causa deles caiem foram do campo de estudo das teorias usuais da argumentação jurídica (Las Razones del Derecho. Teoria de la Argumentación Jurídica, Centro de Estudos Constitucionales, Madrid, 1991, p.20.

[307] Neste sentido M.NOBILI, Il Nuovo 'Diritto delle Prove' ed un Rinnovato Concetto di Prova, in "Legislazione Penale", 1989, p.397.

relativização de todas as conclusões sobre as questões de facto (já de si também subjectivas), uma vez que estas se baseiam em dados introduzidos no processo de modo discursivo e sujeitos a um pré-tratamento de potencialidade persuasiva - retórico a um tempo, e procedimental a outro[308].

Assim se por um lado, nas palavras de A.BRUGNOLI, *"relativamente ao conhecimento de um determinado facto, o espírito humano pode achar-se em estado de ignorância, dúvida, credulidade, probabilidade ou certeza"*[309], por outro lado, após a realização dos procedimentos probatórios, há-de reconhecer-se que o mais que o julgador poderá atingir, será um eventual estado de credulidade quanto ao modo de acontecimento dos factos, de acordo com a adesão às proposições possíveis sobre os factos em presença.

Aliás, qualquer "estado de certeza", que normalmente ignora a respectiva subjectividade subjacente, parece ser bem mais perigosa (e menos fiável), do que uma máxima credulidade, pela qual se haja logrado reduzir a dúvida ao nível da sua quase-insignificância.

Acresce que o reconhecimento das regras de experiência e das leis da lógica comum, enquanto instrumentos válidos para a valoração da prova, utilizados pelo julgador para aquisição de conhecimentos sobre os factos[310], veio chamar a atenção para a semelhança do juízo probatório com qualquer outro juízo interpretativo que todo o ser humano realiza permanentemente perante a realidade[311].

O estudo da natureza e da função das máximas de experiência no domínio dos demais instrumentos cogniscitivos utilizados no âmbito do processo criminal[312], especificamente apelando a fórmulas gerais como ao

---

[308] Assumindo posições idênticas, também L.G.LOMBARDO, *Ricerca della Verità e Nuovo Processo Penale*, in "Cassazione Penale, 1993, pp.760 ss. e GIULIO UBERTIS, *Diritto alla Prova nel Processo Penale e Corte Europea dei Diritti dell'Uomo*, in "Rivista di Diritto e Procedura Penale", 1994, pp.500 a 501.

[309] A tradução é nossa, de *Certezza e Prova Criminale*, Turim, 1895, §567, p.124.

[310] Com muita insistência neste aspecto, F.CORDERO, *Procedura Penale*, Milão, 1987, pp.974 ss. e ainda FRANCESCO CARNELUTTI, *Massime di Esperienza e Fatti Notori*, "Rivista Diritto Processuale", 1959, p.639.

[311] Nomeadamente de acordo com N.MANNARINO, *Le Massime d'esperienza nel Giudizio Penale e il Loro Controllo in Cassazione*, Pádua, 1993, pp.61 ss.

[312] Proposto, nomeadamente, por GIULIO UBERTIS, em *La Prova Penale, Profili Giuridici ed Epistemolgici*, Turim, Utet, 1995, pp.29 ss.

CAPÍTULO V

"pensamento de qualquer pessoa de mente sã e com cultura média"[313], é uma realidade em crescimento galopante, à medida que caiem as últimas barreiras tradicionalmente apostas a tal método de valoração da prova, uma vez que ninguém desconhece os problemas derivados da utilização das regras de experiência, nomeadamente atinentes ao perigo de desconsiderar as especificidades do caso concreto, em benefício de uma perspectiva mais generalizadora, bem como a perda da autonomia da acção de cada agente em prol da homogeneização das condutas judicialmente consideradas.

Todavia, é certo que a aceitação plena do papel das regras de experiência[314], a que o julgador inevitavelmente haverá de lançar mão no âmbito da *quaestio facti*, significa uma atitude dogmática de realismo[315], bastante positivo para a evolução do Direito, nomeadamente processual, ao mesmo tempo que acrescenta peso à perspectiva do relativismo probatório[316].

Estará então definitivamente comprometida a Justiça da decisão judicial, por via da incerteza sobre o seu pressuposto fáctico?

A resposta a tal questão não é unívoca, no entanto, certo é que a aplicação do Direito é uma necessidade, que não pode ser negada perante a impossibilidade lógica de se atingir uma certeza absoluta sobre a verdade dos factos[317], o que não significa necessariamente a realização da Injustiça. A comprová-lo estão séculos de bem sucedida actividade jurisdicional.

---

[313] Fórmula proposta, com alguma ironia que pretende demonstrar a evidência da objectividade do raciocínio possível em sede de regras da experiência humana, por G.CHIOVENDA, em *Principii di Diritto Processuale Civile*, Nápoles, 1923, p.1027.

[314] Sobre este assunto vide ainda J.M.AROSO LINHARES, *Regras de Experiência e Liberdade Objectiva do Juízo de Prova - Convenções e Limites de um Possível Modelo Teorético*, 1988.

[315] Tanto mais quanto é reconhecido, embora não expressamente, o caráter intuitivo de muitas conclusões tomadas em sede de juízos de facto, por parte de diversos julgadores, de acordo com N.MANNARINO, *Le Massime d'esperienza nel Giudizio Penale e il Loro Controllo in Cassazione*, Pádua, 1993, pp.70 ss.

[316] Também neste sentido, M.NOBILI em *Nuove Polemiche sulle Cosidette 'Massime d'Esperienza'*, Bolonha, 1989, pp.190-191.

[317] Note-se que, até no domínio da *interpretação* das normas jurídicas, a certeza sobre o conteúdo da lei é muito improvável, senão mesmo impossível. Neste sentido e com inspirada ironia, ANDRÉS IBÁÑEZ afirma que: *"Mesmo que um 'hérculeo' autor do texto, quadrando o círculo, tivesse conseguido expulsar dele qualquer sombra de vaguidade, toda a ambiguidade possível, sempre restaria a tarefa de produzir em série intérpretes-clónicos, programados com uma única chave de leitura, necessária para accionar, com a uniformidade de uma cadeia de montagem, todas as 'torneiras' da 'rede' (...)"* (apud *Neutralidade ou Pluralismo na Aplicação do Direito? Interpretação Judicial e Insuficiências do Formalismo*, trad.A.ESTEVES REMÉDIO, Revista do Ministério Público, nº65, 1996, p.32.

Tais considerações que acima ficam feitas, não podem, porém, fazer perder de vista as especificidades próprias da prova criminal[318] que, em contrariedade à exigida no Direito Civil, terá de defrontar-se com o princípio da presunção da inocência do arguido.

São, digamo-lo, questões de cariz teórico filosófico, que devem ser problematizadas e discutidas, mas, certamente, sem a veleidade de se querer conseguir uma solução definitiva, sob pena de tentarmos empreender um sistema cepticista de raíz cartesiana.

Neste aspecto, bastar-nos-á o alerta para alguns dos problemas actuais do juízo probatório, sendo certo que este é peça essencial ao Direito Penal, designadamente porque a lei penal só é aplicável mediante a devida tramitação processual, de acordo com o princípio da jurisdicionalidade.

Neste circunstancialismo, a problemática do juízo probatório deverá ser objecto de uma profunda investigação, tanto mais que se pretende a aplicação objectiva da lei criminal, ao mesmo tempo que se reconhece que o juízo de "provado/não provado" é por inerência um juízo subjectivo, ontologicamente pessoal, por mais coincidentes que possam ser as conclusões de vários julgadores, uma vez que *"a imagem do juíz como simples observador é falsa. O juiz constrói o objecto da decisão"*[319].

Em termos de juízo, não existem quaisquer factos até que o próprio julgador os depure, os sistematize, no fundo, até que este se confronte, na expressão de FRANK, *"a sós com os factos"*[320], num esforço de interpretação dos factos, de acordo com os diversos discursos que sobre eles confluem no seu interior[321].

---

[318] Vide, a este propósito, a sábia advertência de N.FRAMINO DEI MALATESTA, no sentido de que: *"Tem sido dito por alguns tratadistas, e é repetido por quasi todos, que a certeza em matéria criminal é apenas probabilidade. Eis uma afirmação que é falsa sob o ponto de vista da lógica, e é perniciosa sob o ponto de vista do direito: é uma afirmação que funcciona como um narcótico sobre a consciência do magistrado, adormecendo-lhe aquele sentido de actividade, que é a garantia de justiça (...) Que diriam os senhores tratadistas, se lessem numa sentença: Tício é condemnado a tal pena, por ter 'provavelmente' commetido tal crime?"* (apud, A Lógica das Provas em Matéria Criminal, trad.J.ALVES DE SÁ, Lisboa, 1911, p.67).

[319] Apud F.EZQUIAGA GANUZAS, *Los Juicios de Valor en la Decisión Judicial*, em "Anuario de Filosofia del Derecho", 1964, p.35.

[320] J.FRANK (trad.M.BIDEGAIN) *Derecho e Incertidumbre*, Buenos Aires, Centro Editor de America Latina, 1986, p.11.

[321] Idem, pág.79.

CAPÍTULO V

O que acarreta gravíssimas consequências ao nível da segurança jurídica do juízo probatório, ultrapassada apenas formalmente com recurso a institutos como o trânsito em julgado.

No entanto, haverão de reconhecer-se alguns avanços obtidos na reformulação do juízo probatório, frutificados do esforço doutrinário contemporâneo, responsável, entre outros, pela distinção entre **prova representativa** e **prova crítica**.

Esta distinção baseia-se em critérios atinentes não apenas ao objecto da actividade probatória, bem como ao próprio método de valoração dos respectivos meios de prova[322].

Neste sentido, a **prova representativa** visa simplesmente fazer presente no processo a realidade autuada, designando o conjunto de operações probatórias que se destinam a proporcionar ao julgador uma ilustração da realidade passada. Ou seja, a prova representativa enquanto *actividade historiográfica*[323], pretende a simples (re)construção dos factos, ou representação mental dos factos.

Pelo contrário, a **prova crítica** dirige-se ao relacionamento dos factos, desenvolvendo-se sob os auspícios da explicação e da apreciação causal dos meros factos representados. Isto é, a prova crítica, enquanto *actividade hermenêutico-racional*, visa o entendimento dos factos por meio de uma mediação intelectual crítica.

A conjugação destas duas espécies de prova permite, no âmbito do processo, não só reconstruir como entender e classificar os factos. Porém, não se poderá perder de vista que ambas lidam com suportes probatórios materiais, uma vez que – e esta é também um regra de experiência – toda a realidade é reconhecível pelos seus sinais[324].

A característica comum a ambas as espécies de prova – representativa e crítica – continua a ser a necessidade de conclusão. De onde, também será no âmbito probatório que deverão extrair-se as conclusões acerca dos aspectos causais e significativos da realidade fáctica, encarando-se estes como realidades objectivas a apreender.

---

[322] Para uma perspectiva introdutória sobre este assunto, *vide* GIULIO UBERTIS, *La Prova Penale, Profili Giuridici ed Epistemolgici*, Turim, Utet, 1995, pp.41 ss.

[323] A expressão é de F.BENVENUTI, em *L'Instruzione nel Processo Amministrativo*, Pádua, 1953 p.96.

[324] Para aprofundamento desta distinção, são essenciais as obras de F.CORDERO, *Guida alla Procedura Penale*, Turim, 1986, pp.333 ss. e *Procedura Penal*, 1993, Milão, pp.660 ss.

Em suma, a aparente complexidade que hoje rodeia o juízo probatório, não é mais do que um pequeno reflexo da problemática que por detrás dele se esconde.

Sobretudo, em face da questão colocada pela presunção de inocência que apesar de tudo, no domínio do *corpus iuris* penal, continua a deixar em aberto a difícil questão de saber quando está provada a culpabilidade do agente, a que alguns respondem: *"Uma tal convicção existirá quando e só quando - parece-nos este um critério prático adequado, de que se tem servido com êxito a jurisprudência anglo-americana - o tribunal tenha logrado convencer-se da verdade dos factos para além de toda a dúvida razoável."*[325]

47. Do Inquérito

47.1. Início das Investigações (flagrante delito, queixa, denúncia, notícia do crime)

O que a Defesa Criminal procura na sua primeira intervenção processual é, sobretudo, informação. Informação sobre o objecto do processo ou das investigações, naturalmente, e sobre os eventuais indícios já existentes e que justificaram a constituição do defendido como arguido nos autos.

Neste âmbito e salvo o caso da detenção em flagrante delito a tratar adiante, logo que o defendido tenha sido constituído arguido, pode a Defesa apenas partir de uma das seguintes premissas:

- ou o arguido foi mencionado em uma queixa ou denúncia criminais;
- ou foi levantado auto de notícia mencionando o arguido;
- ou foram recolhidos indícios contra o mesmo no âmbito de investigações oficiosas ou subsequentes a tais comunicações.

---

[325] JORGE DE FIGUEIREDO DIAS, *Direito Processual Penal*, Coimbra, 1974, vol.I, pág.205. Porém, embora nos pareça indubitavelmente um critério sensato e de contornos adequados às exigências sistemáticas do Direito Processual Penal português, o facto é que a lei nacional não consagrou o critério da "dúvida razoável", em contraste com a sua definitiva assunção, por parte do sistema judicial anglo-americano. Assim, e uma vez que este critério da "dúvida razoável", apesar de tudo, funciona como limitador do princípio da presunção de inocência, por exigir menos da actividade probatória do que este princípio estabelece em absoluto, a sua não consagração por parte do sistema jurídico nacional poderá significar, a menos que se deduzam normas em contrário, uma amplitude muito maior do mesmo princípio da presunção de inocência e, consequentemente, uma exigência muito mais forte da actividade probatória.

Foi, pelo menos – e isso pode ser uma certeza do arguido – ultrapassada a importante fronteira da selecção sistemática dos factos como possivelmente integradores de uma prática criminosa, pelas instâncias formais de controlo[326].

Portanto, existem à partida inúmeras hipóteses acerca da origem e da duração das investigações criminais, podendo as mesmas estar em curso há longos meses, sem a mais pequena aparência. Desde logo porque muitas das investigações promovidas *ex oficio* se concluem pela não identificação de suspeitos e, muito menos, constituição de arguidos.

E ainda, muito embora seja atribuição do Ministério Público promover e dirigir o Inquérito, muitas vezes as investigações são iniciadas autonomamente pelos órgãos de polícia criminal ou mesmo por quaisquer autoridades públicas sem competência criminal específica, como as Inspecções-Gerais dos diversos Ministérios (Inspecção Geral de Finanças, Inspecção Geral das Actividades Económicas, Inspecção Geral da Administração do Território), os órgãos das autarquias locais, entre muitas outras entidades públicas.

Porém, não obstante a necessidade legal da redução a auto de quaisquer denúncias ou notícias do crime[327], ou do relatório de quaisquer investigações dos órgãos de polícia criminal[328], o facto é que, mercê do Segredo de Justiça que impende sobre o processo penal durante o Inquérito, todo o universo das investigações constitui, à partida, um amplo mistério com que se debate a Defesa.

Assim sendo, em bom rigor, raramente a Defesa sabe da origem e da extensão das investigações, a menos que o próprio arguido possua informações relevantes a esse respeito.

---

[326] A reacção social ao crime depende da intervenção das instâncias formais de controlo – onde se incluem as autoridades judiciárias, os agentes da investigação e os órgãos de polícia criminal – as quais, no âmbito das suas funções, procedem a um verdadeiro processo de selecção dos factos a que poderão ser atribuídas consequências penais, depois de reduzidos a autos. Este importante domínio do estudo da Criminologia foi abordado, entre nós, por FIGUEIREDO DIAS, J. e COSTA ANDRADE, M., em *Criminologia, o Homem Delinquente e a Sociedade Criminógena*, Coimbra Editora, 1992, pp.365 ss.
[327] *Vide* os actuais arts.241º a 247º do CPP.
[328] *Vide* o actual art.253º e o actual art.99º, ambos do CPP.

Só o arguido poderá informar o Defensor das eventuais diligências de investigação das autoridades públicas de que se tenha apercebido, ou da possibilidade da existência de queixas, denúncias ou notícias do crime.

E, com muita frequência, assim sucede. Porquanto na normalidade dos casos o próprio arguido pode prever a existência das investigações, em função do que haja sucedido na sua esfera individual.

Seja como for, desde o conhecimento do início das investigações criminais, a Defesa Criminal deve empreender a exigente tarefa da constituição de dois campos de análise, em paralelo:

- Reunir todos os elementos de que disponha sobre o conteúdo do processo penal, quer no tocante aos actos e diligências processuais já realizadas e o seu respectivo teor, quer no tocante aos factos que se encontram sob averiguação;
- Reunir todos os elementos de que disponha sobre a matéria de facto e materiais probatórios susceptíveis de influir no processo penal.

Dois campos de análise, estes, que se deverão manter até à fase do Julgamento, se a tal vier a haver lugar. Desde logo porque ambos são susceptíveis de ter uma influência decisiva nos sentidos (lógico e processual) a imprimir à Defesa Criminal, como temos defendido até este momento, em função das circunstâncias específicas em presença.

47.2. Primeiro Interrogatório e Constituição como Arguido

Quando não haja sido detido, o arguido é notificado para a sua primeira inquirição no âmbito de um processo penal, por via postal ou pessoal, mas sempre sabendo pouco mais do que o número individual do processo criminal (NUIPC). Muitas vezes, mesmo, o arguido pode ser notificado para ser ouvido como testemunha num dado processo penal e ser constituído arguido já depois do início da inquirição, porquanto está prevista na lei processual a possibilidade de um determinado declarante ser constituído como arguido quer no decurso da sua inquirição quer no final da sua inquirição[329].

De onde, é importante referir que, antes de o defendido ser inquirido, deve imediatamente perguntar a que título e em que posição processual

---

[329] Assim prevê o actual art.59º CPP.

vai ser ouvido, designadamente para o efeito de lhe serem imediatamente reconhecidos os direitos inerentes à posição processual de arguido[330], como sejam o direito ao silêncio e o direito a ser assistido por um defensor, muito embora a Constituição da República Portuguesa consigne que «*Todos têm direito, nos termos da lei (...) a fazer-se acompanhar por advogado perante qualquer autoridade*»[331], o que se aplica ao caso de qualquer testemunha.

Consigna a lei processual que «*correndo inquérito contra pessoa determinada, é obrigatório interrogá-la como arguido*»[332] e a omissão ou violação das formalidades próprias da constituição como arguido implicarão a inutilização formal das declarações prestadas[333]. Porém, nunca as apagará do processo ou da memória dos investigadores. Daí, também, a importância da definição exacta deste momento da constituição como arguido.

Em bom rigor, o momento da constituição de uma determinada pessoa como arguido não está taxativamente definido na lei processual, devendo tal diligência ocorrer logo que se considere que o Inquérito corre contra ela. Em termos legais, pode ocorrer por uma comunicação oral ou escrita[334], implicando a entrega, sempre que possível no próprio acto, de documento[335] de que constem a identificação do processo e os direitos e deveres processuais previstos na lei para o arguido[336]. Em termos práticos, pode ocorrer na própria notificação para comparência perante autoridade judiciária, pode ocorrer no início ou durante qualquer diligência judiciária e pode ser-lhe comunicada por órgão de polícia criminal, pelo Ministério Público ou pelo próprio Juiz de Instrução em interrogatório judicial de arguido detido.

Por outro lado, distingue a lei processual o primeiro interrogatório judicial do arguido detido, dos demais interrogatórios do arguido, sendo que mesmo o primeiro interrogatório judicial do arguido detido pode não ser o seu primeiro interrogatório no âmbito do processo[337]. O seu regime varia consoante o arguido tenha sido ou não detido. Com efeito, durante

---

[330] *Vide*, nomeadamente, as diversas alíneas do actual nº1 do art.61º CPP.
[331] *Vide* o actual nº2 do art.20º da Constituição da República Portuguesa.
[332] *Vide* o actual nº1 do art.272º CPP.
[333] Assim prevê o actual nº4 do art.58º CPP.
[334] *Vide* o actual nº2 do art.58º CPP.
[335] *Vide* o actual nº3 do art.58º CPP.
[336] *Vide* o actual art.61º CPP
[337] *Vide* o actual art.143º CPP.

o Inquérito, o primeiro interrogatório judicial do arguido detido compete exclusivamente a um Juiz de Instrução[338] enquanto os demais interrogatórios do arguido não detido competem ao Ministério Público, quando este não o delegue nos órgãos de polícia criminal[339].

Adiante veremos o caso do primeiro interrogatório judicial do arguido detido, o qual ocorre na sequência da sua detenção em flagrante delito.

Todavia, existem razões ponderosas para tal distinção legal, desde logo porque no interrogatório judicial ocorre o controlo da legalidade da detenção[340] e a possibilidade da imediata aplicação de medidas de coacção ao arguido detido[341], matéria sempre da competência do Juiz de Instrução que acompanha o Inquérito.

Contudo, para a Defesa Criminal interessará – tanto ou mais do que as respostas que há-de oferecer o arguido no seu primeiro interrogatório – registar as perguntas feitas e dirigir ele próprio algumas questões à entidade inquiridora, no âmbito da natural conversação que há-de entabular-se. Isto, atendendo à necessidade de recolha de informação, por parte da Defesa, que terá de tentar esclarecer-se o mais cedo possível quanto ao objecto do processo, quanto à origem e à consistência das suspeitas sobre o arguido, quanto aos indícios existentes contra o arguido, etc.

Acresce, sem dúvida, que é necessário atender ao que o arguido deve dizer/responder, à sua postura e ao grau da sua colaboração imediata com as autoridades judiciárias, no momento do seu primeiro interrogatório.

Para tanto, é necessário relembrar que o arguido não está obrigado a colaborar com a descoberta da verdade, e muito menos o estaria logo a partir do momento em que é ouvido pela primeira vez.

Deve, sobretudo, o arguido esforçar-se por deixar em aberto todas as possíveis direcções da sua futura Defesa, no seu sentido lógico, não se comprometendo com afirmações precipitadas ou imponderadas, pelo menos até ao momento em que possa aconselhar-se com o seu defensor, a sós. Mas não existe qualquer regra de experiência aplicável a todos os casos, neste domínio.

---

[338] *Vide* o actual art.141º e as actuais alínea a) do nº1 do art.254º e alínea a) do nº1 do art.268º, todos do CPP.
[339] *Vide* os actuais nº2 do art.144º, art.272º e nº1 e nº2 do art.270º, todos do CPP.
[340] *Vide* o actual art.261º CPP.
[341] *Vide* a actual alínea b) do nº1 do art.268º CPP.

Casos há em que, prevendo-se a sua inquirição como o arguido, o defendido pode preparar com o seu defensor, qual o sentido lógico do seu depoimento – quais os aspectos a focar, quais os factos a reconhecer, quais as questões em que decida não se pronunciar – em função do sentido lógico da direcção imprimida à Defesa. E casos haverá em que, na impossibilidade de se antever a sua inquirição como arguido, será de todo impossível prepará-la convenientemente.

Seja como for, recordamos que existe a faculdade de a prestação de depoimento pelo arguido ser feita por documento escrito, a juntar ao processo, embora tal não esteja assim expressamente previsto na lei processual. Pois, se pode ficar em silêncio e intervir no Inquérito com quaisquer exposições, memoriais e requerimentos[342], esta é uma faculdade que não pode ser negada ao arguido e da qual se tem feito recurso repetidamente.

Se bem que, neste caso, o arguido não responda a perguntas concretas e possa fazer passar a imagem de alguma falta de colaboração inicial com as autoridades judiciárias, o certo é que a prestação de depoimento do arguido mediante documento escrito possibilita uma maior ponderação e coerência do seu discurso, assim como a pronúncia sobre os factos, feita exclusivamente em sua defesa.

Nos casos em que o depoimento do arguido é prestado oralmente, há ainda que ter em atenção o modo como aquele é reduzido a auto[343] e rectificar com todo o zelo o seu teor[344], sobretudo quando redigido por súmula[345], o que é muito frequente. Devem o arguido e o seu defensor usar desta faculdade, sem qualquer limite, até ao momento da assinatura do depoimento, uma vez que, embora a lei processual não preveja essa necessidade[346], as autoridades judiciárias normalmente solicitam ao arguido que este assine o seu depoimento.

47.3. Detenção em Flagrante Delito

Por vezes, o primeiro contacto do arguido com o processo penal ocorre com a sua própria detenção em flagrante delito. Naturalmente, este será

---

[342] *Vide* o actual art.98º CPP.
[343] *Vide* o actual nº1 do art.275º CPP.
[344] *Vide* o actual art.100º CPP.
[345] *Vide*, uma vez mais, o actual nº1 do art.275º CPP.
[346] Vejam-se as regras gerais para as declarações do arguido, previstas nos arts.140º e segs. CPP.

o ponto de partida mais desfavorável à Defesa Criminal, não apenas porque os autos imediatamente passarão a ter indícios do cometimento do crime pelo arguido, mas também porque o hiato temporal entre o primeiro contacto do arguido com o processo e o seu primeiro interrogatório será mínimo.

De onde, o primeiro passo que a Defesa deverá empreender – depois de estabelecido o contacto pessoal com o arguido detido, evidentemente[347] – é o da verificação dos pressupostos e da legalidade da própria detenção em flagrante delito[348].

Nesta sede, assumem especial relevo os preceitos da lei processual relativos às finalidades da detenção, aos modos da detenção em flagrante delito, ao conceito de flagrante delito, aos deveres de comunicação, às condições gerais de efectivação da detenção e à libertação imediata do detido[349].

Formalmente distingue-se, desde logo, a detenção em flagrante delito da detenção fora de flagrante delito, porquanto, por via de regra, só a primeira pode ocorrer sem um mandado de detenção[350] emanado do Juiz de Instrução. Contudo, também a detenção fora de flagrante delito pode ser levada a cabo por iniciativa do Ministério Público ou dos órgãos de polícia criminal, em certos casos excepcionais previstos na lei[351].

Materialmente, só pode ocorrer detenção em flagrante delito, quando a situação de facto corresponda à da definição legal deste conceito[352]. Ou seja: (1) quando o crime «*se está cometendo ou se acabou de cometer*»; (2) quando «*o agente for, logo após o crime, perseguido por qualquer pessoa ou encontrado com objectos ou sinais que mostrem claramente que acabou de o cometer ou nele participar*»; (3) ou, em caso de crime permanente, «*enquanto se mantiverem sinais que mostrem claramente que o crime está a ser cometido e o agente está nele a participar*».

---

[347] Neste domínio, lembra-se que é um dos direitos legalmente consagrados ao arguido o de, quando detido, comunicar com o seu defensor em privado (art.61º nº1 alínea e)), pelo que quaisquer esquadras, postos de guarda ou estabelecimentos prisionais em que aquele se encontre detido, deverão dispor de salas ou espaços adequados para o efeito.

[348] Registe-se que a detenção manifestamente ilegal confere ao arguido o direito a ser indemnizado, nos termos do art.255º nº1 do CPP, muito embora este seja um preceito inserido sistematicamente em sede de medidas de coacção penais.

[349] *Vide* os actuais arts.254º a 261º CPP.

[350] *Vide* o actual art.258º CPP.

[351] *Vide* o actual art.257º CPP.

[352] *Vide* o actual art.256º CPP.

CAPÍTULO V

Como facilmente se constata, a lei processual está longe de ter uma previsão unívoca quanto ao conceito de flagrante delito. Daí que subsiste um amplo campo interpretativo e diversos factores susceptíveis de discussão quanto à ocorrência ou não de flagrante delito.

Para definir com exactidão a primeira situação de flagrante delito legalmente prevista – quando o crime «*se está cometendo ou se acabou de cometer*» – poderão ser de alguma utilidade os contributos da doutrina penalista acerca da figura dogmática da consumação do crime (formal e material), da actualidade da agressão aos interesses juridicamente previstos, normalmente discutida em sede dos pressupostos da figura da legítima defesa[353], do conceito de actos de execução, elemento fundamental da cláusula de extensão da tipicidade que é o instituto da tentativa[354], e mesmo acerca do momento da prática do facto, em sede dos princípios gerais da lei criminal[355]. Porém, aquela noção de flagrante delito abarca uma realidade que vai para além do momento da prática do crime, ao incluir a possibilidade do crime que «*se acabou de cometer*». Neste âmbito, é inteiramente defensável que a figura do flagrante delito apenas deva abranger o momento coincidente com o momento «*logo após*» a prática do crime, entendimento que tem suporte na própria letra da lei expressa, ao definir a segunda situação de flagrante delito acima enunciada. Contudo, ainda assim há um amplo campo de discussão acerca do que deve entender-se serem os limites do momento «*logo após*» a prática do crime. Pela nossa parte e tendo presente a excepcionalidade da figura legal do flagrante delito no Ordenamento Jurídico português – expressa por exemplo pela possibilidade conferida a qualquer pessoa de proceder à detenção[356] e, *maxime*, pela possibilidade de manter o arguido detido por um período máximo de 48 (quarenta e oito) horas sem decisão judicial[357] – justifica-se inteiramente uma interpretação restritiva que tenha por limite máximo o momento da consumação material do crime (ou seja o da ofensa do bem jurídico tutelado pelo tipo de

---

[353] *Vide* o actual art.32º do Código Penal.
[354] *Vide* o actual art.22º do Código Penal.
[355] *Vide* o actual art.3º do Código Penal que dispõe: «*O facto considera-se praticado no momento em que o agente actuou ou, no caso de omissão, deveria ter actuado, independentemente do momento em que o resultado típico se tenha produzido*».
[356] *Vide* a actual alínea b) do nº1 do art.255º CPP.
[357] *Vide* o actual nº1 do art.141º e a alínea a) do nº1 do art.387º, ambos do CPP, e o actual nº1 do art.28º da Constituição da República Portuguesa.

ilícito). Isto, porque a própria lei penal substantiva distingue o momento da consumação material do momento da prática do crime[358].

Seja como for, a esterilidade desta última discussão resulta de certa forma da amplitude conferida à segunda situação de flagrante delito legalmente prevista – quando «*o agente for, logo após o crime, perseguido por qualquer pessoa ou encontrado com objectos ou sinais que mostrem claramente que acabou de o cometer ou nele participar*». Porque, neste caso, não restam dúvidas de que o legislador pretendeu incluir a situação da perseguição do arguido que ocorra «*logo após*» a prática do crime e a situação de, também «*logo após*» a prática do crime, serem encontrados com o arguido «*objectos ou sinais que mostrem claramente que acabou de o cometer ou nele participar*». Quanto à perseguição do arguido, colocam-se importantes questões quanto ao limite temporal da perseguição; e quanto ao encontrarem-se objectos ou sinais com o arguido, podem colocar-se relevantes questões como a da necessidade da posse ou de mera detenção dos materiais e como a do que deva entender-se por "mostrar claramente" que o crime foi cometido pelo arguido ou nele participou, o que se prende directamente com a força probatória e a credibilidade dos indícios.

Finalmente, existe ainda uma terceira situação legalmente prevista como flagrante delito – em caso de crime permanente, «*enquanto se mantiverem sinais que mostrem claramente que o crime está a ser cometido e o agente está nele a participar*». Neste último caso, entendemos que está unicamente abrangido o próprio momento da prática do crime permanente[359], que se caracteriza por uma execução prolongada no tempo, subsistindo contudo a relevante questão do que se deva entender por «*sinais que mostrem claramente que o crime está a ser cometido e o agente está nele a participar*», o que igualmente se prende directamente com a força probatória e a credibilidade dos indícios.

Tudo, em suma, questões de interpretação jurídica do conceito de flagrante delito, que a Defesa Criminal pode e deve suscitar quanto à legalidade da detenção em flagrante delito no caso concreto.

---

[358] *Vide*, uma vez mais, o actual art.3º do Código Penal.
[359] Que, contudo, não se confunde com o crime continuado, previsto no nº2 do art.30º do Código Penal, uma vez que este último implica o concurso de crimes, sejam do mesmo tipo sejam de tipos diversos, a par de diversos requisitos.

Contudo, a Defesa Criminal poderá dirigir o foco da sua atenção para outras vertentes da detenção em flagrante delito, como sejam o facto de apenas poder ocorrer quando se indicie um crime punível com pena de prisão[360], o facto de não poder ocorrer quando perante um crime cujo procedimento dependa de acusação particular[361] (crime particular[362]) e o cumprimento de todas as formalidades legais no que toca às comunicações obrigatórias[363], bem como ainda para as condições gerais de efectivação[364] (onde se destaca a impossibilidade da detenção em flagrante delito quando haja «*fundados motivos para crer na existência de causas de isenção da responsabilidade ou de extinção do procedimento criminal*») e as causas de libertação imediata do detido[365] (onde se destaca o erro sobre a pessoa, a inadmissibilidade legal e a desnecessidade da medida).

Por outro lado, ultrapassadas que sejam as questões relativas à verificação dos pressupostos e da legalidade da detenção em flagrante delito, cumpre à Defesa situar-se, concretamente, nos trâmites subsequentes à detenção em si e suas finalidades.

Neste domínio, dispõe a lei processual que a detenção em flagrante delito tem por finalidade, no prazo máximo de quarenta e oito horas, apresentar o arguido «*a julgamento sob forma sumária*» ou ser o arguido «*presente ao juiz competente para primeiro interrogatório judicial ou para aplicação ou execução de uma medida de coacção*»[366].

A submissão do arguido a imediato julgamento[367] sob forma sumária, só é possível quando ao caso corresponda o Processo Sumário, que é um dos processos especiais previstos na lei processual[368], caracterizado por uma excepcional celeridade. *Brevitatis causae*, ocorrendo a detenção em flagrante delito, na desnecessidade de diligências de prova para a descoberta da ver-

---

[360] *Vide* o actual nº1 do art.255º CPP.
[361] *Vide* o actual nº4 do art.255º CPP.
[362] *Vide* o actual art.285º CPP, a conjugar com os tipos de crime previstos no Código Penal que prevejam a necessidade de acusação particular, e o actual art.117º do Código Penal.
[363] *Vide* a actual alínea b) do art.259º CPP.
[364] *Vide* o actual art.260º, conjugado com os arts.192º e 194º, todos do CPP.
[365] *Vide* o actual nº1 do art.261º CPP.
[366] *Vide* a actual alínea a) do nº1 do art.254º CPP.
[367] Pode o processo manter a forma sumária, mesmo não se realizando o julgamento em acto seguido à detenção, nos casos previstos no actual art.387º CPP.
[368] *Vide* os actuais arts.381º a 391º-E do CPP.

dade que se prolonguem por mais de 30 (trinta) dias após a detenção[369] e sendo o crime punível com pena de prisão cujo limite máximo não exceda 3 (três) anos ou o Ministério Público desde logo se pronuncie no sentido da aplicação em concreto de uma pena não superior a 3 (três) anos. A natureza especial deste processo, justifica o tratamento especial da respectiva Defesa Criminal, em momento ulterior deste trabalho.

Assim, ressalvada a hipótese anterior, o arguido detido é obrigatoriamente sujeito ao primeiro interrogatório judicial[370], sem prejuízo de antes poder ser sujeito a primeiro interrogatório não judicial, já na qualidade de arguido detido.

O primeiro interrogatório não judicial de arguido detido, tem lugar quando este não possa, imediatamente após a detenção, ser presente ao Juiz de Instrução, cabendo ao Ministério Público, que dispõe da faculdade de o libertar imediatamente[371]. Sempre sem prejuízo do prazo máximo de 48 (quarenta e oito) horas entre a detenção e a apresentação a um Juiz de Instrução para o primeiro interrogatório judicial de arguido detido[372].

No primeiro interrogatório judicial de arguido detido, seguem-se as formalidades de interrogatório especialmente previstas na lei processual[373], podendo, a final, o Juiz de Instrução competente decidir da aplicação ou não, ao arguido, de uma ou mais medidas de coacção.

47.4. Medidas de Coacção e de Garantia Patrimonial

Em qualquer momento do Inquérito, ou mesmo da Instrução, pode o Ministério Público requerer a aplicação aos arguido de medidas de coacção ao arguido, ou o Juiz de Instrução competente determiná-las de sua livre iniciativa, ouvindo o Ministério Público nesse caso[374]. A competência para

---

[369] *Vide* a actual alínea b) do art.390º CPP.
[370] *Vide* o actual art.141º CPP.
[371] *Vide* o actual art.143º CPP.
[372] O respeito por esta norma justifica, inclusivamente, que o arguido seja ouvido por um Juiz de Instrução diferente daquele que seja o competente para o processo, nos termos do actual art.142º CPP.
[373] *Vide*, uma vez mais, o actual art.141º CPP.
[374] *Vide* o actual nº1 do art.194º CPP.

a respectiva decisão, mediante Despacho Judicial, cabe exclusivamente ao Juiz de Instrução[375], à excepção do Termo de Identidade e Residência[376].

Quanto às medidas de garantia patrimonial, compete quer ao Ministério Público quer aos lesados que hajam deduzido pedidos de indemnização civil requerê-las, em qualquer estado do Inquérito ou da Instrução, cabendo a respectiva decisão, mediante Despacho Judicial, exclusivamente ao Juiz de Instrução[377].

Embora previstas em conjunto[378] e partilhando de algumas regras gerais – como sejam o princípio da legalidade[379]; as condições gerais de aplicação que impõem a prévia constituição como arguido e a impossibilidade de aplicação perante *«fundados motivos para crer na existência de causas de isenção da responsabilidade penal ou de extinção do procedimento criminal»*[380]; o princípio da adequação e proporcionalidade[381]; e formalidades legais na aplicação[382] – a distinção entre as medidas de coacção e as medidas de garantia patrimonial é absoluta. Isto, muito embora impliquem, por via de regra, consequências desfavoráveis sobre a esfera jurídica do arguido[383], e prevejam ambas a figura da caução[384].

Não é objecto deste trabalho a explanação do regime jurídico das medidas de coacção e medidas de garantia patrimonial. Contudo, existem diversos aspectos práticos que devemos abordar, no sentido de tentar contribuir para uma melhor Defesa Criminal.

---

[375] *Vide* a actual alínea b) do nº1 do art.268º CPP.
[376] O Termo de Identidade de Residência é obrigatoriamente prestado no momento em que determinado suspeito á constituído arguido, nos termos da actual alínea c) do nº3 do art.61º e do actual nº1 do art.196º, conjugados o actual nº1 do art.194º e a actual alínea b) do nº1 do art.268º, todos do CPP.
[377] *Vide* os actuais arts.227º, 228º, 191º a 194º e 268º nº1 alínea b), todos do CPP.
[378] Nos actuais arts.191º a 228º do CPP.
[379] *Vide* o actual art.191º CPP.
[380] *Vide* o actual art.192º CPP.
[381] *Vide* o actual art.193º CPP.
[382] *Vide* o actual art.194º CPP.
[383] Esta afirmação não é absoluta porquanto as medidas de garantia patrimonial podem ser aplicadas contra o património do civilmente responsável que não seja arguido no processo.
[384] O nº4 do art.227º CPP esclarece mesmo que a caução económica (medida de garantia patrimonial) mantém-se distinta e autónoma relativamente à eventual caução aplicada como medida de coacção.

Assim, desde logo há que realçar a total diferença entre as finalidades das medidas de coacção e as finalidades das medidas de garantia patrimonial, para além das evidentes diferenças existentes nos respectivos regimes legais.

As medidas de coacção – que naturalmente só podem ser decretadas sobre o arguido[385] – visam, em primeira linha, assegurar o fim próprio do processo penal que é o da aplicação da lei penal ao arguido, coagindo-o a submeter-se a certos deveres de conduta e cerceando a sua liberdade individual, por a sua responsabilidade criminal se ter por suficientemente indiciada antes da Audiência de Julgamento; ao passo que as medidas de garantia patrimonial asseguram o cumprimento de uma obrigação pecuniária, assemelhando-se a um procedimento cautelar lançado sobre o património do arguido ou de terceiro civilmente responsável, numa situação de fundado receio de diminuição das garantias de pagamento dos créditos que decorrerão provavelmente do crime e do próprio procedimento penal.

Tanto assim, que as medidas de coacção legalmente tipificadas são as de termo de identidade e residência[386], caução[387], obrigação de apresentação periódica[388], suspensão do exercício de funções, profissão ou direitos[389], proibição de permanência, ausência e de contactos[390], obrigação de permanência na habitação (prisão domiciliária)[391] e prisão preventiva[392].

O recurso a medidas de coacção que não a do mero termo de identidade e residência do arguido, está sujeito, para além dos pressupostos e requisitos legais estabelecidos nas suas normas específicas, ainda a: um diversificado regime de condições de aplicação[393]; um complexo regime de revogação, alteração e extinção[394]; e a um especial regime de impugnação[395] – sempre

---

[385] Este princípio impõe, inclusivamente, que previamente à aplicação das medidas de coacção ocorra a prévia constituição como arguido, nos termos do actual nº1 do art.192º CPP.
[386] *Vide* o actual art.196º CPP.
[387] *Vide* o actual art.197º CPP.
[388] *Vide* o actual art.198º CPP.
[389] *Vide* o actual art.199º CPP.
[390] *Vide* o actual art.200º CPP.
[391] *Vide* o actual art.201º CPP.
[392] *Vide* o actual art.202º CPP.
[393] *Vide* os arts.204º a 211º CPP.
[394] *Vide* os arts.212º a 218º CPP.
[395] *Vide* os arts.219º a 224º CPP.

CAPÍTULO V

tanto mais exigentes quanto gravosas forem as medidas para a esfera jurídica do arguido, em muitos casos cumuláveis[396].

Neste âmbito, as principais regras que norteiam a aplicação das medidas de coacção são as da adequação e da proporcionalidade, impondo que sejam, em concreto, aplicadas apenas as medidas adequadas às exigências cautelares que o caso requer, na medida da proporcionalidade com a gravidade do crime e das sanções que presumivelmente venham a ser aplicadas. Razão pela qual são as medidas que implicam a privação total da liberdade do arguido as que mais pressupostos e requisitos exigem, especialmente a prisão preventiva[397].

Por outro lado, as únicas medidas de garantia patrimonial previstas na lei processual são a prestação de caução económica[398] e o arresto preventivo, o qual segue os termos previstos na lei do processo civil[399].

Ora, na perspectiva da Defesa Criminal, a quem compete por todos os meios legítimos evitar a aplicação de medidas de coacção e de garantia patrimonial sobre o arguido, impõe-se o domínio do complexo regime legal em causa[400], muitas vezes até para que possa tomar a iniciativa de requerer, ela própria, a substituição das medidas de coacção ou de garantia patrimonial aplicadas por outras menos gravosas, quando não mesmo a revogação ou a extinção das medidas já aplicadas.

De resto, a aplicação ao arguido de uma medida de coacção não é uma calamidade sobre a sua Defesa Criminal, porque em nada afecta as faculdades da Defesa nem as suas capacidades de intervenção no processo, muito embora possa significar graves transtornos a nível pessoal para o primeiro, consoante a gravidade do caso. No entanto, mais do que lembrar a verificação de pelo menos um dos pressupostos previstos como requisito geral de uma medida de coacção[401], cumpre sempre lembrar

---

[396] *Vide* os actuais art.205º, nº1 do art.199º e nº1 do art.200º, todos do CPP.
[397] Desde logo, o nº2 do art.193º do CPP impõe que «*A prisão preventiva só pode ser aplicada quando se revelarem inadequadas ou insuficientes as outras medidas de coacção*», o que se traduz na sua obrigatória subsidiariedade.
[398] *Vide* o actual art.227º CPP.
[399] *Vide* o actual art.228º CPP.
[400] O que justifica sempre a repetição da escrutinada análise dos arts.191º a 228º do CPP.
[401] *Vide* o actual art.204º CPP que dispõe como requisitos gerais não cumulativos: «*a) Fuga ou perigo de fuga; b) Perigo de perturbação do decurso do inquérito ou da instrução do processo e, nomeadamente, perigo para a aquisição, conservação ou veracidade da prova; ou c) Perigo, em razão da natureza*

que, nos casos da aplicação das medidas de proibição de permanência, ausência e contactos[402], obrigação de permanência na habitação (prisão domiciliária)[403] ou prisão preventiva[404], as autoridades judiciárias e em especial o Juiz de Instrução entenderam que já existem fortes indícios de prática de crime doloso punível com pena de prisão superior a cinco anos[405], por parte do arguido – o que o defensor deverá passar a ter em conta, com especial atenção, na definição do sentido material e do sentido processual da direcção da Defesa.

Quanto ao que deva entender-se pela expressão legal *«fortes indícios»*, é imperioso recordar a faculdade que o legislador tem do recurso aos conceitos indeterminados, como é o caso. O que importará para a Defesa Criminal a possível discussão, caso a caso, pelo menos do atributo de *«fortes»* que terá de ser dado aos *«indícios»* concretos, pois *a força probatória é sempre relativa*. Isto é, no âmbito da objectividade na interpretação da norma jurídica necessária à garantia da Segurança Jurídica dos cidadãos, pode a Defesa sempre questionar se os indícios (ou elementos materiais de prova) constantes dos autos têm uma força probatória tal que justifique uma autêntica presunção de culpa, pelo menos no sentido natural.

Por outro lado, deve a Defesa Criminal atender especialmente ao teor da fundamentação do Despacho judicial que determine a aplicação de uma medida de coacção, o qual terá necessariamente de fazer *«a enunciação dos motivos de facto da decisão»*[406], a par da demais fundamentação obrigatória nos termos gerais de qualquer acto decisório no processo penal[407].

---

e das circunstâncias do crime ou da personalidade do arguido, de que este continue a actividade criminosa ou perturbe gravemente a ordem e a tranquilidade públicas.».
[402] *Vide* o actual nº1 do art.200º CPP.
[403] *Vide* o actual nº1 do art.201º CPP.
[404] *Vide* a actual alínea a) nº1 do art.202º CPP.
[405] Excepto no caso de crimes dolosos de terrorismo, criminalidade violenta ou altamente organizada punível com pena de prisão de máximo superior a 3 anos (alínea b) do nº1 do art.202º CPP), e no caso de prisão preventiva decretada sobre pessoa *«que tiver penetrado ou permaneça irregularmente em território nacional, ou contra a qual estiver em curso processo de extradição ou de expulsão»*, previsto na alínea c) do nº1 do art.202º CPP.
[406] *Vide* o actual nº3 do art.194º CPP.
[407] Dispõe o actual nº5 do art.97º do CPP que *«Os actos decisórios são sempre fundamentados, devendo ser especificados os motivos de facto e de direito da decisão».*

47.5. Medidas Cautelares e de Polícia

Assunto diverso do anterior é o das medidas cautelares e de polícia, previstas na lei processual[408], em sede de Inquérito.

As medidas cautelares e de polícia correspondem às diligências de natureza cautelar e urgente que os órgãos de polícia criminal podem levar a cabo, de sua própria iniciativa e sem a intervenção prévia do Ministério Público ou do Juiz de Instrução, no âmbito das investigações que devam promover em face da notícia do crime.

A sua latitude é aparentemente ilimitada[409], porém são medidas que têm por finalidade genérica apenas a de assegurar os meios de prova, pelo que devem reduzir-se à mínima interferência possível nos direitos, liberdades e garantias dos suspeitos e/ou dos arguidos, estando, pelo menos, sempre sujeitas aos mesmos limites e requisitos que a lei processual prevê em sede de meios de obtenção de prova[410]. Legalmente previstas na lei processual como medidas cautelares e de polícia possíveis estão, nomeadamente, as faculdades de:

a) proceder a exames dos vestígios do crime, assegurando a identificação de pessoas e a manutenção do estado das coisas e dos lugares, nas situações de exame das pessoas, dos lugares e das coisas[411];
b) colher informações das pessoas que facilitem a descoberta dos agentes do crime e a sua reconstituição[412];
c) proceder a apreensões no decurso de revistas ou buscas ou em caso de urgência ou *periculum in mora*, bem como adoptar as medidas cautelares necessárias à conservação ou manutenção dos objectos apreendidos[413];

---

[408] *Vide* os actuais arts.248º a 253º do CPP.
[409] O actual nº1 do art.249º CPP dispõe que: «*Compete aos órgãos de polícia criminal, mesmo antes de receberem ordem da autoridade judiciária competente para procederem a investigações, praticar os actos cautelares necessários e urgentes para assegurar os meios de prova*».
[410] *Vide* os actuais arts.171º a 190º do CPP.
[411] *Vide* a actual alínea a) do nº2 do art.249º CPP.
[412] *Vide* a actual alínea b) do nº2 do art.249º CPP.
[413] *Vide* a actual alínea c) do nº2 do art.249º CPP.

d) proceder à identificação de qualquer pessoa encontrada em local sujeito a vigilância policial, desde que sobre ela recaiam suspeitas da prática de crimes ou de outras infracções tipificadas[414];
e) proceder a revista de suspeitos e buscas em locais, nos casos de fuga iminente ou de detenção, mediante determinados pressupostos[415];
f) proceder a revista de pessoas que tenham de participar ou pretendam assistir a qualquer acto processual, sempre que haja suspeita de ocultarem armas ou objectos susceptíveis de perigo para a integridade física[416];
g) proceder a apreensão de correspondência, encomendas ou valores fechados, em certos casos excepcionais[417].

Faculdades essas que se mantêm a todo o tempo, antes e depois da intervenção do Ministério Público e do Juiz de Instrução no processo penal[418], devendo, no entanto, depois de promovidas, ser objecto de relatório escrito[419], reduzido a auto[420], a enviar ao Ministério Público ou ao Juiz de Instrução, conforme os casos.

Porém, muito para além destas medidas cautelares e de polícia previstas no Código do Processo Penal, assiste aos órgãos de polícia criminal de competência genérica a capacidade para a prática de todos os actos necessários ou convenientes que se incluam nas suas competências específicas, previstas quer para a Polícia Judiciária, quer para a Polícia de Segurança Pública, Guarda Nacional Republicana, ou outros órgãos de polícia criminal de competência específica, nomeadamente para obstar à consumação dos crimes e para acções de vigilância e de prevenção criminal. Onde se incluem, naturalmente, amplos poderes de acesso a informação, livre acesso a locais, exigência de colaboração de terceiros, apreensão de objectos e documentos, etc.

De resto, existem ainda regras exparsas acerca destas medidas cautelares e de polícia, dispersas pelas leis orgânicas dos diferentes órgãos de

---

[414] *Vide* o actual art.250º CPP.
[415] *Vide* a actual alínea a) do nº1 do art.251º CPP.
[416] *Vide* a actual alínea b) do nº1 do art.251º CPP.
[417] *Vide* os actuais nº2 e nº3 do art.252º CPP.
[418] *Vide* o actual nº3 do art.249º do CPP.
[419] *Vide* o actual art.253º CPP.
[420] *Vide* o actual art.99º CPP.

polícia e pela diversa legislação especial que, a par da lei criminal substantiva, consigna regras procedimentais e de processo, tais como: na Lei do Tráfico e Consumo de Estupefacientes e Substâncias Psicotrópicas[421]; na Lei dos Crimes em Recintos Públicos[422]; entre outras.

47.6. A Investigação pelos Órgãos de Polícia Criminal

Aqui situados, será conveniente para a Defesa Criminal ter sempre presente que, não obstante serem as autoridades judiciárias quem tem a competência legal para a promoção e a direcção das investigações nas fases preliminares do processo penal, não são os representantes do Ministério Público nem será o Juiz de Instrução quem tem os meios técnicos e humanos e/ou conhecimentos suficientes para levar materialmente a cabo os actos de investigação necessários à boa instrução do processo penal.

Isto – que é uma evidência – traduz-se, na prática, pela dispersão de competências por vários departamentos de diversos órgãos de polícia criminal, no âmbito da investigação, o que importa importantes condicionantes do sistema jurisdicional para a realização da Justiça Penal.

E, com efeito, a comunidade tem por certo que a investigação criminal está confiada a uma equipa coordenada de profissionais, treinada para o efeito e dispondo de ampla competência técnica, o que nem sempre corresponde à realidade e se constata nas decisões dos tribunais que, muitas vezes, se referem às deficiências da investigação e à falta de uma verdadeira supervisão da mesma.

Em termos simples, no âmbito do processo penal a investigação criminal peca muitas vezes por ser meramente reactiva ao crime e por se dirigir com especial ênfase ao esclarecimento das ocorrências (a solução do caso), ao invés de se dirigir directamente para a prova da culpabilidade dos seus agentes.

Nesta sede, extrapolando o Código do Processo Penal, convirá ter presentes alguns dos principais diplomas legais que regem a actividade da investigação criminal; porquanto, o correcto enquadramento das investigações criminais no âmbito das funções de cada entidade a quem as mesmas competem, no terreno, mostra-se fundamental para que a Defesa Criminal compreenda e tenha presente as reais circunstâncias em que tais

---

[421] *Vide* o D-L nº15/93 de 22 de Janeiro.
[422] *Vide* a L nº8/97 de 12 de Abril.

actos e diligências são levados a efeito, ao longo de uma extensa cadeia de intervenientes.

Desde logo, define a Lei da Organização da Investigação Criminal que são órgãos de polícia criminal de competência genérica[423]: a Polícia Judiciária (PJ), a Polícia de Segurança Pública (PSP) e a Guarda Nacional Republicana (GNR)[424], a quem compete, por iniciativa própria ou sob solicitação das autoridades judiciárias, praticar o conjunto de diligências que visam averiguar a existência de um crime, determinar os seus agentes e a sua responsabilidade e descobrir e recolher provas, no âmbito do processo penal.

Os órgãos de polícia criminal de competência genérica actuam com autonomia técnica, mas sob direcção das autoridades judiciárias competentes em cada fase do processo penal, num regime de dependência funcional, sem prejuízo das respectivas organizações hierárquicas.

Por outro lado, sendo a PJ por natureza um corpo superior de polícia criminal auxiliar da administração da justiça, organizado hierarquicamente na dependência do Ministério da Justiça e não um órgão de polícia ao qual caibam funções directas de segurança nacional, acaba por ser este o órgão de polícia criminal por vocação e por excelência que, como tal, tem um extenso conjunto de competências reservadas em sede da investigação de quase toda a criminalidade grave[425].

Daí, a própria lei reconhecer à PJ, para além de competências em matéria de prevenção criminal, a importante missão de assegurar a ligação de todos os órgãos e autoridades de polícia criminal, nacionais e internacionais, a par do papel principal em sede da organização da investigação criminal portuguesa, cabendo à PSP e à GNR meras funções residuais.

As diferentes valências da PJ na prevenção e na investigação criminal somadas ao estatuto de autoridade máxima em matéria de polícia científica e criminalística portuguesa[426], espelham-se nas suas Diversas Direcções

---

[423] A lei prevê a existência de órgãos de polícia criminal com competência específica, aos quais sejam conferidas tais competências por lei especial, como é o caso da Polícia Judiciária Militar (PJM), havendo ainda outras entidades com competência criminal específica, como é o caso do Serviço de Estrangeiros e Fronteiras (SEF), da Direcção-Geral das Alfândegas, entre outros.

[424] Vide o art.3º da Lei nº 49/2008 de 27 de Agosto.

[425] Vide o art.7º da Lei nº 49/2008 de 27 de Agosto.

[426] No âmbito da polícia científica e da criminalística (conceito que vulgarmente designa o conhecimento do conjunto dos procedimentos técnico-científicos aplicáveis à averiguação e

CAPÍTULO V

Centrais (de Combate ao Banditismo, de Investigação do Tráfico de Estupefacientes, de Investigação da Corrupção e Criminalidade Económica) e nos seus diversos Departamentos de Investigação Criminal.

Por essas razões, à PSP e à GNR – como forças de segurança e de manutenção da ordem pública – corresponde um papel acessório na investigação criminal, sendo normalmente intervenientes, até pela sua ampla dispersão territorial, na prática de actos pontuais e concretamente delimitados tais como: notificações e comunicação de actos processuais em geral; identificação e inquirição de pessoas; vigilância de locais; apreensões; encerramento ou vedação de perímetros; facultando meios coercivos e presenciando diligências de vária ordem.

Em sede de investigação criminal, a PSP tem ainda importantes funções no domínio das informações policiais – sobretudo através do seu Departamento de Informações Policiais, a quem incumbe, nomeadamente, reunir, centralizar, coordenar e accionar os pedidos de realização de actos processuais solicitados pelas autoridades judiciárias ou outras entidades competentes – e conta com o apoio de algumas Secções de Inquéritos, vocacionadas para o expediente do processo penal e integradas na sua estrutura central subdividida nos comandos metropolitanos, regionais e de polícia.

Quanto à GNR, que integrou as competências da antiga Guarda Fiscal, tem uma presença mais visível no domínio dos crimes aduaneiros, por intermédio da sua Brigada Fiscal (BF), do controlo do trânsito de pessoas e bens, e crimes rodoviários, embora possa destacar pessoal militar também para a realização das actividades de comunicação dos actos processuais previstos no Código de Processo Penal.

De resto, vigora na Ordem Jurídica nacional um amplo princípio de cooperação em matéria de investigação criminal, na articulação e troca de informações entre todos os órgãos de polícia criminal, o que os torna disponíveis para toda e qualquer iniciativa nesse âmbito.

De onde, nesta complexa teia de intervenções e de intervenientes, as diligências de investigação criminal traduzem-se, frequentemente, num

estudo materiais do crime, em ordem à sua prova), assumem especial importância o Instituto Superior de Polícia Judiciária e Ciências Criminais, o Departamento Central de Informação Criminal e Polícia Técnica e os Departamento de Apoio da Directoria Nacional como o Laboratório de Polícia Científica, o Departamento de Perícia Financeira e Contabilística, o Departamento de Telecomunicações e Informática, o Departamento de Planeamento e Assessoria Técnica, entre outros.

somatório de diversos actos, ofícios, autos e relatórios, unidos apenas por um fio condutor que é o do sentido lógico das investigações. Isto é, longe de uma narração contínua e sistematizada, *o processo penal será o repositório das diversas diligências levadas a cabo pelos órgãos de polícia criminal, às quais se somarão ainda as promoções e os despachos das autoridades judiciárias, a par das anotações das secretarias do Ministério Público e dos Tribunais.*

O que deixa ao dispor da Defesa Criminal uma possibilidade muito abrangente de contactar informalmente com os diversos agentes da investigação criminal, à medida que se vão desenrolando as respectivas diligências.

Pois se, por um lado, e enquanto vigora o Segredo de Justiça, o contacto formal do arguido e do seu defensor com o processo penal só pode ser feito mediante exposições escritas, requerimentos ou tomada de declarações, por outro lado, a lei não proíbe nem veda o contacto directo e informal da Defesa Criminal com os agentes de investigação, muitas das vezes feito no intuito de colaborar com a descoberta da verdade, mas também de averiguar os resultados e o curso das investigações, na medida do possível.

Acresce que, compreendido o modo e o espírito dos trâmites da investigação oficiosa, a Defesa Criminal poderá reunir preciosa informação acerca das valências utilizadas pelos órgãos de polícia criminal, quando não mesmo sobre os resultados finais das diligências promovidas, tenham elas sido pontuais ou contínuas, de iniciativa própria ou ordenadas pelas autoridades judiciárias, visando suspeitos determinados ou não.

47.7. Deveres de Legalidade na Recolha de Prova e Nulidades Processuais

No domínio probatório, o processo penal desenrola-se de forma totalmente diferente do processo civil, no qual as partes podem oferecer as suas provas somente na Audiência de Julgamento. Pelo contrário, poderá mesmo dizer-se que para as autoridades judiciárias que o dirigem *a prova é o substracto do processo penal durante as suas fases preliminares e mesmo a condição da sua persistência,* uma vez que o processo só subsiste para além da fase do Inquérito mediante a existência – nos autos – de prova (ou indícios) suficiente para a submissão do arguido a um Julgamento.

Daí que nas fases preliminares do processo penal haja a necessidade de uma permanente avaliação da força probatória dos meios de prova, pelo menos por parte das autoridades judiciárias que dirigem as investigações em cada momento. Porém, este contínuo juízo probatório deverá depender, antes de mais, da *estrita observância da legalidade na recolha dos meios de prova*. Até porque, qualquer elemento probatório que haja sido recolhido em contrariedade ao que dispõe a lei processual, é susceptível de:

a) ser invalidado, por completo, não podendo ser tido em conta no processo seja para que efeito for;
b) descredibilizar o resultado das investigações;
c) prejudicar a validade probatória de outros elementos de prova obtidos na sua sequência[427];
d) criar um «vazio de prova» quanto aos factos a cuja prova se destinava, insuprível em sede de Audiência de Julgamento se só nessa fase do processo for constatada.

Portanto, é indesmentível que esta é uma das mais importantes matérias para a Defesa Criminal, dado o seu potencial destruidor da prova a produzir pela Acusação em sede de Julgamento. De onde resulta que, a Defesa, deve ponderar sempre qual será, processualmente, o momento adequado para suscitar as questões relativas à preterição de regras legais na recolha da prova, em cada caso concreto. E, por isso mesmo, muito se tem escrito nesta matéria[428].

Se, por um lado, e para a prova[429] de um facto no âmbito do processo penal, são admissíveis todos os meios de prova que não seja legalmente

---

[427] Em termos da solução legal consagrada, é discutível esta consequência, como discutível é toda a clássica *«fruit of the poisonous tree doctrine»* americana (ou doutrina do *efeito-à-distância*), citada por COSTA ANDRADE, M. em *Sobre as Proibições de Prova em Processo Penal*, Coimbra Editora, 1992, pp.169. Com um breve exemplo académico – em que a descoberta do lugar de um cadáver e a sua exumação só se tornaram possíveis na sequência de uma escuta telefónica ilegal – podemos compreender a importância e a latitude da questão, que se coloca quanto à validade das "provas secundárias" obtidas após uma "prova primária" conseguida ilicitamente, sem contudo ser unívoca a solução legal que deverá ter-se por consagrada nesta matéria. No caso, porém, da ilegalidade em causa importar a nulidade processual do acto, consagra expressamente o nº1 do art.122º do CPP que: «*As nulidades tornam inválido o acto em que se verificam, bem como os que dele dependerem e aquelas puderem afectar*».
[428] *Vide*, por todos, a excelente e extensa monografia de COSTA ANDRADE, M. em *Sobre as Proibições de Prova em Processo Penal*, Coimbra Editora, 1992.
[429] Dispõe o art.341º do Código Civil que «*As provas têm por função a demonstração da realidade dos factos*».

proibidos[430] e são admitidos a constituir objecto de prova todos os factos juridicamente relevantes para a existência ou inexistência do crime e da responsabilidade penal do arguido[431], por outro lado, a lei processual penal:

1) proíbe determinados métodos de obtenção de prova[432];
2) estipula o cumprimento de formalidades obrigatórias para a validade de determinados meios comuns de prova no processo penal[433];
3) prevê regras vinculativas para o exercício de alguns poderes especiais de obtenção de prova que, de outra forma, contrariariam direitos, liberdades e garantias dos cidadãos[434].

São o que genericamente podemos considerar como as normas que prevêem os especiais deveres de legalidade na recolha de prova no processo penal, cominando o seu desrespeito com nulidade, inutilidade, invalidade ou irregularidade, consoante os casos[435].

Temos, assim, três agrupamentos possíveis desta espécie de normas, cujo regime jurídico deve ser alvo da devida atenção, consoante o que se tenha verificado no decurso das fases preliminares do processo destinadas à recolha das provas por parte das autoridades judiciárias coadjuvadas pelos órgãos de polícia criminal.

As regras relativas à proibição de determinados métodos de obtenção da prova, consagram a nulidade insanável e a impossibilidade absoluta de utilização processual das provas obtidas mediante tortura, coacção (física ou moral) ou, em geral, ofensa à integridade física ou moral das pessoas[436]. A lei nomeia algumas destas hipóteses, referindo-se expressamente às provas: obtidas mediante a simples perturbação da liberdade da vontade ou de decisão, abrangendo os casos de maus tratos, ofensas corporais, administração de meios químicos, hipnose ou meios cruéis ou meramente enga-

---

[430] *Vide* o actual art.125º CPP.
[431] *Vide* o actual nº1 do art.124º CPP.
[432] *Vide* o actual art.126º CPP.
[433] *Vide* o actual nº4 do art.58º e os actuais arts.128º a 170º, todos do CPP.
[434] *Vide* os actuais arts.171º a 190º do CPP.
[435] *Vide* os actuais arts.118º a 123º, a par do art.126º e dos arts.128º a 190º em geral, todos do CPP.
[436] Aliás, em consonância com o previsto no actual nº8 do art.32º da Constituição da República Portuguesa.

nosos; obtidas mediante a simples perturbação da capacidade de memória ou de avaliação, por qualquer meio; obtidas mediante a utilização da força para além do legalmente permitido; obtidas mediante ameaça com medida legalmente inadmissível ou denegação ou condicionamento da obtenção de benefícios legalmente previstos; obtidas mediante promessa de vantagem legalmente inadmissível.

As regras relativas ao cumprimento de formalidades obrigatórias para a validade de determinados meios comuns de prova no processo penal, consagram genericamente os pressupostos, o modo e os diversos trâmites a seguir na recolha ou produção da prova testemunhal[437]; das declarações de testemunhas para memória futura[438]; das declarações do arguido, do assistente e das partes civis[439]; da prova por acareação[440]; da prova por reconhecimento[441]; da reconstituição do facto[442]; da prova pericial[443]; da prova documental[444];. Nesta sede, estão consagrados complexos regimes de: diferentes consequências jurídicas para o desrespeito das respectivas normas; prerrogativas especiais de certas testemunhas; normas sobre o valor probatório de determinados meios; exclusão da utilização de determinadas provas, etc.

E finalmente as regras relativas ao exercício de alguns poderes especiais de obtenção de prova que, de outra forma, contrariariam direitos, liberdades e garantias dos cidadãos, que consagram determinadas garantias mínimas de legalidade quando as investigações criminais hajam de interferir com a privacidade individual. Nesta sede, mediante também complexos e intrincados regimes, prevêem-se os pressupostos e os requisitos da recolha de prova por meio de exames (às pessoas, lugares e coisas)[445]; de revistas e buscas[446]; de apreensões (incluindo as de correspondência)[447];

---

[437] *Vide* os actuais arts.128º a 139º do CPP.
[438] Neste último caso, vide os actuais art.271º e art.294º do CPP.
[439] *Vide* os actuais arts.140º a 145º do CPP.
[440] *Vide* o actual art.146º CPP.
[441] *Vide* os actuais arts.147º a 149º do CPP.
[442] *Vide* o actual art.150º CPP.
[443] *Vide* os actuais arts.151º a 163º do CPP.
[444] *Vide* os actuais arts.164º a 170º do CPP.
[445] *Vide* os actuais arts.171º a 173º do CPP.
[446] *Vide* os actuais arts.174º a 177º do CPP.
[447] *Vide* os actuais arts.178º a 186º do CPP.

de escutas telefónicas[448]. Releva considerar ainda que, neste domínio, a consequência jurídica estabelecida genericamente para o desrespeito das normas é a da nulidade das provas recolhidas[449].

De onde, caso a caso, inevitavelmente, e muito embora o cumprimento daquelas normas seja devido pelas competentes entidades investigadoras, cabe especialmente à Defesa Criminal assegurar-se do estrito cumprimento da legalidade da recolha de prova levada a cabo no processo penal, a fim de, no momento mais oportuno do processo, poder tomar a posição mais conveniente ao arguido.

A este respeito, é fundamental que a Defesa, desde o início do Inquérito, acompanhe a par e passo o cumprimento da legalidade nas diligências processuais promovidas pelas autoridades judiciárias e/ou pelos órgãos de polícia criminal, nomeadamente porque a possibilidade de invocação de certas nulidades processuais depende da sua arguição em momento oportuno[450].

Com efeito, no intrincado regime das nulidades processuais penais, existe uma importante distinção entre as nulidades consideradas insanáveis e as nulidades sanáveis, cuja apreciação depende de arguição em tempo oportuno[451]. A estas duas formas típicas de nulidade processual penal, soma-se ainda uma forma atípica de nulidade que corresponde à consagrada no âmbito dos métodos proibidos de prova, dos meios de prova e dos meios de obtenção de prova[452], a qual determina genericamente a proibição da utilização e da valoração das provas[453] – arguível naturalmente a todo o tempo.

Desde logo, entre as nulidades insanáveis – também arguíveis a todo o tempo – constam a indevida composição do tribunal e a violação das suas

---

[448] Vide os actuais arts.187º a 190º do CPP.

[449] Consagrada no nº3 do art.126º do CPP, o qual dispõe que «*Ressalvados os casos previstos na lei, são igualmente nulas as provas obtidas mediante intromissão na vida privada, no domicílio, na correspondência ou nas telecomunicações sem o consentimento do seu titular*», sem prejuízo de outras consequências especialmente previstas.

[450] Vide os arts.120º e 121º do CPP.

[451] Vide o regime geral das nulidades e das irregularidades processuais constante dos arts.118º a 123º CPP.

[452] Esta distinção de uma nulidade atípica para as proibições de prova está consagrada no actual nº3 do art.118º CPP.

[453] V.g. o actual nº4 do art.58º e o actual nº1 do art.126º CPP.

regras de competência, a falta de promoção do processo ou a falta de presença do Ministério Público nos actos em que o devesse fazer, a ausência do arguido ou do defensor nos casos em que a lei o exija, a falta das fases preliminares do processo quando obrigatórias e o emprego de forma de processo indevida[454].

Entre as nulidades sanáveis, contam-se alguns outros casos, de onde ressalta a eventualidade da insuficiência do Inquérito ou da Instrução e a omissão posterior de diligências que pudessem reputar-se essenciais para a descoberta da verdade[455]. Quanto a este tipo de nulidades, o momento em que devem ser arguidas é variável consoante os casos[456] e a sanação é sempre possível mediante acto expresso do titular do interesse protegido[457].

Contudo, os efeitos da declaração da nulidade são iguais para aqueles dois casos de nulidades típicas – tornando inválido o acto em que se verificaram e os actos que dele dependerem ou puderem ter sido afectados[458] – e devem ser expressamente referidos na declaração de nulidade respectiva , a qual deverá ainda, sempre que necessário e possível, ordenar a repetição dos actos invalidados[459].

E, ao regime geral das nulidades processuais, somam-se todas as regras legais, esparsas pela lei adjectiva, que determinam a nulidade de actos, diligências, em cada caso concreto[460], até porque quando a nulidade não for expressamente cominada, o acto ilegal é considerado meramente irregular[461].

47.8. A Investigação Autónoma e Paralela por Parte da Defesa

Uma das mais importantes vertentes do processo penal é, sem dúvida, a da investigação dos factos incluindo a respectiva recolha de prova, ao contrário do que sucede no processo civil onde a instrução é facultativa e está

---

[454] *Vide* o actual art.119º CPP.
[455] *Vide* o actual art.120º, com especial relevo para a alínea d) do seu nº2, do CPP.
[456] *Vide* o actual nº3 do art.120º CPP.
[457] *Vide* o actual art.121º CPP.
[458] *Vide* o actual nº1 do art.122º CPP.
[459] *Vide* o actual nº2 do art.122º CPP.
[460] A título ilustrativo os arts.92º nº1, 126º, 134º nº2, 174º nº5, 177º, 180º, 189º, 309º, 321º nº1, 332º nº7, 356º nº8, 379º todos do CPP.
[461] *Vide* o actual nº2 do art.118º CPP.

a cargo das partes, podendo mesmo ser dispensada no caso de as partes chegarem a acordo quanto à matéria de facto.

Já sabemos que, mercê do princípio da presunção de inocência do arguido, no processo penal cabe às entidades acusatórias a investigação e a reunião das provas da culpabilidade daquele.

Porém, como temos afirmado desde o início do presente trabalho quanto às vantagens de uma Defesa Criminal activa, o arguido não deve resumir-se ao papel de espectador no processo, nem limitar-se a requerer às autoridades judiciárias que investiguem determinados factos e circunstâncias susceptíveis de conduzir à conclusão pela inexistência ou atenuação da sua responsabilidade penal.

Deve, pelo contrário e sem prejuízo da intervenção no processo penal durante as suas fases preliminares, a Defesa Criminal, ela própria, conduzir a mais ampla investigação possível, em paralelo com o curso dos autos. Isto é, à investigação pelos meios jurisdicionais, deve a Defesa somar uma investigação paralela pelos meios comuns, de sua própria conta.

Por vária ordem de razões, mas desde logo porque a Defesa deve dispor do maior campo de análise possível e da maior percepção possível dos pormenores e aspectos técnicos e/ou interdisciplinares do caso concreto, a fim de ganhar superioridade no conhecimento das circunstâncias do crime e nas capacidades de prova, face às autoridades judiciárias.

Já sabemos, também, que as diversas diligências de investigação são levadas a cabo por diferentes intervenientes, o que dificulta a exploração completa de um único caminho de investigação. Ou seja na investigação forense penal não existe verdadeiramente uma absoluta continuidade nem um único critério de investigação.

De resto, as autoridades judiciárias podem estar a conduzir as investigações em diversos sentidos ao mesmo tempo, levantando todas as hipóteses e explorando diversas direcções iniciais, assim empenhando esforços e tempo com algum desperdício ou mesmo inutilidade. Muitas vezes são, assim, aquelas entidades quem verdadeiramente investiga "às escuras", tentando interligar as peças de um puzzle, ao passo que o arguido pode, no caso concreto e desde o início, ter acesso a *the full picture*.

A estes obstáculos com que se deparam as autoridades judiciárias, soma-se o contínuo *deficit* de informações e muitas vezes uma insuficiência de capacidades ou meios técnicos susceptíveis de clarificar por inteiro as circunstâncias do crime que é investigado.

CAPÍTULO V

Portanto, cabe à Defesa Criminal aproveitar as prováveis vantagens de conhecimento que consiga atingir, autonomizando-se dos autos no domínio da investigação do crime, em busca de prova e de conhecimento dos meandros dos respectivos factos e circunstâncias.

Começando pela reconstituição total do *iter criminis* e seu enquadramento objectivo e subjectivo em todas as circunstâncias que condicionaram a ocorrência do crime, pode a Defesa definir um campo de análise que subdividirá em graus de importância.

Desta organização dos factos poderá partir para a pesquisa da prova de forma sistemática e organizada, recorrendo ao auxílio dos meios materiais e humanos que o arguido esteja disposto a usar.

Existem diversos sentidos clássicos desta investigação por conta própria, tais como:

- o da comprovação do *Alibi* do arguido ou de outras razões da sua inocência;
- o da desresponsabilização do arguido em virtude da actuação de terceiros;
- o da exploração dos factos que integram causas de exclusão da ilicitude, culpa ou punibilidade;
- o do "controlo de qualidade" das provas provavelmente obtidas pelas entidades acusatórias;
- o dos possíveis erros de raciocínio a que possam induzir determinados factos;
- a vulnerabilidade técnica ou material de determinadas perícias ou exames forenses realizados pelos órgãos de polícia criminal;
- o exame do local e a reconstituição do crime, em busca das razões de incoerência das teses acusatórias;
- o da identificação e localização de possíveis testemunhas;
- o da identificação e localização de possíveis peritos.

Porém, quaisquer considerações nesta matéria terão sempre uma validade relativa, em função das especificidades do caso concreto.

Em todo o caso, convém salientar que, para preparação da sua Defesa, é inteiramente legítimo e permitido ao arguido lançar meio de todos os recursos de investigação, incluindo os de contactar livremente com testemunhas e todo e qualquer interveniente ou participante processual (agentes, consultores, peritos) [462], de inspeccionar e visitar locais, de recolher e guardar elementos materiais de prova e documentação, entre outros que não lhe sejam expressamente vedados por lei ou determinação das autoridades competentes[463].

Por último, convém esclarecer ainda que, sem prejuízo das suas próprias investigações serem feitas em paralelo com o curso dos autos, o arguido e o seu defensor dispõem de consideráveis faculdades legais que lhes permitem ir acompanhando o desenrolar das investigações oficiosas, mesmo durante o Inquérito.

Entre estas, destaca-se o direito que o arguido tem de «*estar presente aos actos processuais que directamente lhe disserem respeito*», previsto na lei processual[464]. O que abrange, para além do seu interrogatório e da acareação com outros arguidos, testemunhas, ou assistente, todas as situações de exames, revistas, apreensão de objectos sobre a sua posse, buscas domiciliárias e outras diligências que possam afectar os direitos pessoais do arguido.

Ora, em tantas e tais ocasiões, a Defesa Criminal tem a possibilidade de acompanhar e monitorizar o curso e o resultado de determinadas diligências de investigação oficiosa, o que é susceptível não apenas de influir na reorientação da direcção da Defesa, mas também na determinação de diversos aspectos que deva passar a investigar autonomamente, por sua conta.

Acerca da *Investigação Autónoma e Paralela por Parte da Defesa* e dos cuidados a respeitar no carreamento da respectiva prova obtida para o Processo Penal, permitimo-nos remeter o(a) leitor(a) para a nossa obra anterior, *A Defesa e a Investigação do Crime (Guia Prático para a Análise da Investigação e para a Investigação pelos Recursos Próprios da Defesa Criminal*), Almedina, 1ª Edição 2004, 2ª Edição 2008, onde tal assunto é abordado específica e detalhadamente.

---

[462] Embora estes estejam obrigados a zelar pelo segredo de justiça, nos termos do actual nº4 do art.86º CPP.

[463] Casos há em que os próprios órgãos de polícia criminal podem vedar este acesso, consoante o que seja tido por necessário para a manutenção do estado das coisas e dos lugares, no âmbito dos seus poderes destinados a assegurar os meios de prova (vide o art.249º CPP, entre outros).

[464] *Vide* a actual alínea a), conjugada com a alínea e), ambas do nº1 do art.61º CPP.

47.9. O Segredo de Justiça e o Acesso a Auto

Como é sobejamente sabido, uma das principais barreiras com que se depara a Defesa do arguido no processo penal, durante a fase preliminar do Inquérito, é sem dúvida a do segredo de justiça que sobre o mesmo pode vir a impender[465] e que obrigará nesse caso todos os intervenientes e participantes no processo penal[466].

Esta matéria é tanto mais relevante no presente estudo, quanto significará que – excepto nos casos legalmente previstos em que o arguido tenha o direito de estar presente no respectivo acto processual[467]– as diligências de investigação judiciária decorrerão assim sob total desconhecimento por parte do arguido, não tendo, portanto, o mesmo qualquer conhecimento dos seus resultados e dos meios probatórios correspondentemente recolhidos.

Porém, se hoje a regra geral é a do acesso aos autos durante o Inquérito e mediante requerimento[468], *mesmo no caso de o processo ter sido sujeito ao segredo de justiça*, ao arguido e ao seu defensor será reconhecido o direito de acesso aos autos, na íntegra, logo após ser proferido o Despacho de Acusação, para efeito de preparação da defesa[469].

De onde, e muito embora aquele verdadeiro «muro de silêncio» com que se possa vir a debater o arguido nem sempre seja suficiente para impedir que o mesmo possa «monitorizar» o andamento dos autos por intermédio dos contactos informais que vierem a ser estabelecidos, o certo é que só no primeiro contacto com o teor integral dos autos é que o arguido poderá aceder também aos resultados das investigações judiciárias e aos meios probatórios constantes dos autos do processo penal. E, mesmo assim, com todas as evidentes limitações decorrentes do difícil acesso aos meios de prova que não se tenham traduzido em auto.

Ora, nesse primeiro momento e até poder usar da faculdade legal de examinar os autos fora da respectiva secretaria judicial – requerendo nesse

---

[465] *Vide* o actual nº8 do art.86º do Código de Processo Penal.
[466] *Vide* o actual nº3 do art.86º do Código de Processo Penal.
[467] Genericamente nos casos em que o acto processual lhe diga directamente respeito (art.61º nº1 alínea a) do Código de Processo Penal), como seja nos seus próprios interrogatórios, nos exames à sua pessoa, nas buscas ao seu domicílio ou local de trabalho (em casos especiais), entre outras situações.
[468] *Vide* o actual nº1 do art.89º do Código de Processo Penal.
[469] *Vide* os actuais nº1 e nº2 do art.89º do Código de Processo Penal.

caso o defensor a confiança do processo, o que só é possível a partir do momento em que tenha sido proferida a decisão instrutória, ou quando a Instrução não possa já ter lugar[470] – faculdade que estará de qualquer forma sujeita à autorização da respectiva autoridade judicial competente, a qual decide a questão como decisão de mero expediente[471], na verdade o arguido ou o seu defensor só poderão consultar o processo penal na própria secretaria judicial.

Assim, logo após tomar conhecimento do teor de um eventual Despacho de Acusação[472], o qual corresponde ao desfecho do Inquérito[473], pode a Defesa analisá-lo em conjunto com a totalidade do processo, em ordem a decidir se requer ou não a abertura da Instrução. E nesse momento, embora subsista o segredo de justiça sobre o processo penal para toda a comunidade[474], pode o arguido aceder aos autos e proceder à sua consulta na secretaria judicial (dos serviços do Ministério Público), para efeitos de preparação da sua defesa[475].

Da leitura do Despacho de Acusação, naturalmente, ganharão especial relevo os depoimentos das testemunhas arroladas pelo Ministério Público e os restantes meios de prova que forem indicados como suporte documental e material da Acusação.

Neste âmbito, é conveniente lembrar que todo o material de que dispôs o Ministério Público para elaborar o seu Despacho de Acusação deverá estar acessível ao arguido, pelo que, a partir deste momento, entendemos que a Defesa Criminal poderá igualmente requerer o exame de todos os meios de prova que estejam sob guarda de autoridades públicas e à ordem do Tribunal Criminal, fazendo-se acompanhar dos peritos ou consultores que tiver por convenientes.

O que poderá repetir-se antes do Julgamento, depois de proferida a decisão instrutória, ou quando a Instrução não possa já ter lugar[476].

---

[470] *Vide* o actual nº3 do art.89º do Código de Processo Penal.
[471] *Vide* a disposição da alínea a) do nº1 do art.400º do Código de Processo Penal.
[472] O qual pode ser proferido por livre iniciativa do Ministério Público (art.383º do Código de Processo Penal) ou na sequência da Acusação Particular prevista no art.285º Código de Processo Penal.
[473] *Vide* o actual art.276º do Código de Processo Penal.
[474] *Vide*, uma vez mais, o art.86º do Código de Processo Penal.
[475] Nos termos conjugados do nº1 e do nº2 do art.89º do Código de Processo Penal.
[476] *Vide*, uma vez mais, o actual nº3 do art.89º do Código de Processo Penal.

Portanto, em cada contacto com o processo penal de onde o arguido possa extrair informações relevantes quando ao andamento das investigações, colherá aquele também valioso material para conduzir as suas próprias investigações que ao caso couberem

Seja como for, parece inegável que o segredo de justiça poderá constitui um verdadeiro muro de silêncio com que se debate o arguido, principalmente consagrado para assegurar os resultados das investigações, enquanto condição historicamente considerada essencial à realização da Justiça Penal em Portugal.

47.10. Acusação, Arquivamento do Inquérito e Suspensão Provisória do Processo

Prevê a lei processual penal que o Inquérito finda por uma decisão do Ministério Público que o dirige: ou um Despacho de Acusação[477] ou um Despacho de Arquivamento[478]. Decisão essa que deverá ser tomada nos prazos de duração máxima do Inquérito previstos na lei processual[479], muito embora esta não preveja qualquer consequência pelo desrespeito dos mesmos prazos, sendo, no limite, a lei penal substantiva a que determina a prescrição do procedimento criminal quando sejam excedidos determinados prazos bastante mais dilatados[480].

Sabemos, que o Ministério Público deverá acusar o arguido, se «*durante o inquérito tiverem sido recolhidos indícios suficientes de se ter verificado crime e de quem foi o seu agente*»[481], entendendo-se por «*suficientes os indícios sempre que deles resultar uma possibilidade razoável de ao arguido vir a ser aplicada, por força deles, em julgamento, uma pena ou medida de segurança*»[482]. A lei processual não define, todavia, quando deva ser proferido tal Despacho, nomeadamente se logo que tais indícios se verifiquem ou se apenas quando deva dar por concluídas as investigações, o que atribui um considerável poder discricionário à entidade judiciária que dirige o Inquérito.

Por outro lado, e pelo contrário, o Ministério Público deverá promover o arquivamento do Inquérito em duas situações distintas:

---

[477] *Vide* os actuais art.283º e art.285º nº3 CPP.
[478] *Vide* os actuais arts.277º e 280º CPP.
[479] *Vide* o actual art.276º CPP.
[480] *Vide* os actuais arts.118º a 121º do Código Penal.
[481] *Vide* o nº1 do art.283º CPP.
[482] *Vide* o nº2 do art.283º CPP.

- a do arquivamento por dever oficioso – logo que[483] tiver recolhido prova bastante de se não ter verificado crime, ou de o arguido não o ter praticado a qualquer título, ou de ser legalmente inadmissível o procedimento, ou ainda se não tiver sido possível obter indícios suficientes da verificação do crime ou de quem foram os agentes[484];
- a do arquivamento em função da possibilidade de dispensa de pena – no caso de a lei penal substantiva prever para o crime investigado a possibilidade de uma dispensa de pena[485] e com a concordância do Juiz de Instrução que acompanha o Inquérito[486].

Porém, em determinadas circunstâncias e enquanto dura o Inquérito, pode o Ministério Público, com a concordância do Juiz de Instrução que acompanha o processo, determinar a suspensão provisória dos autos[487]. Vejamos.

A possibilidade de o Ministério Público determinar a suspensão provisória do processo corresponde a um importante afloramento processual do princípio da natureza subsidiária da pena e do Direito Penal[488]. Porque, embora não preveja a possibilidade de um arquivamento do processo, prevê contudo a suspensão de todos os actos processuais, o que poderá manter-se até à prescrição do procedimento penal, desde que se estabeleça um

---

[483] Nesta sede, não tem o Ministério Público o poder discricionário de escolher o momento em que deverá ordenar o arquivamento do Inquérito, cabendo-lhe apenas a discricionaridade técnica de considerar já recolhida a prova bastante.

[484] A situação prevista nos nº1 e nº2 do art.277º CPP.

[485] A dispensa de pena vem prevista genericamente no actual art.74º do Código Penal e depende de ao crime caber um limite máximo de pena não superior a 6 (seis) meses de prisão e de outros pressupostos legais. Porém, a dispensa de pena está também prevista em certos casos especiais, como o de alguns casos de verificação do estado de necessidade desculpante (art.35º nº2 do Código Penal) ou o de alguns tipos de ilícito (v.g, os arts.143º nº3, 186º, 286º, 294º, 364º e 372º nº3 do Código Penal).

[486] A situação prevista no art.280º CPP, que pode ainda ocorrer durante a Instrução, por decisão do respectivo Juiz..

[487] Vide o actual art.281º CPP.

[488] Para a doutrina penalista portuguesa, este princípio que enferma todo o Direito Penal deriva do art.18º nº2 da Constituição da República Portuguesa, onde se dispõe: «*A lei só pode restringir os direitos, liberdades e garantias nos casos expressamente previstos na Constituição, devendo as restrições limitar-se ao necessário para salvaguardar outros direitos ou interesses constitucionalmente protegidos*».

CAPÍTULO V

consenso generalizado entre todos os sujeitos processuais. E, nesta medida, pode mesmo tomar-se por uma regra excepcional face ao princípio da indisponibilidade do processo penal.

Com efeito, «*Se o crime for punível com pena de prisão não superior a cinco anos ou com sanção diferente da prisão*» – circunstância que se verifica em casos tão relevantes como o homicídio privilegiado[489], homicídio a pedido da vítima[490], incitamento ou ajuda ao suicídio[491], infanticídio[492], homicídio por negligência[493], exposição ou abandono na forma simples[494], propaganda ao suicídio[495], aborto[496], ofensa à integridade física simples[497] ou por negligência[498], intervenções e tratamentos médico-cirúrgicos[499], participação em rixa[500], maus tratos[501], ameaça[502], coacção simples[503] ou grave[504], sequestro na forma simples[505], fraude sexual[506], lenocínio na forma simples[507], actos exibicionistas[508], actos sexuais[509] e homossexuais[510] com adolescentes, difamação[511], injúrias[512], furto simples[513], abuso de confiança simples[514],

[489] Actual art.133º do Código Penal.
[490] Actual art.134º do Código Penal.
[491] Actual art.135º do Código Penal.
[492] Actual art.136º do Código Penal.
[493] Actual art.137º, nº1 e nº2, do Código Penal.
[494] Actual art.138º nº1 do Código Penal.
[495] Actual art.139º do Código Penal.
[496] Actual art.140º do Código Penal.
[497] Actual art.143º do Código Penal.
[498] Actual art.148º do Código Penal.
[499] Actual art.150º do Código Penal.
[500] Actual art.151º do Código Penal.
[501] Actual art.152º do Código Penal.
[502] Actual art.153º do Código Penal.
[503] Actual art.154º do Código Penal.
[504] Actual art.155º do Código Penal.
[505] Actual art.158º nº1 do Código Penal.
[506] Actual art.167º do Código Penal.
[507] Actual art.170º nº1 do Código Penal.
[508] Actual art.171º do Código Penal.
[509] Actual art.174º do Código Penal.
[510] Actual art.175º do Código Penal.
[511] Actual art.180º do Código Penal.
[512] Actual art.181º do Código Penal.
[513] Actual art.203º do Código Penal.
[514] Actual art.205º do Código Penal.

dano simples[515] e a grande maioria dos crimes contra o património, entre muitos outros exemplos – com a concordância do arguido, do assistente (no caso se este estar constituído no processo) e do respectivo Juiz de Instrução que acompanha o Inquérito, pode o Ministério Público decidir a suspensão provisória do processo, mediante a imposição ao arguido de simples injunções e regras de conduta, se ocorrerem determinados pressupostos, tais como[516]:

a) a ausência de antecedentes criminais do arguido;
b) um carácter diminuto da culpa;
c) ser de prever que o cumprimento das injunções e regras de conduta responda suficientemente às exigências de prevenção que no caso se façam sentir.

Ora, na prática, *este importante instituto processual pode ser promovido pela Defesa Criminal, à qual poderá caber o papel de «mediador/conciliador»* que o Ministério Público nem sempre encara *ex oficio*.

Nomeadamente no que toca aos contactos com o(s) eventual (ais) assistente(s) constituído(s).

Resta ainda referir que, uma vez arquivado o Inquérito por Despacho fundamentado do Ministério Público, pode o mesmo ser objecto de reabertura, por uma de duas vias:

i) por via de decisão proferida em recurso administrativo gracioso, promovido junto do superior hierárquico do Ministério Público – *maxime*, junto do Procurador-Geral da República – a pedido e por iniciativa do assistente ou o denunciante com a faculdade de se constituir assistente[517];
ii) mediante simples despacho do Ministério Público competente para conduzir o Inquérito, de sua livre iniciativa ou a requerimento de qualquer interessado[518].

---

[515] Actual art.212º do Código Penal.
[516] *Vide* o actual nº1 do art.281º CPP.
[517] *Vide* o actual art.278º CPP.
[518] *Vide* o actual art.279º CPP.

No primeiro destes dois casos, a requerimento fundamentado, pode o superior hierárquico determinar directamente a formulação de um Despacho de Acusação ou apenas o prosseguimento das investigações no âmbito do Inquérito.

No segundo caso, todavia, a lei processual submete aquela decisão ao pressuposto necessário de «*surgirem novos elementos de prova que invalidem os fundamentos invocados pelo Ministério Público no despacho de arquivamento*». O que, em bom rigor, demonstra que nem sempre o arquivamento do Inquérito faz cessar as respectivas investigações, seja por parte dos interessados no processo penal, seja por parte dos próprios órgãos de polícia criminal que, como vimos, têm competência própria para prosseguirem as investigações sem a necessidade da sua promoção pelas autoridades judiciárias.

48. Da Instrução

48.1. Considerações Iniciais

Como já dissemos acima, a fase preliminar da Instrução é um dos momentos processuais privilegiados para a Defesa impugnar e contradizer a Acusação, no caso de ser proferido Despacho de Acusação no final do Inquérito.

Pode mesmo dizer-se que a Instrução é o momento processual previsto e estruturado para a contraprova específica das fases preliminares do processo penal.

Até porque, como dispõe a lei processual, «*A instrução visa a comprovação judicial da decisão de deduzir acusação ou de arquivar o inquérito em ordem a submeter ou não a causa a julgamento*»[519].

E, por via de regra, todo o arguido almeja conseguir o fim do processo penal em fase anterior à do Julgamento. Porém, nem sempre requerer a abertura da Instrução pode servir os fins últimos da Defesa Criminal, que são os da defesa dos interesses do arguido.

Isto, porque ao dar-se início à fase facultativa[520] da Instrução, o respectivo Juiz de Instrução competente passa a ter livre iniciativa e o poder de

---

[519] *Vide* o actual nº1 do art.286º CPP.
[520] *Vide* o actual nº2 do art.286º CPP.

levar a cabo todas as diligências de investigação que decida levar a efeito[521], podendo socorrer-se dos mesmos meios que o Ministério Público dispôs na fase de Inquérito, nomeadamente o auxílio dos órgãos de polícia criminal[522].

De onde, se bem que tenha o dever especial de se pronunciar sobre as diligências de prova que o arguido vier a requerer[523], ao investigar autonomamente, o Juiz de Instrução competente[524] toma a seu cargo as investigações e poderá conduzi-las nos sentidos que bem entender, muito para além do que a Defesa haja solicitado, nomeadamente desenvolvendo os resultados das investigações anteriores e colmatando as suas possíveis falhas. Ou seja, pode a Instrução despoletar novas investigações em sentido contrário ao pretendido pela Defesa.

Porém, sem dúvida que a Instrução corresponde a uma fase processual destinada a conferir, também ao arguido, a possibilidade de impugnar a Acusação e de, de certa forma, se opôr à condução do processo penal para a fase de Julgamento.

Portanto, de alguma forma deve sempre a Defesa ponderar o seu interesse em requerer a abertura da Instrução, em face dos elementos constantes da Acusação e dos autos, no caso concreto. Pois, no caso de o arguido tomar opção pelo requerimento de abertura da Instrução, o sentido material da direcção da Defesa deverá ser definitivamente traçado, uma vez que terá *a primeira ocasião de se pronunciar sobre todos os factos*. Isto, implica a grande responsabilidade de o arguido optar pela posição que vai assumir formalmente quanto aos mesmos factos.

Por outro lado, e uma vez que ao Juiz de Instrução caberá o poder de decidir da continuidade do processo penal, devemos salientar que, em alguns casos, a Instrução será o momento privilegiado para a Defesa tentar o "tudo por tudo" para obter o termo do processo, por via da não pro-

---

[521] Vide o actual nº4 do art.288º, o actual nº1 do art.289º e o actual nº1 do art.290º, entre outros, todos do CPP.

[522] Vide o actual nº1 do art.288º e o actual nº2 do art.290º, ambos do CPP e o actual nº4 do art.32º da Constituição da República Portuguesa.

[523] Vide o actual nº4 do art.288º, o actual nº1 do art.291º e o actual nº2 do art.292º, todos do CPP.

[524] A lei processual penal não proíbe que o Juiz competente para dirigir a Instrução seja o mesmo que já interveio na fase de Inquérito (*vide* os art.17º e nº 2 do art.288º, conjugados com o art.39º, todos do CPP).

núncia. Pois, em função do momento decisório *suis generis* que ocorrerá depois do Debate Instrutório[525], a Defesa poderá desta forma ter acesso quase a um pré-julgamento nos autos, discutindo o teor integral do processo com debates orais e com o contraditório pleno, sem a solenidade e o formalismo inerentes a um verdadeiro Julgamento. Referimo-nos – contra alguma corrente de opinião que se tem instalado entre os advogados criminalistas que defende a inutilidade do recurso à Instrução[526] – a exemplos concretos da nossa experiência, bem demonstrativos da influência de uma certa informalidade que pode favorecer a decisão pelo termo do processo penal nesta fase preliminar[527]. Sobretudo porque na Instrução as autoridades judiciárias são chamadas a pronunciar-se especialmente sobre a "necessidade" de se submeter o arguido a Julgamento[528], ao passo que, no fim do Inquérito, o Ministério Público deduz Acusação sempre que *«tiverem sido recolhidos indícios suficientes de se ter verificado crime e de quem foi o seu agente»*[529], sendo contudo certo que a suficiência de tais indícios também é aferida pelo critério da possibilidade razoável que haja de ao arguido vir a ser aplicada uma pena ou medida de segurança[530].

Acresce que, muito embora em sede de Inquérito e como já vimos, por iniciativa do Ministério Público e com a concordância do Juiz de Instru-

---

[525] Cuja realização é obrigatória, no âmbito da Instrução (vide art.289º nº1 do CPP).
[526] Há, inclusivamente, quem entenda que o risco de a Instrução vir a culminar na decisão de pronúncia do arguido será razão suficiente para só se requerer a sua abertura em situações muito residuais, porque, em tal caso, os autos serão submetidos a julgamento com duas decisões jurisdicionais no sentido da Acusação. Porém, entendemos que esta posição não colhe, porquanto nas fases preliminares do processo penal apenas se decide sobre a existência de indícios (suficientes) e, na fase do Julgamento, tudo voltará a estar em questão, de acordo com o princípio da presunção de inocência, e até porque só podem ser tidas em conta as provas produzidas na respectiva Audiência de Julgamento, de acordo com o actual nº1 do art.355º CPP.
[527] Em casos de criminalidade menos grave, concorrem muitas vezes na Instrução certas circunstâncias que facilitam a tomada de posição do respectivo Juiz pela não pronúncia, atendendo à desnecessidade de sujeitar o arguido ao Julgamento. Casos de arguidos especialmente jovens; casos de bagatelas penais; casos em que a incriminação da conduta dependa de questões interpretativas do tipo-de-ilícito; casos de criminalidade com censura ético-social reduzida.
[528] A redacção do actual art.298º CPP favorece este entendimento ao dispor que *«O debate instrutório visa permitir uma discussão perante o juiz (...) sobre se (...) resultam indícios de facto e elementos de direito suficientes para justificar a submissão do arguido a julgamento»* (o sublinhado é nosso).
[529] *Vide* o actual nº1 do art.283º CPP.
[530] *Vide* o actual nº2 do art.283º CPP.

ção, possa ocorrer o arquivamento em caso de dispensa de pena[531] – nos casos em que a lei penal substantiva preveja a possibilidade de dispensa de pena para o crime concretamente imputado ao agente – ou a suspensão provisória do processo[532] – nos casos em que a lei penal substantiva preveja uma moldura penal abstracta de pena de prisão não superior a cinco anos ou uma sanção diferente da prisão –, em termos práticos, tais questões só poderiam verdadeiramente ser exploradas por inteiro pela Defesa em sede de Instrução, uma vez que só depois de proferido o Despacho de Acusação aquela passa a ter a exacta noção do conteúdo dos autos.

Em todo e qualquer caso, a Instrução corresponde ao primeiro momento em que o arguido pode tomar posição perante o Despacho de Acusação e o demais conteúdo dos autos, pelo que de forma alguma pode ser encarada como uma fase processual irrelevante para a Defesa Criminal. Tanto mais quanto o arguido haja pautado a sua conduta processual por uma escassa intervenção durante o Inquérito, seja por que motivos for.

De resto, a Instrução é, por natureza, a fase preliminar processual que mais meios faculta à Defesa para que esta promova o descondicionamento do sentido acusatório do processo, afirmando e negando factos, fazendo análise das imputações e requerendo diligências de prova que, mesmo que venham a ser indeferidas, sempre poderão constituir uma *piéce de resistance* durante o Julgamento, por terem sido requeridas em tempo oportuno.

48.2. Consulta Integral dos Autos

Logo após tomar conhecimento do teor de um eventual Despacho de Acusação[533], o qual corresponde ao desfecho do Inquérito[534], deve a Defesa analisá-lo em conjunto com a totalidade do processo, em ordem a decidir se requer ou não a abertura da Instrução.

Com efeito e nesse momento, embora possa subsistir o segredo de justiça sobre o processo penal para toda a comunidade[535], ao arguido é reconhecida a faculdade de acesso aos autos e sua consulta na secretaria judicial

---

[531] *Vide* o actual art.280º CPP.
[532] *Vide* os actuais arts.281º e 282º do CPP.
[533] O qual pode ser proferido por livre iniciativa do Ministério Público (art.383º CPP) ou na sequência da Acusação Particular prevista no art.285º CPP.
[534] *Vide* o actual art.276º CPP.
[535] *Vide*, uma vez mais, o art.86º CPP.

(dos serviços do Ministério Público), para efeitos de preparação da sua defesa[536].

Da leitura do Despacho de Acusação, naturalmente, ganharão especial relevo os depoimentos das testemunhas arroladas pelo Ministério Público e os restantes meios de prova que forem indicados como suporte documental e material da Acusação. Porém, a missão do defensor vai muito para além da verificação de tais meios de prova, ao proceder à consulta integral dos autos.

Na verdade, deve o defensor proceder a um exame minucioso de todos os volumes do processo e seus eventuais apensos, do mesmo modo que qualquer julgador o deverá fazer posteriormente.

Na consulta integral dos autos, a principal finalidade será, naturalmente, a de tomar conhecimento do âmbito e dos resultados das investigações que originaram e sustentam a Acusação. Todavia, a Defesa deverá ter presentes ainda as seguintes finalidades acessórias, entre muitas possíveis:

- Confrontar os dados constantes do processo com os dados de que dispõe;
- Encontrar os domínios que não foram devidamente investigados e os que são passíveis de diligências de investigação favoráveis ao arguido;
- Transcrever o teor dos principais meios de prova ou das promoções e decisões que possam merecer reparo;
- Localizar os principais meios de prova, por forma a instruir o requerimento de abertura de Instrução com remissões (e/ou transcrições);
- Identificar contradições entre depoimentos, testemunhos e documentos, com especial relevo para os depoimentos de outros arguidos;
- Verificar a fiabilidade das conclusões dos agentes da investigação face aos elementos carreados para o processo;
- Perscrutar o respeito da legalidade e cumprimento das formalidades devidas em cada diligência de obtenção de prova;
- Reunir os elementos que não foram considerados na Acusação e que possam ser relevantes (material não seleccionado pela acusação), nomeadamente pelos seus resultados divergentes;

---

[536] Nos termos conjugados do nº1 e do nº2 do art.89º CPP.

- Tomar nota dos contactos dos eventuais mandatários constituídos no processo.

Neste âmbito, é conveniente lembrar que todo o material de que dispôs o Ministério Público para elaborar o seu Despacho de Acusação estará acessível ao arguido, pelo que, a partir deste momento, a Defesa Criminal poderá colocar-se em manifesta vantagem – não processual, mas em termos de conhecimentos sobre o objecto do processo – na exacta medida em que disponha de algo mais para além do que conste dos autos.

Em acréscimo a esta consulta integral dos autos, como é evidente, deverá a Defesa analisar convenientemente o Despacho de Acusação, no sentido de o impugnar, seja pelo recurso à abertura da Instrução, seja em momento posterior – em sede de Contestação e Julgamento.

De onde, em termos lógicos, só depois de correctamente levadas a efeito estas diligências estará a Defesa em condições de decidir acerca do exercício da sua faculdade de requerer a abertura da Instrução.

48.3. O Requerimento de Abertura da Instrução

Se, por um lado, ao Despacho de Acusação correspondem certas exigências legais de forma, tais como[537]: a identificação do(s) arguido(s); a narração dos factos que integram a responsabilidade criminal do(s) arguido(s), incluindo o lugar, o tempo e a motivação da sua prática, o grau de participação que o agente neles teve e quaisquer circunstâncias relevantes para a determinação da sanção aplicável; a indicação das disposições legais aplicáveis com a concreta imputação dos tipos penais; a indicação e a identificação das provas a produzir em julgamento; etc; por outro lado, prescreve a lei que o requerimento de abertura de Instrução «*não está sujeito a formalidades especiais*»[538].

Porém, prevê a lei que tal requerimento deverá conter «*em súmula, as razões de facto e de direito de discordância relativamente à acusação (...) bem como, sempre que disso for caso, a indicação dos actos de instrução que o requerente pre-*

---

[537] Às disposições do actual nº2 do art.283º do CPP, somam-se ainda as fórmulas e os usos da prática forense.

[538] Vide a parte inicial do actual nº2 do art.287º CPP e ainda o nº3 do mesmo preceito que dispõe: «*O requerimento só pode ser rejeitado por extemporâneo, por incompetência do juiz ou por inadmissibilidade legal da instrução*».

tende que o juiz leve a cabo, dos meios de prova que não tenham sido considerados no inquérito e dos factos que, através de uns ou de outros, se espera provar», bem como que deverá também conter a narração dos factos que integram a responsabilidade criminal do(s) arguido(s), incluindo o lugar, o tempo e a motivação da sua prática, o grau de participação que o agente neles teve e quaisquer circunstâncias relevantes para a determinação da sanção aplicável; a par da indicação das disposições legais aplicáveis[539].

Ou seja, embora sem a cominação da sua invalidade ou ineficácia, deve o requerimento de abertura de Instrução obedecer a certos cânones, até mesmo em função dos fins a que o mesmo se destina.

Ora, em suma, por via do requerimento de abertura de Instrução e quando esta tenha por especial finalidade a da comprovação judicial da decisão de deduzir acusação, a Defesa terá a ocasião de, verdadeiramente, impugnar a matéria de facto constante da Acusação (por omissão, excesso, erro, obscuridade, contradição, ou outro fundamento), impugnar a qualificação jurídica dos factos (a imputação típica, mas também o erro ou omissão acerca da verificação de causas de exclusão de ilicitude, culpa ou punibilidade) e requerer a realização de diligências de prova.

Portanto, de modo uniforme ou por secções, no requerimento de abertura da Instrução deverá a Defesa, dirigindo-se ao Juiz de Instrução[540], pelo menos:

i) impugnar todos os aspectos de facto e de direito que repute como incorrectos ou incompletos, constantes do Despacho de Acusação, fazendo a competente demonstração lógica ou de facto;
ii) narrar os factos ocorridos de forma totalmente circunstanciada;
iii) proceder ao enquadramento jurídico dos factos narrados;
iv) enunciar as omissões e falhas relativas aos meios de prova já existentes no processo e que fundamentaram a Acusação;
v) identificar os meios de prova cuja junção aos autos haja a fazer de imediato, requerendo a sua junção de forma fundamentada;

---

[539] *Vide*, uma vez mais, o nº2 do art.287º CPP.
[540] Sem prejuízo, naturalmente, da identificação do processo ser a que foi conferida até ao momento pelos competentes serviços do Ministério Público.

vi) indicar, claramente e de forma completa, quais as diligências de prova cuja realização requer, fundamentando-as de molde a tornar mais difícil o seu indeferimento.

Por outro lado, o requerimento de abertura de Instrução deverá ser enriquecido com as remissões e/ou transcrições do teor dos autos que forem convenientes para facilitar a sua leitura e o confronto imediato entre os elementos constantes do processo.

De resto, uma vez proferido o Despacho de abertura de Instrução – o qual há-de determinar o momento da sua abertura, de indeferir os actos requeridos que o Juiz entenda «*não interessarem à instrução ou servirem apenas para protelar o andamento do processo*» e de ordenar oficiosamente os actos considerados úteis[541] – subsiste sempre a faculdade de a Defesa reclamar das decisões proferidas pelo Juiz de Instrução e de acrescentar outros e novos requerimentos ao longo de toda a mesma fase preliminar do processo.

48.4. Investigação Acerca da Credibilidade dos Meios de Prova Acusatórios

No mesmo sentido em que propugnámos, *supra*, que a Defesa investisse numa investigação autónoma e por sua conta, paralelamente ao decurso das investigações oficiosas durante a fase do Inquérito, agora, já em sede de Instrução, para além da continuidade de tal investigação, entendemos que se justifica, ainda, uma outra investigação específica, também autónoma e por conta da Defesa, desta feita acerca dos próprios meios de prova acusatórios; da sua validade, falibilidade e credibilidade.

Com efeito, do Despacho de Acusação consta a indicação das provas que lhe serviram de fundamento, bem como das provas a produzir ou a requerer em sede de Julgamento. E, dos próprios autos, constarão igualmente os indícios e/ou meios de prova que foram carreados para o processo e tidos em conta em sede de Inquérito.

Ora, aqui se abre um novo campo de análise e de investigação, especificamente útil para a Defesa Criminal.

Designadamente, deve a Defesa investigar quanto à credibilidade das testemunhas, peritos ou consultores da acusação – sua razão de ciência,

---

[541] *Vide* o actual nº1 do art.291º CPP.

seus interesses ou envolvimento no processo, suas capacidades, seus condicionamentos; quanto ao rigor e à validade de determinadas perícias, diligências de prova ou de relatórios de investigação; quanto ao valor e força probatórios de determinados documentos; entre outros aspectos.

Em assuntos que envolvam alguma tecnicidade ou domínios científicos estranhos às capacidades correntes das autoridades judiciárias, nem sempre o grau de pormenor ou de rigor alcançados na Acusação foram satisfatórios, por exemplo. Há sempre factos e circunstâncias, decisivos ou não, que não foram tidos em conta e, as contingências temporais que impendem sobre as diligências concretas de investigação oficiosa, nem sempre permitiram que estas decorressem durante o tempo e pelo modo mais adequado à segurança e à validade das suas conclusões. Por outro lado, certos cuidados exigíveis na manutenção dos elementos materiais de prova, ao não serem observados, poderão comprometer a validade dos juízos que sobre os mesmos tenham sido extraídos.

E, não raras vezes, também o rol de testemunhas de acusação inclui os próprios agentes processuais que participaram nas investigações, pelo que poderão ter um interesse próprio em sustentar a validade das suas conclusões, ou os seus depoimentos poderão estar eivados de ilações, suposições, considerações e convicções pessoais[542]. Outras vezes, carreiam os autos depoimentos demasiadamente genéricos, não circunstanciados, ou mesmo indirectos[543], que não resistirão às dúvidas suscitadas por um atento *cross examination*.

Enfim, um sem número de situações que a Defesa não deverá deixar sem aturada análise, desde o momento em que passaram a ser conhecidos os meios de prova de que se socorreu e se socorrerá a Acusação.

Isto, já com a finalidade da preparação da Audiência de Julgamento e não apenas em função do que houver a requerer em sede de Instrução, uma vez que, como vimos defendendo, a preparação da Audiência de Julgamento durante todo o processo penal deverá ter-se por um dos principais vectores de uma Defesa Criminal Activa.

---

[542] *Vide* o regime legal quanto aos depoimentos de mera manifestação de convicções pessoais, no art.130º CPP.
[543] O depoimento indirecto, ou testemunho de ouvir dizer, tem no nosso Ordenamento Jurídico uma validade muito limitada, nos termos do actual art.129º CPP, à semelhança do que foi consagrado pelas práticas jurisprudenciais anglo-saxónicas, onde *hearsay is no evidence*.

Neste domínio, julgamos uma vez mais conveniente remeter o(a) leitor(a) para a nossa obra autónoma *A Defesa e a Investigação do Crime (Guia Prático para a Análise da Investigação e para a Investigação pelos Recursos Próprios da Defesa Criminal*, Almedina, 1ª Edição 2004, 2ª Edição 2008

48.5. Debate Instrutório

Recuperando as considerações iniciais que foram feitas *supra* acerca da fase preliminar da Instrução e tendo presente que esta inclui obrigatoriamente um Debate Instrutório, oral e contraditório, no qual podem participar o Ministério Público, o arguido, o defensor e o assistente e o seu advogado[544], cumpre agora, de algum modo, completar as considerações já feitas com a abordagem de alguns aspectos que se prendem com a função e a importância desta diligência, a qual ocorrerá logo após o respectivo Juiz dar por concluídos os actos de Instrução que decidiu levar a efeito[545].

Sem prejudicar a prática de quaisquer actos de Instrução supervenientes, a pedido dos sujeitos processuais ou por iniciativa do respectivo Juiz[546], ao designar data e convocar os intervenientes para o Debate Instrutório, está a autoridade judiciária a chamar também a Defesa para participar numa discussão – sem sujeição a formalidades especiais[547] – sobre todo o processo penal, em ordem à decisão sobre a sua continuidade e a eventual remessa dos autos para Julgamento.

Esta diligência, a que já chamámos de quase um pré-julgamento, assume desde logo a especial relevância de ser a primeira oportunidade processual que é conferida ao arguido e ao seu defensor de se pronunciarem, de viva voz e em debate contraditório, sobre o mérito dos autos – embora formalmente restrito à questão da suficiência ou insuficiência dos indícios de facto e elementos de direito constantes dos autos, para justificarem a submissão do arguido a julgamento, por se entenderem ou não indiciariamente verificados os pressupostos de que depende a aplicação ao arguido de uma pena ou medida de segurança.

---

[544] *Vide* o actual nº1 do art.289º CPP.
[545] Assim dispõe também o actual nº1 do art.297º CPP.
[546] *Vide* o actual art.299º CPP.
[547] *Vide* o actual nº2 do art.301º CPP.

CAPÍTULO V

Mas, por outra via, também assume especial relevância por ser a última oportunidade que o arguido tem de oferecer ou requerer a produção de prova nos autos em fases preliminares do processo, já durante o próprio Debate Instrutório[548], incluindo a prestação do seu depoimento.

É certo, ainda, que até ao encerramento da Instrução existe a possibilidade de os autos "regressarem" à fase de Inquérito, sem serem, consequentemente, arquivados por via da não pronúncia ou remetidos para Julgamento por via da pronúncia do arguido. É o caso legalmente previsto para a situação em que resulte dos autos a necessidade de serem substancialmente alterados os factos constantes da Acusação, o que implica obrigatória abertura de novo Inquérito[549]. Porém, à excepção desta eventualidade, o Debate Instrutório coincidirá também com o encerramento da Instrução, uma vez que, nos termos da lei, o despacho de pronúncia ou de não pronúncia é imediatamente proferido no final desta diligência, salvos os casos justificados em que assim não suceda[550].

Portanto, o Debate Instrutório será também uma diligência na qual serão tomadas importantes decisões processuais, onde se inclui a possibilidade do termo do processo.

Com especial relevo para a Defesa, mais do que analisar todas as regras previstas para a disciplina, direcção e decurso do Debate Instrutório[551], importa realçar que o Juiz de Instrução pode inquirir livremente o arguido, a todo o tempo, e que é o defensor do arguido quem tem a última intervenção, para efeito de expor as suas conclusões sobre a suficiência ou insufi-

---

[548] Vide os actuais nº2 e nº3 do art.302º CPP.

[549] O regime legal da situação de alteração dos factos descritos na acusação, durante a fase da Instrução, varia consoante o entendimento de tal alteração ser substancial ou não, nos termos dos actuais art.303º e art.309º, ambos do CPP. Só na eventualidade de uma alteração substancial se verifica a referida obrigatoriedade de abertura de novo Inquérito, no termos do nº3 deste preceito legal. Quanto à alteração dos factos descritos na acusação ou na pronúncia, durante a fase do Julgamento, vide os arts.358º e 359º CPP. O critério que preside à determinação da situação da alteração substancial dos factos está legalmente consagrado na actual alínea f) do nº1 do art.1º do CPP, onde se define como *«aquela que tiver por efeito a imputação ao arguido de um crime diverso ou agravação dos limites máximos das sanções aplicáveis»*. Entre nós, este tema foi desenvolvido por ISASCA, F. *Alteração Substancial dos Factos e sua Relevância no Processo Penal Português*, Almedina, 1992.

[550] Vide o actual art.307º CPP, o qual prevê também a possibilidade do diferimento da decisão instrutório, no caso da complexidade da causa o justificar.

[551] Vide os arts.301º e 302º CPP.

351

ciência dos indícios recolhidos e sobre as questões de direito de que dependa o sentido da decisão instrutória[552].

Neste âmbito, tem o defensor ao seu alcance e perante a própria autoridade judiciária a quem está atribuída a função decisória, uma oportunidade de, em discurso directo e de viva voz, chamar a atenção para os inúmeros aspectos que possam demonstrar a atenuação ou a ausência da responsabilidade criminal do arguido.

Importará, sobretudo: discutir as insuficiências de prova que já constavam dos autos na fase de Inquérito (recuperando de certa forma as questões suscitadas na abertura da Instrução); analisar a diferença do conteúdo dos autos após a realização das diligências de Instrução; desenvolver todas as questões de direito que possam contribuir para a melhor Defesa do arguido; e explorar a probabilidade da absolvição do mesmo, na eventualidade de os autos prosseguirem para Julgamento. Pode, inclusivamente, a Defesa requerer o arquivamento em caso de dispensa de pena[553], nos casos em que a lei penal substantiva preveja a possibilidade de dispensa de pena para o crime concretamente imputado ao agente, como já acima dissemos.

De onde, e porque se discutirá da existência de justificação para submeter o arguido a Julgamento, pode existir no caso concreto a franca possibilidade de o Juiz de Instrução decidir findar todo o processo penal por via da não pronúncia.

49. Preparação e Decurso da Audiência de Julgamento

49.1. Preparação da Audiência de Julgamento

Não seria próprio nem legítimo da nossa parte empreender qualquer dissertação acerca do modo como a Defesa Criminal deve ser exercida em Audiência de Julgamento. Aliás, de igual modo, não existe qualquer método de exercício do patrocínio especificamente recomendável para ser posto em prática em uma qualquer Audiência de Julgamento.

Assim sendo, e apenas porque o Julgamento penal conhece inúmeras especificidades que não será demais abordar, iremos somente discorrer sobre alguns aspectos susceptíveis de contribuir para a clarificação dos

---

[552] Vide o nº4 do art.302º CPP.
[553] Vide o actual nº2 do art.280º CPP.

meios (e das possibilidades do seu uso) que assistem à Defesa Criminal, antes de e no decurso daquela Audiência.

Desde logo e somando a tudo quanto já expusemos *supra* acerca da importância do Julgamento no processo penal e da forma como a Defesa deve ser conduzida em função de uma boa visão do todo do processo – constituindo a programação do Julgamento em função do princípio *In Dubio Pro Reo* um dos vectores que acima propusemos para o exercício da Defesa Criminal – devemos desde já situar esta importante fase processual em sede das garantias constitucionais, dizendo que:

- O arguido parte para o Julgamento beneficiando da presunção legal[554] da sua inocência[555].

Porém, em termos práticos, o Tribunal do Julgamento não inicia a Audiência, nem sequer designa data para a sua realização, sem proceder ao exame atento de todo o conteúdo dos autos, incluindo dos libelos acusatórios que deles constem, até porque está obrigado a tomar posição sobre o seu saneamento[556], em sede dos actos preliminares previstos na lei processual[557]. O que, naturalmente, corresponde a uma prévia análise das teses acusatórias, por parte do Tribunal de Julgamento, pelo menos.

Não entendemos que, com esta prévia análise e com o estudo do teor dos autos, o Tribunal de Julgamento faça também qualquer tipo de juízo prévio acerca do mérito do processo. Contudo, certamente seria inverosímil dizer-se que o mesmo Tribunal não é sensível à gravidade do(s) crime(s) imputado(s), à "consistência" da acusação ou da pronúncia, nem

---

[554] Estipula o art.350º do Código Civil, no seu nº1, que «*Quem tem a seu favor a presunção legal escusa de provar o facto a que ela conduz*» e, no seu nº2, que «*As presunções legais podem, todavia, ser ilididas mediante prova em contrário, excepto nos casos em que a lei o proibir*».

[555] Assim vem consagrado no actual nº2 do art.32º da Constituição da República Portuguesa.

[556] *Vide* o actual art.311º do CPP, o qual consagra a dispensa de pronúncia sobre determinadas questões no caso de ter sido promovida a Instrução.

[557] Os actos preliminares incluídos no regime jurídico do Julgamento, do art.311º ao art.320º do CPP, incluem, para além do saneamento do processo e da designação da data de audiência, a notificação do arguido para contestar e oferecer rol de testemunhas e outros meios de prova, a notificação dos demais intervenientes na audiência, a decisão sobre a tomada de declarações de residentes fora da comarca e a realização de actos urgentes cuja demora possa acarretar perigo para a aquisição ou a conservação da prova ou para a descoberta da verdade, entre outros.

aos seus fundamentos e aos indícios já constantes dos autos, os quais, necessariamente, foram considerados suficientes para a submissão da causa a julgamento por parte das autoridades judiciárias que anteriormente se pronunciaram.

Daí que, toda a intervenção que a Defesa tenha já desenvolvido no processo, durante as suas fases preliminares, possa assumir neste momento uma especial relevância em ordem a descondicionar o processo do seu sentido acusatório.

Por outro lado, a regra geral da proibição de valoração da prova que não haja sido produzida ou examinada em Audiência de Julgamento[558], para além de ser uma importante consequência do princípio da presunção de inocência do arguido, constitui uma importante sede legal do princípio da imediação na produção e valoração das provas e importa também a plenitude do direito ao exercício do contraditório[559], por parte da Defesa, na respectiva Audiência de Julgamento. Ou seja, no início do Julgamento penal não há factos assentes (nem por confissão) e não há sequer base instrutória *proprio sensu*, muito embora para os factos e qualificação jurídica introduzidos no processo pela Acusação ou Pronúncia a lei exija o respeito pelo objecto do processo previamente fixado, na medida de uma correspondência substancial[560].

A este respeito, dispõe a própria lei processual que, em sede de Julgamento, «*a discussão da causa tem por objecto os factos alegados pela acusação e pela defesa e os que resultarem da prova produzida em audiência, bem como todas as soluções jurídicas pertinentes*»[561], tendo em vista as finalidades de determinar a culpabilidade do agente e a respectiva sanção[562], caso a estas haja lugar.

Assim situados, visando a preparação da Contestação e do Julgamento, a Defesa tem desde logo a faculdade legal de examinar os autos fora da secretaria judicial, requerendo a confiança do processo, a partir do momento em que tenha sido proferida a decisão instrutória, ou quando a Instrução não

---

[558] *Vide* o actual nº1 do art.355º CPP.
[559] Conforme se consigna no nº5 do art.32º da Constituição da República, ao subordinar a Audiência de Julgamento ao princípio do contraditório
[560] *Vide* o regime da alteração dos factos descritos na acusação e na pronúncia, constante dos arts.358º e 359º CPP.
[561] Este é o objecto do processo, nos termos do disposto no actual nº4 do art.339º CPP.
[562] Como se dispõe no mesmo nº4 do art.339º, por remissão para os arts.368º e 369º, todos do CPP.

possa já ter lugar[563]. Casos há, todavia, em que a saída do processo da respectiva secretaria judicial não é permitida pela autoridade judiciária, por tal faculdade estar sujeita à autorização do respectivo Juiz, o qual decide a questão como decisão de mero expediente[564].

Aqui, colhem também as considerações que já acima fizemos a propósito da consulta integral dos autos, logo após ser proferido o Despacho de Acusação. Porém, em bom rigor, nem mesmo antes do Julgamento é obrigatório que os autos contenham absolutamente todos os resultados das investigações promovidas nas fases preliminares do processo, havendo sempre a hipótese da junção de nova prova, nomeadamente documental[565]. E, em acréscimo, o Tribunal competente para o Julgamento poderá sempre ordenar, oficiosamente ou a requerimento, a produção de todos os meios de prova cujo conhecimento se lhe afigure necessário à descoberta da verdade e à boa decisão da causa[566].

De resto, como também já o dissemos, a preparação do Julgamento por parte da Defesa deve ser uma preocupação constante desde o início do patrocínio e, de certa forma, deve iniciar-se desde o primeiro momento em que o defensor tomou a seu cargo o mandato ou a nomeação.

É certo que, especialmente o Juiz que irá presidir à Audiência de Julgamento, há-de prepará-lo, estudando os autos e as matérias conexas, mas muitas vezes fá-lo-á em simultâneo com a preparação de julgamentos em outros processos e, certamente, não disporá do mesmo período de tempo que a Defesa dispôs para o efeito.

Todavia, uma vez findas as fases preliminares do processo penal, existem várias diligências de preparação do Julgamento que deverão especificamente ser levadas a cabo, com a antecedência conveniente.

Desde logo, a Defesa tem de definir previamente qual vai ser o sentido lógico da sua actuação em Audiência de Julgamento e qual vai ser também a postura e a posição que o arguido vai assumir no âmbito da sua actuação pessoal na mesma Audiência.

Há consideráveis dados que são por natureza imponderáveis, tais como qual vai ser o teor dos depoimentos de outros arguidos, das testemunhas

---

[563] *Vide* o actual nº3 do art.89º CPP.
[564] *Vide* a disposição da alínea a) do nº1 do art.400º CPP.
[565] *Vide*, v.g., a disposição contida no nº1 do art.165º CPP.
[566] *Vide* o actual art.340º CPP.

de acusação e de quaisquer terceiros intervenientes, assim como qual vai ser o curso concreto das inquirições promovidas quer pelos Juízes do Tribunal, pelo Ministério Público e eventuais representantes dos assistentes e partes civis. Porém, de um modo genérico e em certa medida, algumas vezes é relativamente previsível o sentido geral da produção da prova pela acusação. Sobretudo quanto mais esta dependa dos elementos probatórios já constantes do processo.

De onde, também a importância de a Defesa reunir meios e argumentos para o exercício do contraditório da prova acusatória, por um lado, e programar a ordem de produção dos meios de prova e de contraprova que seleccionou, por outro.

Finalmente, os requerimentos iniciais que se pretenda apresentar, bem como as ideias de força quanto a questões de facto e de direito que devam ser explanadas em sede de alegações orais.

49.2. Contestação e Rol de Testemunhas

O arguido não é obrigado a apresentar qualquer contestação aos autos, quando notificado da data de Audiência de Julgamento[567], pois não existe qualquer efeito cominatório previsto na lei processual para a sua ausência, nem o seu silêncio pode ser valorado. Contudo e pelo menos, quer o rol de testemunhas quer qualquer outro requerimento de produção de prova que envolva a convocação de terceiros[568] para a Audiência de Julgamento devem ser feitos no mesmo prazo da contestação, que é de 20 (vinte) dias no processo comum[569]. Isto porque, salva a hipótese legalmente prevista de alteração do rol de testemunhas ou da identificação dos peritos e consultores técnicos a convocar apresentado em tempo[570], quaisquer requerimentos de prova que o arguido decida apresentar posteriormente dependerão da decisão do Tribunal de Julgamento em os considerar necessários à descoberta da verdade e à boa decisão da causa, nos termos gerais[571].

---

[567] *Vide* o actual nº1 do art.315º CPP.
[568] *Vide* o actual nº3 do art.315º CPP
[569] Os processos sumário (arts.381º a 391º CPP), sumaríssimo (arts.392º a 298º CPP) e abreviado (arts.391º-A a 391º-E CPP), serão analisados *infra*.
[570] *Vide* o actual art.316º CPP.
[571] *Vide* o actual art.340º CPP.

Ora, no tocante a esta faculdade processual de deduzir contestação, há importantes considerações a fazer acerca das possibilidades de actuação da Defesa, consoante a forma como tenha sido programada a sua estratégia.

Porquanto, casos há em que o defensor pode ter por conveniente reservar até ao último momento – que é o da própria Audiência de Julgamento – todos os argumentos da Defesa do arguido. Nesta hipótese, à ausência total de contestação, apresenta-se a alternativa de a contestação se limitar a uma das fórmulas clássicas da prática forense criminalista, tais como: «*o arguido não cometeu o crime que lhe é imputado*» ou «*em sua defesa, o arguido oferece o mérito dos autos*» ou mesmo apenas «*pede Justiça*». Esta é, em nosso entender, uma estratégia que envolve uma certa dose de risco, uma vez que, da parte dos julgadores, certamente não deixará de ser encarado com uma certa desconfiança o facto de o arguido nunca se ter pronunciado em sua Defesa até ao momento da própria Audiência. Por outro lado, também poderá ser mais difícil gerar no Tribunal uma empatia imediata pelas teses da Defesa, quando estas sejam apresentadas somente de forma oral e na fase final do processo.

Outras vezes, pode também o arguido ter já apresentado, por escrito e na íntegra, a argumentação e o sentido lógico da sua Defesa, nas fases preliminares do processo, *maxime* em sede de Instrução. Nesta eventualidade, poderá a contestação limitar-se à reprodução das anteriores afirmações, mesmo que por mera remissão.

Contudo, a contestação é sempre mais uma faculdade do arguido e, como tal, pode ser exercida em seu benefício e no sentido de descondicionar o curso acusatório dos autos, contribuindo normalmente para uma melhor adesão aos argumentos da Defesa.

Por outro lado, muitas vezes a redacção dirigida e sistematizada, em um documento único, da descrição dos factos e circunstâncias, da análise de todas as questões de facto e de direito e mesmo das questões processuais, que se afigurem relevantes para a Defesa, sempre poderá facilitar, não apenas o melhor entendimento por parte de todos os seus declaratários, mas também uma mais ágil gestão do Julgamento, por parte do próprio defensor. E, nesta medida, a contestação é a forma ideal de o fazer.

Todavia, uma importante alternativa deve ser ainda apresentada, no que diz respeito ao teor da contestação. É que, numa solução mista em face às que acabámos de analisar, pode o defensor optar por, em sede de contestação enunciar factos e discutir questões, sem desde logo apresentar a demonstração das suas afirmações, seja por via da junção da prova seja por via do escrutínio total de cada questão.

Isto é, pode a contestação ficar "a meio caminho" da explanação da Defesa, apenas deixando enunciado o seu fio condutor ou o seu conteúdo fáctico e jurídico sem, contudo, deixar antever a respectiva demonstração, a ser feita pela produção de prova que se há-de reservar para mais tarde.

Em todo e qualquer caso, quanto ao modo de contestar, mais uma vez nos encontramos no foro da discricionariedade técnica individual de cada defensor.

49.3. Questões Prévias ou Incidentais e Exposições Introdutórias

Somando a todas considerações acima enunciadas, acerca das consequências jurídicas da preterição de regras legais no processo penal, diremos agora que, exceptuando o caso das nulidades sanáveis que devam ser arguidas em momentos específicos[572], o momento do início da Audiência de Julgamento corresponde ao mais próprio para suscitar as questões atinentes a nulidades processuais e proibição de valoração de provas, até porque assim está consagrado em sede dos actos introdutórios do Julgamento[573].

Nomeadamente todas as nulidades expressamente cominadas em matérias relativas às provas[574], cujo regime as faz considerar atípicas[575] e questões relativas à mera proibição de valoração de provas[576] e relativas a impedimentos[577].

Isto para que a Audiência de Julgamento possa iniciar-se já depois da exclusão *ad limine* dos meios de prova que não devam ser tidos em conta.

Por outro lado, ainda neste momento inicial do Julgamento, devem ser suscitadas todas e quaisquer questões que possam obstar à apreciação da causa, sendo certo que é o próprio Tribunal, no início da Audiência, quem

---

[572] *Vide* o art.120º, em geral, sem prejuízo de todos os casos especiais em que tal seja previsto, como no art.309º, ambos do CPP.
[573] *Vide* o actual art.338º CPP.
[574] *Vide* o nº4 do art.58º, o art.92º nº1, o art.126º, e os arts.134º nº2, 174º nº5, 177º nº1 e nº2, 180º nº2 e 189º do CPP, entre outros.
[575] Cujo regime de arguibilidade é excepcional, à luz do disposto no nº3 do art.118º CPP.
[576] A mera proibição de valoração das provas consta, por exemplo, dos arts.129º, nº1 e nº3, 130º nº1, 137º nº1, 147º nº4, 148º nº3, 149º nº3, 164º nº2, 167º nº1 do CPP, entre outros.
[577] *Vide* o actual art.133º CPP.

CAPÍTULO V

promove oficiosamente a discussão das questões de que tenha conhecimento, desde logo quanto à presença do arguido e demais pessoas convocadas, da existência de meios logísticos para a realização do Julgamento, da disciplina dos trabalhos[578], etc.

Uma especial relevância assume ainda a possibilidade de a Defesa prescindir da documentação da Audiência, no caso de o Julgamento decorrer perante Tribunal singular ou na ausência do arguido[579], por excepção à regra geral que é a da sua obrigatória documentação[580] por qualquer meio técnico idóneo[581] a assegurar a reprodução integral de todas as declarações prestadas. Entendemos, todavia, que em caso algum será conveniente para a Defesa prescindir da documentação da Audiência, uma vez que, ao fazê-lo, de imediato limita o âmbito da matéria de facto que poderá ser objecto de eventual recurso da Sentença final[582].

Posto isto, vejamos a faculdade do exercício da exposição introdutória prevista na lei processual[583], a qual tem caído em notório desuso.

Por um lado, o desuso não é razão por si só suficiente para que a Defesa prescinda de uma faculdade de intervenção; porém, por outro lado, a função da exposição introdutória por parte da Defesa é restrita à indicação dos factos que esta se propõe provar[584]. Para o efeito, consagra a lei que tal exposição seja feita sumariamente e no prazo de 10 (dez) minutos[585].

Ora, por muito reduzido que seja o âmbito desta intervenção inicial sobre o objecto do processo, a Defesa poderá a ela recorrer sobretudo nos casos em que se justifique:

- assinalar a especial complexidade de determinada matéria de facto[586];

---

[578] *Vide* também o art.322º nº2 CPP.
[579] *Vide* o actual art.364º CPP.
[580] *Vide* o actual art.363º CPP.
[581] Aos meios previstos no art.363º, que são os estenotípicos ou estenográficos, somam-se ainda os de gravação magnetofónica ou audio-visual, previstos no art.101º nº1, ambos do CPP.
[582] *Vide* os actuais nº3 e nº4 do art.412º CPP.
[583] *Vide* o actual art.339º CPP.
[584] *Vide* o actual nº2 do art.339º CPP.
[585] Idem.
[586] O que poderá ser tanto mais útil quanto o Tribunal tenha "em mãos" mais do que um processo para Julgamento nessa data.

- despertar, desde o início, a atenção do Tribunal constituído para determinada dúvida sobre os factos, sobretudo nos casos em que tenham sido requeridas diligências de prova que vieram a ser indeferidas no Inquérito ou na Instrução;
- enquadrar os factos sujeitos a Julgamento num âmbito circunstancial que ainda não haja sido suscitado nos autos.

49.4. Declarações do Arguido (iniciais e subsequentes)

O Julgamento, propriamente dito, inicia-se logo após a leitura do libelo acusatório[587] pelo Juiz presidente e as eventuais exposições introdutórias, por meio da subsequente tomada de declarações do arguido, constando esta como o primeiro meio da prova a produzir na Audiência[588].

Ao arguido são reconhecidas amplas faculdades quanto à sua intervenção na Audiência de Julgamento. Pois, sem prestar juramento[589] e mesmo sem o dever de responder com verdade:

- pode permanecer em silêncio[590] e nunca se pronunciar sobre o objecto do processo[591];
- pode meramente afirmar a sua inocência (*not guilty plea*) e recusar-se a dizer mais seja o que for;
- pode prestar as declarações que entender e, espontaneamente ou a recomendação do defensor, recusar a resposta a algumas ou a todas as perguntas[592];
- pode confessar os factos ou não, total ou parcialmente[593].

---

[587] Ou uma exposição sucinta sobre o objecto do processo, conforme previsto no nº1 do art.339º CPP.
[588] *Vide* o actual art.341º CPP.
[589] *Vide* o nº3 do art.140º CPP.
[590] Excepto no que toca às perguntas que lhe forem dirigidas pelo Juiz presidente no que toca à sua identificação, às quais é obrigado a responder com verdade, sob pena de cometer o crime de desobediência ou o de falsas declarações (art.342º CPP).
[591] Já vimos que «*a discussão da causa tem por objecto os factos alegados pela acusação e a defesa e os que resultarem da prova produzida em audiência, bem como todas as soluções jurídicas pertinentes, independentemente da qualificação dos factos resultante da acusação ou da pronúncia*» (art.339º nº4 CPP).
[592] *Vide* os actuais art.345º nº1, art.343º nº5 e art.61º nº1 alínea c), todos do CPP.
[593] *Vide* o actual art.344º CPP.

- pode pronunciar-se no início da audiência[594] e/ou no final da audiência;[595]
- pode pedir para prestar declarações em qualquer momento da audiência, desde que elas se refiram ao objecto do processo[596];
- pode solicitar a leitura das suas declarações anteriores, prestadas em qualquer fase do processo[597].

Daí que, de acordo com a prática forense, depois de proceder à identificação do arguido, o Juiz presidente comece normalmente por perguntar ao arguido se deseja pronunciar-se sobre o objecto do processo e se pretende confessar os factos[598].

Porém, seja como for e ao contrário do que a simples leitura daquelas regras pode sugerir, *na realidade o arguido não é plenipotenciário quanto à forma e ao momento da prestação das suas declarações.*

Desde logo porque a disciplina da audiência e o estabelecimento da ordem dos respectivos trabalhos cabem ao Juiz presidente[599], podendo este interromper o arguido[600], retirar-lhe a palavra[601], impedi-lo de interromper a produção da prova subsequente[602] e, inclusivamente, fazer o arguido sair da sala de audiências[603], sempre que ocorram motivos justificativos.

Isto é, as declarações do arguido não estão totalmente na disposição da Defesa, designadamente quanto aos seus modo, momento, objecto e duração.

Portanto e porque a atitude do arguido em colaborar na Audiência de Julgamento também pode ser valorada positiva ou negativamente – no-

---

[594] *Vide* a actual alínea a) do art.341º CPP.
[595] As últimas declarações do arguido ocorrem já depois das alegações orais do Ministério Público, advogados e defensor e antecedem o encerramento da audiência, nos termos dos art.360º e art.361º CPP.
[596] *Vide* o actual art.343º nº1 CPP.
[597] *Vide* a actual alínea a) do nº1 do art.357º CPP.
[598] *Vide* o art.343º CPP, cujo nº1, aliás, prescreve que o Juiz presidente «*informa o arguido de que tem direito a prestar declarações em qualquer momento da audiência, desde que elas se refiram ao objecto do processo, sem que no entanto a tal seja obrigado e sem que o silêncio possa desfavorecê-lo*».
[599] *Vide* os actuais arts.322º e 323º do CPP.
[600] *Vide* o actual nº3 do art.343º CPP.
[601] *Idem*.
[602] *Vide* os arts.324º, 325º nº3
[603] *Vide* os actuais art.325º nº4, art.343º nº4 e art.352º, todos do CPP.

meadamente em sede de determinação de medida concreta da pena[604], mas também na livre apreciação da prova[605] – convirá, à Defesa, preparar convenientemente a sua estratégia quanto às declarações do arguido, iniciais e subsequentes, na Audiência de Julgamento. Muito mais ainda quanto existam outros arguidos e seja imprevisível o teor e o sentido dos depoimentos destes.

Neste âmbito, o defensor pode recomendar ao arguido que este só se pronuncie depois de produzida determinada prova ou produzidos determinados depoimentos de terceiros, assim como pode intervir solicitando uma breve interrupção, sempre que o considere necessário[606], nomeadamente para aconselhamento do arguido.

Acresce, que não raras vezes, pela extensão da prova a produzir em Julgamento, é previsível que a Audiência se venha a prolongar por mais de uma sessão[607]. Nesta eventualidade, terá a Defesa a possibilidade de reorganizar os seus meios de prova, incluindo as declarações do arguido, em função da prova já produzida até ao momento.

Neste domínio, como já se evidencia, o defensor tem um papel insubstituível no apelo à sua experiência e prática de intervenção em Julgamento penal.

Porquanto, a estratégia a definir quanto às declarações que há-de produzir o arguido em Audiência de Julgamento, deve depender, não apenas do sentido lógico da direcção da Defesa – o que confessar ou reconhecer, o que não confessar ou não reconhecer, as evidências que não devem ser negadas, as circunstâncias que devem ser referidas, que questões abordar e como as abordar, o que referir e como o referir, o que não referir, etc. –

---

[604] Uma vez mais diremos que as actuais disposições dos arts.71º nº2 e 72º nº1 do Código Penal português, parecem legitimar por inteiro esta reconhecida prática da ponderação, por parte do Tribunal de Julgamento, do facto de o arguido ter ou não colaborado na descoberta da verdade ao longo do processo penal e da Audiência de Julgamento, em sede da determinação da medida concreta da pena.

[605] *Vide* o actual art.127º CPP.

[606] *Vide* as disposições dos actuais nº2 do art.328º CPP, art.343º nº5 parte final e art.345º nº1 parte final, todos do CPP.

[607] O princípio da continuidade da Audiência de Julgamento no processo penal, consagrado no actual art.328º CPP, não prejudica a realização das pausas necessárias nem a interrupção da audiência, mas sempre por período nunca superior a 30 (trinta) dias, sob pena da ineficácia de toda a prova já produzida.

mas também das próprias capacidades, postura e vulnerabilidade psicológica do defendido.

Isto é, dependendo das características pessoais do defendido, pode a Defesa ter por mais conveniente uma especial intervenção daquele ou mesmo o seu silêncio total.

Contudo, deve a Defesa ter sempre presentes as faculdades processuais que assistem ao arguido de se pronunciar no início, no decurso e no final da Audiência, a fim de aquelas serem utilizadas da forma mais conveniente.

Uma especial referência deve ainda ser feita no que toca ao confronto do arguido com determinadas partes dos autos, de onde constem objectos, prova documental, pericial, resultados de diligências de investigação e em geral a quaisquer meios de prova que seja lícito analisar em Audiência, a fim de, também no depoimento do arguido se realizar a contraprova possível do que já carreiam os autos.

Quanto ao silêncio do arguido, em especial, devemos apenas realçar que em certos casos de inconsistência da prova acusatória, poderá ser a atitude mais recomendável para a Defesa, uma vez que, desta forma e gozando da presunção legal da sua inocência, nem o arguido facilita a prova acusatória nem o mesmo poderá ser prejudicado por ter negado os factos da acusação, no caso de uma condenação.

49.5. Produção da Prova Acusatória e Contraprova

Dispõe a lei processual que, após as declarações do arguido, a Audiência prossegue pela apresentação dos meios de prova indicados pelo Ministério Público, pelo assistente e pelo lesado, e só depois será produzida a prova apresentada pelo arguido (e pelo responsável civil)[608]. O que corresponde a um corolário do princípio do contraditório, destinado à conferir à Defesa a última palavra e possibilidade de se pronunciar sobre todos os meios de prova produzidos contra o arguido.

De onde, na Audiência de Julgamento penal e em virtude da presunção da inocência do arguido, interessará à Defesa, *prima facie*, explorar a possibilidade de a prova acusatória vir a ser considerada insuficiente para estabelecer a culpabilidade do arguido, para o que dispõe de meios de contraprova que, muito para lá da contra-inquirição das testemunhas,

---

[608] *Vide* o art.341º CPP.

incluem a possibilidade de requerer o exame dos autos e/ou a junção de documentos a todo o tempo.

Neste âmbito e porque, como sabemos, «*não valem em julgamento, nomeadamente para o efeito de formação da convicção do tribunal, quaisquer provas que não tiverem sido produzidas ou examinadas em audiência*»[609], importa desde logo esclarecer que, na prática, nem sempre todos os meios de prova são analisados na Audiência de Julgamento. E isto, ao abrigo da lei, naturalmente.

Com efeito, só os meios de prova que correspondam a declarações e depoimentos é que têm necessariamente de ser produzidos, *ex novo*, oralmente e na Audiência e, ainda assim, com algumas excepções[610].

Pois, no que respeita a objectos, prova documental, pericial, resultados de diligências de investigação, e em geral a quaisquer outros meios de prova, o princípio é o de que não têm de ser produzidas ou examinadas em Audiência os autos relativos a actos processuais levados a cabo no Inquérito ou na Instrução[611].

Ora, daqui resulta um especial dever de contraprova que incumbe à Defesa, uma vez que os autos relativos a actos processuais levados a cabo no Inquérito ou na Instrução e que não se traduzam em declarações ou depoimentos contribuem sempre para a formação da convicção do Tribunal.

Isto é, cabe à Defesa, quando tais questões não sejam suscitadas por outros sujeitos processuais, fazer examinar em audiência tais meios de prova já constantes dos autos e, caso seja necessário, pôr os mesmos em causa.

Esta importante realidade há-de traduzir-se na necessidade constante de confrontar as testemunhas e outros declarantes com o teor dos autos[612], a par e passo, até porque assiste à Defesa o direito ao contraditório perante qualquer meio de prova produzido, mesmo que oficiosamente pelo Tribunal[613].

---

[609] *Vide* o actual nº1 do art.355º CPP.
[610] Desde logo as previstas nos actuais arts.356º (leitura de declarações), 357º (leitura de declarações do arguido), 318º (residentes fora da comarca), 319º (tomada de declarações no domicílio), 320º (actos urgentes anteriores ao Julgamento), 271º (declarações para memória futura tomadas no Inquérito) e 294º (declarações para memória futura tomadas na Instrução), todos do CPP.
[611] É o que resulta da conjugação do nº2 do art.355º com a alínea b) do nº1 do art.356º, ambos do CPP.
[612] *Vide* os actuais nº4 do art.138º e nº3 do art.345º, ambos do CPP.
[613] *Vide* o actual nº2 do art.327º CPP.

CAPÍTULO V

Quanto às declarações do assistente e às declarações das partes civis, que por via de regra ocorrem em momento anterior à inquirição das testemunhas de acusação[614], importa salientar que, não obstante estarem obrigados ao dever de responder com verdade[615], o seu valor probatório não é semelhante ao dos depoimentos das testemunhas, pois nem sequer são precedidas de juramento[616]. Por outro lado, a sua credibilidade pode ser posta em causa pela Defesa, na respectiva contra-inquirição ou mesmo por contradita (em sentido impróprio)[617], na medida do especial interesse processual que aqueles defendem, pronunciando-se no âmbito do processo penal como quem se pronuncia em causa própria.

Quanto às testemunhas arroladas pela acusação, pública ou particular, e às testemunhas arroladas no eventual pedido de indemnização civil, terá a Defesa todas as faculdades previstas nas disposições gerais sobre tal meio de prova, onde se inclui, para além da contra-inquirição, a impugnação, a contradita e a acareação, conforme consignado na própria lei de processo civil[618].

Particularmente quanto às testemunhas arroladas pelo Ministério Público, importa referir que, em muitos casos, incluem os próprios agentes dos órgãos de polícia criminal que participaram no Inquérito ou na Instrução[619].

Neste caso, a Defesa poderá explorar directamente todas as fragilidades que haja localizado em sede das diligências de investigação, nomeadamente perguntando pelos equívocos das investigações iniciais, pelas razões que levaram ao abandono de determinados sentidos da investigação e pelos motivos que determinaram certas convicções nos agentes.

Muitas vezes fruto da reflexão sobre determinados factos, tais testemunhas sedimentaram conclusões que afinal se resumem a meras convicções

---

[614] Em virtude da inserção sistemática dos actuais arts.346º e 347º CPP.
[615] *Vide* os actuais arts.346º e 347º, conjugados com o nº2 do art.145º, todos do CPP.
[616] *Vide* os actuais arts.346º e 347º, conjugados com o nº4 do art.145º, todos do CPP.
[617] A contradita, conforme prevista nos arts.640º e 641º do Código de Processo Civil, apenas se aplica às testemunhas.
[618] Assim dispõe o actual nº1 do art.348º do CPP, a conjugar com os arts.128º a 139º do CPP e com os actuais arts.616º a 645º do Código de Processo Civil.
[619] Todavia, existem alguns limites consagrados quanto à inquirição de agentes dos órgãos de polícia criminal, como os constantes do actual nº7 do art.356º CPP.

pessoais ou interpretações que nenhum valor probatório deverão ter[620]. Outras vezes, os agentes de investigação revelam uma preocupação exagerada (e algo corporativa) em manter as considerações iniciais que fizeram nos autos, zelando por defender o bom resultado da sua participação pessoal e empenhada na instrução do processo.

No que concerne à aferição do valor probatório dos depoimentos das testemunhas, em especial, o defensor deverá esforçar-se por destrinçar, em cada depoimento, o que foi fruto de uma percepção directa da testemunha, o que foi mera sensação, o que foi imaginado ou previsto como provável, o que é apenas fruto de expressão e o que poderá ser, simplesmente, um depoimento falso ou apaixonado.

Este *domínio da subjectividade* e da relatividade dos depoimentos pode ainda ser largamente explorado nas declarações de peritos e consultores técnicos promovidas a pedido da acusação, as quais ocorrem normalmente no fim da prova testemunhal acusatória[621]. Pois, na discussão das conclusões periciais haverá sempre lugar para dúvidas e segundas opiniões.

Em suma: no exercício de uma contraprova específica, em alguns casos à Defesa bastará gerar a séria e fundamentada dúvida sobre a consistência, a credibilidade e o valor probatório dos meios de prova da acusação.

Sobretudo no que toca à contraprova levada a cabo pela Defesa sobre os meios de prova da Acusação e tendo em vista a sua eficácia, lembramos que cabe ao defensor exigir daqueles meios de prova o grau de pormenor necessário à sua correcta avaliação, quer nos situemos na prova representativa (a dirigida para a demonstração da realidade fáctica e histórica) quer na prova crítica (a dirigida para o relacionamento entre os factos e sua explicação/apreciação), que acima referimos em sede de aflorações da problemática da prova no processo penal.

Isto é, funcionando como uma «lupa de aumento», exigindo da prova um cada vez maior grau de detalhe que permita identificar em que aspectos se pode adquirir uma certeza absoluta, uma certeza relativa, uma mera suspeita fundada, uma simples dúvida ou apenas conclusões e convicções pessoais.

Pois, no domínio do relativismo probatório, é a Defesa que cabe o papel protagonista no sentido de evidenciar a falibilidade da prova quanto à demonstração da realidade das proposições acusatórias.

---

[620] *Vide* o actual art.130º CPP.
[621] Em virtude da inserção sistemática dos actuais arts.350º e 351º CPP.

49.6. Produção de Prova pela Defesa

Não obstante o arguido gozar da presunção legal da sua inocência, a sua Defesa não deve descurar a produção de prova que dependa da sua iniciativa, nem limitá-la apenas à audição das clássicas testemunhas abonatórias[622], as quais, com o limite máximo de 5 (cinco), são ouvidas apenas sobre factos relativos à personalidade e ao carácter do arguido, bem como às suas condições pessoais e conduta anterior.

Pelo contrário, no sentido do reforço da contraprova dos meios contra si constantes dos autos e dos já produzidos pela acusação, assim como no sentido da prova dos factos e circunstâncias que o favoreçam, deve a Defesa preocupar-se em demonstrar, pelos seus meios próprios, o sentido material das suas teses.

Pois a prática forense revela que quanto maior for a capacidade da Defesa do arguido surpreender o Tribunal com prova e questões de facto ainda desconhecidos no processo, tanto maior será a possibilidade de abalar as convicções resultantes da prova acusatória, desde que o faça de forma séria e fundamentada.

Uma das *vantagens processuais* que a Defesa dispõe no processo penal é a de exibir alguns dos seus meios de prova e de explorar alguns dos seus argumentos apenas na Audiência de Julgamento, assim deixando a acusação sem a hipótese de maturar e de aprofundar a contradição dos mesmos elementos com a necessária antecedência.

Por vezes, um novo enquadramento dos factos em circunstâncias que não haviam sido tidas em conta anteriormente poderá, por si só, pôr em causa o mérito das teses acusatórias ou sobre elas lançar uma insanável dúvida.

Para tanto, desde logo, pode o defensor requerer a produção de declarações do arguido acerca dos meios de prova produzidos pela Acusação na Audiência de Julgamento, assim explorando uma vez mais todas as suas debilidades.

Neste sentido, sugerimos *supra* que a Defesa sempre empreendesse actividades de investigação por sua conta, quer quanto aos factos quer quanto à credibilidade dos meios de prova acusatórios.

De resto, à inquirição das testemunhas arroladas, pode a Defesa somar o requerimento da produção de todos os meios de prova que entenda necessários, especialmente quando a sua previsão não fosse possível até

---

[622] *Vide* os arts.315º nº4, 283º nº3 alínea d) e 128º nº2, todos do CPP.

ao momento da produção da prova acusatória na Audiência[623], como, por exemplo, a renovação de qualquer diligência de prova realizada no Inquérito ou na Instrução, ou mesmo o exame do local da ocorrência de qualquer facto cuja prova se mostre essencial[624].

Tais requerimentos *ad hoc*, que hão-de ser reproduzidos na acta da audiência[625], poderão ainda revelar-se úteis mesmo que venham a ser indeferidos, na eventualidade de a Defesa os reputar por essenciais ao exercício do direito de defesa do arguido, constitucionalmente consagrado, e vir a apresentar recurso da Sentença final.

Finalmente, quando o caso o comporte e mesmo que o arguido não o tenha requerido em sede de indicação dos meios de prova na sua Contestação, pode sempre a Defesa suscitar a necessidade de serem convocados novos peritos e consultores técnicos[626] para a realização de segundas perícias ou prestação de esclarecimentos, uma vez que em tais domínios de especial complexidade o Tribunal muitas vezes carece de competência para chegar a conclusões seguras por si só[627] e, por via de regra, a prova dos factos sujeitos a perícia poderá ser a mais controversa.

49.7. Alegações Orais do Defensor e Últimas Declarações do Arguido

Finda a produção da prova em Audiência de Julgamento, é dada a palavra aos representante do Ministério Público, advogados dos assistentes e partes civis e finalmente ao defensor, para alegações orais «*nas quais exponham as conclusões, de facto e de direito, que hajam extraído da prova produzida*»[628].

Naturalmente que as considerações da Defesa sobre a prova produzida na Audiência não se fazem apenas no momento próprio para as alegações orais[629], uma vez que o exercício do contraditório no decurso da Audiência assim o faculta[630].

---

[623] Ao abrigo do actual art.340º CPP.
[624] *Vide* o actual art.354º CPP.
[625] *Vide* a actual alínea f) do nº1 do art.362º CPP.
[626] *Vide* o actual art.158º, em especial a sua alínea b), CPP.
[627] *Vide*, aqui com especial relevância, o art.163º CPP, em cujo nº1 se dispõe que «*O juízo técnico ou artístico inerente à prova pericial presume-se subtraído à livre apreciação do julgador*».
[628] *Vide* o actual art.360º CPP.
[629] Sem prejuízo das regras de conduta durante a Audiência de Julgamento a que está obrigado o defensor, nos termos do actual art.326º CPP.
[630] *Vide* o actual art.327º CPP.

CAPÍTULO V

Porém, sem dúvida que o momento privilegiado para a Defesa apresentar coerente e completamente as suas razões, é o das alegações finais, muito embora lhe seja imposto um limite de duração máxima de 1 (uma) hora e mais 20 (vinte) minutos para resposta a eventuais réplicas – isto, sem prejuízo de o Juiz presidente poder autorizar o uso da palavra por períodos superiores, em atenção à complexidade da causa.

Seja como for, quando é concedida a palavra para a Defesa produzir as suas alegações, já as conclusões dos sujeitos processuais com função acusatória foram apresentadas e, como tal, uma vez mais o respectivo contraditório pode ser exercido na sua plenitude.

Aqui situados, entendemos ser de toda a conveniência fazer algumas notas relativas à importância e à função das alegações.

Recuperando as considerações que acima fizemos acerca da oralidade da discussão em sede do Debate Instrutório, uma vez mais – e agora sem a possibilidade de ser interrompida – a Defesa acede ao discurso directo, no sentido de sintetizar e de apresentar o conjunto do seu sentido material.

E, se muitas vezes se depara com um Tribunal um pouco desatento às alegações orais – naturalmente até por já ter chegado às suas próprias conclusões sobre a prova produzida – a verdade é que incumbe ao defensor chamar a atenção dos declaratários sobre as suas palavras. Isto é, não bastará falar ou apresentar argumentos, sendo também necessário captar a atenção dos destinatários, em especial, de todos os juízes que compõem o Tribunal.

Neste momento, é conveniente que a Defesa tenha presente aquilo que se poderá designar de «uma visão externa do Julgamento», ou seja, a provável impressão que tenha sido causada a terceiros pela prova produzida, pois assim poderá tentar colocar-se na situação dos juízes a quem caberá proferir a Sentença.

Não valerá a pena, pois, insistir em determinados aspectos que tenham sido frontal e abundantemente contrariados pela prova produzida e, pelo contrário, convirá constatar os aspectos duvidosos da matéria de facto que tenham resultado da prova produzida.

Como considerações gerais, diremos ainda que, mais importante do que a Defesa proferir um discurso qualificado e de correcto raciocínio, são os efeitos a produzir nas convicções íntimas da entidade julgadora. Daí que, em síntese, possamos dispor o curso das alegações de acordo com a seguinte ordem:

1) tomar a atenção dos declaratários;
2) tomar um fio de raciocínio (ou vários) que possam coincidir com uma boa visão externa do Julgamento;
3) conduzir o discurso em função do provável pensamento dos declaratários, sem explanações morosas ou demasiadamente dispersas;
4) apresentar conclusões fundamentadas e não de mera convicção.

Por outro lado, pode a Defesa de algum modo fazer coincidir o teor das suas alegações com as matérias que serão objecto da própria decisão do Tribunal, nomeadamente as relativas à fundamentação de facto da Sentença – a qual deverá conter uma enumeração dos factos provados e não provados e a exposição concisa dos motivos de facto e de direito que sustentam a decisão – à análise da provas constantes dos autos e produzidas em Audiência – a indicação e o exame crítico das provas que serviram para formar a convicção do Tribunal – e as relativas à decisão de Direito – as disposições legais aplicáveis[631].

Para além destas questões, em concreto o Tribunal será chamado a analisar a culpabilidade do arguido, pela verificação da comprovação dos factos em face dos elementos constitutivos do tipo de crime, do grau de participação do agente, da verificação de causas de isenção da responsabilidade penal e quaisquer pressupostos de que dependa a sua punibilidade[632]. De onde, ainda sobre o curso das alegações da Defesa, diremos que o seu conteúdo deverá abordar:

5) análise da matéria de facto provada e não provada, distinguindo-se os factos provados dos meramente indiciados que, em função do princípio *in dubio pro reu*, deverão dar-se por não provados;
6) escrutínio das provas em presença, seus valor e força probatórios e sua contribuição para as conclusões de facto – com as convenientes chamadas de atenção para elementos de prova que constem dos autos, com indicação das respectivas folhas;
7) enquadramento legal mais apropriado ao caso e às pretensões da Defesa; onde se compreende a possível direcção para a absolvição ou para a atenuação da responsabilidade criminal.

[631] *Vide* os actuais nº2 e nº3 do art.374º CPP.
[632] *Vide* o actual art.368º CPP.

Ainda quanto a este conteúdo das alegações orais da Defesa e deixando para momento posterior as questões relativas à determinação da sanção aplicável – sobre as quais também o defensor poderá pronunciar-se – entendemos que muitas vezes se justificam ainda referências específicas quanto a:

8) conferir relevo à prova produzida pela Defesa, uma vez que a esta cabe a sua valorização processual;
9) pronúncia sobre os materiais de prova constantes dos autos, mas não seleccionados pela entidade acusatória;
10) conclusão das alegações por «ideias de força» finais.

Estes últimos aspectos, conjugados com as eventuais declarações finais que o arguido poderá fazer em sua defesa[633], destinam-se a deixar bem presentes na memória dos julgadores aspectos que por estes não deverão ser negligenciados.

Porém, ainda a propósito das declarações finais do arguido em Audiência de Julgamento, convirá ter presente que, em caso algum, deverão estas contrariar a explanação feita pelo seu defensor nas alegações orais. Caso contrário, não apenas seria prejudicada a credibilidade destas últimas, como também uma confissão tardia do arguido poderia pôr em causa toda a sua Defesa, sem que a sua conduta em Julgamento fosse valorada como cooperante. O arguido passaria a ser encarado como alguém que não encarou seriamente o seu Julgamento.

Pelo contrário, em sede das mesmas declarações finais do arguido, perguntado este acerca do que tem para alegar ainda em sua defesa, poderá o mesmo, não apenas reafirmar o que já tenha sido dito, mas ainda pronunciar-se sobre as matérias que resultaram das alegações orais dos demais sujeitos processuais, bem como acrescentar algumas considerações que poderão não ter directa conexão com o objecto do processo, uma vez que o respectivo Juiz presidente deverá ouvi-lo «*em tudo o que declarar a bem*» da sua Defesa[634]. Nomeadamente, a declaração de arrependimento, o facto de ter adoptado uma nova postura de vida desde a prática dos factos, as

---

[633] *Vide* o actual art.361º CPP.
[634] *Vide* a parte final do nº1 do mesmo art.361º CPP.

eventuais diligências que tenha desenvolvido para reparar as consequências do crime ou mesmo a reafirmação da sua inocência plena.

48.9. Sanções Alternativas à Pena Privativa da Liberdade

A determinação da sanção a aplicar ao arguido, constitui um dos aspectos fundamentais da Sentença a proferir[635] e, como tal, também deverá constituir objecto de pronúncia por parte da Defesa, pelo menos no final das suas alegações orais.

Isto porque, mesmo na hipótese de a Defesa se dirigir para a absolvição do arguido, não terá qualquer consequência negativa a colocação da hipótese de o Tribunal vir a entender o contrário e, por outro lado, as suas sugestões poderão ser acolhidas no interesse do arguido em caso de uma condenação, ou mesmo funcionar como «válvula de escape» do próprio Tribunal para situações em que não se tenha estabelecido a absoluta e total certeza da culpabilidade daquele.

Ou seja, incumbe também à Defesa lutar pela aplicação ao arguido da mínima sanção possível e não apenas clamar pela sua inocência e pedir a absolvição.

Justifica-se, portanto, ainda em sede das alegações orais da Defesa, a abordagem das seguintes matérias:

11) referência às circunstâncias e condições pessoais do arguido[636] que poderão influir na determinação da pena e da sua medida concreta[637].

12) referências directas ao desvalor da acção do arguido, ao desvalor do resultado típico e ao grau de censurabilidade do arguido[638], quando

---

[635] *Vide* o actual art.369º CPP.
[636] Em especial, o seu grau de instrução, situação económica, condições de trabalho, inserção social e familiar (art.71º nº2 do Código Penal).
[637] *Vide* os arts.70º a 82º e 40º a 69º, todos do Código Penal.
[638] Em especial: o grau de ilicitude do facto; o modo de execução deste; a gravidade das suas consequências; o grau de violação dos deveres impostos ao agente; a intensidade do dolo ou da negligência; os sentimentos manifestados no cometimento do crime e os fins ou motivos que o determinaram; a conduta anterior ao facto e a posterior a este, especialmente quando destinada a reparar as consequências do crime; a falta de preparação do arguido para manter uma conduta lícita (art.71º nº2 do Código Penal); ter o arguido actuado sob influência de ameaça grave ou sob ascendente de outra pessoa; ter a sua conduta sido determinada por

estes sejam diminutos ou susceptíveis de ser entendidos de forma menos gravosa;
13) sugestão da aplicação de sanções alternativas às penas privativas da liberdade, em função da proporcionalidade da sanção face à culpa do agente[639], da sua reintegração social[640] e das exigências de prevenção[641].

Quando o Tribunal não possa determinar mesmo a dispensa de pena[642], impõe a lei substantiva que se dê preferência às penas não privativas da liberdade, quando ao crime for também aplicável outro tipo de sanção[643].
Neste enquadramento, pode também a Defesa tomar a iniciativa de sugerir a aplicação de sanções não privativas da liberdade, entre as legalmente possíveis, que são:

a) admoestação[644];
b) pena de multa[645];
c) pena por dias de trabalho[646];
d) prestação de trabalho a favor da comunidade[647];
e) penas acessórias, as quais poderão ser cumuladas com outras penas[648];

Para além deste universo, temos ainda as penas privativas da liberdade menos gravosas do que a pena de prisão *tout court*, tais como:

---

motivo honroso, por forte solicitação ou tentação da vítima, ou por provocação injusta ou ofensa imerecida; ter havido actos de demonstração de arrependimento; ter decorrido muito tempo sobre a prática do crime (art.72º nº2 do Código Penal); ter havido a reparação do dano (art.74º nº1 do Código Penal).
[639] *Vide* o actual art.40º do Código Penal.
[640] *Idem.*
[641] *Vide* o actual art.71º nº1 do Código Penal.
[642] *Vide* o actual art.74º do Código Penal.
[643] *Vide* o actual art.70º do Código Penal.
[644] *Vide* o actual art.60º do Código Penal.
[645] *Vide* o actual art.47º do Código Penal.
[646] *Vide* o actual art.48º do Código Penal.
[647] *Vide* os actuais arts.58º e 59º do Código Penal.
[648] *Vide* os actuais arts.65º a 69º do Código Penal.

f) pena de prisão por dias livres[649];
g) pena de prisão em regime de semi-detenção[650];

E, por último, a muito frequente suspensão da pena de prisão[651], que facultará ao arguido a extinção da própria pena de prisão de acordo com as condições que lhe forem impostas e o seu comportamento.

Uma última referência ao registo criminal que, embora juridicamente não seja encarado como uma pena ou sanção, na prática constitui uma consequência jurídica do crime que corresponde a um pesado estigma social, o qual poderá afectar negativamente o arguido.

A identificação e o registo criminal têm uma importante função no sistema da Justiça Penal, nomeadamente para a defesa social contra os perigos de reincidência dos agentes, para efeito da melhor adequação das penas à personalidade do agente e para efeitos da estatística judiciária e da política criminal.

O estudo do seu regime[652], todavia, não constituirá objecto do presente trabalho. Não obstante, o Defensor deverá pelo menos conhecer que tem a faculdade de requerer ao Tribunal que determine a *não transcrição da decisão condenatória nos certificados de registo criminal* futuramente requeridos pelo próprio arguido para efeitos civis e laborais, nas situações de arguido primário em que seja aplicável, naturalmente.

50. Meios Interventivos Especiais e Meios de Oposição e Recurso

50.1. Os autos de aceleração processual

No sentido de assegurar a celeridade da Justiça penal[653] – e ao contrário do que se verifica ainda hoje na Lei Processual Civil – a lei processual penal portuguesa consagra um instituto específico, com a natureza de incidente que corre por apenso ao processo penal propriamente dito, que

---

[649] *Vide* o actual art.45º do Código Penal.
[650] *Vide* o actual art.46º do Código Penal.
[651] *Vide* os actuais arts.50º a 57º do Código Penal.
[652] *Vide* a L nº57/98 de 18 de Agosto, em conjunto com as disposições legais anteriores cuja aplicabilidade foi ressalvadas no seu art.28º.
[653] Em obediência, aliás, aos imperativos dos actuais nº4 do art.20º e nº2 do art.32º, ambos da Constituição da República Portuguesa.

é o da tramitação dos pedidos de aceleração processual, em qualquer fase do processo penal.

Com efeito, quer na fase do Inquérito, quer na fase da Instrução, quer no Julgamento ou fase de Recurso, a lei prevê a possibilidade de, quando excedidos os prazos fixados para a duração de cada fase do processo, qualquer sujeito processual vir a requerer a aceleração do processo[654].

Porém, naturalmente, o recurso injustificado a este instituto da aceleração processual é punido com uma sanção pecuniária que pode variar entre 6 (seis) e 20 (vinte) unidades de conta processual[655].

O pedido é dirigido directamente a e decidido por o Procurador-Geral da República, se o processo estiver sob a direcção do Ministério Público, e será dirigido a e decidido por o Conselho Superior da Magistratura, se o processo estiver a decorrer perante o Tribunal ou for dirigido por um Juiz, embora seja sempre apresentado ao processo e entregue na secretaria da entidade onde o mesmo se encontrar pendente.

Sumariamente, a sua tramitação consiste no seguinte:

a) o requerente deve fundamentar o seu pedido de aceleração processual, de forma objectiva, podendo mesmo limitar-se a referir expressamente os prazos previstos na lei e à medida do seu desrespeito, na fase processual em que se encontrarem os autos;

b) em seguida, o Juiz ou o representante do Ministério Público, consoante os casos, hão-de instruir aquele pedido com as considerações que tiverem por relevantes e, em três dias, remetem o processado ao Conselho Superior da Magistratura ou à Procuradoria-Geral da República, também consoante os casos;

c) finalmente, estas últimas entidades proferem despacho num prazo extraordinariamente curto, indeferindo o pedido, ou solicitando informações complementares, ou ordenando inquérito autónomo sobre as razões do atraso, ou propondo as medidas que tiverem por convenientes quanto à gestão, organização ou racionalização de métodos por forma a produzir a aceleração do processo, podendo inclusivamente determinar medidas disciplinares sobre os responsáveis pelo atraso.

---

[654] *Vide* os actuais arts.108º e 109º CPP.
[655] *Vide* o actual art.110º CPP.

Como facilmente se prevê, na prática, este incidente poderá ter consequências disciplinares sobre os titulares dos cargos das autoridades judiciárias responsáveis pelos atrasos, pelo que o recurso a tal meio deverá ser ponderado em função de cada caso.

De resto, é uma medida que produz verdadeiros resultados práticos na aceleração do processo, pelo que a Defesa do arguido poderá àquela recorrer na eventualidade de a aceleração ser do seu interesse.

Outra hipótese legalmente prevista, ainda, é a do caso de o Procurador-Geral da República ter conhecimento do desrespeito dos prazos fixados para a duração do Inquérito, caso em que, oficiosamente, este poderá mandar avocar o próprio Inquérito e proceder de acordo com a tramitação *supra*, sem que tenha existido qualquer pedido por parte de outro sujeito processual[656].

50.2. Outros Incidentes Processuais

Em virtude da influência material que poderão importar para o curso do processo penal, certos incidentes previstos na lei processual assumem especial relevo, pelo que poderão ser, consoante os casos, suscitados pela Defesa Criminal, em várias fases do processo.

Entre muitos incidentes, nominados e inominados, pela sua importância prática destacam-se os seguintes:

- a incompetência material, funcional[657] e territorial[658] das autoridades judiciárias, que pode ser suscitada até ao trânsito em julgado da decisão final[659].
- a ilegitimidade do Ministério Público para a promoção do processo penal[660].
- os impedimentos e recusas dos magistrados dos Tribunais ou do Ministério Público[661].

---

[656] *Vide* o actual art.276º nº4 CPP.
[657] *Vide* os actuais arts.10º a 18º CPP.
[658] *Vide* os actuais arts.19º a 23º CPP.
[659] *Vide* os actuais arts.32º a 33º e alínea e) do 119º CPP.
[660] *Vide* os actuais arts.48º a 52º CPP.
[661] *Vide* os actuais arts.39º a 47º e 54º CPP.

- o emprego indevido de forma de processo especial, que pode ser suscitado até ao trânsito em julgado da decisão final[662].
- a irregularidade da constituição do tribunal, que pode ser suscitada até ao trânsito em julgado da decisão final[663].
- a apensação e a separação dos processos[664];
- a ilegitimidade da escusa a prestar depoimento por segredo profissional ou de Estado[665];
- e em regra, ainda, todas as situações determinadoras de nulidades insanáveis[666].

O recurso a tais incidentes, por parte da Defesa, deverá ter lugar sempre que a respectiva intervenção seja susceptível de conduzir a uma melhoria das condições processuais em que será apreciada a responsabilidade penal do arguido. Pois é precisamente no âmbito das garantias de defesa que tais incidentes deverão ser encarados, por parte de defensor, e não como expedientes processuais meramente dilatórios.

50.3. Meios de Oposição e Recurso

Não estaria completo este capítulo sem, pelo menos, uma breve referência aos meios de oposição e recurso previstos para o Processo Penal, os quais em muito divergem do que está consagrado para o Processo em matérias civis ou administrativas.

Com efeito, a lei processual penal prevê muito diversos e excepcionais meios de oposição e recurso, os quais são postos à disposição dos vários sujeitos processuais, quer nas fases preliminares do processo, quer nas suas fases posteriores.

Pelo que é indispensável o olhar atento da Defesa, em cada acto processual, dirigido ao seu mérito e ao escrutínio das suas eventuais fragilidades formais.

Desde logo, porque se prevê, por via de regra, que estão sujeitos a recurso para os tribunais superiores, todos os despachos, sentenças e acór-

---

[662] *Vide* a actual alínea f) do art.199º CPP.
[663] *Vide* a actual alínea a) do art.199º CPP.
[664] *Vide* os actuais arts.24º a 31º CPP.
[665] *Vide* os actuais arts.135º a 137º CPP.
[666] *Vide* o actual art.119º CPP.

dãos cuja irrecorribilidade não estiver prevista na lei[667]. O que, na prática, se traduz na recorribilidade de, em matéria criminal[668]:

a) todos os despachos ou decisões proferidos por Juiz que não se considerem de mero expediente ou que não ordenem actos dependentes da livre resolução do tribunal[669];
b) todas as decisões ou Sentença, proferidas em 1ª Instância, que ponham termo à causa;
c) os acórdãos proferidos pelos Tribunais da Relação em sede de recurso que não confirmem decisão absolutória da 1ª Instância, desde que ponham termo à causa [670] e: (1) sejam proferidos em processo por crime a que seja aplicável pena de multa ou pena de prisão superior a cinco anos, mesmo em caso de concurso de infracções, desde que o Ministério Público não haja requerido[671] o julgamento perante tribunal singular[672]; ou (2) não confirmem decisão condenatória da 1ª Instância e sejam proferidos em processo por crime a que seja aplicável pena de prisão superior a cinco anos, mesmo em caso de concurso de infracções[673].

Exceptuam-se, como dissemos, ainda os casos em que a irrecorribilidade esteja especialmente prevista[674], como é o caso do Despacho que designa dia para a Audiência de Julgamento[675] e o caso do Despacho de Pronúncia, na eventualidade de este pronunciar o arguido pelos factos constantes da acusação do Ministério Público[676].

Ora bem: dada a profusão de despachos judiciais que pode comportar o processo penal (que não se considerem de mero expediente ou que não

---

[667] *Vide* o actual art.399º CPP.
[668] Os recurso em âmbito do pedido de indemnização civil obedecem à regra especial do nº2 do art.400º CPP.
[669] *Vide, a contrario senso*, as actuais alíneas a) e b) do nº1 do art.400º CPP.
[670] *Vide, a contrario senso*, as actuais alíneas c) e d) do nº1 do art.400º CPP.
[671] O que poderá fazer nos termos do nº3 do art.16º CPP.
[672] *Vide, a contrario senso*, a actual alínea e) do nº1 do art.400º CPP.
[673] *Vide, a contrario senso*, a actual alínea e) do nº1 do art.400º CPP.
[674] Nos termos da actual alínea g) do nº1 do art.400º CPP.
[675] *Vide* o actual nº3 do art.313º CPP.
[676] *Vide* o actual art.310º CPP.

ordenem actos dependentes da livre resolução do tribunal), logo se constata que os meios de recurso à disposição da Defesa são de uma latitude imensa, nomeadamente no que toca à intervenção do Juiz de Instrução – no Inquérito e na Instrução – *maxime* em sede de medidas de coacção[677] e de garantia patrimonial.

De resto, embora a lei processual penal não o consagre expressamente, conforme decorre dos princípios gerais da boa lei de processo, para além da livre e genérica faculdade de requerer em contrário ao que for determinado pelas autoridades judiciárias, também são livres a mera reclamação e os pedidos de rectificação, aclaração ou reforma, dirigidos à própria entidade que praticou o acto. O mesmo valendo para todos os actos praticados pelo Ministério Público, na fase de Inquérito na qual dirige os autos.

Quanto aos actos do Ministério Público praticados em sede de Inquérito, a lei processual penal consagra a hipótese do recurso hierárquico e da reclamação para o superior hierárquico imediato, *maxime* para o Procurador-Geral da República, em alguns casos especiais[678].

Em suma, há um vasto campo de actuação quanto aos meios de oposição e recurso à disposição da Defesa, sobretudo nas fases preliminares do processo penal, podendo aqueles sempre abranger o todo ou apenas uma parte das decisões[679].

Em qualquer fase do processo penal, todavia, destaca-se ainda uma espécie *suis generis* de impugnação que é a tão célebre providência de *Habeas Corpus*, aliás prevista na própria Constituição da República Portuguesa[680].

Desde logo pelo *nomen juris* retira-se o seu sentido lógico, uma vez que até há bem poucas décadas atrás os autos de processo crime corriam sob o nome de «corpo de delito». A providência de *Habeas Corpus* visa assegurar os mínimos requisitos da legalidade de qualquer medida detentiva ou privativa da liberdade e corresponde, portanto, ao pedido que um determinado arguido pode formular, no sentido de tal legalidade ser verificada pela apreciação dos pressupostos daquela medida.

---

[677] *Vide* o actual art.219º CPP.
[678] *Vide* os arts.278º e 279º nº2 CPP.
[679] *Vide* o actual art.403º CPP.
[680] *Vide* o seu actual art.31º.

O seu regime varia consoante em presença de:

- mera detenção[681];
- ou prisão (preventiva ou executiva)[682].

No primeiro caso, a petição é dirigida ao Juiz de Instrução competente, com os fundamentos possíveis de: excesso do prazo de 48 (quarenta e oito) horas para a entrega do detido ao poder judicial; manutenção da detenção fora dos locais legalmente permitidos; detenção efectuada ou ordenada por autoridade incompetente; ou ter a detenção sido motivada por facto que não a justificar nos termos da lei.

No segundo caso, a petição é directamente dirigida ao Supremo Tribunal de Justiça, com os fundamentos possíveis de: prisão efectuada ou ordenada por autoridade incompetente; ter a prisão sido motivada por facto que não a justifica nos termos da lei; ou manutenção da prisão para além dos prazos fixados pela lei ou por decisão judicial.

De resto, no tocante ao regime jurídico dos recursos em geral (regime de subida, modo de interposição, tramitação unitária, efeitos, tribunal competente, fundamentação, requisitos quanto à apreciação de matéria de facto e de Direito, etc.), é indispensável a atenta análise da lei processual, caso a caso, para o que poderão contribuir a leitura de um Código de Processo Penal anotado[683] ou mesmo de um manual académico de Processo Penal[684]. Justifica-se um olhar especialmente atento sobre os recursos extraordinários de fixação de jurisprudência[685] e de revisão da sentença já transitada em julgado[686].

Seja como for, com especial relevo para o ponto de vista da Defesa, ressalta o ímpar regime da proibição da *Reformatio In Pejus*, consagrado na lei processual penal[687]. Com efeito, impõe este regime que, no caso

---

[681] *Vide* os actuais arts.220º e 221º CPP.
[682] *Vide* os actuais arts.222º a 224º CPP.
[683] *Vide*, por todos, MAIA GONÇALVES, M., *Código de Processo Penal*, Almedina, várias edições.
[684] *Vide*, por todos, MARQUES DA SILVA, G. *Curso de Processo Penal*, Verbo, 1993 e sucessivas reedições.
[685] *Vide* os actuais arts.437º a 448º CPP.
[686] *Vide* os actuais arts.449º a 466º CPP. A importância desta última espécie de recurso justificou a sua análise, em especial, *infra*.
[687] *Vide* o actual art.409º CPP.

de o recurso da decisão final ser interposto pela Defesa, ou mesmo pelo Ministério Público no exclusivo interesse do arguido, o tribunal superior não poderá agravar as sanções aplicadas a qualquer um dos arguidos, ressalvada a única hipótese de o agravamento da pena de multa no caso de a situação económica do arguido ter melhorado de forma sensível. De onde, o recurso da decisão final por parte da Defesa deverá, pelo menos, ser sempre ponderado.

No caso do recurso da decisão final, ainda, mas também em outros casos, recomenda a boa prática forense que sejam invocadas as decisões anteriores dos tribunais superiores, situação em que se impõe uma prévia pesquisa de jurisprudência.

Uma importante referência deverá ainda ser feita para a espécie de recursos que ultrapassa a hierarquia dos tribunais judiciais comuns em matéria criminal. Referimo-nos aos recursos perante o Tribunal Constitucional.

Quanto as recurso perante o Tribunal Constitucional, em especial, da sua Lei de Organização, Funcionamento e Processo[688] retira-se, em sede de processos de fiscalização concreta da inconstitucionalidade[689], a faculdade de a Defesa apresentar recurso, genericamente, nos seguintes casos:

1) das decisões dos tribunais que recusem a aplicação de uma norma, com fundamento em inconstitucionalidade;
2) das decisões dos tribunais que apliquem norma já anteriormente julgada inconstitucional pelo próprio Tribunal Constitucional ou que apliquem norma constante de acto legislativo em desconformidade com o anteriormente decidido por este;
3) das decisões dos tribunais que apliquem uma norma cuja inconstitucionalidade haja sido suscitada durante o processo – caso em que o recurso só poderá ser interposto no Tribunal Constitucional quando as respectivas decisões já não admitirem recurso ordinário;

---

[688] *Vide* a L nº28/82 de 15 de Novembro, alterada pelas L nº143/85 de 26 de Novembro, L nº85/89 de 7 de Setembro, L nº88/95 de 1 de Setembro e L nº13-A/98 de 26 de Fevereiro.
[689] *Vide* os arts.69º e segs. da L nº28/82 na sua actual redacção.

Para além destes casos, aquela lei prevê ainda outros onde se discuta da ilegalidade das normas ou a sua contrariedade com convenções internacionais.

O recurso perante o Tribunal Constitucional é susceptível de influir, de forma indirecta, no processo penal, por via da submissão dos tribunais judiciais às suas decisões.

Contudo, já as petições dirigidas ao Tribunal Europeu dos Direitos do Homem, ao Tribunal de Justiça das Comunidades Europeias ou a outras instâncias internacionais, são insusceptíveis de influir no processo penal, razão pela qual não lhes faremos referência.

50.4. O recurso Extraordinário de Revisão de Sentença, em Especial

Atendendo à singularidade do Direito e da Justiça Penais, os quais obedecem a importantes princípios constitucionais que restringem fortemente a sua aplicação[690], no sentido de estabelecerem as garantias mínimas do cida-

---

[690] De acordo com a maioria da doutrina portuguesa: o princípio da necessidade e subsidariedade da intervenção penal (arts.2º, 18º nº2, 28º nº2 da Constituição da República Portuguesa) e seu corolário implícito da imperativa preferência por sanções não detentivas; o princípio da humanidade das penas (arts.1º, 24º nº2, 25º nº2, 30º nº1, 33º da Constituição da República Portuguesa); o princípio do *ne bis in idem* (art.29º nº5 da Constituição da República Portuguesa); o princípio da jurisdicionalidade do processo penal (arts. 27º nº2, 30º nº2, 31º nº1, 32º, 33º nº4 da Constituição da República Portuguesa); o princípio da legalidade (arts.3º nº2, 29º da Constituição da República Portuguesa), com todos os seus corolários de exigência de lei formal escrita (arts.168º nº1 alínea c), 29º nº1 da Constituição da República Portuguesa) com o conteúdo precisamente determinado, contrariando a existência de tipos abertos e de normas penais em branco (art.29º nº3 da Constituição da República Portuguesa), proibição da retroactividade das leis de conteúdo desfavorável ao arguido (art.29º nº4 da Constituição da República Portuguesa), proibição da analogia enquanto incriminatória e proibição de métodos interpretativos que extrapolem a letra da lei penal qualificadora ou determinadora de pena (art.29º nº3 da Constituição da República Portuguesa), a tipicidade e a conexão formal imperativa entre a pena aplicada e o crime previsto (art.29º nº1 da Constituição da República Portuguesa); o princípio da aplicação retroactiva das normas penais de conteúdo mais favorável ao arguido (art.29º nº4 da Constituição da República Portuguesa). Para desenvolvimentos, por todos, J.SOUSA BRITO, *A Lei Penal na Constituição*, em "Textos de Apoio de Direito Penal", tomo II, AAFDL, 1983/84, pp.5-62 e ainda M.FERNANDA PALMA, Da Definição Material de Crime para os Princípios do Direito Penal, em "Direito Penal, Teoria do Crime", Lisboa, 1984, pp.29 ss.. Em acréscimo, é conveniente salientar que todos os restantes princípios constitucionais, não específicos do sistema penal são também inquestionavelmente vinculativos, trazendo por isso implicações dogmáticas não menos importantes, como sejam, *v.g.* o princípio

CAPÍTULO V

dão em face dos poderes punitivos do Estado[691], e porque o sistema penal é um de "ultima *ratio*", vocacionado para o sancionamento de condutas de acentuado desvalor ético-normativo, em matéria de recursos possíveis a lei processual penal consagra uma importante excepção ao princípio do respeito pelo trânsito em julgado das decisões dos tribunais[692], o qual, como sabemos, é estruturante de todo o ordenamento jurídico.

Com efeito, prevê a lei processual penal a possibilidade extraordinária do recurso de Revisão de Sentença, admissível depois do trânsito em julgado da Sentença[693], quando a pena já se encontre em execução e mesmo ainda que o processo penal já se encontre extinto ou a respectiva pena prescrita ou cumprida[694].

---

da igualdade, o princípio da dignidade da pessoa humana, o princípio da liberdade de pensamento e de expressão, entre muitos, bem como ainda, todos aqueles princípios que sejam aceites como integrantes da noção de Constituição material, e que, igualmente, vinculam o legislador. Acerca do conceito de Constituição material, *vide*, por todos, JORGE MIRANDA, *Manual de Direito Constitucional*, Tomo II, Coimbra Editora, 1985, pp.14 ss.

[691] Garantias estas que são essenciais para se compreender o sentido da existência do próprio poder punitivo. Para uma compreensão integrada das características actuais do poder punitivo penal do Estado face ao cidadão será, sem dúvida, imprescindível considerar que o mesmo, não sendo originário da moderna estrutura do Estado de Direito Democrático, é hoje objecto de importantes limitações. De facto, desde a instituição de um poder punitivo centralizado, aquando da formação do Estado Monárquico, o *ius puniendi* sofreu inevitáveis transmutações (em termos de meios, de exclusividade, de legitimidade, de limites) decorrentes da evolução da própria concepção de Estado vigente. Assim, a manutenção de um poder punitivo exercível - hoje em situação de monopólio - sobre o cidadão individual, carece de uma nova justificação, de uma nova legitimidade e de contornos próprios, compatíveis com os fins do Estado e com os demais estandartes do Estado de Direito Democrático. Subordinado à lei, e por essa via fundado na legitimidade democrática, o poder punitivo do Estado assume hoje a sua gravidade máxima pela pena de prisão, sanção exclusiva do Direito Penal, submetida por isso mesmo aos rigorosos limites impostos pela moderna teoria dos fins das penas. Para desenvolvimentos, *vide* J.SOUSA BRITO *Para Fundamentação do Direito Criminal*, em "Textos de Apoio de Direito Penal", Lisboa, AAFDL, 1983/84, pp.127-233, extraído de *Direito Criminal*, Lisboa, ISCSPU, 1963 e *Teoria do Direito*, Lisboa, AAFDL, 1976/77.

[692] A defesa do trânsito em julgado das decisões dos tribunais, que se impõe mesmo nos casos da aplicação de normas inconstitucionais, só conhece excepções em caso de matérias penais, disciplinares ou de mera ordenação social, nos termos do nº3 do art.282º da Constituição da República Portuguesa.

[693] *Vide* os actuais arts.449º a 466º CPP.

[694] *Vide* o actual nº4 do art.449º CPP.

A legitimidade para requerer a Revisão de Sentença transitada em julgado é alargada também aos familiares do arguido, quando este haja entretanto falecido[695], cabendo em primeira linha ao arguido condenado ou ao seu defensor, a par de outros sujeitos processuais, em alguns casos.

Os casos em que tal recurso é admissível ilustram bem a função desta espécie de recurso, em última análise sempre reconduzível à realização da Justiça Penal no caso concreto, e são os seguintes[696]:

a) quando uma outra Sentença transitada em julgado tiver considerado falsos meios de prova que tenham sido determinantes para a solução do caso;
b) quando uma outra Sentença transitada em julgado tiver dado como provado crime cometido por juiz ou jurado e relacionado com o exercício da sua função no processo;
c) quando os factos que serviram de fundamento à condenação forem inconciliáveis com os factos dados como provados noutra Sentença e da oposição resultarem graves dúvidas sobre a justiça da condenação;
d) quando se descobrirem novos factos ou meios de prova que, de *per si* ou combinados com os que foram apreciados no processo, suscitem graves dúvidas sobre a justiça da condenação.

Neste último caso, como se compreende, a Defesa do arguido terá tantas mais razões para requerer a Revisão de Sentença quantos mais dados disponha, em resultados das suas próprias investigações.

A tramitação do recurso, que corre por apenso aos autos onde se proferiu a decisão a rever[697], obedece a um regime detalhado, no qual se prevê a possibilidade de diligências oficiosas de recolha e produção de prova instrutória[698], uma subida directa do processo ao Supremo Tribunal de Justiça para se pronunciar depois de instruído o processo[699], novas dili-

---

[695] *Vide* o actual nº2 do art.450º CPP.
[696] Previstos no actual nº1 do art.449º CPP.
[697] *Vide* o actual art.452º CPP.
[698] *Vide* o actual art.453º CPP.
[699] *Vide* os actuais arts.454º a 458º CPP.

gências oficiosas de recolha e produção de prova instrutória[700] e a própria realização de novo Julgamento[701].

E, quando o arguido condenado for aquele que requereu a Revisão de Sentença, os actos judiciais relativos a tal recurso têm natureza urgente e preferem a qualquer outro serviço[702].

51. Inimputabilidade penal do arguido

A inimputabilidade penal do arguido não é a sua «porta de saída» do processo, ao contrário do que desavisadamente se possa supor, muito embora, é certo, possa ser invocada no sentido da mera atenuação da sua responsabilidade penal.

Bem pelo oposto, se a inimputabilidade do arguido poderá configurar a impossibilidade de aplicação de uma pena, pela sua situação de total incapacidade de culpa ou de censurabilidade penal, tal situação não o isentará da aplicação de medidas de segurança[703], salvo quando se trate de inimputabilidade em razão de idade[704] insuficiente[705], naturalmente.

A matéria da inimputabilidade do agente em razão de anomalia psíquica é tratada sobretudo na lei penal substantiva, tendo sido objeto de estudo aprofundado pelo doutrina penalista nessa sede. Mas existem relevantes considerações processuais a fazer também em tal domínio.

Desde logo, importa distinguir entre:

- a inimputabilidade do arguido em razão de anomalia psíquica que se verificava na data da prática dos factos;

---

[700] *Vide* o actual art.459º CPP.
[701] *Vide* o actual art.460º CPP.
[702] *Vide* o actual art.466º CPP.
[703] Previstas nos arts.91º a 108º do Código Penal, onde se prevêem também as situações de conversão da pena de prisão em medida de segurança na superveniência do conhecimento de anomalia psíquica, sem prejuízo das regras aplicáveis à simulação de anomalia psíquica durante a execução da pena de prisão.
[704] Vide o art.19º do Código Penal. No caso de o agente ser menor de 16 (dezasseis) anos, contudo, poderão ter lugar a aplicação das medidas tutelares educativas previstas na Lei Tutelar Educativa, aprovada pela L nº166/99 de 14 de Setembro.
[705] Não existe na lei nacional qualquer limite máximo de idade a partir do qual se verifique a inimputabilidade em sua razão.

– e a inimputabilidade do arguido em razão de anomalia psíquica que apenas se verifique durante o processo penal e não na data da prática dos factos.

Porquanto, se no primeiro caso a própria responsabilidade penal está prejudicada, no segundo caso apenas a execução da pena o poderá ser.

Por outro lado, nos casos de anomalia psíquica que se verificava na data da prática dos factos, importará igualmente distinguir as situações de (1) inimputabilidade penal do arguido *tout court*, da (2) semi-imputabilidade[706] e de (3) a figura que a doutrina penalista designa por inimputabilidade pré-ordenada[707].

Isto porque, sem prejuízo da possibilidade da atenuação da responsabilidade penal em virtude de uma censurabilidade diminuída, só no primeiro destes três casos é que a responsabilidade penal será excluída.

A inimputabilidade penal do arguido em razão de anomalia psíquica na data da prática dos factos depende, genericamente, da verificação da sua incapacidade de facto para «*no momento da prática do facto (...) avaliar a ilicitude deste ou de se determinar de acordo com essa avaliação*»[708], por razões que a lei não define, mas que poderão prender-se com doenças mentais ou do foro psíquico, perturbações profundas da personalidade, psicoses graves ou estados de perturbação absoluta induzidos por alcoolismo ou abuso de estupefacientes.

Como facilmente se depreende, entramos no domínio da Psiquiatria Forense e da Psicologia Criminal, as quais são uma componente imprescindível da Justiça Penal[709], por apelo aos conhecimentos técnicos e científicos respectivos. Ou seja, presumivelmente será matéria que, por natureza, está subtraída à livre apreciação do Tribunal[710], sem contudo impedir que este julgue em contrário, fundamentando convenientemente[711].

---

[706] *Vide* os nº2 e nº3 do art.20º do Código Penal.
[707] Cuja consagração legal corresponde ao nº4 do art.20º do Código Penal.
[708] *Vide* o actual nº1 do art.20º do Código Penal.
[709] De acordo com o próprio CPP, nos termos dos seus arts.159º e 160º.
[710] *Vide* o disposto no actual nº1 do art.163º CPP.
[711] *Vide* o disposto no actual nº2 do art.163º CPP.

Assim situados, no processo penal pode a Defesa suscitar a fundada questão da inimputabilidade do arguido, a todo o tempo[712].

Para tanto, deverá sempre que possível fazer instruir o requerimento onde se suscite tal questão com factos concretos e respectivo suporte probatório, nomeadamente, oferecendo as declarações de um especialista em Psiquiatria Forense ou em Psicologia Criminal – embora legalmente tal não se mostre necessário.

De resto, e excepcionalmente, a realização de perícia psiquiátrica sobre o arguido pode ser directamente requerida ao processo penal pelo seu cônjuge, descendentes, representante legal, ascendentes, entre outros, nos termos consignados na lei[713], cabendo ao Juiz presidente no Julgamento fazê-lo oficiosamente logo que se suscite questão fundada sobre a inimputabilidade do arguido[714], e ao Tribunal de Execução de Penas também, logo que tenha conhecimento da possível superveniência de anomalia psíquica do arguido[715].

52. Julgamento na Ausência do Arguido

Muito embora, por regra geral, a presença do arguido na Audiência de Julgamento seja obrigatória[716], a mesma pode decorrer validamente na sua ausência, existindo várias hipóteses práticas que se podem colocar quando o arguido não esteja presente no seu Julgamento, sem prejuízo de este não se poder realizar na ausência do defensor em tais situações[717].

Desde logo:

- pode o arguido ter comparecido à Audiência de Julgamento e, violando a sua obrigação legal de permanência na sala de audiências[718], afastar-se;
- pode o arguido, simplesmente, não comparecer.

---

[712] *Vide* o art.159º, o art.160º (em geral) e o art.351º (em sede de Audiência de Julgamento) do CPP e o art.483º do CPP e os arts.104º e 105º do Código Penal (em sede já da Execução da Pena).
[713] *Vide* o actual nº3 do art.159º CPP.
[714] *Vide* o actual art.351º CPP.
[715] *Vide* o actual art.483º CPP.
[716] *Vide* o actual nº1 do art.332º CPP.
[717] Conforme o disposto na actual alínea f) do nº1 do art.64º CPP.
[718] *Vide* o actual nº4 do art.332º CPP.

No primeiro daqueles casos, a Audiência prossegue se o Tribunal não julgar indispensável a presença do arguido, passando este a ser representado para todos os efeitos pelo seu defensor[719].

No segundo daqueles casos, várias possibilidades se suscitam, sendo extremamente detalhadas as normas dos respectivos regimes legais a seguir, consoante as formalidades que previamente tenham sido seguidas, sendo, no limite, proferida a declaração de contumácia do arguido[720], sem prejuízo da realização da Audiência de Julgamento.

Porém, quando a Audiência de Julgamento se tiver realizado na ausência do arguido e este (ainda que sujeito a termo de identidade e residência) apenas tenha sido notificado editalmente do despacho que designou dia para a sua realização e este tenha sido condenado, pode a Defesa requerer se proceda a novo Julgamento[721], para além da natural faculdade de apresentar recurso, nos termos gerais.

Esta faculdade de requer nova Audiência de Julgamento terá de ser exercida nos 15 (quinze) dias[722] seguintes ao do depósito da respectiva Sentença condenatória na secretaria judicial[723]. Porém, no caso de ao crime corresponder pena de multa ou pena de prisão não superior a 5 (cinco) anos, a possibilidade de requerer novo Julgamento dependerá da apresentação de novos meios de prova[724].

Ora, esta situação, quando ocorra, permitirá ao arguido, por um lado, nem sequer se deslocar ao Tribunal de Julgamento e, ainda assim, poder vir a ser absolvido e, por outro lado, permitirá à Defesa a análise total e integral da prova produzida contra o arguido em Julgamento, em momento prévio ao da intervenção pessoal deste. Em determinadas circunstâncias, poderá mesmo a Defesa reservar toda a prova a produzir para a nova Audiência requerida, sendo certo, contudo, que todas as declarações prestadas na Audiência anterior poderem ser tidas em conta nos mesmos termos previstos para as declarações para memória futura[725].

---

[719] *Vide* os actuais nº5 a nº8 do art.332º CPP.
[720] *Vide* os actuais arts.353º a 337º CPP.
[721] Assim resulta das disposições conjugadas dos arts.380º-A e 334º nº3 do CPP.
[722] *Vide* o actual nº1 do art.380º-A CPP.
[723] Pois tal é o momento a partir do qual se conta o prazo para a interposição de recurso da Sentença, nos termos gerais do art.411º nº1 CPP.
[724] *Vide* a actual alínea a) do nº1 do art.380º-A CPP.
[725] É o que resulta do preceituado na alínea a) do nº3 do art.380º-A CPP.

53. Patrocínio Oficioso e a Intervenção do Defensor no Decurso do Processo

Como vem consagrado em sede das garantias constitucionais da Defesa no processo criminal[726] e também na lei processual, é um dos principais direitos do arguido o de «*escolher defensor ou solicitar ao tribunal que lhe nomeie um*»[727].

Porém, nem todos os actos processuais exigem a presença de um defensor[728] e, ainda, a defesa oficiosa do arguido pode ser exercida, excepcionalmente e em caso de urgência, por qualquer pessoa idónea, mesmo não licenciada em Direito, prevendo a lei que apenas cessará funções logo que seja possível nomear advogado ou advogado estagiário[729].

De onde, pode ocorrer e ocorre com frequência que, até ao proferimento do Despacho de Acusação, o arguido ainda não tenha qualquer defensor nomeado ou advogado constituído, pois tal é o primeiro momento sempre obrigatório para a nomeação de um defensor[730].

A substituição do defensor em pleno decurso do processo penal está também consagrada na lei[731] e, por outro lado, ao arguido assiste sempre a faculdade de, em qualquer altura do processo, constituir advogado[732], constituir como defensor mais do que um advogado[733], ou substituir o seu defensor por advogado constituído[734].

Isto, para concluir que, muitas vezes, o defensor começa a intervir no processo penal já em seu pleno decurso, seja em momento posterior ao final do Inquérito, seja em sede de Instrução ou mesmo na Audiência de Julgamento. O que se traduz em circunstâncias necessariamente adversas para o bom exercício da Defesa Criminal.

---

[726] *Vide* o actual nº3 do art.32º da Constituição da República Portuguesa.
[727] *Vide* a actual alínea d) do nº1 do art.61º CPP.
[728] Como decorre, *a contrario senso*, do actual art.64º CPP e sucede, v.g., no primeiro interrogatório do arguido não detido, previsto no actual art.272º CPP, ou mesmo o acto da constituição de arguido, em termos gerais, de acordo com o actual art.58º CPP.
[729] *Vide* o actual nº2 do art.62º CPP.
[730] *Vide* o actual nº3 do art.64º CPP.
[731] *Vide* o actual art.67º CPP.
[732] *Vide* o actual nº1 do art.62º CPP.
[733] *Vide* o actual nº4 do art.62º CPP.
[734] No caso de o anterior defensor ter sido nomeado oficiosamente, vide o actual nº1 do art.62º CPP; no caso de o anterior defensor ter sido advogado constituído, é o que decorre das regras gerais do mandato (art.1170º nº1 do Código Civil).

No caso do patrocínio oficioso – em que por natureza é muito difícil que venha a estabelecer-se a sólida relação de confiança entre o arguido e o seu defensor necessária ao cabal desempenho da Defesa daquele – pode ocorrer mesmo que o defensor não disponha de mais do que uma breve conferência com o arguido e uma breve oportunidade para exame dos autos[735].

Ora, nas circunstâncias em que o defensor haja de iniciar a sua intervenção nos autos já em seu pleno decurso, deverá, pelo menos, começar por se inteirar do conteúdo do processo, na medida das possibilidades e sem prejuízo do segredo de justiça que ainda possa subsistir em tal momento concreto. Designadamente, a fim de se inteirar acerca da posição já assumida pelo arguido perante os factos e do material probatório já carreado para o processo contra o mesmo.

De igual forma, deverá o defensor contactar com o arguido no sentido de:

a) obter deste a narração circunstanciada dos factos;
b) obter deste a informação sobre os meios de prova que possam ainda estar disponíveis e não se encontrem nos autos.

Assim, em função das circunstâncias do caso concreto, poderá o defensor reavaliar a direcção da Defesa, seja quanto ao seu sentido lógico, seja quanto ao seu sentido processual. Isto, na exacta medida do tempo ainda disponível, sendo certo que, até à Audiência de Julgamento, será possível ainda por em prática muitas das sugestões que acima fizemos, acerca da Defesa Criminal Activa, sem prejuízo da melhor compatibilização possível com os actos praticados pelo arguido durante o processo e com os actos praticados por um seu eventual defensor que já não possam ser anulados[736].

Quanto aos actos já praticados pelo anterior defensor e enquanto sobre eles não tiver sido proferida decisão, a lei processual salvaguarda a possibilidade de lhes retirar eficácia retroactivamente[737]. Nesta situação, em que se exige uma declaração expressa do arguido em tal sentido, temos feito

---

[735] Vide o caso previsto no actual nº2 do art.67º CPP.
[736] Vide o actual nº2 do art.63º CPP.
[737] Vide o disposto no actual nº2 do art.63º CPP.

uso da própria procuração concedida ao novo defensor – pois a mesma é subscrita pessoalmente pelo arguido – fazendo a inserção de um parágrafo com um texto equivalente ao seguinte: «*Mais declara, para os efeitos legais previstos no nº2 do art.63º do Código de Processo Penal, que retira por este meio eficácia a todos e quaisquer actos praticados em sua defesa por quaisquer anteriores mandatários, no âmbito do mencionado processo*».

54. Patrocínio de Vários Arguidos

A possibilidade de o patrocínio de vários arguidos ser realizado pelo mesmo defensor está legalmente prevista[738], embora dependa de tal situação «*não contrariar a função da defesa*», isto é, não prejudicar os interesses próprios de cada um daqueles.

Desde logo, há certas regras processuais que ficam prejudicadas neste caso, como por exemplo a que consagra a faculdade de, em Audiência de Julgamento, as testemunhas indicadas por um co-arguido serem inquiridas pelo defensor de outro co-arguido[739], como determinados meios de Defesa ficarão igualmente prejudicados, em tudo o que se prenda com as versões contraditórias dos factos ou a imputação de responsabilidades recíprocas.

É, pois, uma situação que apenas se deverá justificar em casos muito pontuais, nos quais exista uma total compatibilidade dos sentidos materiais da Defesa de cada arguido, sendo, muitas vezes, preferível que, em casos limite, se opte por fazer representar cada arguido por um defensor individual, com a livre possibilidade de as respectivas actuações e Defesa serem concertadas.

Esta última solução apresenta ainda a vantagem de a Defesa de cada arguido ser encarada individualmente, proporcionando assim uma múltipla possibilidade de afirmação dos mesmos factos e de apresentação de argumentos coincidentes, por parte de cada defensor, aumentando o poder interventivo dos arguidos, seja nas fases preliminares do processo, seja já na própria Audiência de Julgamento ou recursos.

Neste domínio, porém, deverá sempre ter-se em conta a possibilidade imprevisível de, em determinada fase do processo e até mesmo já durante a Audiência de Julgamento, deixar de haver entendimento possível entre os arguidos representados e/ou compatibilização entre as suas Defesas.

---

[738] *Vide* o actual art.65º CPP.
[739] *Vide* o actual nº6 do art.348º CPP.

55. O Processo Sumário, o Processo Abreviado e o Processo Sumaríssimo

Os processos especiais previstos no CPP - sumário, abreviado e sumaríssimo – são caracterizados sobretudo pela sua celeridade e menor grau de solenidade[740], a qual se encontra prevista em função, não apenas da menor gravidade do crime mas também da abundância de prova indiciária.

A iniciativa de propor a submissão do processo penal a Julgamento sob uma de tais formas de processo especial, cabe ao Ministério Público[741], sendo acolhida ou não pelo Tribunal do Julgamento[742].

O desrespeito, porém, pelas regras legais que determinam a possibilidade do uso de uma forma de processo especial, determinará, também, a nulidade insanável do processado, como já dissemos[743].

Assim situados, enquadremos as principais características de cada uma destas formas de processo, sem prejuízo do estudo atento das especialidades do regime jurídico das mesmas, que se imporá à Defesa caso a caso.

O processo sumário[744] corresponde à forma de processo concebida para os casos de detenção do arguido em flagrante delito, sendo o requisito da punibilidade com pena de prisão não superior a três anos, em concreto, o segundo requisito principal. Neste caso, o Julgamento poderá ocorrer imediatamente após a detenção, embora possa a Audiência ser adiada até ao limite de 30 (trinta) dias após a detenção, sempre sem prejuízo das garantias de contraditório e das demais garantias da Defesa, naturalmente. Está suprimida a faculdade de requerer a abertura da Instrução[745].

O processo abreviado[746] corresponde à forma de processo concebida para o caso de o Ministério Público, depois de realizado um Inquérito sumário, entender que já se verificam provas simples e evidentes de que resultem indícios suficientes de se ter verificado o crime e de quem foi

---

[740] Os actos e termos do julgamento são reduzidos ao mínimo indispensável ao conhecimento e boa decisão da causa, nos termos do actual nº2 do art.385º, para o processo sumário, embora o princípio seja aplicável aos demais processos especiais.

[741] *Vide* os actuais arts. 382º, 391º-A nº1 e 392º CPP.

[742] O qual pode reenviar o processo para a forma comum, nos termos dos actuais arts.390º, 391º-D nº1 conjugado com o art.311º nº1, e 395º, todos do CPP.

[743] *Vide* a actual alínea f) do art.119º CPP.

[744] Previsto nos actuais arts.381º a 391º CPP.

[745] *Vide* o actual nº3 do art.286º CPP.

[746] Previsto nos actuais arts.391º-A a 391º-E CPP.

o seu agente sendo o requisito da punibilidade com pena de prisão não superior a cinco anos, em concreto, o segundo requisito principal. Neste caso, é assegurada a possibilidade de ser requerida a abertura da Instrução, o que pode significar um importante recurso da Defesa aos meios de investigação oficiosa, como vimos *supra*.

Finalmente, o processo sumaríssimo[747] corresponde à forma de processo concebida para o simples caso de, do objecto do processo, resultar a punibilidade com pena de prisão não superior a três anos, em concreto, podendo o arguido opor-se e, assim, determinar o reenvio do processo para a forma comum. Está suprimida a faculdade de requerer a abertura da Instrução[748].

Naturalmente, só perante o caso concreto poderá a Defesa analisar da conveniência ou não de intervir no processo, no sentido de o fazer reenviar para o processo comum.

56. Da Execução da Pena

Com o trânsito em julgado da decisão final que for proferida no respectivo processo, a aplicação do Direito Penal ao caso concreto estará determinada; porém, a Justiça penal poderá estar ainda no início da sua realização.

Assim, perante o trânsito em julgado da Sentença absolutória, pode afirmar-se que terminou a missão da Defesa Criminal[749]. Como também no caso de, perante uma Sentença condenatória transitada em julgado, a execução da pena ter sido imediata[750].

Nos restantes casos, todavia, e para além do que já referimos *supra* quanto à possibilidade do recurso extraordinário de Revisão de Sentença por parte do arguido, a Defesa Criminal há-de prolongar-se ainda durante todo o tempo da suspensão ou da execução da pena, havendo a considerar um *suis generis* regime jurídico e uma tramitação bastante específica, matérias estas que, porém, não constituirão objecto do presente trabalho, porquanto em pouco ou nada se prendem com as matérias de facto e de direito que foram objecto do processo penal, em todas as suas fases anteriores.

---

[747] Previsto nos actuais arts.392º a 398º CPP.

[748] *Vide*, uma vez mais, o actual nº3 do art.286º CPP.

[749] À excepção do caso de vir a ser interposto recurso de Revisão de Sentença, neste caso por outro sujeito processual, à luz das actuais alíneas a) e b) do nº1 do art.450º CPP.

[750] Como é o caso de determinadas penas acessórias (arts.65º e segs. do Código Penal) e da pena de admoestação (art.60º do Código Penal).

Não obstante, a presença activa do defensor durante toda a execução da pena, na defesa intransigente dos interesses do arguido, pode produzir resultados muito visíveis, no que toca à melhoria das condições e à revisão periódica das condições daquela execução de pena.

Para além da análise do respectivo regime legal, existem obras de referência sobre esta matéria à disposição do leitor, as quais, certamente, com o nível de minúcia e de rigor que tal matéria exige[751].

Assim, deixando de lado todas as questões que especificamente sejam atinentes à execução da pena ou medida de segurança, concluiremos o nosso trabalho, com uma referência final, ainda, à possibilidade prevista no próprio Código Penal, no que diz respeito às alterações legislativas que se verifiquem no sentido da descriminalização de condutas típicas e que sejam supervenientes ao trânsito em julgado da respectiva condenação[752].

Com efeito, no caso de um arguido ter sido condenado pela prática de um determinado crime que a lei, supervenientemente, deixe de o considerar como tal, prescreve a própria lei penal substantiva que cessa a execução da pena e todos os efeitos penais da condenação, o que inclui na sua letra os de registo criminal.

Neste caso, deverá também o defensor intervir, se necessário, junto do próprio Tribunal de Execução de Penas, no caso de o dever oficioso de este promover a extinção imediata do cumprimento da pena, em especial, não se mostrar cumprido em tempo oportuno.

---

[751] *Vide*, por todos, FIGUEIREDO DIAS, J., *Direito Penal Português, As Consequências Jurídicas do Crime*, Aequitas Editorial Notícias, 1993.

[752] *Vide* o actual nº2 do art.2º do Código Penal.

Minutas e Referências Complementares

Obviamente que muito poderá ser acrescentado acerca do complexo universo prático da advocacia. Este, aliás, em constante mutação, desde logo pelo advento da especialização do advogado e pelo complexo universo das estruturas das sociedades de advogados, que hoje progride cada vez mais para além-fronteiras.

Debruçámo-nos, até aqui, sobre um conjunto de matérias nucleares da prática da advocacia, optando por não abordar temas de algum modo triviais, como: a intervenção do advogado nos chamados simples actos de registo e notariado (autenticações, reconhecimento de assinaturas); a condução e/ou as intervenções em assembleias gerais (societárias, associativas, de condomínio); os diferentes modos de apresentação de uma nota de honorários e de uma nota de despesas; etc.

Existe, contudo, um conjunto de matérias que também pertencem à essência da advocacia tradicional, como a constituição e a transformação de pessoas colectivas, o estudo e a configuração de soluções sucessórias, o divórcio por mútuo consentimento e seus acordos complementares, as vicissitudes das relações laborais, entre muitas outras, relativamente às quais julgamos serem as próprias fontes normativas suficientemente esclarecedoras para o jovem iniciado, sem prejuízo da consulta de *minutas e referências complementares* que lhe sejam acessíveis (como por exemplo o *Manual e Minutas de Actos Sujeitos a Registo Comercial*, da Direcção-Geral dos Registos e Notariado, divulgado no âmbito do programa *Justiça com Iniciativa*).

Ainda assim, e uma vez que esta é uma obra eminentemente prática, julgamos útil acrescentar ilustrações para primeiro contacto com algumas das matérias a que estamos a aludir.

57. Procedimento Disciplinar Laboral

Exma. Administração da (...) SA

Assunto: Averiguação disciplinar

Tendo-me sido solicitado parecer no âmbito de averiguação prévia a procedimento disciplinar, incidindo sobre os factos relatados na comunicação de (...) do DRH aqui anexa, o assunto foi objecto da minha melhor atenção.

Concluo, todavia, pela insuficiência de gravidade de eventuais violações de deveres laborais por parte da trabalhadora ao serviço (...), levando a não considerar a existência de matéria bastante para procedimento disciplinar, pelas seguintes razões:

As ordens directas – como tal qualificáveis – recebidas pela trabalhadora ao serviço (...) das suas chefias hierárquicas resumiram-se a que assumisse cuidados redobrados «quanto aos procedimentos para prevenção de contágio» (email de (...)), não tendo aquelas sido razoavelmente violadas, assim não incorrendo em violação do dever de obediência consignado na alínea e) do nº1 e nº2 do art.128º do Cód.Trabalho;

1. Apenas no dia (...) Setembro terão sido praticados pela trabalhadora ao serviço (...) alguns actos anómalos ao salutar convívio entre colegas de trabalho;
2. No contacto com a colega de trabalho e responsável pelo DRH, a trabalhadora ao serviço (...) terá utilizado de tom agressivo e desafiador, terá invocado o seu vínculo matrimonial como argumento de autoridade ou com qualquer finalidade desconhecida, e terá virado costas e saído sem responder a questões relevantes que lhe estariam a ser colocadas no interesse da entidade empregadora.
3. Ora, estas condutas, que poderão ser interpretáveis como sinais desproporcionados de arrogância, correspondem em nosso entender à categoria da mera falta de civilidade ou descortesia para com os colegas de trabalho com os quais a trabalhadora ao serviço (...) deverá formar equipa;
4. Pelo contrário, não correspondem a violações atendíveis do dever de respeitar e tratar com urbanidade os companheiros de trabalho tal como consignado na alínea a) do nº1 do art.128º do Cód.Trabalho (como seria o caso de insultos, vernáculo, ou outros comportamentos típicos).
5. Pelo exposto, a nossa recomendação à Exma. Administração vai no sentido de não ser nomeado Instrutor para efeitos de Procedimento Disciplinar, ainda que este se destinasse apenas à aplicação de eventual Repreensão, sem prejuízo da sindicância regular do mesmo comportamento a que haja lugar em sede de avaliação de desempenho, no respectivo item atinente ao são relacionamento com os colegas de trabalho.

Auto de Inquirição

No dia (...), pelas dez horas, compareceu na (...) em Lisboa, perante mim, Francisco da Costa Oliveira, instrutor nos presentes autos de inquérito preliminar de procedimento disciplinar movido por (...) SA, o trabalhador com o número interno (...), (...), o qual, ouvido à matéria dos autos disse:
Que exerce as funções de TRANSPORTADOR DE CHAPAS e é trabalhador da empresa desde (....)
Que é do seu conhecimento que (...)
Que teve conhecimento desse facto através de (...)
Que as pessoas que têm acesso às referidas chapas de impressão são (...)
Que no caso de várias chapas de impressão terem vindo a ser furtadas durante os anos de (...), entender ser provável que algum trabalhador da empresa esteja envolvido nesse facto e que (...)
Justificou esta sua convicção dizendo que (...)
Quanto às ocorrências em (...), disse que esteve ao serviço entre as (...) horas e as (...) horas e que (...)
Acrescentou, por fim, que (...)
E mais não disse.
Por terem lido o texto que antecede e este corresponder à exacta reprodução escrita do teor do depoimento prestado, assinam:

O Trabalhador:

O Instrutor

PROCEDIMENTO DISCIPLINAR
instaurado contra
(...)

NOTA DE CULPA

01.- O presente processo disciplinar foi mandado instaurar (...), pela Gerência da sociedade (...) LDA, com sede na (...), em (...), contra o trabalhador ao seu serviço (...), com a categoria profissional de encarregado geral e local de trabalho no armazém da entidade patronal sito na (...). Tal decisão baseou-se em averiguação directa dos factos descritos na presente Nota de Culpa.

02.- À relação de trabalho em causa aplica-se o Contrato Colectivo de Trabalho do sector, celebrado entre a F.E.N.A.M.E. e a A.N.E.M.M. e publicado no B.T.E. 1ª Série nº21, de 2004.

03.- Do registo do trabalhador arguido, verifica-se que o mesmo foi admitido ao serviço em (...) e não desempenha, nem desempenhou, quaisquer funções como membro dos corpos gerentes de associações sindicais, da comissão de trabalhadores ou delegado sindical. O mesmo encontrou-se ausente do serviço, faltando justificadamente por baixa médica, desde (...) a (...).

04.- Com base nas averiguações preliminares elabora-se a presente nota de culpa, nos termos e para os efeitos dos arts.365º e segs., 396º, e art.411º e segs. do Código do Trabalho, imputando-se ao trabalhador (...) os seguintes factos:

04.01.- Em reunião com a gerência da entidade patronal, realizada em (...), o trabalhador autuado foi confrontado com o facto de ter vindo a difundir durante meses consecutivos, por meio de folhetos contendo publicidade à sociedade (...) de que é sócio e gerente, fotografias de várias obras executadas pela entidade patronal, dando a entender a quem recebesse tais folhetos que havia sido a referida (...) a empreiteira e autora das obras.

04.02.- As obras de cujas fotografias se servia o trabalhador autuado, eram as seguintes:
(...);
(...);
(...);
(...);
(...);
(...);
(...);

04.03.- Tal conduta foi entendida pela entidade patronal como muito grave atentado aos deveres de lealdade do trabalhador, constituindo conduta de concorrência desleal por si promovida em benefício da (...) LDA e em prejuízo da (...) LDA, tendo a gerência da enti-

dade patronal proibido terminantemente a repetição do sucedido e decidido dar ao trabalhador uma oportunidade para se redimir, sem prejuízo de ter cessado todas as relações contratuais com a sociedade (...).

04.04.- Ao trabalhador arguido estavam confiadas funções de superintender todos os trabalhadores a cargo da entidade patronal, nomeadamente no armazém que constitui o seu local de trabalho, ali devendo zelar por um bom e salutar ambiente de trabalho.

04.05.- Em (...) verificou-se que o armazém em causa continha expostas várias dezenas de fotografias de teor pornográfico, ali afixadas há vários meses, para além de significativa desarrumação e falta de limpeza, o que importou na criação de um ambiente de indisciplina e contrário aos bons costumes.

04.06.- No início do mês de (...) a entidade patronal teve conhecimento de que o trabalhador arguido – com a agravante de contrariar ordens expressas dadas anteriormente – por meio de folhetos contendo publicidade à empresa/sociedade (...) PINTURAS de que anuncia ser sócio e gerente, difundia fotografias de várias obras executadas pela entidade patronal, dando a entender a quem recebesse tais folhetos que havia sido esta última sociedade a empreiteira e autora das obras.

04.07.- As obras de cujas fotografias se servia o trabalhador autuado, eram as seguintes:
(...);
(...);
(...);
(...);
(...);
(...);
(...);
(...);

04.08.- No início do mês de (...) a entidade patronal teve conhecimento de que o trabalhador arguido falsificara, abusando das mesmas, as assinaturas de (...) e (...), em Recibos de Remuneração que pelo mesmo foram entregues à entidade patronal em (...), sendo documentos com valor legal destinados a ser entregues à Segurança Social, conferindo quitação de valores.

04.09.- No dia (...), a entidade patronal teve conhecimento de que o trabalhador autuado, enquanto exerceu funções de chefia na obra (...): prestou falsas declarações à entidade patronal para justificar a necessidade de deixar o alojamento numa pensão e instalar-se numa vivenda com o pessoal; durante os almoços que foram pagos pela entidade patronal consumia álcool em grandes quantidades e haxixe em frente aos seus subordinados; chegava permanentemente atrasado ao local da obra e faltava dias completos.

04.10.- O trabalhador sabia que cada uma das condutas descritas seriam directamente lesivas dos interesses da sua entidade patronal e, ainda assim, não se absteve da sua prática.

04.11.- Das condutas referidas nos pontos 04.06 a 04.08, o trabalhador pretendia retirar vantagens patrimoniais para si em directo prejuízo da sua entidade patronal.

05.- Os factos e comportamento descritos são enquadráveis juridicamente do seguinte modo:

05.01.- O trabalhador não respeitou obrigações decorrentes do seu contrato individual de trabalho e lesou interesses patrimoniais sérios da empresa, nomeadamente concorrendo deslealmente com a actividade da entidade patronal, deixando de impor a disciplina devida aos seus subordinados, não zelando pelo correcto emprego dos meios colocados ao seu dispor para a produção, assim violando os mais elementares deveres legais, previstos no art.396º nº3 alíneas a) e d) e no art.121º nº1 alíneas d), e), f) e g) do Código do Trabalho.

05.02.- O trabalhador preencheu ainda a tipificação de conduta criminosa de Falsificação de Documento, prevista e punida com pena de prisão até 3 anos no art. 256º do Cód. Penal Português, de modo doloso, ilícito e culposo, uma vez que, com intenção de obter para si enriquecimento ilegítimo, falsificou documentos com valor legal, abusando das assinaturas de terceiras pessoas.

05.03.- O comportamento do trabalhador descrito sob os pontos 04.06 e 04.07 revestiu-se de particular gravidade, uma vez que foi reiteradamente praticado, depois de lhe ter sido dada uma oportunidade invulgar de se redimir, e até ser descoberto, assim violando toda a confiança em si depositada, designadamente quantos aos meios de trabalho que foram postos à sua disposição e quanto à sua honestidade e lealdade.

05.04.- Teve assim um comportamento ilícito. E culposo, porque agiu dolosamente, estando plenamente consciente da ilicitude da sua conduta e sendo-lhe plenamente exigível outro comportamento.

05.05.- Portanto, nos termos legais e contratuais, cada um dos comportamentos descritos nos pontos 04.04 a 04.09 e imputados ao trabalhador preenche de per si, e em maior grau no seu conjunto, o conceito de Justa Causa de Despedimento, em virtude de tornar imediata e praticamente impossível a subsistência da relação de trabalho respectiva, tendo-se quebrado irremediavelmente a relação de confiança.

06.- Dada a gravidade das infracções indiciadas na presente nota de culpa, propõe-se que se proceda de imediato à SUSPENSÃO PREVENTIVA DO TRABALHADOR sem perda de retribuição, nos termos do art.417º do Código de Trabalho. Para o efeito, a suspensão em causa deverá ser comunicada de imediato ao trabalhador.

07.- Nos termos do nº2 do art.411º do Código do Trabalho, deverá ser remetida cópia da presente comunicação e nota de culpa à Comissão de Trabalhadores respectiva, caso esteja constituída.

Lisboa, (...) O Instrutor

RELATÓRIO FINAL DO PROCEDIMENTO DISCIPLINAR
instaurado contra
(...)

Conclusões:

01.- O presente processo disciplinar foi instaurado em (...), pela gerência da sociedade comercial (...), pessoa colectiva nº (...), com sede na (...), matriculada na (...) da Conservatória do Registo Comercial de Lisboa sob o nº (...), contra o trabalhador ao seu serviço (...), o qual exerce actualmente funções de Oficial de 1ª Pintor. Tal decisão baseou-se em informações prestadas pelo Centro Distrital da Segurança Social de Lisboa. Após análise sumária dos factos relatados, a gerência decidiu a instauração do presente procedimento disciplinar, a fim de serem averiguadas e devidamente sancionadas as infracções disciplinares que viessem a ser apuradas.

02.- Do registo do trabalhador autuado, verifica-se que o mesmo foi admitido ao serviço em (...) e não desempenha, nem desempenhou, quaisquer funções como membro dos corpos gerentes de associações sindicais, de comissão de trabalhadores ou delegada sindical.

03.- Até ao momento e no decurso dos presentes autos, verificou-se o seguinte:
03.01.- Comunicação do Centro Distrital da Segurança Social de Lisboa – Secção de Doença de Sintra, datada de (...);
03.02.- Determinação da Gerência no sentido da instauração do presente procedimento disciplinar;
03.03.- Comunicações escritas para recolha de prova e averiguações preliminares, para estruturação da Nota de Culpa;
03.04.- Nota de Culpa datada de (...), que se mostra recebida pelo trabalhador autuado em (...);
03.05.- Recolha de depoimento escrito do Director Administrativo e Financeiro, em (...).

04.- Com base nas diligências pré-intrutórias levadas a cabo, na documentação produzida, na Nota de Culpa que fixou o objecto do presente procedimento, na ausência absoluta de Resposta por parte do trabalhador autuado a esta última e atentas todas as diligências de Instrução, elabora-se o presente Relatório Final, por via do qual consideram-se assentes por provados, os seguintes factos, imputados ao trabalhador (...):
04.01.- O trabalhador faltou ao trabalho, tendo justificado as suas faltas por meio da apresentação de um atestado médico onde era indicada doença natural incapacitante para o trabalho, durante os seguintes períodos (...)
04.02.- No período de (...) o trabalhador faltou também ao trabalho, tendo justificado igualmente as suas faltas por meio da apresentação de um atestado médico, onde era indicada doença natural incapacitante para o trabalho;
04.03.- Entre tais períodos de baixa o trabalhador apresentou-se ao serviço e, contactando com os seu colegas de trabalho e superiores hierárquicos, não apresentava sinal aparente de doença ou incapacidade;

04.04.- Em (...) a entidade patronal apresentou um Pedido de Verificação de Incapacidade para o Trabalho ao Instituto da Segurança Social, a fim de ser comprovada a veracidade da doença alegada pelo trabalhador nos seus atestados e a correspectiva incapacidade para o trabalho;

04.05.- Em (...), o Centro Distrital da Segurança Social de Lisboa, e na sequência de exames médicos a que submeteu o trabalhador, informou que foi deliberada a não subsistência da incapacidade desde (...), o que equivale à inveracidade da justificação de faltas apresentadas, pelo menos desde (...).

05.- O trabalhador autuado nada alegou em sua defesa nem requereu quaisquer diligências de prova, extraindo-se dos factos e sua prova a conclusão de terem existido pelo menos 16 (dezasseis) faltas consecutivas e injustificadas ao trabalho, acompanhadas de falsas declarações do trabalhador (e eventualmente também de terceiros) quanto a justificação de faltas, a qual se verificou não ser existente.

06.- Os factos e comportamentos descritos são enquadráveis juridicamente do seguinte modo:

06.01.- O trabalhador não respeitou as obrigações decorrentes do seu contrato individual de trabalho, faltando injustificadamente ao seu trabalho pelo menos 16 (dezasseis) dias completos, sendo que todas as faltas foram consecutivas, na medida em que não apresentou qualquer justificação válida antes ou depois de as cometer nem avisou previamente a sua entidade patronal;

06.02. Acresce, que o trabalhador autuado prestou falsas declarações relativas às justificações das faltas ao trabalho, uma vez que desde (...) não subsiste qualquer incapacidade temporária para o trabalho;

06.03.- O trabalhador teve assim um comportamento ilícito e culposo, porque agiu dolosamente, estando consciente da ilicitude da sua conduta e sendo-lhe plenamente exigível outro comportamento;

06.04 - Acresce, que as faltas verificadas, pela sua reiteração, revelam por banda do trabalhador autuado um manifesto desinteresse pelo dever de assiduidade;

06.05 - Em suma, com os actos e omissões acima descritos o trabalhador autuado violou, culposa e reiteradamente os mais elementares deveres legais, de " comparecer ao serviço com assiduidade e zelo" e "guardar lealdade ao empregador", previstos no art. 121º n.º 1 alíneas b) e e) do Código do Trabalho, aprovado pela Lei nº99/2003 de 27 de Agosto;

06.06 - As sindicadas posturas do trabalhador arguido, dada a sua extrema gravidade e prejudiciais consequências, arruínam totalmente a relação de confiança subjacente a qualquer contrato de trabalho, tornando a subsistência do vinculo laboral imediata e praticamente impossível;

06.07.- Nos termos legais e contratuais, o comportamento descrito e imputado ao trabalhador constitui justa causa para o seu despedimento pela entidade patronal, nos termos previstos nas alíneas f) e g) do art.396º do Código do Trabalho, aprovado pela Lei nº 99/2003 de 27 de Agosto.

06.08.- *A conduta do trabalhador reveste mesmo contornos criminais (fraude na obtenção de subsídio), pelo que cabe à entidade patronal o direito de queixa às entidades judiciárias competentes.*

07.- *Portanto, nos termos legais e contratuais, o comportamento descrito e imputado ao trabalhador preenche o conceito de Justa Causa de Despedimento, em virtude de ter gerado uma absoluta quebra da confiança nele depositada pela entidade patronal e também de ter consubstanciado ofensas intoleráveis, que tornam imediata e praticamente impossível a subsistência da relação de trabalho respectiva.*

08.- *Dada a gravidade da infracções cometidas pelo trabalhador autuado, acima descritas, é o seguinte o nosso*

PARECER:

A infracção disciplinar descrita configura Justa Causa de Despedimento, pelo que a respectiva entidade patronal pode, fundamentadamente e com absoluta legitimidade, fazer cessar o respectivo contrato de trabalho, em virtude do presente procedimento se mostrar completo e isento de nulidades.

Mostrando-se concluída a Instrução e na ausência de Comissão de Trabalhadores respectiva, deverá o presente procedimento ser objecto de Decisão Final, escrita e fundamentada, por parte da Gerência da (...) LDA., a enviar ao trabalhador autuado com cópia do presente Relatório.

Lisboa, (...)

O INSTRUTOR

58. Estatutos Sociais

*CONTRATO DE SOCIEDADE DA
(...), SOCIEDADE UNIPESSOAL LDA.*

ARTIGO 1º

*1. A sociedade adopta a firma " (...) ", e tem a sua sede na (...), freguesia de (...), concelho de Lisboa.
2. A todo o tempo poderá a gerência deslocar a sede social dentro do mesmo concelho ou para concelho limítrofe, e instalar delegações ou qualquer outra forma de representação no País ou no estrangeiro.*

ARTIGO 2º

*1. A sociedade tem por objecto (igual ao certificado de admissibilidade de firma apresentado no RNPC).
2. A sociedade pode participar em outras sociedades com objecto diverso do seu, já constituídas ou a constituir, e em agrupamentos complementares de empresas, associações em participação e consórcios.*

ARTIGO 3º

*1. O capital social, integralmente realizado em dinheiro, é de CINCO MIL EUROS, e corresponde a uma única quota de igual valor, pertencente ao sócio (...).
2. Poderão, por deliberação do único sócio, ser exigidas prestações suplementares até ao montante de dez mil euros.*

ARTIGO 4º

*1. A administração e representação da sociedade pertencem à gerência nomeada pelo único sócio.
2. A gerência poderá não ser remunerada se tal for deliberado pelo único sócio.
3. À gerência são concedidos poderes para confessar, desistir ou transigir em qualquer acção, adquirir, onerar ou alienar bens móveis e imóveis, adquirir, alienar, onerar e locar estabelecimentos e subscrever, adquirir, alienar e onerar participações noutras sociedades.
4. É designada gerente o único sócio (...).
5. A sociedade obriga-se com a intervenção de um gerente.*

ARTIGO 5º

O único sócio fica autorizado a celebrar negócios jurídicos com a sociedade, desde que tais negócios sirvam à prossecução do objecto social e obedeçam à forma legal prescrita, a qual deverá ser sempre por escrito.

ARTIGO 6º

Os lucros líquidos apurados depois de deduzida a percentagem mínima estabelecida por lei para a constituição da reserva legal, terão a aplicação que a assembleia geral determinar.

PELO OUTORGANTE FOI AINDA DITO:

1. Que não é sócio de qualquer outra sociedade unipessoal.
2. Que declara, sob sua inteira responsabilidade, que o capital social, no indicado valor de CINCO MIL EUROS, já foi depositado em conta aberta em nome da sociedade, em (...), na (...), do Banco (...).
3. Que o gerente, ora designado, fica desde já autorizado a proceder ao levantamento da quantia de CINCO MIL EUROS correspondente ao capital da sociedade depositado na conta aberta no referido Banco, para fazer face às despesas com a constituição e registo e com a aquisição de bens, equipamentos e material necessários à instalação da sociedade.

CONTRATO DE SOCIEDADE DA (...) LDA

ARTIGO PRIMEIRO

1. A sociedade adopta a denominação (...), LDA, tem a sua sede na (...), freguesia de (...), concelho de (...).
2. Por simples decisão ou deliberação da Gerência a sede social poderá ser deslocada para outro local dentro do mesmo concelho ou concelho limítrofe.

ARTIGO SEGUNDO

1. O objecto da sociedade consiste em importação, exportação, distribuição e comércio por retalho e por grosso de (...) e acessórios, produtos alimentares e artigos de decoração. Gestão de Franquias, consultadoria e assistência técnica a contratos de franquia. Exploração e gestão de marcas, patentes e outros títulos de propriedade industrial. Gestão de carteira própria de títulos.
2. A sociedade poderá realizar investimentos através da coligação com ou aquisição de participações em outras sociedade, ainda quando reguladas por leis especiais, incluindo agrupamentos complementares de empresas e mesmo que o objecto destas não tenha qualquer relação directa ou indirecta com o seu.

ARTIGO TERCEIRO

1. O capital social é de CINCO MIL EUROS, integralmente realizado em dinheiro e corresponde às quotas dos sócios que são as seguintes:
   a) Uma no valor nominal de dois mil quinhentos e cinquenta euros pertencente a sócia (...);
   b) Uma no valor nominal de mil quatrocentos e cinquenta euros pertencente a sócia (...)
   c) Uma no valor nominal de mil euros pertencente ao sócio (...).

ARTIGO QUARTO

1. Dependem de deliberação unânime dos sócios os seguintes actos:
   a) A chamada e a restituição de prestações suplementares;
   b) A amortização de quotas, a aquisição, a alienação e a oneração de quotas próprias e o consentimento para a divisão ou cessão de quotas;
   c) A exclusão de sócios;
   d) A exoneração de responsabilidade dos gerentes ou membros do órgão de fiscalização;
   e) A proposição de quaisquer acções judiciais pela sociedade;
   f) A alteração do contrato de sociedade;
   g) A fusão, cisão, transformação e dissolução da sociedade e o regresso da sociedade dissolvida à actividade;
   h) A alienação ou oneração de bens imóveis, a alienação, a oneração e a locação de estabelecimento;

i) A subscrição ou aquisição de participações noutras sociedades e a sua alienação ou oneração;
j) Prestação de cauções e garantias pessoais ou reais pela sociedade;
k) Aumentos de capital.

2. Dependem de maioria simples de votos expressos em Assembleia Geral os seguintes actos:
a) A designação e a destituição dos titulares de quaisquer órgãos da sociedade, incluindo todos os gerentes;
b) Aprovação do relatório de gestão e das contas do exercício, a atribuição de lucros e o tratamento dos prejuízos;
c) Abertura ou encerramento de estabelecimentos ou de partes importantes destes, incluindo concessões individuais mediante contratos de franquia;
d) Discussão e aprovação de Orçamentos anuais e Planeamento logístico, estratégico e financeiro;
e) Decisões e medidas operacionais, de qualquer natureza, que envolvam o agravamento do passivo ou o recurso a financiamento bancário;
f) A celebração de contratos de suprimentos.

ARTIGO QUINTO

A cessão de quotas entre os sócios e ou a favor de terceiros carece do consentimento da sociedade pelo que deverão observar-se as seguintes condições:
a) O sócio que pretender ceder a sua quota notificará por escrito a sociedade da sua resolução, mencionando e identificando o respectivo cessionário, bem como o preço ajustado, o modo como ele será satisfeito e todas as demais condições estabelecidas.
b) Nos trinta dias subsequentes àquela notificação, reunir-se-á a Assembleia Geral da sociedade e nessa reunião será decidido se a sociedade deseja ou não optar pela aquisição da quota pelo preço e condições constantes da notificação.
c) Se a sociedade não pretender adquirir a quota alienada, poderão os sócios usar desse direito de opção nas mesmas condições que usaria a sociedade.

ARTIGO SEXTO

A Assembleia Geral dos sócios poderá deliberar a antecipação da distribuição de lucros.

ARTIGO SÉTIMO

1. A gerência da sociedade, assim como a sua representação activa ou passiva pertence a um ou mais gerentes que serão nomeados e ou destituídos pela Assembleia Geral.
2. Para obrigar a sociedade é necessário e suficiente a assinatura de um gerente.
3. Ficam desde já nomeados como gerentes da sociedade ambos os seus sócios.

ARTIGO OITAVO

A sociedade poderá constituir mandatários sócios ou não nos termos e para efeitos do artigo duzentos e cinquenta e dois do Código das Sociedades Comerciais conferindo-lhes *poderes necessários à prática de um ou mais actos determinados, podendo ficar-lhes o âmbito e duração do mandato.*

ARTIGO NONO

1. A Assembleia Geral será convocada por carta registada com aviso de recepção, enviadas aos sócios com uma antecedência mínima de quinze dias e com indicação dos assuntos a tratar.
2. Serão válidas as deliberações sociais tomadas por unanimidade, independentemente de não ter sido convocada a Assembleia Geral, quando estiverem presentes todos os sócios.
3. A representação voluntária do sócio pode ser deferida a quaisquer pessoa de sua livre escolha.

ARTIGO DÉCIMO

1. É permitido à sociedade deliberar a aquisição ou amortização de quotas dos sócios desde que totalmente liberadas sempre que se venha a verificar algum ou alguns dos seguintes factos:
a) Por interdição ou inabilitação de qualquer sócio;
b) Por acordo dos respectivos titulares;
c) Quando as quotas sejam penhoradas, arrestadas ou por qualquer outro modo envolvidas em processo judicial, que não seja a venda ou inventário e estiver para se proceder ou estiver já em arrematação, adjudicação ou venda judicial;
d) Por insolvência dos sócios titulares;
e) Quando o sócio praticar actos que violem o contrato social ou as obrigações sociais;
f) No caso de morte de sócio a quem não sucedam herdeiros legitimários;
g) Quando, em partilha, a quota for adjudicada a quem não seja sócio;
h) Por exoneração ou exclusão de um sócio; e
i) Quando a quota tiver sido cedida a terceiros sem o prévio consentimento da sociedade, prestado por deliberação tomada por maioria, em Assembleia Geral.

ARTIGO DÉCIMO PRIMEIRO

Salvo deliberação em contrário, o preço de amortização será o valor nominal da quota acrescido de qualquer outro fundo que se provar pertencer-lhe e apurados pelo último balanço geral aprovado, devendo o respectivo pagamento ser acordado pelas partes.

ARTIGO DÉCIMO SEGUNDO

Os liquidatários da sociedade serão os seus gerentes, a não ser que a Assembleia Geral delibere noutro sentido.

ESTATUTOS DA (...) S. A.

CAPÍTULO I
DENOMINAÇÃO, SEDE, OBJECTO E DURAÇÃO

ARTIGO PRIMEIRO
A Sociedade adopta a denominação de (...), S.A.

ARTIGO SEGUNDO
1. A sua sede é em (...).
2. O Administrador Único poderá deslocar a sede social dentro do mesmo concelho ou para concelho limítrofe.
3. O Administrador Único poderá criar sucursais, agências, delegações ou outras formas locais de representação, no território nacional ou no estrangeiro.

ARTIGO TERCEIRO
A sociedade tem por objecto social (...).

ARTIGO QUARTO
A Sociedade pode adquirir e alienar participações em sociedades com objecto igual ou diferente do referido no artigo terceiro, em sociedades reguladas por leis especiais, em sociedades de responsabilidade ilimitada, bem como participar na constituição de quaisquer sociedades e associar-se com outras pessoas jurídicas, para, nomeadamente, formar agrupamentos complementares de empresas ou agrupamentos internacionais e celebrar contratos de consórcio e de associação em participação.

ARTIGO QUINTO
A Sociedade durará por tempo indeterminado.

CAPÍTULO II
CAPITAL SOCIAL, ACÇÕES, OBRIGAÇÕES

ARTIGO SEXTO
1. O capital social, integralmente subscrito e realizado, é de (...), representado por dez mil acções no valor nominal de (...) euros cada uma.
2. Por simples deliberação do Administrador Único o capital social pode ser aumentado por uma ou mais vezes, por entradas em dinheiro e até ao limite de cem mil euros.
3. Os títulos representativos das acções, quer provisórios quer definitivos, serão assinados pelo administrador único, podendo a assinatura ser de chancela nos termos legais e autenticados com selo branco da sociedade.
4. Os accionistas poderão realizar prestações acessórias de capital até ao montante global de setenta e cinco mil euros, na proporção das acções por si detidas, independentemente de chamada ou deliberação da assembleia geral.

ARTIGO SÉTIMO

1. Os accionistas terão direito de preferência na subscrição de novas acções emitidas em consequência de aumentos de capital, na proporção das que possuírem e nas condições oportunamente anunciadas, sem embargo de, em assembleia geral expressamente convocada para o efeito, se deliberar de outra forma.

2. Se as acções estiverem sujeitas a usufruto, tal direito de preferência será exercido pelo titular de raiz.

ARTIGO OITAVO

As acções são ao portador, não existindo qualquer limitação à sua transmissibilidade, salvo limites impostos por lei.

ARTIGO NONO

Os títulos representarão uma, dez, vinte, cinquenta, cem, quinhentas e mil acções, mas os accionistas poderão requerer a todo o tempo o seu desdobramento pela forma que mais lhes convier, correndo por sua conta as despesas correspondentes.

ARTIGO DÉCIMO

É permitida a emissão de obrigações e outros títulos de dívida de natureza semelhante, em conformidade com as disposições legais em vigor.

ARTIGO DÉCIMO PRIMEIRO

1. A Sociedade poderá, mediante deliberação do Administrador Único, adquirir acções e obrigações próprias, a título oneroso ou gratuito, podendo, igualmente, realizar sobre elas quaisquer operações ou distribuí-las pelos accionistas, de acordo com a modalidade decidida em Assembleia Geral.

2. As acções próprias que a sociedade possuir em carteira, não têm o direito a voto nem a percepção de dividendos.

CAPÍTULO III
ORGÃOS SOCIAIS

ARTIGO DÉCIMO SEGUNDO

1. Constituem órgãos sociais a Assembleia Geral, o Administrador Único e o Fiscal Único.

2. Os membros dos vários órgãos sociais poderão ser accionistas ou pessoas estranhas à sociedade, sendo permitida a sua reeleição por uma ou mais vezes.

SECÇÃO I
ASSEMBLEIA GERAL

ARTIGO DÉCIMO TERCEIRO

1. A Assembleia Geral da Sociedade representa a universalidade dos accionistas, sendo as suas deliberações, quando tomadas nos termos do presente contrato e da lei, vinculativas para todos eles, ainda que ausentes, discordantes ou incapazes.

2. A Assembleia Geral é constituída pelos accionistas que tiveram direito a voto e, além destes, pelas pessoas singulares que exerçam o cargo de membros efectivos da Mesa da Assembleia Geral.
3. Os membros dos corpos sociais deverão estar presentes nas assembleias gerais e poderão intervir nos trabalhos, apresentar propostas e participar nos seus debates.

ARTIGO DÉCIMO QUARTO

1. Terão direito a voto os accionistas que, até quinze dias antes da data marcada para a respectiva reunião da assembleia, sejam titulares de, pelo menos, cem acções depositadas na sede social ou em instituições de crédito, neste último caso devendo tal depósito ser certificado mediante carta dessa instituição que identifique as acções em causa e o seu titular e que seja recebida na Sociedade dentro do mesmo prazo acima estabelecido.
2. A cada grupo de cem acções, nas condições supra referidas, corresponde um voto.

ARTIGO DÉCIMO QUINTO

1. Sem prejuízo do que a lei determinar sobre os seus representantes comuns, todos os accionistas sem direito a voto e os obrigacionistas não poderão assistir às assembleias gerais.
2. No entanto, os accionistas que não forem titulares do número de acções necessário para conferir direito a voto, poderão agrupar-se por forma a completarem tal número, devendo, então, fazer-se representar por um só deles na Assembleia Geral, para além de cumprirem, da mesma forma, as regras previstas do número um do artigo anterior.
3. No caso de contitularidade das acções, só um dos contitulares, com poderes de representação dos demais, poderá participar nas reuniões da Assembleia Geral.
4. Os accionistas pessoas singulares, com direito a voto, apenas poderão fazer-se representar nas reuniões da assembleia por outro accionista também com direito de voto ou pelas demais pessoas a quem a lei atribuir tal faculdade.
5. Os incapazes e os accionistas pessoas colectivas, com direito a voto serão representados pelas pessoas a quem legalmente couber tal poder.
6. Todas as representações previstas nos número um a cinco anteriores, terão de ser comunicadas ao presidente da mesa da Assembleia Geral por carta entregue na sede social até oito dias úteis antes da data designada para a respectiva reunião da assembleia, podendo o presidente, nas quarenta e oito horas seguintes, decidir que todas ou algumas assinaturas sejam reconhecidas notarialmente.

ARTIGO DÉCIMO SEXTO

A Mesa da Assembleia Geral será constituída por um presidente e um secretário, eleitos quadrienalmente de entre os accionistas ou outras pessoas, podendo todos ser reeleitos uma ou mais vezes.

ARTIGO DÉCIMO SÉTIMO

1. A Assembleia Geral reunirá ordinariamente, durante o primeiro trimestre de cada ano, para os efeitos prescritos na lei, e extraordinariamente nos casos também previstos na

lei, a requerimento do Administrador Único ou do Fiscal Único, ou ainda, de accionistas que representem, pelo menos, cinco por cento do capital social.

2. Os órgãos sociais e accionistas que requeiram a reunião da Assembleia Geral indicarão, obrigatoriamente, qual o seu fundamento e justificação e respectiva ordem de trabalhos.

ARTIGO DÉCIMO OITAVO

As reuniões da Assembleia Geral poderão realizar-se com dispensa de formalidades prévias, nos termos autorizados pelo Código das Sociedades Comerciais e, se forem nominativas todas as acções, poderão ser convocadas por cartas registadas enviadas aos accionistas, em conformidade com os trâmites e prazos previstos na lei.

ARTIGO DÉCIMO NONO

A Assembleia Geral poderá deliberar validamente, em primeira convocação, sempre que estiverem presentes ou representados accionistas titulares de acções correspondentes a, pelo menos, um terço do capital social e, em segunda convocação, qualquer que seja o número de accionistas presentes ou representados e a percentagem do capital social que lhes couber, ressalvadas as excepções determinadas por lei imperativa.

ARTIGO VIGÉSIMO

As deliberações da Assembleia Geral serão tomadas por maioria de votos emitidos, sem prejuízo dos casos previstos em lei imperativa que exijam maiorias qualificadas.

SECÇÃO II
ADMINISTRADOR ÚNICO

ARTIGO VIGÉSIMO PRIMEIRO

1. A administração da sociedade será exercida por um Administrador Único.

2. O Administrador Único será eleito pela Assembleia Geral, por quatro anos, podendo ser reeleito uma ou mais vezes.

3. Faltando definitivamente o Administrador Único proceder-se-á à sua substituição pela forma estabelecida no artigo trezentos e noventa e três do Código das Sociedades Comerciais.

4. O cargo de administrador será caucionado por qualquer das formas admitidas por lei, efectuado pelo próprio ou por terceiro nos cofres da sociedade, podendo, todavia, a Assembleia Geral deliberar a sua dispensa.

ARTIGO VIGÉSIMO SEGUNDO

O Administrador Único fica desde já autorizado a exercer, por conta própria ou alheia, actividade concorrente com a da sociedade.

ARTIGO VIGÉSIMO TERCEIRO

Ao Administrador Único compete o exercício dos poderes de gestão, cabendo-lhe, designadamente:

a) Gerir, com os mais amplos poderes, todos os negócios sociais e efectuar as operações relativas ao objecto social;

b) Representar a sociedade em juízo e fora dele, activa e passivamente, podendo propor e fazer seguir acções judiciais, confessar, desistir, transigir e comprometer-se em árbitros, em toda a acção judicial ou litígio nos quais a sociedade seja parte;
c) Adquirir, alienar, de acordo com o sistema prescrito no artigo décimo primeiro, e obrigar, por qualquer forma, acções e obrigações próprias e praticar os mesmos actos relativamente a acções, partes sociais ou obrigações de outras sociedades, nomeadamente participando na constituição das mesmas;
d) Adquirir e alienar outros bens mobiliários, assim como obrigá-los por qualquer forma;
e) Adquirir bens imobiliários, aliená-los, onerá-los e obrigá-los por constituição de garantias reais;
f) Negociar, com quaisquer instituições de crédito, operações de financiamento, activas ou passivas, que entenda necessárias, designadamente contraindo empréstimos nos termos, condições e forma convenientes;
g) Nomear e demitir directores, consultores técnicos e quaisquer outros empregados e constituir mandatários para fins determinados;
h) Locar ou tomar de arrendamento, trespassar e tomar de trespasse quaisquer bens e/ou estabelecimentos de ou para a sociedade.

ARTIGO VIGÉSIMO QUARTO

A Sociedade ficará validamente obrigada em todos os seus actos e contratos pela assinatura do Administrador Único, ou pela assinatura de um mandatário ou procurador, dentro do limite dos respectivos poderes.

SECÇÃO III
FISCAL ÚNICO

ARTIGO VIGÉSIMO QUINTO

1. A fiscalização da sociedade compete a um fiscal único, que deve ser revisor oficial de contas ou sociedade de revisores oficiais de contas.
2. O fiscal único terá sempre um suplente, que será igualmente revisor oficial de contas ou sociedade de revisores oficiais de contas.
3. O fiscal único e o suplente serão eleitos quadrienalmente.

CAPÍTULO IV
SECRETÁRIO

ARTIGO VIGÉSIMO SEXTO

1. A Sociedade poderá designar um Secretário da Sociedade e um suplente.
2. O Secretário da Sociedade e o seu suplente serão designados por deliberação do Administrador Único, registada em acta.
3. A duração das funções do Secretário coincide com a do mandato do Administrador Único que o designar, podendo renovar-se por uma ou mais vezes.

4. Em caso de falta ou impedimento do Secretário, as suas funções são exercidas pelo suplente.

CAPÍTULO V
DISPOSIÇÕES FINAIS E TRANSITÓRIAS

ARTIGO VIGÉSIMO SÉTIMO
O exercício social coincidirá com o ano civil.

ARTIGO VIGÉSIMO OITAVO
1. Os lucros de cada exercício, depois de retirados os montantes necessários para a constituição ou reintegração da reserva legal terão a aplicação que a Assembleia Geral, em cada ano, deliberar, não havendo obrigatoriedade de distribuição pelos accionistas.

2. Poderão ser feitos aos accionistas adiantamentos sobre lucros desde que observadas as disposições legais sobre a matéria.

ARTIGO VIGÉSIMO NONO
Para o quadriénio entre a data da escritura e trinta e um de Dezembro de (...), são desde já nomeados:

Presidente da Mesa da Assembleia Geral – (...)

Secretário da Mesa da Assembleia Geral – (...)

Administrador Único (dispensado de caução) – (...)

Fiscal Único – (...) ROC

Suplente – (...) ROC

59. Regulamentos

ACORDO DE REGULAÇÃO DE PODER PATERNAL

I. Poder paternal
Os pais estabelecem que o exercício do poder/dever paternal cabe a ambos, devendo conjuntamente decidir sobre as matérias mais importantes relativas à vida e à formação dos filhos, nomeadamente as decisões sobre a saúde e a educação dos menores.

II. Guarda e residência
Os menores passarão a residir com a mãe, à guarda de quem ficam confiados.

III. Saúde
Todas as despesas médicas e de saúde dos menores, ordinárias e extraordinárias, serão suportadas pelo Pai, mediante comprovativo da despesa a apresentar pela Mãe quando tenha suportado os respectivos custos.

IV. Educação
Tendo em vista a melhor e sã formação dos seus filhos, só com o acordo de ambos poderão estes passar a frequentar qualquer novo estabelecimento de ensino ou de actividades extra-curriculares, sem prejuízo de apenas a mãe constar como «encarregada de educação» para finalidades administrativas. As despesas de educação dos menores, nomeadamente propinas, livros, alimentação e transportes escolares serão suportadas e pagas directamente pelo Pai.

V. Partilha de tempo
Sempre que qualquer um dos pais queira passar um dia por semana na companhia dos seus filhos, sem prejuízo das suas obrigações escolares, poderá fazê-lo desde que o acompanhe consigo a todo o tempo e o faça comparecer em sua casa, a final.
O Pai tem direito a passar com os filhos dois fins-de-semana alternados em cada mês, podendo para tal recolhê-los 6ª feira à tarde no estabelecimento de ensino e na ama, e posteriormente entregá-los aos cuidados da Mãe no Domingo à noite; para tanto fica a mãe obrigada a comunicar ao Pai qualquer mudança de residência.
O Pai tem direito estar com os seus filhos em todos os dias das suas folgas de trabalho, as quais são variáveis, e/ou quando permaneça em Portugal por períodos superiores a uma semana – caso em que poderá estar com eles metade da semana - combinando com a Mãe a recolha e entrega dos mesmos de acordo com o que for da maior conveniência para os menores e para as suas obrigações escolares.
Sempre que os menores estiverem confiados à guarda de um dos progenitores, o outro poderá visitá-los, quando deseje, desde que tal não prejudique os interesses dos menores, sem prejuízo do consentimento do progenitor respectivo para acesso ao local onde aqueles se encontrem.

VI. Férias Escolares e Viagens

Quaisquer períodos de Férias escolares dos filhos, salvo acordo de ambos os progenitores em contrário, serão repartidos em duas partes iguais, por forma àqueles passarem o respectivo tempo na companhia do Pai e da Mãe, cabendo metade a cada progenitor.

Salvaguardada a frequência escolar dos menores, qualquer um dos pais poderá ausentar-se para o estrangeiro levando-os em sua companhia por períodos que não excedam as 3 (três) semanas, desde que sempre estejam acompanhados por um dos progenitores e que seja comunicada a correspondente intenção ao outro progenitor com uma antecedência de 30 dias, não podendo este negar-se a autorizá-lo por escrito, quando tal lhe seja solicitado.

VII. Feriados, dias festivos, aniversários e reuniões familiares

Os menores passarão com a Mãe a noite de 23 para o dia 24 de Dezembro de cada ano, bem como todo o dia de 24 de Dezembro – até ao limite máximo da uma hora da madrugada do próprio dia 25 – cabendo todo o dia 25 de Dezembro ao Pai.

Quanto aos dias 31 de Dezembro e 1 de Janeiro de cada ano, serão passados com cada um dos progenitores, em anos alternados.

O Domingo de Páscoa, o dia de Carnaval e quaisquer feriados nacionais ou municipais serão passados em anos alternados, sucessivamente com a Mãe e no ano seguinte com o Pai.

No dia de aniversário de cada menor, o pai tem o direito de ter todos os filhos consigo, pelo menos metade do respectivo dia, salvaguardadas as obrigações escolares destes.

No dia de aniversário do pai, este terá direito a ter os menores consigo, salvaguardadas as obrigações escolares destes.

No dia de aniversário dos avós dos menores, estes deverão poder comparecer no almoço ou jantar que haja sido combinado, acompanhados do progenitor que seja filho dos primeiros.

Nenhum dos pais poderá obstar a que os menores, acompanhados do respectivo progenitor, possam comparecer em casamentos, baptizados, velórios ou quaisquer reuniões familiares.

VIII. Pensão de alimentos

A qualquer um dos pais cabe a obrigação de prover que nada falte para a satisfação das necessidades de cada um dos seus filhos, seja em que ocasião for, sem prejuízo do dever de suportarem em partes iguais todas as despesas relativas à saúde e educação dos seus filhos, incluindo as de aquisição de livros escolares.

Em acréscimo, e por forma a assegurar a regularidade e a periodicidade da prestação parental, estabelece-se a seguinte obrigação:
a) O pai contribuirá mensalmente - a título de pensão de alimentos para alimentação e vestuário de ambos os menores - com a importância total de (...) EUROS, a qual deverá ser depositada ou transferida para a conta bancária com o NIB (...), até ao dia 5 (cinco) de cada mês a que disser respeito;
b) O quantitativo da pensão de alimentos será actualizado anualmente, com efeitos a partir de (...), proporcionalmente à taxa de inflação do ano anterior indicada pelo I.N.E.

REGULAMENTO INTERNO DA CRECHE

Artigo 1º
(Missão)
1. (...) é um estabelecimento de creche com natureza privada que tem por missão proporcionar, no seu âmbito de actuação e de forma particular e diferenciada, as condições necessárias ao desenvolvimento saudável e harmonioso da personalidade da criança, num ambiente acolhedor e de elevada qualidade, onde a criança se sinta amada e respeitada, tendo sempre presente que os primeiros anos de vida são cruciais no desenvolvimento de uma criança.
2. Na prossecução da sua missão, a creche (...) presta um serviço centrado na criança, por meio de uma equipa de profissionais de educação criteriosamente seleccionada, da definição de um programa educativo de elevada qualidade, da utilização de instalações e equipamentos de qualidade notória, da adequação e variedade da alimentação fornecida, sempre com base em elevados padrões de qualidade, segurança e higiene.

Artigo 2º
(Direcção)
1. A condução efectiva da actividade de (...) cabe em primeira instância a uma Direcção, composta por um ou mais elementos habilitados e nomeados pela proprietária do estabelecimento, à qual compete a coordenação técnica e pedagógica da creche, assim como a chefia da respectiva Equipa de Auxiliares, a articulação com os Pais, e a tomada de todas as medidas urgentes necessárias ao regular funcionamento do estabelecimento.
2. Compete à Direcção programar, definir e alterar o calendário escolar, dando conhecimento prévio aos Pais.
3. Das deliberações da Direcção será dado conhecimento aos pais por meio da afixação de avisos em local apropriado na creche e por comunicações escritas entregues em mão ou remetidas por via postal.
4. Incumbe à Direcção da creche deliberar sobre a admissão e a exclusão fundamentada dos educandos.

Artigo 3º
(Equipa de auxiliares)
1. Compete à Equipa de Auxiliares:
a) Zelar permanentemente pela segurança de todas as actividades das crianças, mantendo um harmonioso ambiente de carinho e afecto;
b) Exercer acção de vigilância nas zonas de acesso e frequência de terceiros, participando à Direcção todos os factos que possam perturbar a actividade da creche;
c) Abrir e encerrar a creche, de acordo com os horários que forem fixados;
d) Intervir e/ou solicitar a intervenção das autoridades sempre que tal se mostre necessário ou conveniente, em caso de ausência pontual de elemento da Direcção.
2. No desempenho das suas funções, os Auxiliares devem:
a) Usar da máxima compostura e urbanidade para com os Pais e demais familiares das crianças;

b) *Cumprir pontualmente e com zelo as suas obrigações e respeitar as normas decorrentes do Regulamento;*
c) *Realizar todas as tarefas que lhe forem fixadas pela Direcção.*

Artigo 4º
(Objectivos)

Na sua actuação, a creche (...) tem por objectivos, nomeadamente:
1. *Definição de um programa educativo de elevada qualidade adaptado às necessidades de cada criança;*
2. *Estabelecer uma parceria com os Pais, partilhando objectivos comuns e responsabilidades no processo educativo da criança, de forma a ser uma extensão da família;*
3. *Promover activamente o envolvimento da família e a relação entre os Pais e a creche, por forma a atender às suas necessidades, proporcionando-lhes a confiança e segurança que necessitam para tranquilamente desempenhar as suas funções profissionais;*
4. *Proporcionar, através de um atendimento particular e diferenciado, o desenvolvimento físico, emocional e cognitivo da criança, num ambiente harmonioso de segurança afectiva e física;*
5. *Respeitar cada criança como um ser único e individual, estimulando a sua auto--estima e auto-confiança;*
6. *Estimular a integração da criança em grupos sociais diversos, promovendo o seu desenvolvimento social e participativo;*
7. *Garantir hábitos de higiene e alimentação pessoal adequados à idade da criança;*
8. *Desenvolver a capacidade de expressão e comunicação da criança, estimulando a sua criatividade;*
9. *Estimular a criança a adquirir a sua independência, desenvolvendo o sentido da responsabilidade e respeito pelos outros;*
10. *Colaborar no despiste de inadaptações ou deficiências da criança, recomendando o encaminhamento adequado das situações detectadas;*

Artigo 5º
(Admissão / Matrícula)

Com base na legislação em vigor, os critérios gerais de admissão de crianças na creche (...), são os seguintes:
1. *Crianças com idades compreendidas entre os 3 meses e os 3 anos de idade, ficando na creche as crianças que completem 3 anos até Agosto/Setembro do ano seguinte;*
2. *A inscrição de uma criança só é aceite desde que haja vaga para a valência pretendida;*
3. *A inscrição de uma nova criança na creche pode ser realizada em qualquer período do ano;*
4. *Matrícula só é válida mediante o pagamento da respectiva inscrição, garantindo o preenchimento da vaga por cada ano lectivo escolar;*

5. A renovação da Matrícula para o ano lectivo subsequente, deverá ser efectuado durante o mês de Maio;
   Em caso de desistência o valor da inscrição não será em caso algum reembolsado;
6. O seguro escolar de acidentes pessoais está incluído no valor da Inscrição;
7. O valor da Inscrição e das Mensalidades é definido anualmente em Setembro, sendo comunicada a sua actualização aos Pais durante o mês de Abril;
8. No acto de admissão são necessários os seguintes documentos:
- Preenchimento obrigatório de um formulário de Inscrição com os dados de identificação relativos à criança e aos Pais/Encarregado de educação;
- Processo individual da criança composto por:
   – Fotocópia da cédula pessoal
   – Fotocópia do cartão de beneficiário da Instituição pela qual recebe assistência médica (pública ou privada)
   – Fotocópia do Boletim de Vacinas actualizado, e indicação do grupo sanguíneo
   – Declaração médica comprovativa de que a criança não sofre de doenças infecto-contagiosas e de que pode frequentar a creche
   – Identificação e contactos do médico assistente
   – 1 Fotografia tipo – passe
   – Declaração sobre o conhecimento das normas de funcionamento descritas no Regulamento Interno como parte integrante do contrato de Prestação de serviços a ser assinado pelos Pais e pela Creche (...)
   - Fotocópia do Bilhete de identidade dos Pais;
   - Fotocópia do Cartão de contribuinte;
   - Fotocópia do Bilhete de Identidade da(s) pessoa(s), autorizada(s) pelos Pais, a vir buscar a criança;
9. Em caso de ser atingida a lotação máxima da creche, será criada uma lista de espera, por ordem da pré-inscrição. Sempre que hajam vagas, e respeitando a ordem da pré--inscrição, serão informados os Pais;
10. Será dado conhecimento prévio aos Pais do Regulamento Interno, sendo todo o seu conteúdo vinculativo após o acto de inscrição/matrícula de cada criança.

Artigo 6º
(Lotação e distribuição das salas)
A lotação da creche (...) é de 58 (cinquenta e oito) crianças, distribuídas da seguinte forma:
   – *1 (um) berçário com capacidade para 8 (oito) bebés, com idades compreendidas entre os 3 (três) meses e a idade de aquisição da marcha;*
   – *2 (duas) salas de aquisição da marcha, com capacidade para 20 (vinte) crianças, com idades compreendidas entre a idade de aquisição da marcha e os 24 (vinte e quatro) meses de idade;*
   – *2 (duas) salas de actividades, com capacidade para 30 (trinta) crianças, com idades compreendidas entre os 24 (vinte e quatro) e os 36 (trinta e seis) meses de idade;*

Artigo 7º
(Proibição de circulação)

É obrigatório o respeito pela sinalética aposta nos respectivos espaços e expressamente proibida a permanência ou circulação de quaisquer pessoas na creche, para além da hora de encerramento total da mesma, salvo se expressamente autorizadas pela Direcção.

Artigo 8º
(Horário de funcionamento e feriados)

A Creche (...) funciona durante os 12 (doze) meses do ano das 8:00 H às 19:30 H e encerra aos Sábados, Domingos, feriados nacionais e municipais do concelho de Lisboa, dia 24 (vinte e quatro), e 31 (trinta e um) de Dezembro.

Artigo 9º
(Ausências)

1. Por motivos de organização e planeamento do mapa de férias dos colaboradores da creche, sempre que as crianças não frequentem o estabelecimento por motivo de férias, deverão os Pais/Encarregados de Educação, com a antecedência possível, informar a Direcção.

2. A Direcção reserva-se o direito de encerrar a creche no caso de situações especiais que possam surgir, tais como: epidemias de doenças, faltas de água, electricidade ou gás.

3. Em caso de ausência pontual ou prolongada, por motivos de férias, doença ou outro, mesmo que de apenas um dia, deverão os Pais informar a Direcção de (...) até às 9:30 H do respectivo dia.

4. Em situações de ausência prolongada, deverão os Pais, sempre que possível informar da data provável de regresso da criança.

5. Em situações de ausência por doença, por um período igual ou superior a três dias, o regresso da criança só será autorizado mediante entrega de declaração médica que garanta o bom estado de saúde da criança.

6. Não é autorizada a permanência de crianças portadoras de doença incompatível com o funcionamento normal da creche, (por exemplo: conjuntivite, sarampo, varicela, papeira, gastroenterite, etc.), ou porque ponha em risco a saúde da própria criança ou a dos grupos que com ela convivem, até que se encontrem restabelecidas.

7. A partir de 10 faltas (inclusive) consecutivas, haverá lugar ao desconto dos valores de alimentação proporcionais ao número de dias em falta.

8. Não é permitida a frequência da creche por falta de pagamento das mensalidades.

Artigo 10º
(Saúde e Medicação)

1. Em caso de doença súbita durante a permanência na creche, os Pais serão de imediato informados, no sentido de providenciarem a recolha da criança logo que possível. Nestes casos a criança enferma será acompanhada e aguardará a chegada dos Pais/Encarregado de educação numa sala própria de isolamento.

2. No caso de alergias (medicamentos, alimentos, produtos de higiene, etc.) e/ou alterações no estado de saúde da criança, deverão os Pais informar a Direcção.

3. No caso de a criança estar apta a frequentar a creche, mas necessitar de medicação durante o período de permanência, deverão os Pais entregar os respectivos medicamentos, devendo constar na embalagem os seguintes dados:
- Nome da criança e sala
- Posologia
- Horário de administração
- Modo de administração

4. Nenhum medicamento será administrado às crianças sem indicação expressa dos Pais/Encarregado de educação ou, em caso de urgência, prescrição médica.

5. Em caso de acidente serão accionados os procedimentos mais adequados, contactando-se de imediato os Pais/Encarregado de educação.

6. Sempre que sejam administradas vacinas ou reforços, deverão os Pais entregar uma fotocópia do Boletim de Vacinas actualizado.

Artigo 11º
(Pessoas autorizadas a recolher a criança)
1. Será obrigatório, no acto da Matrícula, o fornecimento dos dados das pessoas autorizadas a recolher a criança.

2. No caso de uma recolha pontual por outra pessoa, que não a(s) autorizada(s) para a recolha da criança, deverá existir, por parte dos Pais, um contacto prévio com a Direcção da creche a informar o nome da pessoa e o número de um documento de identificação, sendo estas informações confirmadas posteriormente pela creche para os Pais.

3. No acto da recolha da criança, as pessoas autorizadas a vir buscar a criança, devem estar devidamente identificadas.

4. Em nenhuma circunstância, será a criança entregue a outra pessoa que não a(s) indicada(s) pelos Pais.

Artigo 12º
(Entrega e recolha das crianças)
1. De modo a facilitar a entrega e recolha das crianças, estará sempre uma funcionária da creche na zona de recepção, local onde as crianças deverão ser entregues e recolhidas pelos Pais.

2. Só são permitidas entregas ou recolhas dentro das instalações da creche.

Artigo 13º
(Alimentação)
1. A alimentação das crianças do berçário será feita de acordo com os regimes alimentares estabelecidos pelos Pais/Encarregado de Educação e médicos.

2. As ementas confeccionadas na creche, serão elaboradas por um Médico Pediatra.

3. Em caso de alergias alimentares a algum ou alguns tipos de alimentos, deverão os Pais informar atempadamente a creche, sendo da responsabilidade dos Pais qualquer problema alimentar por falta dessa informação.

4. Sempre que os Pais, tomem conhecimento de alterações ao comportamento alérgico da criança, obrigam-se a avisar de imediato a creche.

5. Serão respeitadas e confeccionadas dietas desde que sejam avisadas pela manhã e sempre que exista prescrição médica para tal, ou que assim se justifique.
6. Não é permitida trazer alimentação de casa por motivos de controlo de qualidade da alimentação, com excepção do berçário.
7. A alimentação é confeccionada nas instalações da Creche.
8. As ementas são aprovadas e afixadas semanalmente pela Direcção.

Artigo 14º
(Vestuário)

1. A partir dos 12 meses as crianças começam a usar bibe e chapéu aprovados pela Direcção.
2. A (...) fornece o bibe e o chapéu, ficando a respectiva manutenção (lavagem e engomadoria) a cargo dos Pais.
3. Para cada criança, deverá existir uma muda completa de roupa, uma fralda de pano, uma chucha igual à que a criança habitualmente usa e um pente, devidamente identificados, a fornecer pelos Pais.
4. As roupas de cama, as mantas e os babetes são da responsabilidade da Creche.

Artigo 15º
(Horário de funcionamento e articulação com os Pais)

1. O Horário de funcionamento diário será escalado da seguinte forma:
 - 8:00 H às 9:30 H: Abertura e recepção das crianças
 - 9:30 H às 11:30 H: Actividades Pedagógicas / Lúdicas
 - 11:30 H às 13:00 H: Almoço
 - 13:00 H às 15:30 H: Higiene e sesta
 - 15:30 H às 16:00 H: Lanche
 - 16:00 H às 16:30 H: Higiene
 - 16:30 H às 19:30 H: Actividades Pedagógicas / Lúdicas e saída

2. Todos os assuntos relacionados com questões dos foros pedagógico e evolutivo da criança deverão ser abordados com a Direcção.
3. Todos os assuntos relacionados com a qualidade do serviço global prestado, sejam sugestões ou reclamações, deverão ser tratados com a Direcção e com a entidade proprietária da creche.
4. Periodicamente serão agendadas reuniões com os Pais, as educadoras e a Direcção.
5. A Direcção da Creche (...) está à disposição dos Pais sempre que seja necessário.
6. A Creche não se responsabiliza por quaisquer objectos trazidos de casa (brinquedos, livros, fios, pulseiras, anéis, brincos, etc.).
7. Qualquer brinquedo, jogo, puzzle, etc., que a criança leve para casa inadvertidamente, deverá ser restituído no dia seguinte.
8. A criança deverá ter disponível um caderno, onde será reportado aos Pais/Encarregado de educação o dia-a-dia da criança na creche bem como todos os recados dos Pais e/ou educadoras.

9. O plano semanal de Actividades Pedagógicas será afixado semanalmente para consulta dos Pais sempre que o desejarem.
10. A creche (...) tem como objectivo máximo prestar o melhor serviço com elevados padrões de qualidade, nesse sentido para poder ir de encontro aos interesses e necessidades sentidas pelos Pais, serão valorizadas todas as sugestões e comentários, que estes nos possam apresentar.

Artigo 16º
(Seguros)
1. Todas as crianças estão cobertas por um seguro de acidentes pessoais contratado pela entidade proprietária da creche, depois de fornecidos os devidos elementos por parte dos Pais.
2. No acto da Matrícula, deverá ser dada autorização expressa, para que a criança possa em caso de acidente, ser transportada por funcionários da creche para o estabelecimento de saúde da escolha da creche.
3. Não poderá ser exigida à creche qualquer indemnização superior à definida no contrato de seguro referido no nº 1 deste artigo, assumida pela respectiva companhia de seguros.

Artigo 17º
(Serviços prestados)
1. Serviços incluídos na mensalidade:
- Horário das 8:00 H às 19:30 H
- Seguro escolar de acidentes pessoais
- Serviço completo de alimentação (reforço da manhã, almoço, lanche e reforço da tarde), incluindo dietas especiais.
- Leites, papas indicados pelos Pais e/ou médico pediatra da criança.
- Biberões, tetinas e babetes.
- Serviço de copa de leites para o berçário.
- Bibe.
- Chapéu.
- Produtos de Higiene Pessoal (Fraldas descartáveis, toalhetes, cremes barreira, cremes de limpeza e hidratantes, soro fisiológico, sabonete líquido).
- Roupa de cama e mantas.
- Tratamento da roupa (à excepção do bibe, chapéu e fralda de pano da criança).
- Material didáctico e lúdico.
- Parque infantil exterior.
2. Serviços complementares não incluídos na mensalidade:
- Workshops para os Pais, com profissionais de referência na sua área de actuação.
- Serviço Part-Time para crianças em casa (limitado às vagas existentes).
- Serviço de "Babby Sitting" com o nosso pessoal técnico, nas nossas instalações ou ao domicílio.
- Organização de festas de aniversário nas instalações da creche, ao fim de semana, para a realização de festas de aniversário.
- Organização, Serviço de Catering e animação de festas de aniversário.

- *Transporte personalizado de crianças.*
- *Serviço de jantar "take away".*

3. Por questões de controlo de qualidade e organização, o serviço de jantar "take away" terá de ser requisitado até às 14 H do dia em que se pretenda o serviço.

4. O serviço de Organização de festas de aniversário e a reserva das instalações da creche, deverão ser solicitados com 30 dias de antecedência. A proposta de orçamento deverá ser solicitado com 45 dias de antecedência.

Artigo 18º
(Pagamento de Matrícula e Mensalidades)

1. A Matrícula só é válida mediante o pagamento da respectiva inscrição, garantindo o preenchimento da vaga por cada ano lectivo escolar;

2. A renovação de Matrícula para o ano lectivo subsequente, deverá ser efectuado durante o mês de Maio;

3. Em caso de desistência o valor da inscrição não será em caso algum reembolsado;

4. Os pagamentos da Matrícula e renovação de Matrícula são cobrados anualmente;

5. O seguro escolar de acidentes pessoais está incluído no valor da Inscrição;

6. As mensalidades serão pagas doze vezes por ano, sendo o mês de Agosto pago em duas fracções iguais, uma com a mensalidade de Junho e outra com a mensalidade de Setembro;

7. As mensalidades deverão ser pagas entre o dia 1 e o dia 8 de cada mês. As mensalidades pagas após esta data, serão agravadas em 15 %;

8. Em caso de incumprimento do pagamento até ao final do mês em que é devido, a criança perde o direito a frequentar a Creche, a partir do mês imediatamente a seguir;

9. O valor da Inscrição e das Mensalidades é definido anualmente em Setembro, sendo comunicada a sua actualização aos Pais durante o mês de Abril;

10. Caso os Pais pretendam desistir da frequência da creche, pela criança, deverão avisar a creche, com 30 dias de antecedência. O incumprimento deste prazo obriga ao pagamento da mensalidade do mês seguinte; Não haverá em qualquer situação, lugar à devolução de qualquer importância (de Inscrição ou mensalidades) cujo pagamento tenha já sido efectuado.

11. As desistências que se verifiquem em Junho, Julho ou Agosto implicam o pagamento da mensalidade dos referidos meses;

12. Em caso de frequência de irmãos, existe um desconto de 10 % sobre o montante da mensalidade do 2º irmão.

13. A partir das 19:30 H, por cada 15 minutos de atraso na recolha da criança, serão cobrados (..) €.

Artigo 19º
(Casos Omissos)

Os casos omissos neste regulamento serão resolvidos em reunião de Direcção, após exposição escrita por parte dos interessados.

Este Regulamento está em vigor desde (...)

REGULAMENTO DE CONDOMÍNIO

Artigo 1º
O presente regulamento é aplicável às relações entre os condóminos do prédio situado na (...), doravante designado «prédio», o qual está submetido ao regime da propriedade horizontal, por escritura constitutiva lavrada no (...) Cartório Notarial de Lisboa em (...), a fls. (...) do Livro (...), e foi aprovado por unanimidade em Assembleia de Condóminos realizada em (...), conforme estabelecido no art.1429º-A do Código Civil.

Artigo 2º
1. O prédio integra (...) fracções autónomas, com as identificações, utilizações e permilagens que constam em quadro anexo (Anexo 1).
2. Os condóminos devem fornecer a sua identificação ao Administrador do Condomínio e, se não viverem habitualmente no prédio, devem também indicar a residência habitual.
3. O Administrador do Condomínio deve procurar manter actualizada uma lista com identificação dos condóminos nos termos do número anterior.

Artigo 3º
Constituem deveres de cada condómino, entre outros:
a) Pagar pontualmente a sua quota-parte nas despesas comuns do prédio e fundo de reserva;
b) Não conferir à fracção um uso diferente do estipulado no título constitutivo da propriedade horizontal;
c) Não produzir ruídos que perturbem os vizinhos e respeitar sempre o período de repouso sem emissão de barulho entre as 21:00 h – 8:00 h de 2ª a 6ª feira e todo o fim de semana;
d) Não estender roupas no exterior que prejudiquem a fachada do prédio;
e) Guardar o lixo em sacos bem fechados que devem ser colocados nos contentores próprios, de modo a não pôr em perigo a higiene e a saúde dos moradores;
f) Não despejar águas, lançar lixos, pontas de cigarro ou detritos de qualquer natureza pelas janelas, varandas ou em áreas que afectem os vizinhos;
g) Ter cuidados redobrados em relação à higiene e sossego nas partes comuns quando possuir animais de estimação que possam sujá-las ou fazer barulho, sendo vedada a utilização dos jardins;
h) Não alterar o arranjo estético do Edifício, nomeadamente com a instalação de marquises de alumínio, estendais, antenas parabólicas, aparelhos de ar condicionado exteriores, toldos para o sol, placas publicitárias ou pintura da fachada da fração com cores diferentes das do prédio;
i) Aceitar o condicionalismo para o acesso ao jardim no período compreendido entre as 22:00 h e as 8:00 h;
j) Respeitar e cumprir todas as disposições do presente regulamento e as deliberações válidas da Assembleia de Condóminos.

Artigo 4º

Constituem direitos dos condóminos, entre outros:

Fruir e utilizar as partes comuns do prédio, respeitando as finalidades próprias de cada uma das mesmas;

Participar na gestão do condomínio através da sua presença e intervenção nas Assembleias onde se aprovam as deliberações respeitantes ao Condomínio;

Obter em tempo útil uma informação completa sobre os assuntos respeitantes ao prédio, podendo, para esse efeito, solicitar ao Administrador a apresentação do livro de Actas e todos os documentos respeitantes ao Condomínio.

Artigo 5º

1. Quando pretender realizar obras que alterem a linha arquitectónica ou o arranjo estético do edifício, o condómino deve obter a aprovação de pelo menos 2/3 dos votos da Assembleia de Condóminos e, se pretender dividir a sua fracção em novas fracções, só o pode fazer se nenhum Condómino se opuser a tal na Assembleia.

2. Independentemente da autorização dos outros Condóminos, as obras deverão ser licenciadas pela Câmara Municipal respectiva, nos termos da lei em vigor.

3. Antes de iniciar qualquer obra, o Condómino deve comunicar ao Administrador do Condomínio os trabalhos que irá realizar e a duração provável dos mesmos.

Artigo 6º

1. As obras a realizar nas partes comuns devem ser aprovadas pela Assembleia de Condóminos ou, se forem urgentes, podem ser ordenadas pelo Administrador do Condomínio ou algum condómino, nos termos dos números seguintes:

2. Quando a Assembleia aprovar a realização de obras nas partes comuns, o Administrador do Condomínio deve enviar uma carta registada com aviso de recepção aos condóminos não residentes que, mesmo residentes, não tenham participado na Assembleia que decidiu as obras.

3. Nessa carta, deve comunicar a natureza das obras e os orçamentos que existirem. Se os ausentes nada disserem nos 30 dias seguintes à recepção da carta, deve entender-se que não se opõem à realização das obras nas condições apresentadas e acatar as deliberações da assembleia dos condóminos.

4. Qualquer obras que se revele urgente e cujo valor não ultrapasse os (...) Euros, pode ser ordenada pelo Administrador do Condomínio, sem carecer de prévia aprovação pela assembleia.

5. Só a Assembleia de condóminos pode decidir, com a aprovação de 2/3 do valor total do prédio, a realização de obras de inovações.

6. Nenhuma inovação pode prejudicar a utilização de uma parte comum ou da fração de um condómino.

Artigo 7º

1. As despesas necessárias à conservação e fruição das partes comuns do edifício e ao pagamento de serviços de interesse comum são pagas pelos condóminos em proporção das suas fracções, de acordo com a lei.

2. As despesas com obras de inovação das partes comuns devem ser pagas por todos os Condóminos.

Artigo 8º

1. Os condóminos devem contribuir para o fundo comum de reserva, que corresponde a um fundo de maneio depositado no banco, para fazer face a despesas com a conservação do prédio.

2. O pagamento da comparticipação para o fundo será feito juntamente com o da quota mensal, e corresponde a 10% dessa quota.

3. O fundo comum de reserva só pode ser utilizado para custear obras de conservação e de beneficiação no edifício prédio, aplicando-se-lhe o regime previsto no decreto lei n.º 269/94 de 25 de Outubro.

Artigo 9º

1. Os condóminos estão obrigados ao pagamento de uma quota que representa a sua parte nas despesas correntes do edifício, conservação e fruição das partes comuns e pagamento de serviço de interesse comuns e que é acrescido da sua comparticipação para o fundo comum de reserva.

2. A Assembleia de Condóminos deve decidir se o pagamento das quotas é feito mensal, trimestral ou semestralmente, devendo os condóminos proceder ao pagamento das quotas no início de cada período a que as mesmas disserem respeito.

3. Para além das quotas referidas no número um, pode a Assembleia deliberar uma quotização extraordinária destinada a fazer face a alguma despesa de conservação, de inovação ou beneficiação cujo valor ultrapasse as disponibilidades do fundo de maneio, ou do fundo comum de reserva.

4. A falta de pagamento da quota nos 8 dias seguintes àquele em que devia ser paga, faz com que o condómino seja obrigado a pagar mais 50% do valor a que estava obrigado, a título de penalidade com destino ao fundo de reserva.

Artigo 10º

1. O Condomínio deve possuir duas contas bancárias: uma conta de Depósito à Ordem destinada aos pagamentos e recebimentos correntes e uma conta de Depósito a Prazo onde devem ser depositados os montantes respeitantes às comparticipações para o fundo comum de reserva.

2. As contas bancárias são movimentadas pelo Administrador do Condomínio em exercício.

Artigo 11º

1. A Assembleia de Condóminos deverá reunir na primeira quinzena de cada ano para apreciação das contas do último ano e aprovação do orçamento.

2. Para além desta reunião, o Administrador ou Condóminos que representem, pelo menos 25% do capital investido podem convocar reuniões extraordinárias sempre que pretendam submeter à discussão algum assunto respeitante ao Edifício.

3. Cada condómino tem tantos votos quanto as unidades inteiras que couberem na percentagem ou permilagem expressivas do valor total do prédio.

4. Os condóminos devem ser convocados com, pelo menos, 10 dias de antecedência, através de carta registada ou mediante aviso convocatório feito com a mesma antecedência, desde que haja recibo de recepção assinado pelos condóminos.

5. A Convocatória deve indicar o dia, hora, local e a ordem de trabalho da reunião, bem como os assuntos para cuja aprovação seja necessária a unanimidade dos votos.

6. As deliberações são tomadas, salvo disposição especial por maioria dos votos representativos do capital investido.

7. Se não comparecer o número de condóminos suficiente para formar maioria e na Convocatória não tiver sido desde logo fixada outra data, considera-se convocada nova reunião para uma semana depois, à mesma hora e no mesmo local.

8. Esta nova Assembleia pode deliberar por maioria de votos dos condóminos presentes, desde que representem pelo menos 1/4 do valor total do prédio.

9. As deliberações que precisem de unanimidade dos votos podem ser aprovadas por unanimidade dos condóminos presentes, desde que estes representem, pelo menos, 2/3 do capital investido, sob condição de aprovação da deliberação pelos condóminos ausentes.

10. As deliberações têm de ser comunicadas aos ausentes, por carta registada com aviso de recepção, no prazo de 30 dias.

11. Os ausentes têm 90 dias para comunicar, por escrito, à Assembleia o seu assentimento ou discordância. Se não responderem, deve entender-se que aprovam a deliberação comunicada.

12. As Actas das reuniões devem ser escritas pelo Administrador, desde que a elas tenha presidido, e serem assinadas por todos os condóminos que tenham estado presentes, devendo mencionar a data e o local da reunião, a ordem de trabalhos que constava na convocatória, as deliberações da assembleia sobre essa ordem de trabalhos e ainda qualquer outra questão com interesse incluída na ordem de trabalhos.

Artigo 12º

1. O Administrador do condomínio é eleito exonerado pela Assembleia e tanto poder ser um dos condóminos como quem tenha a posição de terceiro relativamente à titularidade nos direitos da propriedade horizontal.

2. Se a Assembleia não eleger Administrador, e se este não tiver sido nomeado judicialmente, as correspondentes funções serão obrigatoriamente desempenhadas por um administrador provisório, determinado nos termos do número seguinte.

3. Se nenhum condómino quiser exercer o cargo, este incumbe aquele que tenha maior percentagem ou permilagem no valor total do prédio. Se existirem vários com os mesmos valores, como as frações estão indicadas no registo predial por ordem alfabética, deve ser incumbido o que tiver a primeira letra nessa ordem.

4. O período de funções do Administrador é de um ano renovável por iguais períodos.

5. Até à designação do seu sucessor o Administrador mantém-se em funções.

Artigo 13º

Compete ao Administrador:
a)   Convocar a Assembleia de Condóminos;
b)   Elaborar o orçamento anual das receitas e despesas;

c) Cobrar as receitas e efetuar os pagamentos das despesas comuns;
d) Prestar contas à Assembleia;
e) Gerir a conta bancária do Condomínio;
f) Executar as deliberações da Assembleia;
g) Realizar as reparações no prédio e outros actos necessários á conservação dos bens comuns, nos termos do número anterior;
h) Disciplinar o uso das coisas comuns e a prestação dos serviços de interesse comum;
i) Representar o Condomínio perante as autoridades administrativas e judiciais;
j) Transmitir aos Condóminos todas as notificações que venha a receber das autoridades administrativas;
k) Assegurar a execução do regulamento e das disposições legais e administrativas relativas ao Condomínio;
l) Guardar e manter em ordem todos os documento que digam respeito ao Condomínio;
m) Divulgar o regulamento de Condomínio junto de todas as pessoas que vivam ou utilizem o edifício mesmo que não sejam proprietários das frações, como é o caso dos locatários;
n) Transmitir aos condóminos não residentes todos os factos relevantes da vida do Condomínio;
o) Entregar, no fim do mandato, toda a documentação relativa ao prédio, bem como os saldos de caixa e bancários do Condomínio ao novo Administrador.

Artigo 14º

1. O seguro contra o risco de incêndio do edifício é obrigatório, devendo todos os condóminos possuir e manter atualizado o referido seguro, cobrindo a sua fracção e a quota parte das zonas comuns.

2. Para efeitos do número anterior, devem os condóminos comunicar ao administrador a existência de seguro de incêndio das frações de que são proprietários, indicando o nome da companhia seguradora, número da apólice e valor seguro, facultando cópia do contrato ou do último recibo.

3. É obrigatória a atualização anual do seguro contra risco de incêndio.

4. No caso de cessação do contrato de seguro, os condóminos devem comunicar imediatamente o facto ao administrador. Caso não celebrem um novo seguro, o administrador deve efectuá-lo pelo valor que, para o efeito, tenha sido fixado em Assembleia, ficando com o direito de reaver o respectivo prémio.

5. Todo o pessoal afecto aos serviços comuns deverá estar contra o risco de acidentes de trabalho, por valor correspondente aos dos seus ordenados.

Artigo 15º

As normas que disciplinam os direitos e deveres da utilização da garagem constam como anexo (Anexo 2).

60. Termo de Abertura de Livro e Actas de Assembleias Gerais Societárias

TERMO DE ABERTURA DE LIVRO DE ACTAS

Vai este livro servir para as actas das reuniões e deliberações da sociedade (...) LDA. O mesmo contém 50 (cinquenta) folhas numeradas.

Lisboa, (...)

A gerente

ACTA DE ASSEMBLEIA GERAL – SOCIEDADE COMERCIAL POR QUOTAS (PODERES PARA MOVIMENTAÇÃO DE CONTA BANCÁRIA)

ACTA Nº (...)
No dia (...) do ano de (...), pelas (...) horas, e com dispensa de formalidades prévias nos termos do art.54º do Código das Sociedades Comerciais, constituiu-se na sua sede social sita na (...), em Cascais, a assembleia geral da sociedade comercial por quotas (...) LDA com o capital social de cem mil euros, matriculada na Conservatória do Registo Comercial de (...) sob o n.º (...), na presença dos seus sócios (...) titular de uma quota no valor nominal de cinquenta mil euros, (...) titular de uma quota no valor nominal de vinte e cinco mil euros, (...), titular de uma quota no valor nominal de doze mil e quinhentos euros e (...), titular de uma quota no valor nominal de doze mil e quinhentos euros.

Encontrando-se presente a totalidade do capital social, tomou a presidência da Assembleia a sócia maioritária (...) a qual, com o conhecimento prévio de todos os presentes, propôs que deliberassem sobre o seguinte ponto da ordem de trabalhos:

Ponto único – mandatar a sócia (...) e conferir-lhe os poderes necessários para, com a assinatura conjunta da sócia gerente (...), movimentar, efectuar depósitos, levantamentos e transferências de valores, solicitar, emitir e assinar cheques, bem como solicitar e utilizar cartões de débito e de crédito bancários, requerendo, praticando e assinando tudo o mais que se torne necessário aos indicados fins, relativamente à a conta bancária com o NIB (...), do tipo conta à ordem, titulada pela sociedade comercial por quotas (...) LDA no Banco (...), na dependência bancária sita em (...).

Colocado à discussão, foi aquele ponto único da ordem de trabalhos aprovado por unanimidade.

Nada mais havendo a tratar encerrou a sessão pelas nove horas e vinte minutos, lavrando de imediato a presente acta, que vai ser assinada pelos sócios presentes.

ACTA DE ASSEMBLEIA GERAL – SOCIEDADE UNIPESSOAL POR QUOTAS (TRANSFORMAÇÃO EM SOCIEDADE COMERCIAL POR QUOTAS)

Acta nº (...)

No dia (...) pelas (...) horas, e com dispensa de formalidades prévias nos termos do art.54º do Código das Sociedades Comerciais, constituiu-se na sua sede social sita na (...) concelho de (...), a assembleia geral da sociedade comercial unipessoal por quotas sob a firma (...) UNIPESSOAL LDA com o capital social de (...) euros, matriculada na Conservatória do Registo Comercial de (...) sob o n.º (...)/NIPC, na presença do seu sócio único e titular da totalidade do capital social, (...), para deliberar sobre os seguintes pontos da ordem de trabalhos:
1 – Transformação da sociedade em sociedade comercial por quotas:
    1.1. – Aprovação do relatório organizado pela gerência, justificativo da transformação, com base em balanço social reportado ao último exercício, findo em 31 de Dezembro de (...).
    1.2. – Aprovação da transformação da sociedade e da distribuição das participações sociais.
    1.3. – Alteração do contrato social.
2 – Eleição dos membros dos órgãos sociais para o primeiro mandato
Estando em condições de deliberar validamente; assumiu a presidência o sócio único (...).
Foi também admitida a presença na assembleia de (...) na qualidade de mandatário da sociedade anónima (...) SA, munido de Acta da Assembleia Geral desta sociedade anónima datada de (...) pela qual lhe foram conferidos poderes bastantes para o acto, sociedade anónima esta que assim se fez presente na qualidade de candidata a titular de parte do capital decorrente das deliberações que vierem a ser tomadas.

Entrando-se no primeiro ponto da ordem de trabalhos, o sócio único apresentou à assembleia uma proposta de transformação da sociedade em sociedade comercial por quotas, cujo enquadramento legal e modo de funcionamento, neste momento, são mais adequados à dimensão dos actuais negócios sociais.

Mais adiantou que, para esse efeito, a quota de (...) de que é titular único deve ser objecto de transmissão parcial, procedendo-se à cessão de uma parte no valor de (...) em benefício da sociedade anónima (...) SA, permanecendo o actual sócio único (...) na titularidade da quota originária apenas pelo valor de (...), assim se operando também a divisão da quota originária em duas e se admitindo a sociedade anónima (...) como nova sócia, a fim de serem reunidos os requisitos legais mínimos previstos para o tipo de sociedade por quotas, quanto ao montante de capital social e quanto número de sócios, esclarecendo:
– que a divisão de quotas não se encontra proibida pelo contrato de sociedade;
– que a divisão de quotas nos termos propostos carece do consentimento da sociedade quer quanto à cessão quer quanto à divisão;
– que o capital social está integralmente liberado, realizado e definitivamente registado;
– que o sócio (...) passará a deter uma quota com o valor nominal de (...) euros;
– que a sócia (...) SA passará a deter uma quota com o valor nominal de (...) euros.

– *que para formalização da descrita transmissão parcial de quotas será celebrado em simultâneo o respectivo contrato de cessão parcial de quotas entre (...) e a sociedade anónima (...) SA*

Colocada à discussão, a proposta foi aprovada por unanimidade, prestando a sociedade o seu consentimento integral a todos os negócios jurídicos referidos.

Nesta altura, por intermédio do seu mandatário, a nova sócia (...) SA declarou, perante a assembleia, que aceitava associar-se nas condições da precedente cessão parcial de quotas, sendo do seu perfeito conhecimento as normas por que se tem vindo a reger o contrato social, e dando também o seu assentimento à subsequente operação de transformação da sociedade.

De seguida, o sócio (...), tendo em vista a transformação da sociedade, divulgou o conteúdo dos seguintes documentos, a fim de serem analisados, os quais suportam a proposta de deliberação:

a) o relatório justificativo, organizado pela gerência, baseado no balanço social do último exercício, findo em 31 de Dezembro de (...), que faz parte das contas aprovadas em (...);

b) o parecer favorável do Técnico Oficial de Contas que preside ao órgão de fiscalização da sociedade;

c) o projecto do novo contrato de sociedade.

Da apresentação destes documentos, o sócio (...) concluiu que deles resulta o seguinte: (requisitos)

I – Que____.

II – Que____(...)

VIII – Que, em face do contrato social, não há sócios titulares de direitos especiais.

A proposta foi discutida e depois submetida a aprovação, tendo o sócio, em face dos documentos e demais elementos apresentados pela gerência e a comprovada boa organização das contas sociais, aprovado separadamente os pontos seguintes:

1º - o relatório organizado pela gerência, justificativo da transformação, com base no balanço do último exercício reportado a 31 de Dezembro de (...), cujas contas já foram aprovadas em (...);

2º - a transformação da sociedade numa sociedade comercial por quotas, mediante a cessão parcial da quota existente, ficando o capital social redistribuído do seguinte modo:

a) o sócio (...) passará a deter uma quota com o valor nominal de (...) euros;

b) a sócia (...) SA passará a deter uma quota com o valor nominal de (...) euros;

3º - A sociedade passa a girar sob a firma (...) LDA e mantém a sua sede na (...), freguesia de (...), concelho de Lisboa;

4º - A sociedade adopta como estrutura de administração e de fiscalização, um gerente único e um fiscal único, nomeados para mandatos de três anos.

5º - As cláusulas que regem o contrato social do novo tipo societário adoptado pela sociedade, ora transformada, as quais constam do anexo ao relatório justificativo da transformação, e de cujo conteúdo os sócios tomaram perfeito conhecimento.

Aprovada a deliberação de transformação por unanimidade, o sócio (...) e declarou que, desde o dia a que se reporta o balanço até ao momento presente, não ocorreram diminuições patrimoniais ou outros impedimentos que obstem ao acto.

Entrando-se finalmente no ponto dois da ordem de trabalhos e em função das deliberações tomadas anteriormente, foi proposta e aprovada por unanimidade, a nomeação dos seguintes membros dos órgãos sociais, para o primeiro mandato:

Gerente - (...)

Fiscal Único (...), TOC n.º (...) com escritório em (...)

Nada mais havendo a tratar encerrou a sessão pelas ___ horas, lavrando de imediato a presente acta, que vai ser assinada pelo sócio presente e ainda pela nova sócias, ora admitida na sociedade, e regularmente representada

ACTA DE ASSEMBLEIA GERAL – SOCIEDADE COMERCIAL POR QUOTAS (DELIBERAÇÃO DE DISSOLUÇÃO)

ACTA NÚMERO (...)

Aos (...) dias do mês de (...) de (...), pelas (...) horas, na sede social, sita na (...), reuniram-se em Assembleia Geral Extraordinária, os sócios da sociedade por quotas denominada "(...) LDA", NIPC (...),com o capital social de cinquenta mil euros, matriculada na Conservatória do Registo Comercial de Lisboa, sob o número (...).

Verificou-se estarem presentes, (...), detentor de uma quota do valor nominal de trinta mil euros e (...) detentora de uma quota no valor nominal de vinte mil euros, encontrando-se assim representada a totalidade do capital social, pelo que, nos termos do artigo cinquenta e quatro do Código das sociedades comerciais, foi deliberado constituir-se em assembleia geral, sem qualquer observância de formalidades prévias, nada obstando à realização da mesma e à validade das deliberações a tomar e com a seguinte ordem de trabalhos.

PONTO UM – Deliberação sobre a aprovação e encerramento das contas
PONTO DOIS – Deliberação e aprovação da dissolução da sociedade

Aberta a sessão, entrou-se imediatamente no ponto um da ordem de trabalhos, tendo-se, constatado que foi liquidado todo o seu activo e passivo, não existem bens, nem qualquer saldo de liquidação, pelo que foi deliberado e aprovado pela unanimidade dos sócios encerrar as contas.

Entrando-se no ponto dois da Ordem de Trabalhos, usou da palavra o sócio (...) o qual propôs que a sociedade fosse dissolvida atento ao facto de a mesma não ter há vários anos qualquer actividade. Discutidas e examinadas as contas sociais verificou-se ainda que a sociedade, que não tem imóveis, não tem qualquer passivo nem activo na medida em que o activo existente foi empregado na liquidação do passivo sem haver lugar a qualquer saldo devedor ou credor, tendo de seguida sido deliberado e aprovado também por unanimidade proceder à dissolução da sociedade, tendo-se ainda deliberado por unanimidade que todos livros da sociedade fossem entregues ao sócio gerente (...) para os efeitos legais e mandatando-se o mesmo sócio gerente para outorgar e assinar a respectiva escritura de dissolução da sociedade, para promover a inscrição da dissolução junto da Conservatória do Registo Comercial competente, bem assim como para promover, assinar e requerer todos os actos necessários e convenientes à execução e deliberação tomada na presente assembleia de dissolução da sociedade.

E por nada mais haver a tratar, foi dada por encerrada a presente sessão, lavrando-se a respectiva acta que foi lida em voz alta a todos os presentes e que por estes vai também ser assinada.

61. Procurações

PROCURAÇÃO FORENSE COM PODERES ESPECIAIS

(...) LDA, NIPC (...), com sede na (...), em (...), neste acto representada pelo seu sócio--gerente (...) que outorga na qualidade e com poderes para o acto, constitui seu bastante procurador o Dr. (...), advogado com escritório na (...), em (...), a quem, com os de substabelecer, concede os mais amplos poderes forenses em Direito permitidos, incluindo os de transigir, confessar e desistir da instância e do pedido nos termos e condições que tiver por convenientes, no âmbito da acção que corre termos no Tribunal (...), Secção (...), sob o nº (...).

Lisboa, (...) de (...)

PROCURAÇÃO PARA MOVIMENTAÇÃO DE CONTA BANCÁRIA, SEM PRESTAÇÃO DE CONTAS

(minuta)

No dia (...) no (...) Cartório Notarial de (...), perante mim, (...), compareceu (...), contribuinte fiscal nº (...) residente na (...) casada no regime da separação de bens com (...).
Verifiquei a identidade da outorgante por exibição do Bilhete de Identidade número (...) emitido em (...) pelos Serviços de Identificação Civil de (...).
E PELA MESMA FOI DITO:
Que constitui seu bastante procurador (...), natural de (...), portador do Bilhete de Identidade número (...), emitido em (...) pelos Serviços de Identificação Civil de (...), ao qual confere os poderes necessários para, livremente e sem a obrigação de prestar contas, movimentar a conta bancária com o NIB (...), do tipo conta à ordem, titulada pela mandante no Banco (...) na dependência bancária sita em (...) em (...).
Mais lhe confere poderes para, no âmbito do presente mandato, efectuar quaisquer depósitos, levantamentos e transferências de valores, solicitar, emitir e assinar cheques, bem como solicitar e utilizar cartões de débito e de crédito bancários, requerendo, praticando e assinando tudo o mais que se torne necessário aos indicados fins.
Este instrumento foi lido em voz alta à outorgante tendo sido feita a explicação presencial do seu conteúdo.

PROCURAÇÃO PARA VENDA DE BENS IMÓVEIS, SEM DISPENSA DE PRESTAÇÃO DE CONTAS

(minuta)

No dia (...) no Cartório Notarial de (...), perante mim (...) compareceu (...), natural do concelho de (...), freguesia de (...), casado com (...) no regime da (...), residente na (...), contribuinte fiscal n.º (...) e portador do BI n.º (...), emitido em (...).

Verifiquei a identidade do outorgante por exibição do referido Bilhete de Identidade, emitido pelo Arquivo de Identificação de (...)

E POR ELE FOI DITO:

Que constitui como sua bastante procuradora sua filha (...), contribuinte fiscal n.º (...), natural do concelho de (...), freguesia de (...), portadora do Bilhete de Identidade n.º (...), emitido em (...) pelos S.I.C. de (...), residente na (...), à qual confere os poderes necessários para, em seu nome, prometer vender e vender, a quem entender por conveniente e pelo preço e condições que melhor tiverem por convenientes, os seguintes bens imóveis que são seus bens próprios e de exclusiva propriedade, não constituindo casa de morada de família:

a) fracção autónoma destinada a habitação designada pela letra "(...)", correspondente ao (...) andar do prédio urbano submetido ao regime de propriedade horizontal sito na (...), freguesia de (...), concelho de (...), descrito na Conservatória do Registo Predial de (...) sob o n.º (...) e inscrito na matriz predial urbana daquela freguesia sob o artigo (...)º;

b) fracção autónoma destinada a garagem designada pela letra "(...)", com o n.º 1 sita na 3ª cave do prédio urbano submetido ao regime de propriedade horizontal na (...) freguesia de (...),concelho de (...), descrito na Conservatória do Registo Predial de (...) sob o n.º (...) e inscrito na matriz predial urbana daquela freguesia sob o artigo (...)º.

Mais concede os poderes para o representar junto do Banco (...), a fim de diligenciar a obtenção da documentação necessária ao destrate e cancelamento da hipoteca constituída a favor desta entidade, de acordo com a Inscrição C2, Ap. (...) de (...), da fracção autónoma destinada a habitação designada pela letra "(...)", correspondente ao (...) andar do prédio urbano submetido ao regime de propriedade horizontal sito na (...), freguesia de (...), concelho de (...), descrito na Conservatória do Registo Predial de (...) sob o n.º (...) e inscrito na matriz predial urbana daquela freguesia sob o artigo (...)º, podendo apresentar, subscrever e requerer, em seu nome, assim como praticar, todos os actos necessários aos fins da presente procuração.

Que as únicas condições da presente procuração são as de que a ora constituída procuradora não poderá fazer negócio consigo mesmo e somente poderá transmitir a propriedade dos bens a terceiros, livres de ónus ou encargos.

Que a ora constituída procuradora poderá ainda assinar contratos de promessa de compra e venda, receber quaisquer quantias como sinal e princípio de pagamento, outorgar e *assinar a competente escritura; receber o preço e dar quitação; requerer quaisquer actos de registo predial, provisórios ou definitivos, seus averbamentos e cancelamentos, junto da competente Conservatória; representá-lo junto de quaisquer repartições públicas e administrativas, nomeadamente Repartição de Finanças e Câmara Municipal, requerendo, praticando e assinando tudo o mais que se torne necessário aos indicados fins.*

A presente procuração é conferida pelo prazo de 6 (seis) meses e não dispensa a prestação de contas.

Este instrumento foi lido em voz alta ao outorgante e feita a explicação do seu conteúdo.

PROCURAÇÃO IRREVOGÁVEL PARA VENDA DE PRÉDIO EM COMPROPRIEDADE

(minuta)

No dia (...) no Cartório Notarial de (...), perante mim, (...) respectivo(a) notário(a), compareceram (nome completo), natural de (concelho e freguesia), (contribuinte nº), casado com (nome completo) sob o regime da (...) ambos residentes na (morada); (nome completo), natural de (concelho e freguesia), (contribuinte nº), casado com (nome completo) sob o regime da (...)., ambos residentes na (morada) (nome completo), natural de (concelho e freguesia), (contribuinte nº), casado com (nome completo) sob o regime da (...), ambos residentes na (morada) (nome completo), natural de (concelho e freguesia), (contribuinte nº), casado com (nome completo) sob o regime da (...), ambos residentes na (morada).

Verifiquei a identidade dos outorgantes por exibição dos Bilhetes de Identidade nº (...)., emitido em (...); nº (...), emitido em (...); nº (...), emitido em (...); e nº (...)., emitido em (...); respectivamente, todos emitidos pelos Serviços de Identificação Civil de (...).

E POR ELES FOI DITO:

Que constituem seu bastante procurador (...), natural de (concelho e freguesia), (contribuinte nº), portador do B.I.nº (...)., emitido em (...), pelos Serviços de Identificação Civil de Lisboa, casado com (nome completo) sob o regime da (...), ambos residentes na (morada), ao qual, com a faculdade de substabelecer, conferem os poderes necessários para prometer vender e vender, a quem e pelo preço e condições que entender por convenientes:

– o prédio (descrição predial completa) (e inscrição matricial), de que são titulares os mandantes e o mandatário (indicar proporções, em caso de compropriedade), respectivamente.

Bem como os poderes necessários para celebrar escrituras de partilha parcial quanto a tal imóvel, assinar contratos de promessa de compra e venda, receber quaisquer quantias como sinal e princípio de pagamento, outorgar e assinar a competente escritura de compra e venda; receber o preço e dar quitação; requerer quaisquer actos de registo predial, provisórios ou definitivos, seus averbamentos e cancelamentos, junto das competentes Conservatórias; representá-los junto de quaisquer repartições públicas e administrativas, nomeadamente Repartição de Finanças e Câmara Municipal, requerendo, praticando e assinando tudo o mais que se torne necessário aos indicados fins.

O ora constituído mandatário poderá fazer negócio consigo mesmo e fica dispensado da prestação de contas.

A presente procuração é conferida no interesse do mandatário, pelo que é irrevogável nos termos legais e não caduca por morte, interdição ou inabilitação dos mandantes nos termos do art.1175º do Código Civil.

Este instrumento foi lido em voz alta aos outorgantes e feita a explicação do seu conteúdo.

PROCURAÇÃO COM AMPLOS PODERES, SEM DISPENSA DE PRESTAÇÃO DE CONTAS

No dia (...) no Cartório Notarial de (...), perante mim (...) compareceu (...), natural do concelho de (...), freguesia de (...), casado com (...) no regime da separação de bens (...), residente na (...), contribuinte fiscal n.º (...) e portador do BI n.º (...), emitido em (...).
Verifiquei a identidade do outorgante por exibição do referido Bilhete de Identidade, emitido pelo Arquivo de Identificação de (...)
E POR ELE FOI DITO:
Que constitui seus bastantes procuradores, podendo representá-lo apenas actuando em conjunto, ambos os seus filhos maiores (...), casado, natural da Freguesia de (...), concelho de (...), NIF (...), portador do Bilhete de Identidade n.º (...), emitido em (...) pelos Serviços de Identificação Civil de (...) e (...), casado, natural da Freguesia de (...), concelho de (...), NIF (...), portador do Bilhete de Identidade n.º (...), emitido em (...) pelos Serviços de Identificação Civil de (...), aos quais, com a faculdade de substabelecerem, concede os mais amplos poderes de administração civil geral, podendo, nomeadamente, em seu nome e representação:

a) Comprar, vender, permutar, partilhar, doar, hipotecar ou por qualquer modo transmitir ou onerar, gratuita ou onerosamente, bens e direitos, móveis ou imóveis, a quem, pelo preço e nas condições que entender convenientes, outorgando as respectivas escrituras, bem como celebrando os respectivos contratos promessa e emitindo recibos de quitação, nomeadamente quanto a prédios rústicos, urbanos ou mistos sitos nos concelhos de (...), (...) e (...);
b) Relativamente a bens e direitos provenientes de heranças indivisas, todos os poderes que necessários forem para intervirem em inventários e partilhas particulares ou judiciais e nelas o outorgante ser representado em conferência de interessados, a licitar; dar e receber tornas, aceitar ou não o passivo e intervir em transacções judiciais, ou em escrituras públicas relativamente a tais partilhas;
c) Representá-lo em quaisquer assembleias de condomínio, podendo nas mesmas declarar e requerer tudo o que entender conveniente;
d) Receber e levantar qualquer correspondência que lhe seja remetida;
e) Dar ou tomar de arrendamento quaisquer prédios, de qualquer natureza, no todo ou em parte, estipulando os prazos, rendas e condições contratuais que entender convenientes, pagar ou receber rendas, passar e assinar recibos, renovar, prorrogar ou rescindir os respectivos contratos de arrendamento;
f) Representá-lo junto de quaisquer repartições ou autoridades públicas ou administrativas, designadamente nas Conservatórias, Finanças e Câmaras Municipais e aí liquidar impostos ou contribuições, declarar, participar, manifestar, requerer, reclamar e impugnar o que tiver por conveniente à defesa dos seus interesses;
g) Fazer ou aceitar cessões de crédito, aceitar e endossar letras, representativas de operações bancárias ou de empréstimo de capitais entre particulares;
h) Destratar contratos de mútuo, recebendo os capitais mutuados e deles prestar as correspondentes quitações, podendo autorizar o cancelamento, total ou parcial de

quaisquer inscrições hipotecárias que hajam sido feitas a seu favor, proceder a quaisquer actos de registo predial ou de propriedade automóvel provisórios ou definitivos, cancelamentos ou averbamentos, fazendo quaisquer declarações complementares, apresentando títulos e documentos, recebendo os que não devam ficar arquivados;

i) *Representá-lo em todos e quaisquer processos civis, comerciais, fiscais e administrativos, seus incidentes e recursos, alegar e defender os seus interesses em juízo, propor, fazer seguir ou contestar quaisquer acções, requerer providências cautelares e assinar termos de responsabilidade e, para estes fins, constituir mandatário, assinar escrituras, procurações forenses e todos os demais actos necessários, devendo fazer-se substituir por advogado ou pessoa hábil no foro sempre que tenham de recorrer a juízo e a lei o exija.*

E mais lhes confere poderes para, em seu nome e representação:

a) *proceder à aquisição, alienação e oneração de participações sociais por si tituladas nas condições contratuais que entender convenientes;*
b) *intervir e representá-la em quaisquer assembleias gerais de sociedades comerciais, podendo participar nas deliberações sociais, nomeadamente as que visem a dissolução da sociedade;*
c) *receber os lucros e proveitos que lhe caibam em função dos resultados do exercício de quaisquer sociedades, nas quais detenha participações sociais;*
d) *praticar todos os actos que entender necessários à gestão e administração das participações sociais e,*
e) *de um modo geral, praticar actos, assinar e requerer tudo quanto se torne necessário para o cabal desempenho deste mandato.*

Ficam os mandatários autorizados a celebrar negócio consigo mesmo, mas sem dispensa da prestação de contas.
Esta procuração foi lida ao outorgante e feita a explicação do seu conteúdo.

TERMO DE AUTENTICAÇÃO

No dia (...) de (...), em (...) e no meu escritório sito na (...), perante mim, (...), Advogado titular da Cédula Profissional nº (...) emitida pelo Conselho Geral da Ordem dos Advogados, compareceu como outorgante (...), titular do Bilhete de Identidade nº(...), de (...) dos S.I.C. de (...) casada, natural da freguesia de (...), residente na (...), em (...), a qual outorgou na qualidade de gerente da sociedade (...) LDA, NIPC (...), qualidade e poderes que conferi face à Certidão Permanente do Registo Comercial com o Código de Acesso (...), a qual:

para fins de autenticação me apresentou a procuração anexa, que disse já haver lido, pelo que tem perfeito conhecimento do seu conteúdo e exprime a vontade da sociedade sua representada.

Este termo foi lido ao outorgante em voz alta e feita a explicação do seu conteúdo.

O ADVOGADO

62. Testamentos

TESTAMENTO PÚBLICO DE (...)

No dia (...) de (...) de dois mil e dois, na (...), em Lisboa, perante mim (...), notário do (...) Cartório Notarial de (..), compareceu:

(...), casado com (...), no regime da separação de bens, natural da freguesia de (...), concelho de (...), residente em (...), cuja identidade verifiquei por exibição do Bilhete de Identidade nº ..., emitido em ..., pelos Serviços de Identificação Civil de (...)

E disse:

I. Que faz o seu testamento e disposições de última vontade, pela forma seguinte: caso a sua mulher lhe sobreviva, lega a totalidade da quota disponível, a qual será preenchida em dinheiro dos saldos das suas contas bancárias, à sua mulher e a todos os seus filhos, nas seguintes proporções:

a) metade para a sua mulher, ficando a administração do respectivo valor a cargo de (...), a quem deverá ser entregue, a fim de este suportar todas as despesas de sustento, assistência e tratamento médicos, internamentos clínicos e cuidados de saúde em geral, vestuário, habitação e acompanhamento permanente, em termos de igual qualidade e dignidade face ao que tem sido assegurado até à data, de que venha a necessitar a referida (...), até ao seu último dia de vida;

b) metade para os seus filhos, em partes iguais.

II. Que com o presente testamento expressamente revoga todo e qualquer outro que anteriormente tenha feito.

III. Que nomeia testamenteiro (...).

Foram testemunhas:

(...) natural da freguesia de (...), concelho de (...), residente em (...), contribuinte fiscal nº (...), e portador do Bilhete de Identidade nº (...), emitido em (...), pelos Serviços de Identificação Civil de (...),

(...) natural da freguesia de (...), concelho de (...), residente em (...), contribuinte fiscal nº (...), e portador do Bilhete de Identidade nº (...), emitido em (...), pelos Serviços de Identificação Civil de (...).

TESTAMENTO PÚBLICO DE (...)

No dia (...) de (...) de dois mil e dez, neste Cartório Notarial sito na Rua (...), em Lisboa, perante mim (...), respectivo Notário, compareceu:
(...), viúvo, natural da freguesia de (...), concelho de (...), residente em (...), contribuinte fiscal nº (...), cuja identidade verifiquei por exibição do Bilhete de Identidade nº (...), emitido em (...), pelos Serviços de Identificação Civil de (...):
O qual disse:

I. Que faz o seu testamento e disposições de última vontade, pela forma seguinte:
a) não existindo qualquer herdeiro sucessível pela via legitimária no evento de sua morte, atribui em legado a (...), natural da freguesia de (...), concelho de (...), residente em (...), contribuinte fiscal nº (...), e portador do Bilhete de Identidade nº (...), emitido em (...), pelos Serviços de Identificação Civil de (...), a totalidade da participação social que detém na sociedade unipessoal por quotas denominada "(...) LDA", pessoa colectiva nº(...), com sede na (...), freguesia de (...), concelho de Lisboa, matriculada na (...)ª Secção da Conservatória do Registo Comercial de Lisboa sob o nº (...), com o capital social de (...) EUROS, assim como todos os eventuais direitos inerentes a tal titularidade, com expressa inclusão dos suprimentos;
II. Que com o presente testamento expressamente revoga todo e qualquer outro que anteriormente tenha feito.

Foram testemunhas:
(...) natural da freguesia de (...), concelho de (...), residente em (...), contribuinte fiscal nº (...), e portador do Bilhete de Identidade nº (...), emitido em (...), pelos Serviços de Identificação Civil de (...),
(...) natural da freguesia de (...), concelho de (...), residente em (...), contribuinte fiscal nº (...), e portador do Bilhete de Identidade nº (...), emitido em (...), pelos Serviços de Identificação Civil de (...).

TESTAMENTO CERRADO

A tarefa de se encontrarem tutores para confiarmos os destinos dos nossos filhos perante a ausência de ambos os Pais, nunca tem sido fácil, embora nos dias que correm esta parece ter-se tornado cada vez mais difícil.

Se esta dificuldade não surge logo pela falta de confiança no substrato moral e nos preceitos e princípios do ser humano comum, surge então pelo facto dos Pais considerarem potencialmente deficiente as intervenções dos mesmos a prazo.

Neste contexto, consideramo-nos particularmente abençoados - a genuína raridade deste sentimento merece esta palavra - ao podermos contar entre os amigos da família, e sem hesitações, logo oito candidatos para esta obra de caridade que é a tutela dos nossos filhos, o amor pelos quais admitidamente supera a nossa relutância de enfardar com o ónus da missão de os acompanhar na nossa "ausência involuntária".

E se são três em vez de um só tutor, as razões para esta opção são "two-fold":
1§. O ónus desta pesada responsabilidade, repartida e
2§. O "apport" das diferentes qualidades excepcionais dos tutores conjugados acabarão por beneficiar a tomada de decisões.

1. Legado do terço disponível ao cônjuge sobrevivente na eventualidade da sobrevivência de um deles.

2. Na eventualidade do falecimento do casal, a tutela deve ser assumida pelos três tutores que passamos a designar.
A B C
Suplente de A Suplente de B Suplente de C

Os suplentes serão chamados ao cargo de tutela em substituição dos primeiros eleitos desde que exista impossibilidade, isto é, morte ou incapacidade física ou mental, ou incompatibilidade tal como previsto na lei.

Todas as decisões serão tomadas por maioria, excepção feita a algumas situações específicas estipuladas que exigem a unanimidade.

Prioridades
A tutela deve orientar-se segundo umas linhas gerais que endereçam os pontos seguintes:

1. A Saúde
2. A Educação
3. A Felicidade considerada no contexto da realização pessoal do indivíduo
4. A Manutenção da Dupla Nacionalidade Alemã/Portuguesa, privilegiando-se a Alemã, excepção feita quando, no contexto então vivido, se julgue contrariamente, por unanimidade.

MINUTAS E REFERÊNCIAS COMPLEMENTARES

1. A Saúde
A) *Enquanto possível, devem-se manter seguros de saúde privados para filhos, iguais ou equivalentes aos actuais - "(...)" - que prevêem, embora com uma certa comparticipação pessoal, uma assistência muito superior a prevista pelos sistemas de saúde nacionais.*
B) *Sendo preciosa a preservação da saúde deve obviamente ser uma preocupação constante, mas não deve levar ao ponto onde cada filho, e uma vez que são três, absorve, por motivos de invalidez ou doença crónica, física ou mental, ou situação equivalente, mais de um terço da herança que lhe está destinada determinada no princípio do padecimento, salvaguardando deste modo os direitos gerais básicos do(s) outro(s) herdeiro(s), sendo que, no entanto, as decisões neste campo, sejam passíveis de revisão desde que tomadas por unanimidade dos tutores.*

2. A Educação
A) *Continuar a dar preferência à Educação Anglo-Saxónica parece-nos sensato, mesmo que seja apenas pelo acréscimo de oportunidades de desenvolvimento do indivíduo que este sistema proporciona. Preferimos assim o (...) no Porto ou o (...) em Lisboa como escolas secundárias, sendo que consideremos vantajosa a permanência dos nossos filhos em Portugal isto, desde que os nossos compadres (...) e (...), aceitem tê-los junto deles em família. Caso contrário, permaneceram junto do Dr. (...), irmão de (...), que terá a tutela directa, até à altura ou idade que se julgue apropriada de eventualmente deixar o lar para seguir o deu percurso académico, decisão tomada na altura julgada adequada pela maioria dos tutores e tomada por maioria. Até lá, devem frequentar os melhores e mais adequados estabelecimentos de ensino, a responsabilidade da escolha recaindo sobre a totalidade dos tutores.*
B) *Após os estudos na escola secundária, e em termos de ensino superior, pedimos que se privilegiem as universidades americanas, preferivelmente uma das "Ivy League" se houver potencial. Caso um filho opte por uma escola técnico-profissional agradecemos que se identifiquem as melhores no velho continente ou EUA, optando-se por uma destas, se possível.*

3. A Felicidade considerada no contexto da realização pessoal do indivíduo
Um contexto eventualmente algo vago, mas que com o bom senso comum que sabemos dotar os nossos queridos amigos, os tutores, deixamos à vossa inestimável e valiosa interpretação.

4. A Manutenção da Dupla Nacionalidade Alemã/Portuguesa, privilegiando-se a Alemã, excepção feita quando, no contexto então vivido, se julgue contrariamente, por unanimidade.
Um pedido de orientação que nos parece "straight-forward" mas que obriga as crianças a aprender a Língua Alemã, isto, para além do Português e Inglês. Até à data, o simples levantamento de um passaporte alemão - preferivelmente antes dos dezasseis anos de idade - mediante apresentação do LIVRO de FAMLIA Alemão, "Familienbuch", onde todos os

nossos filhos estão registados, livro que se encontra na secretária inglesa em casa, serve para posterior registo numa junta de freguesia para emissão de um Bilhete de Identidade Alemão - preferivelmente depois dos vinte anos de idade para evitar a chamada automática para o serviço militar actualmente existente, evitando deste modo também a questão da Opção por uma Nacionalidade.

A Gestão do Património

A gestão do património deve ser feito em bloco, isto, até ao momento em que um herdeiro receba a sua quota parte como previsto na lei, altura em que esta será dissociada do restante património que permanecer sob tutela. Os herdeiros remanescentes receberão as suas quota respectivas em condições semelhantes. Podem, no entanto, os herdeiros prescindir da sua quota - o que lhes recomendamos vivamente de fazer - até, à idade dos 27 anos, altura em que receberão até 10% da sua quota, tendo no entanto de aguardar que o filho mais novo atinja os 27 anos para que possam receber o resto da quota que lhes assiste.

Caso contrário, assiste ao(s) outro(s) uma compensação numerária face aos proveitos relativos obtidos pelo(s) outro(s) herdeiro(s) que permaneceram sob o "abrigo" do Património Total e da sua Tutela.

A. O Património Imobiliário

A gestão da carteira das aplicações financeiras deve privilegiar os fundos de investimentos, os fundos de acções não compreendendo mais de 50% do valor da carteira financeira. O "weighting" de qualquer aplicação, seja ela acções propriamente ditas não deve ultrapassar os 20 % excepção feita à aplicação em veículos financeiros extremamente seguros - portanto sem "leverage" - tais como aplicações num Money market ou equivalente.

A maior posição relativa (até, 50% do património financeiro) pode ser detida dentro do Grupo (...) desde que este mantenha um Rating Internacional da Standard & Poor's de pelo menos "A" ou equivalente de uma das mais reputadas firmas de rating internacional, tais como, actualmente, a IBCA e o Moody's. As restantes aplicações financeiras devem ser detidas em Instituições de Crédito de Rating "AAA" da S&P's, ou equivalente.

O Management Fee e quaisquer outros encargos ("fees", comissões, etc.) de qualquer Fundo de Investimento ou Gestão de Carteira não deverão ultrapassar o valor máximo de 0.5% da carteira gerida.

Recomendamos auditorias das contas bancárias bienais.

B. O Património Mobiliário

Os tutores devem tornar-se administradores de todas as sociedades anónimas maioritariamente detidas pelos menores em tutela, auferindo cada Tutor um ordenado fixo mensal de (...), prevendo-se um aumento anual indexado à taxa de inflação anual, excepção feita ao Tutor Directo* que auferirá ainda de uma ajuda de custas extra-educacionais, extra-actividades curriculares, e extra-saúde, de (...) por mês para despesas de géneros, roupas não--escolares, e consumíveis miscelâneas, montante aumentado anualmente através de uma indexação à taxa de inflação do país em que vivem ou ao CPI ("Consumer Price Index") ou CPI restrito (incluindo apenas alimentação e vestuário), recorrendo-se à taxa maior para *cálculo. O aumento é automático durante um período de quatro anos mas terá de ser unanimemente aprovado pelos três Tutores por novo período de 4 anos. O valor estará sempre pronto a revisão, desde que a decisão seja tomada por unanimidade.*

As alienações imobiliárias viáveis por lei sendo aquelas detidas no contexto de uma Sociedade Anónima podem ser decididas pelos Tutores por unanimidade de voto.

O(s) Tutor(es) Directo(s) podem vir a adquirir através de uma Sociedade Anónima de Investimentos Imobiliários constituída propositadamente para o efeito e tendo como accionistas os nossos três filhos (a constituição da sociedade requerendo cinco accionistas fundadores ou outros dois accionistas terão de actuar como fundadores transitórios com uma posição de 5% cada que terão o cuidado de alienar aos três filhos logo que completadas as formalidades de constituição) uma vivenda/andar para acomodar a família acrescida por um valor orientativo não superior a 5% da carteira financeira ou então com os fundos derivados da venda de outra propriedade imobiliária, tendo o Tutor e o seu cônjuge direito de usufruto até, ao fim das suas vidas, altura em que transitarão para os herdeiros sem ónus ou encargos. Os contratos de aluguer eventualmente celebrados com terceiros destas propriedades deverão ter uma duração não superior a dois anos, desde que legalmente possível, ou então o menor prazo previsto na lei. Enquanto os nossos filhos forem co-habitantes da casa, as despesas de água, gás e electricidade e de eventual condomínio serão pagas pelos fundos depositados no banco de transacções, recaindo posteriormente estas despesas sobre os usufrutuários como previsto na lei. Todas as aquisições imobiliárias contempladas terão de necessariamente ser aprovadas por unanimidade.

* O Tutor será responsável pela supervisão e cuidado em casa própria dos nossos filhos até que o último saia do seu cuidado.

Footnote: Embora a cobertura de despesas deva parecer bastante óbvia - , impensável a incursão de um prejuízo desnecessário para além do muito maior ónus de aceitar a responsabilidade do cargo de um tutor - a remuneração acima prevista poder eventual e inicialmente ser entendida como quase que ofensiva. Pedimos no entanto enternecidos que não interpretem a atitude assim, encarando-a antes da seguinte forma:

Cientes do significado da missão proposta, não existe nas nossas mentes compensação financeira possível que possa devolver o inestimável valor do vosso empenho nesta missão, retribuível em boa verdade apenas por um gesto de amizade semelhante, somos cientes no entanto também de que a vida contemporânea tem os seus custos financeiros e que ela frequentemente põe-nos perante restrições reais. Assim, a assunção de responsabilidade que envolve a perturbação da nossa vida quotidiana, a assimilação de mais uns membros de família representa compromissos, entre os quais também financeiros, parecendo-nos um imperativo moral a existência de pelo menos uma contribuição mínima para fazer face ao desgaste incorrido. Assim, também encaramos a eventualidade de podermos proporcionar uma casa de dimensões mais adequadas para um núcleo familiar maior, maior por força maior e por causa do acolhimento dos nossos filhos, também com a mesma lógica, acrescida pelo facto de que sentimos alegria e satisfação de ser permitida, através da utilização dos fundos que deixamos, uma vivência mais agradável para o núcleo familiar amigo. A dádiva do usufruto da(s) casa(s), senão um gesto modesto da nossa gratidão, a verdadeira gratidão podendo só residir no seio dos corações dos nossos respectivos filhos quando mais conscientes e crescidos, e só retribuível por actos - Deus queira não em circunstâncias semelhantes - que revelem a mesma amizade para com os vossos filhos ou netos que os nossos amigos mostrem para com eles, os nossos filhos.

Na eventualidade de nenhum dos nossos filhos sobreviver a data da sua herança, então propomos a criação de uma Fundação que se venha a dedicar dentro da comunidade portuguesa a um dos dois objectivos seguintes:

1. *A "Fundação (...)" sob a égide de (...) e (...) dedicar-se-á ao apoio directo de crianças da idade pré-primária desprotegidas, negligenciadas e pobres, mas que perante todos objectivos revelem potencial incomum de desenvolvimento. Este apoio poder envolver tudo desde o apoio alimentar ou de vestuário, portanto básico, até apoio mais específico tal como o apoio financeiro académico e de aconselhamento. O esforço de ajudar estas crianças directamente dever-se-á conjugar com um esforço de apoiar as educadoras da pré-primária e professoras da primária que revelem uma vocação e dedicação excepcional, algo que poder vir a traduzir-se através da atribuição anual de um prémio na forma de uma bolsa de estudo que financiasse um curso numa instituição estrangeira de educação reconhecida durante um período de até meio ano - não mais, por causa de implicações potencialmente contra-produtivas - e/ou do apoio financeiro para aquisição de material escolástico especial desejado pela premiada. As implicações são muitas e a tarefa extremamente difícil, mas talvez também por isso potencialmente muito gratificante. Esta nossa atitude assenta na nossa convicção de que "o indivíduo", na sua essência único no universo, detém o potencial de fazer uma diferença, para o nosso país, quiçá, para o nosso mundo, e existem poucas coisas mais penosas do que a consciência de que no nosso dia a dia, porventura frívolo, inconsequente e hiperactivo, existem pequenos seres humanos inocentes, potencialmente muito dotados mas por outros motivos infortunados, no nosso meio e que inseridos nos seus contextos vêem o seu desenvolvimento pessoal, e o seu contributo para a sociedade, diminuídos, se não anulados.*

ou então

2. *A Fundação (...) dedicar-se-á à criação de uma Universidade privada no concelho do Porto e que tenha como modelo a Universidade de Stanford, procurando obter um nível académico nas humanidades e nas ciências cimeiras no Velho Continente, aspirando sempre ao maior expoente académico mundial. Aspirar ao maior expoente de qualquer âmbito deixou de ser possível para a psique portuguesa generalizada actual, e não vejo forma de vir a quebrar o actual marasmo da mediocridade e concretizar este projecto, projecto que ter de reunir a vontade de todas as vertentes da nossa actual sociedade, se não pelas mãos do nosso amigo (...) o conseguiu num contexto mais restrito e consegui-lo neste projecto ambicioso. O ponto de partida, dado por nós.*

Como reconhecimento do governo vigente, ter no entanto de acatar as condições seguintes:
1. *Que a actividade da Universidade constituída não seja sujeita a qualquer imposto;*

2. *Que outra dádivas quaisquer para a Universidade, em vida ou morte, sejam livres de impostos.*
3. *Que o Estado seriamente contempla subir o valor do nível em IRS e IRC, e que este não seja um valor absoluto mas antes um valor percentual do resultado declarado.*

Em contrapartida, a Universidade procurar manter um mínimo de 5%, idealmente entre 5 a 10% dos alunos inscritos que serão apoiados por bolsas de estudo. Inicialmente, serão admitidos apenas alunos portugueses revelando excepcionais dotes académicos e provenientes de meios financeiros humildes, meios pessoais ou familiares estes incompatíveis com o atendimento nesta universidade privada. Posteriormente, poderão vir a ser integrados cidadãos de outras nacionalidades com dotes académico-desportivos excepcionais, beneficiando estes desde que oriundos de meios sociais desfavorecidos de uma percentagem das bolsas atribuíveis a estabelecer pelo Conselho da Universidade.

O propósito desta iniciativa constitui uma modesta tentativa de levar o país rumo ao "forefront" da humanidade, propósito que aliás soube alcançar no passado no período dos Descobrimentos, e assenta na convicção de que o indivíduo possa fazer a diferença.

Independentemente do deliberado em supra, não queremos deixar de delinear situações específicas:

1. *A Quinta da (...) assim como as propriedades da região de (...) passarão para a nossa sobrinha, (...);*
2. *O andar de (...) reverter a favor de (...) e/ou de (...), sendo o imposto de sucessão pago pela nossa fortuna pessoal;*
3. *As acções por nós detidas na (...) revertem a favor do Dr. (...);*
4. *Os meus bens pessoais (...) passarão paro o cuidado da minha sobrinha, (...).*
5. *Os meus bens pessoais (...) passarão para o meu irmão, (...).*
6. *Uma renda mensal de (...) (corrigido anualmente pela taxa de inflação) será transferida para a conta de (...).*
7. *Uma renda mensal de (...) (corrigida anualmente pela taxa de inflação) será transferida para a conta de (...).*
8. *Uma renda mensal de (...) (corrigida anualmente pela taxa de inflação) será transferida para a conta de (...) e/ou (...).*
9. *A Fundação criada deve procurar criar uma sociedade com um capital social de (...) ou equivalente com o Dr. (...) em que a Fundação participa com uma posição de 20%, pertencendo os remanescentes 80% ao Dr. (...)em resultado do seu know-how. Na eventualidade que esta empresa venha a ter êxito considerável convidávamos o Dr. (...) à recompra dos 20% da Fundação ao preço dos 100% "seed money" acrescido de um juro anual indexado taxa de Desconto do Banco Central pertinente, não havendo no entanto nem obrigação moral nem prazo em fazê-lo, podendo ainda a própria Fundação considerá-lo como não sendo do seu interesse. O papel da Fundação como sócio deve no entanto sempre ser o de um agonista, um apoiante, e não de antagonista ou portanto de "Oposição", mesmo que construtiva.*
10. *O meu afilhado, (...), ser apoiado financeiramente até ao fim dos seus estudos académicos, onde quer que este os deseje completar, isto, até à idade de 35 anos, excepção feita se tenha padecido de doença prolongada até então, sendo-lhe então somado*

aos 35 anos de idade o número de meses/anos adoentado para chegar ao limite de idade em que pode ser contemplado para apoio. A toxicodependência não qualifica para prorrogação da idade limite de apoio. Na eventualidade de vir a ter sucesso na vida, algo que muito lhe desejamos, convidamo-lo a devolver, gradualmente que seja, os custos deste apoio à Fundação.

11. Todos os familiares de primeiro grau (...)ou seus filhos beneficiarão de garantias de cuidados de saúde desde que os seus meios financeiros disponíveis se revelem manifestamente insuficientes ou desde que as despesas de saúde ponham em risco a qualidade de vida do indivíduo/família, isto é desde que as despesas não ponham gravemente em risco a actividade da Fundação. Pode a Fundação tomar a atitude de se precaver de semelhantes situações ao estabelecer Seguros de Saúde para determinados membros destas famílias que eventualmente possam vir a ser considerados em risco.

Os nossos seguros pessoais de vida/acidente reverterão aos Pais, (...) e (...), e, na sua ausência nesta vida, ao (...)e a (...) em partes iguais, existindo seguros com a (...) via cartão VISA (...), via American Express Platinum Card (...) e via "Priority Pass" Card (...). Os seguros mencionados apenas são relevantes em caso de acidente em viagem, exigindo o segundo cartão a compra da passagem com o mesmo, sendo válido o montante citado por cada passagem paga com o mesmo cartão, enquanto o terceiro exige o uso de uma chamada "Scheduled Flight".

63. Opiniões Técnicas e Pareceres

(INFORMAL)

Assunto: Mudança de localização de servidão de passagem / "Herdade da (...)"

No seguimento da consulta promovida, venho pelo presente meio trazer ao conhecimento de V.Exas. as conclusões a que cheguei, quanto ao enquadramento jurídico do assunto em epígrafe.

I. Reunida toda a informação existente sobre o caminho terrestre que atravessa hoje o prédio rústico denominado "Herdade da (...)", sito em (...), freguesia de (...), concelho de (...), descrito na ficha nº(...), daquela freguesia, na Conservatória do Registo Predial de (...) inscrito na respectiva matriz predial rústica sob o art.(...)º da Secção (...) e na respectiva matriz predial urbana sob os arts.(...)º e (...)º, da referida freguesia, e tendo em conta que (1) o terreno subjacente não foi objecto de expropriação para constituição de caminho público municipal (2) e o Registo Predial do prédio rústico não contém quaisquer inscrições ou averbamentos a tal respeito:

– *Em bom rigor, podemos caracterizar o caminho terrestre que atravessa a referida propriedade como uma servidão predial (art.1543º do Cód.Civil), aparente (art.1548º do Cód.Civil) e de passagem (arts.1550º e segs. do Cód.Civil), constituída por usucapião (art.1547º do Cód.Civil), por ter uso generalizado e frequente há mais de quinze anos consecutivos, nos termos do art.1296º do Cód.Civil.*

II. Assim sendo, colocados perante uma mera servidão de passagem e não obstante o teor das actas relativas às reuniões realizadas pela Junta de Freguesia de (...), o certo é que a mudança da localização da servidão de passagem em apreço, pode realizar-se por iniciativa da proprietária da "Herdade da (...)".

Isto, de acordo com o preceituado no nº1 do art.1568º do Cód.Civil, o qual dispõe:
«O proprietário do prédio serviente não pode estorvar o uso da servidão, mas pode, a todo o tempo, exigir a mudança dela para sítio diferente do primitivamente assinado, ou para outro prédio, se a mudança lhe for conveniente e não prejudicar os interesses do proprietário do prédio dominante, contanto que a faça à sua custa (...)»

III. Ou seja, a faculdade que legalmente assiste à (...) SA no sentido de mudar a localização da servidão de passagem em causa, dentro do perímetro do seu próprio prédio rústico e a todo o tempo, depende apenas de dois pressupostos, que se podem traduzir nos seguintes termos:

a) *a mudança de localização terá de ser conveniente para o proprietário do prédio serviente (ou prédio onerado) – neste caso a (...) SA;*
b) *a mudança de localização não poderá prejudicar os interesses do(s) proprietário(s) do(s) prédio(s) dominante(s) – neste caso os titulares dos prédios confinantes que gozem do direito de passagem, o qual se considera adquirido por usucapião.*

Ao nível destes dois pressupostos, note-se que, quer o interesse do proprietário do prédio serviente quer os interesses do(s) proprietário(s) do(s) prédio(s) dominante(s), terão de ser apreciados à luz das regras da Boa-Fé e somente podem ser tidos em consideração os interesses legítimos que beneficiem da tutela da Lei, nos termos gerais de Direito[753].

Portanto, a protecção dos interesses do(s) proprietário(s) do(s) prédio(s) dominante(s), há-de entender-se unicamente relativa à salvaguarda do próprio direito de passagem, de um prédio confinante para o outro, pois tal é o único interesse legalmente tutelado, neste caso, em que a servidão constituída é de passagem.

De resto, a lei impõe, ainda, o requisito de que a mudança de localização da servidão seja realizada a expensas do proprietário do prédio serviente, logo que seja este a tomar aquela iniciativa.

IV. Assim situados, analisemos então a questão suscitada, na sua vertente prática, tendo presente que a (...) SA pretende substituir a localização do actual caminho por um outro que se situará ao longo das extremas da "Herdade da (...)", tudo a expensas suas.

Ora, em primeiro lugar, não pode alguma vez perder-se de vista que a área da "Herdade da (...)" onde se situa actualmente a servidão de passagem, está inserida em plena zona da REDE NATURA, o que a submete ao regime previsto no D-L nº140/99 de 24 de Abril, diploma legal que estabelece inúmeras restrições quanto a actos e iniciativas humanas, no sentido da preservação da biodiversidade e da defesa de espécies protegidas e dos seus habitats naturais.

Acresce que, ainda sob o prisma da protecção legal da Natureza, a mesma área é beneficiária do Licenciamento de Caça Turística com o nº914-DGF na Direcção-Geral de Florestas, pelo que a mesma área corresponde ao que vulgarmente se designa por uma "zona de caça", na qual existem diversas espécies animais protegidas por Lei, incluindo raros elementos da espécie cervídea (veados).

De onde, desde logo considerando o actual enquadramento jurídico de área protegida e de reserva de caça, que tem vindo a ser conferido à "Herdade da (...)", a simples existência de uma servidão de passagem que permite o inusitado acesso e circulação de quaisquer terceiros e seus veículos, a todo o momento, constitui, logo à partida, uma situação de flagrante incongruência jurídica e de indesejável "porta aberta" ao desrespeito da protecção legal conferida às espécies animais envolvidas e aos seus habitats.

---

[753] A este propósito, excluem-se desde logo os simples incómodos e as meras expectativas sem tutela jurídica, cabendo unicamente tutela aos legítimos direitos previstos em lei expressa. Cite-se, a título ilustrativo desta limitação da tutela jurídica, o requisito da gravidade dos danos morais, para que os mesmos sejam atendíveis, nos termos do art.496º do Cód.Civil.

MINUTAS E REFERÊNCIAS COMPLEMENTARES

Todavia, em segundo lugar, somam-se também sérias razões de ordem prática, juridicamente atendíveis, e de natureza objectiva, para considerar que existe uma inegável conveniência generalizada na mudança da actual localização da servidão de passagem para um caminho situado nas extremas da "Herdade da (...)", e que são as seguintes:

1) *a mudança da actual localização da servidão de passagem para um caminho situado nas extremas da herdade, retirará por completo o actual perigo que incide sobre a vida e/ou a integridade física dos utentes do caminho e sobre a integridade material dos veículos transitários, os quais, atravessando o interior de uma zona de caça, se sujeitam a ser objecto de inadvertidos disparos de carabina;*
2) *a mesma mudança da servidão de passagem para um caminho situado nas extremas da herdade, retirará por completo o perigo que incide sobre as pessoas e bens afectos à "zona de caça" e à exploração agro-pecuária do prédio rústico, incluindo o perigo de ofensa às espécies animais protegidas e o perigo de devassa dos seus habitats, por pessoas e veículos;*
3) *a mesma mudança do caminho para as extremas da propriedade, retirará por completo o risco de contaminação que quaisquer transeuntes, inadvertidamente, podem trazer sobre as espécies animais ali existentes, algumas extremamente sensíveis à transmissão de doenças infecto-contagiosas;*
4) *também cumpre, ainda, assinalar que a actual localização da servidão em apreço cruza um ribeiro que passa no meio da "Herdade da (...)", o que implica, nomeadamente, algum risco de acidentes com menores e com veículos.*

Finalmente, em terceiro lugar, uma vez que os interesses protegidos do(s) proprietário(s) do(s) prédio(s) dominante(s), se resumem à salvaguarda do seu direito de passagem, de um prédio confinante para o outro, é seguro concluir que nenhum inconveniente juridicamente atendível pode existir nessa mudança, desde que a nova localização do caminho que se pretende construir ao longo das extremas da propriedade continue a conferir livre passagem de um prédio confinante para o outro prédio confinante.

V. As supra citadas razões que justificam a mudança de localização da servidão de passagem em causa, do interior da "Herdade da (...)", para as suas extremas, saiem ainda significativamente reforçadas perante as características que se pretendem conferir ao novo caminho a construir, as quais constituem nítidas melhorias da própria servidão de passagem, a saber:

1) *O novo caminho será construído mediante nivelamento de solos e com um traçado bem definido, ao longo das extremas da herdade e pela distância mais curta, no sentido de minorar o mais possível o percurso, e no sentido de facilitar a sua utilização;*
2) *O novo caminho terá uma largura constante e suficiente para a circulação de automóveis, em dois sentidos, em vez da actual largura inconstante, que apenas permite a deficiente circulação de um veículo automóvel;*

3) *O novo caminho será construído em materiais adequados à circulação automóvel, o que permitirá uma mais fácil circulação, deixando de existir as actuais passagens canadianas.*

VI. Conclusão

Tendo presentes as normas e os fundamentos acima analisadas e expostos, respectivamente, conclui-se por responder afirmativamente à questão colocada no presente parecer, no sentido de a proprietária da "Herdade da (...)" ter a faculdade legal de, no caso concreto e a suas expensas, proceder à mudança da actual localização da servidão de passagem para um caminho situado nas extremas da herdade.

Tal mudança poderá ser levada a cabo de imediato, contanto que obtidos os necessários licenciamentos a nível autárquico.

E, logo que concluídas as respectivas obras e assim se mostre salvaguardado o direito de passagem dos proprietários dos prédios dominantes pelo novo caminho, poderá o proprietário do prédio dominante descaracterizar o anterior caminho terrestre e passar a zelar para que a passagem se faça através do novo traçado.

(FORMAL)

Consulta

"De acordo com os critérios normativos vigentes quanto ao carácter ofensivo da honra ou consideração no âmbito do crime de difamação (p.p. nos artigos 180º e 183º do Código Penal), consideram-se difamatórias as condutas dos intervenientes, realizadores, produtores e entidades difusoras do programa (...), exibido no dia (...), no canal televisivo da (...), conforme descritas na Acusação Particular, junta em (...) aos autos que correm termos sob NUIPC (...), na (...) Secção do Departamento de Investigação e Acção Penal de Lisboa?"

Sumário

I. Difamação – aspectos introdutórios e quadro jurídico geral
II. Do cariz ofensivo da declaração (acção e resultado típicos)
III. Da lesão da honra ou consideração (bens jurídicos tutelados)
IV. Jurisprudência
V. Conclusões: critérios normativos vigentes e caso concreto

I. – DIFAMAÇÃO: ASPECTOS INTRODUTÓRIOS E QUADRO JURÍDICO GERAL

A previsão e a punição da conduta difamatória, actualmente constantes do art. 180º do Código Penal (C.P.), na sua configuração de tipo-base, dá início ao capítulo VI do Código Penal, sob epígrafe "Dos crimes contra a honra":

Quanto aos aspectos gerais do tipo de crime e no mesmo sentido da doutrina dominante[754], entendemos tratar-se de um tipo doloso, comum, comissivo apenas por acção, de resultado e de lesão, porquanto:

a) não conhece a configuração especial negligente;
b) é susceptível de comissão por qualquer pessoa;
c) é insusceptível por mera omissão;
d) implica a ocorrência de uma realidade espacial e temporalmente distinta da própria conduta do agente, necessariamente resultante da actividade deste (resultado típico e nexo de causalidade);
e) a ocorrência do resultado típico consubstancia-se em uma lesão efectiva (dano) da honra ou dignidade da vítima, enquanto bens jurídicos tutelados pela norma[755].

Quanto ao enquadramento histórico e sistemático deste tipo de crime, releva considerar que a incriminação da conduta difamatória tem já uma longa tradição no ordenamento jurídico nacional, enquanto proibição penalmente tutelada do atentado à honra de um cidadão, organismo ou pessoa colectiva.

---

[754] Vide, designadamente, ao abrigo do Código Penal anterior a 1982: BELEZA DOS SANTOS Algumas Considerações Jurídicas sobre Crimes de Difamação e Injúria, RLJ n.º 3152, 1959; LUIS VASCONCELOS TREPA O Crime de Difamação, R.O.A., n.º 8, pp. 274 ss.; PEDRO ANDRÉ FERREIRA DE CARVALHO, Do Elemento Subjectivo nos Crimes Contra a Honra das Pessoas, R.O.A., n.º 10, pp. 170 ss.; MANUEL ANSELMO, Difamação e Falso Testemunho Cometidos em Inquirição no Tribunal, R.D.E.S., VII-246. Ao abrigo do Código Penal de 1982: J. FIGUEIREDO DIAS, Direito de Informação e Tutela da Honra no Direito Penal da Imprensa Português, R.L.J., ano 115, n.º 3697; AUGUSTO SILVA DIAS, Alguns Aspectos do Regime Jurídico dos Crimes de Difamação e de Injúrias, AAFDL 1989, entre outros.

[755] Tomamos aqui partido da tese valorativa, no sentido de entendermos que a configuração típica exige a efectiva violação dos bens jurídicos, não bastando assim, pelo contrário e como propõe teses fácticas, a mera colocação em perigo de tais bens, o que tornaria a difamação em crime de perigo abstrato-concreto (ou de aptidão), assim obviando a evidentes dificuldades probatórias e processuais. Cfr. AUGUSTO SILVA DIAS, Alguns Aspectos do Regime Jurídico dos Crimes de Difamação e de Injúrias, AAFDL 1989, pp. 16 ss.

Porém, enquanto parte integrante do actual Corpus Iuris Penal, tal incriminação há-de ser hoje interpretada à luz das noções limitativas de ordem geral, impostas desde logo pela hierarquia dos valores constitucionais e trazidas pela moderna doutrina penalista, como sejam:

a) a dignidade penal[756] - categoria referenciada no princípio constitucional da necessidade e da intervenção mínima, de acordo com o qual a tipificação de um crime deve abranger somente aquelas condutas intoleravelmente lesivas (intolerabilidade da lesão), as quais, por sua vez, ofendam bens jurídicos essenciais à vida em sociedade (essencialidade do bem), assim pugnando pela exclusão das condutas meramente indesejáveis, designadas também por "bagatelas penais";

b) a carência da tutela penal[757] - categoria referenciada no mesmo princípio, que traduz a exigência constitucional de não ser prescrita uma tutela penal em todo e qualquer caso no qual outro ramo do Direito ofereça solução adequada, designadamente sem prever pena privativa da liberdade (necessidade da norma penal, stricto sensu), desta forma se convertendo o Direito Penal num sistema sancionatório de natureza subsidiária e residual.

Para um enquadramento sumário do tipo legal de difamação previsto no art. 180º do C.P., cumpre ainda salientar que o mesmo tem a natureza de crime particular, de acordo com o regime previsto no art. 188º do mesmo diploma, dependendo o respectivo procedimento criminal da apresentação de queixa e de acusação particular – à imagem do que já se verificava na versão original do C.P. de 1982 (arts. 164º e 174º), bem como mesmo no C.P. de 1852, após a revisão operada pelo D-L n.º 39.688 de 5 de Junho de 1954[758].

Ou seja, assim se demonstra que o crime de difamação tutela fundamentalmente direitos individuais, na disponibilidade dos respectivos titulares[759].

II – Do cariz ofensivo da declaração (acção e resultados típicos)

Do ponto de vista da análise material do crime, é certo que o crime de difamação encerra em si mesmo um conflito de valores, entre, por um lado, a liberdade de expressão do agente e, por outro lado, o direito à honra, ao bom nome e à reputação do ofendido.

---

[756] Para um desenvolvimento desde conceito, enquanto requisito negativo da incriminação, vide MANUEL DA COSTA ANDRADE A Dignidade Penal e a Carência de Tutela Penal como Referências de uma Doutrina Teleológico-Racional do Crime, R.P.C.C., n.º 2, (1992), pp. 173 ss.

[757] Para um desenvolvimento deste conceito, enquanto requisito positivo da incriminação, idem.

[758] Vide os arts. 407º e 416º deste último diploma, dos quais resultava a exigência de um requerimento por parte da vítima, para que fosse iniciado o respectivo procedimento judicial.

[759] Salvaguardados os casos previsto nas alíneas a) e b) do art. 188º do C.P. vigente.

Com efeito, a liberdade de expressão, como qualquer outra liberdade ou direito fundamental, está naturalmente sujeita a limitações de ordem jurídico-social, limitações essas que incumbe ao ordenamento jurídico prever e sancionar.

Aliás, parece ser o próprio Direito Penal, enquanto expressão das mínimas exigências éticas impostas aos cidadãos de uma determinada comunidade para salvaguardar dos bens jurídicos individuais e colectivos, o ramo de Direito que serve, neste particular domínio, como o sistema normativo que mais imperativamente delimita fronteiras entre aquela liberdade fundamental – a liberdade de expressão – e integridade da imagem social dos demais indivíduos.

Neste quadro circunstancial, o carácter ofensivo da conduta do agente – necessariamente uma conduta declarativa – funciona como requisito objectivo da ilicitude típica, enquanto característica reportada ao comportamento do agente.

Em suma, só uma declaração ofensiva pode ser típica, quer se tome partido por considerar o crime de difamação como um crime de resultado, quer mesmo considerando-o um mero crime de perigo abstracto-concreto, ou de aptidão.

O que desde logo é susceptível de excluir a tipicidade de toda a acção/declaração que não se dirija a tal fim[760], bem como de toda a acção/declaração que não seja apta a produzir ofensa.

Por outro lado, o carácter ofensivo da declaração, enquanto característica de uma acção causal (considerando a difamação como um autêntico crime de resultado, em face da sua tipificação), torna-se susceptível de uma análise metodologicamente dividida em dois momentos distintos, cumulativos, em função do juízo de prognose póstuma propugnado pela doutrina da causalidade adequada consagrada no n.º 1 do art. 10º do Cód. Penal:

a) em primeiro lugar, a declaração tem que ser apta para provocar/causar uma lesão (previsibilidade do resultado);
b) em segundo lugar, a declaração tem de provocar/causar uma lesão efectiva (causalidade e ocorrência do resultado previsto no tipo).

Assim, só a conduta potencialmente lesiva e concretamente causadora de um resultado lesivo, assume relevância típica.

Isto é, só será tipicamente considerada lesiva uma declaração capaz de produzir e que haja produzido um dano concreto em qualquer um dos bens jurídicos tutelados.

---

[760] Hans Welzel condicionou para sempre o curso da doutrina penalista, com a consagração definitiva do Finalismo, no qual o conceito da acção final assume o relevo de categoria autónoma, delimitada e positivamente definida como a "condução humana de um processo causal para um fim determinado" Cfr. WELZEL, HANS Das Deutsche Strafrecht, Berlin, 11ª edi., 1969.

Logo, e uma vez que estamos perante um crime de resultado, os aspectos processualmente decisivos para a concretização da ilicitude típica, são: a prova da previsibilidade da lesão, a prova da causalidade da lesão, e a prova das características individuais da lesão.

Tais aspectos descritivos da ilicitude típica deverão se aferidos, por parte do intérprete/ aplicador, perante a matéria de facto disponibilizada pelo caso concreto.

Em reforço de tais conclusões, agora já sob um prisma negativo, também é certo que para a identificação de um concreto resultado lesivo implica, por outro lado, é de irrelevância pura e simples e susceptibilidade pessoal da vítima.

Por outras palavras: enquanto critério normativo para aferir do cariz ofensivo de uma declaração, a susceptibilidade individual da vítima deve ser rejeitadas ad limine, porquanto, embora aparentemente pudesse facilitar a actividade probatória, o certo é que não contribui decisivamente para o estabelecimento nem da previsibilidade da lesão, nem da causalidade da acção face à lesão, nem da existência concreta desta mesma lesão.

Isto porque, o que uma pessoa considera ofensivo, outra pode não considerar.

Daqui que a tónica do cariz ofensivo da declaração esteja intimamente ligada com a natureza fundamental dos bens jurídicos protegidos: honra e consideração [761], muito para lá do mero bem-estar individual [762].

III. – Da lesão da honra ou consideração (bens jurídicos tutelados)

Nem toda a afirmação que ofende particularmente uma pessoa é susceptível de lesar a sua honra ou a sua consideração, tanto mais que pode lesar-se a sensibilidade individual e até lesar-se a integridade psíquica de outrém, sem se lesar a sua honra e a consideração individuais [763].

Daqui que haja que distinguir-se entre o simples carácter ofensivo de uma dada declaração e o possível carácter ofensivo da honra e/ou consideração da mesma declaração.

Em acréscimo, devem ser os próprios conceitos de honra e consideração critérios válidos para o estabelecimento da ilicitude típica da acção, porquanto:

a) se, por um lado, parece certo que a descrição do tipo de difamação torna toda e qualquer lesão da honra e consideração objecto da proibição penal;

---

[761] Que constam no n.º 1 do art. 26º da C.R.P. sob as designações de "bom nome" e de "reputação".
[762] Valor excluído da própria tutela penal ínsita na incriminação das próprias ofensas à integridade física, como é unanimemente reconhecido pela Jurisprudência e Doutrina portuguesas.
[763] Para tanto, bastaria pensarmos nas designadas faltas de civilidade, como, v.g., a ausência de um cumprimento social, ou a prática de condutas moralmente incorrectas.

b) *por outro lado, serão já os próprios conceitos de honra e de consideração que hão-de operar – por si só – a necessária delimitação das condutas gravemente ofensivas, de acordo com o grau de lesão provocada.*

É então a verificação de uma concreta lesão na honra e/ou consideração da vítima que funciona como critério seleccionador das condutas consideradas intoleráveis (dignidade penal), face às quais a pena poderá desempenhar uma função preventiva (carência de tutela penal).

Portanto, só é difamatória a conduta ofensiva que, para além da possível ofensa pessoal, seja susceptível de atingir ou de pôr em causa tais valores fundamentais, relacionados, com a preservação da dignidade humana – honra e/ou consideração.

Este é, aliás, o sentido das teses valorativas defendidas pela esmagadora maioria da doutrina [764].

De onde a necessidade de, em momento prévio, se aferir claramente a latitude dos conceitos de honra e de consideração, de acordo com o modelo social vigente, em cada momento, lugar e contexto.

IV. – Jurisprudência

Infelizmente, a Jurisprudência portuguesa publicada não tem clarificado minimamente a questão dos critérios normativos subjacentes ao carácter ofensivo da honra ou consideração no âmbito do crime de difamação, antes se pautando, neste domínio, por um casuísmo crónico, direccionado para a busca de cada solução concreta.

Ao contrário do que sucede já com algumas das clássicas questões relativas à difamação, como sejam as do dolo específico ("animus injuriandi"), das causas de justificação, da comparticipação, das pessoas colectivas enquanto vítimas, entre outras, é sem dúvida evidente que a Jurisprudência tem dado poucos passos na matéria da presente consulta, pelo que incumbe, por ora, à Doutrina a missão de estabelecer sólidas bases normativas que possam servir de critérios de interpretação.

Todavia, sobressai um Acórdão neste domínio, no qual nos parece possível colher válidas referências susceptíveis de contribuir para a presente análise.

---

[764] "A concepção valorativa da honra aqui definida não atribui qualquer relevância ao sentido individual/honra subjectiva) (...) Se o bem jurídico protegido fosse a estima que os indivíduos têm de si próprios, não só cairiam fora da protecção as crianças, os doentes mentais e, em geral, todos os que por qualquer incapacidade, não sentem a ofensa, como dele beneficiariam, ao invés, os egocêntricos que sentem molestados por expressões que não possuem um sentido objectivamente injurioso", Apud AUGUSTO SILVA DIAS, Alguns Aspectos do Regime Jurídico dos Crimes de Difamação e Injurias, AAFDL, 1989, pp. 18 a 19.

Assim, o Acórdão da Secção Criminal da Relação de Évora de 2 de Julho de 1996 (in Col. Jur. IV, p. 295), estabelecendo que:

"Facto ou juízo ofensivo ou lesivo da honra e consideração devidas a qualquer pessoa supõe um comportamento com objecto eticamente reprovável de forma a que a sociedade não lhe fica indiferente, reclamando a tutela penal de dissuasão e repressão de`tal comportamento. Supõe a violação de um mínimo ético necessário à salvaguarda da dignidade sócio moral da pessoa, da sua honra e consideração", parece assimilar por completo as preocupações subjacentes às categorias da dignidade penal e da carência de tutela penal, como referimos supra.

Mais adiante, o mesmo Acórdão ainda dispõe (p. 296):

"Segundo o normativo legal, a difamação compreende comportamentos lesivos da honra e consideração de alguém, constituindo a honra o elenco de valores éticos que cada pessoa possui, como sejam o carácter, a lealdade, a probidade, a rectidão, isto é a dignidade subjectiva, o património pessoal e interno de cada um; e a consideração o merecimento que o indivíduo tem no meio social, isto é, o bom nome, o crédito, a confiança, a estima, a reputação, que constituem a dignidade objectiva, o património que cada um adquiriu ao longo da sua vida, o juízo que a sociedade faz de cada cidadão, em suma a opinião pública".

V. - *Conclusões: critérios normativos vigentes e caso concreto*

Por tudo quanto ficou acima exposto, podemos concluir com segurança que é possível vislumbrar critérios normativos – que vinculam o intérprete/aplicador – susceptíveis de presidir à valoração do carácter ofensivo da honra e da consideração, quanto a uma determinada conduta declarativa, conforme previsto na incriminação típica do crime de difamação. Todavia, é certo que tal constitui ainda matéria de mais extrema complexidade.

Assim, fixando-nos nos sólidos princípios e normas do Direito Penal vigente, encontramos critérios de natureza intra-sistemática, os quais, conforme acima enunciámos, incluem:

a) a noção de dignidade penal, que implica a exigência de uma lesão intolerável em um bem jurídico essencial;
b) a noção de carência de tutela penal, que implica a necessidade da punição, face ás finalidades das prevenções especial e geral;
c) a previsibilidade do resultado danoso, mediante a existência de uma declaração apta para provocar uma lesão;
d) a existência de uma lesão efectiva;
e) um nexo de causalidade adequada entre a conduta e o resultado lesivo;
f) a gravidade necessária da lesão, que equivalerá à afectação da honra e consideração, enquanto corolários da dignidade humana.

Quanto ao controvertido significado etimológico-jurídico dos conceitos de "honra" e de "consideração", não parece ser de rejeitar a posição da melhor Jurisprudência do Tribunal da Relação de Évora, citada supra [765].

Por outra via, uma vez que o Direito Penal não é imune às influências dos demais ramos de Direito, sobretudo no domínio da categoria da ilicitude [766], agora situando-nos para além daquele âmbito e atentando nas necessárias compatibilizações e unidade do Sistema Jurídico, bem como nas normas e princípios nestes vigentes, também encontramos critérios de natureza extra-sistemática que, claramente, hão-de incluir:

a) a liberdade de expressão, enquanto direito fundamental com fronteiras alargadas como as exigidas pelo direito à indignação, pelo direito de denúncia ou mesmo pelo próprio direito de queixa.
b) a tutela da privacidade, enquanto limitação prévia que propugna a irrelevância penal das conversações havidas em privado [767], por sua vez constitutivas do reduto mínimo da liberdade individual;
c) o contexto geográfico, social e económico, porquanto o reporte ao concreto modelo social vigente na área geográfica, extracto social ou nível económico em que se inserem a conduta do agente e a posição da vítima, pode simplesmente significar a ausência absoluta da proibição ou ilicitude;
d) o contexto significativo, artístico-literário, uma vez que a variabilidade significativa é, per si, susceptível de justificar uma data conduta, o que faz com que a sociedade em geral reconheça a apriorística impunidade da obra artística, da sátira literária [768], do debate político, e mesmo do artigo jornalístico de mera opinião – sob a pena de se pretender que a letra se possa sobrepor à própria teleologia da lei penal;
e) os costume e usos stricto senso, porquanto a incriminação da conduta difamatória só é legítima enquanto não pretender afectar os hábitos da normal conversação e das necessidades gerais de comunicação – sob pena de se pretender subverter todo o significado da norma penal, mero instrumento da política legislativa.

---

[765] Que aqui se reproduz novamente "constituindo a honra o elenco de valores éticos que cada pessoa possui, como sejam o carácter, a lealdade, a probidade, a rectidão, isto é a dignidade subjectiva, o património pessoal e interno de cada um; e a consideração o merecimento que o indivíduo tem no meio social, isto é, o bom nome, o crédito, a confiança, a estima, a reputação, que constituem a dignidade objectiva, o património que cada um adquiriu ao longo da sua vida, o juízo que a sociedade faz de cada cidadão, em suma a opinião pública".
[766] A este propósito, veja-se especialmente o art. 31º do Cód. Penal.
[767] A privacidade da prática difamatória funcionaria então como um autêntico elemento negativo da tipicidade.
[768] Seria absurdo, por exemplo, ver nas clássicas obras de Almada Negreiros, como famoso "Manifesto Anti-Dantas", instrumentos da prática reiterada de crimes de difamação.

MINUTAS E REFERÊNCIAS COMPLEMENTARES

Tais critérios normativos deverão, assim, ser utilizados na apreciação do caso proposto para o presente Parecer, a fim de se concluir da natureza difamatória ou não das condutas em questão.

No caso proposto, cumpre em primeiro lugar enquadrar convenientemente as condutas imputas a (...), (...), (...) e demais intervenientes na produção, realização e difusão do "sketch" televisivo inserto no programa televisivo (...), exibido no dia (...), pois só com tal enquadramento poderemos abarcar o contexto significativo de tais condutas.

Neste sentido, importa desde logo ter em conta que o texto daquele "sketch" televisivo – exaustivamente comentado na Acusação Particular dos autos e, aliás, junto como Documento único daquele articulado – é absolutamente insusceptível de transmitir o significado real e total da representação respectivamente levada a cabo pelos seus dois intervenientes: (...), interpretando um personagem denominado "(...)"; e (...), interpretando um personagem denominado "(...)".

Tal texto, consubstancia uma mera transição descontextualizada da obra artística em questão [769]*, a qual foi na realidade uma representação cénica* [770] *inserida em programa televisivo.*

Designadamente, tal transição do texto da representação cénica não leva em conta:

a) *as características do cenário, o qual teve como fundo o mesmo cenário do (...), apenas acrescentado de um mesa e duas cadeiras;*
b) *a caracterização dos seus dois personagens intervenientes, a qual era mínima, atendendo ao facto de que se identificavam perfeitamente os respectivos actores;*
c) *as entoações da voz, os gestos, os "gags" e os trejeitos dos actores, sendo todos estes aspectos indiciadores de falta de seriedade do texto;*
d) *o ritmo e o sentido contextual de cada frase, também indiciadores de falta de seriedade do texto;*
e) *entre muito outros aspectos;*

Enfim, toda a envolvência e as características reais da obra artística em causa.

De onde, a necessidade de reportar o texto em questão, à obra artística da qual foi retirado, esta última muito mais completa e com outro significado.

---

[769] Dúvidas não existem, quanto a considerar o "sketch" humorístico teatralizado como uma obra artística em si e, logo, uma obra intelectual protegida pelo Código do Direito de Autor e Direitos Conexos, nos termos do seu artigo 1º, susceptíveis de enquadramento nas alíneas c), d) ou f) do n.º 1 do artigo 2º do mesmo diploma, sendo ainda os respectivos actores titulares de Direitos Conexos, nos termos dos arts. 176º e segs. do mesmo diploma.

[770] Vide os arts. 107º e segs. do Código do direito de Autor e Direito Conexos.

Por outro lado, mas ainda no domínio contextual da conduta dos agentes, é de toda a relevância atender ao facto de tal representação cénica se ter enquadrado num interlúdio humorístico, inserido no âmbito de um programa televisivo de diversão e de variedades, transmitido em directo e com grande componente de improvisação, com as características notoriamente populares do (...)".

Ora, deste contexto, resulta a toda a evidência a falta de seriedade do texto humorístico, transcrito e junto como Documento único à Acusação Particular dos autos.

Conclusão que, aliás, é consonante com o próprio nome dos personagens intervenientes naquela representação cénica e humorística, sendo certo que:

a) o nome "(...)" é claramente indiciador de falta de seriedade;
b) o nome "(...)" alude directamente ao conhecido humorista (...);
c) a entrevista encenada corresponde ao modelo do mais recente programa televisivo deste artista, (...), na televisão portuguesa, na modalidade de "talk show" humorista.

Portanto, em bom rigor, para a devida apreciação da conduta dos agentes em causa, torna-se absolutamente imprescindível considerar e analisar, não apenas o texto constante do Documento único da Acusação Particular, mas sim toda a representação cénica, no seu conjunto e significado global, da qual resulta, inequivocamente, a respectiva falta de seriedade.

Em apoio desta conclusão concorre o facto de ser improvável que algum telespectador tenha entendido aquela representação de outra forma.

Isto é, certamente todos os telespectadores se aperceberam de que se tratava de um "sketch" humorístico, que não continha afirmações verdadeiras ou credível imputação de factos, em suma, de uma mera brincadeira artística e com intuitos exclusivamente lúdicos.

Daí que, em nosso entender, seja subscrever inteiramente a douta posição do Ministério Público, ao decidir pelo arquivamento do Inquérito dos autos, a fls. 388 e 389., com o seguinte fundamento, o qual se transcreve:

" O Ministério Público não acompanha a acusação particular de fls. 310 porquanto, analisado o conteúdo da mesma e considerando os factos apurados em sede de inquérito, entendemos que os mesmos não integram os requisitos da prática pelos arguidos dos ilícitos criminais pelos quais foi deduzida acusação particular (difamação e injúrias).
Com efeito, dada a grande publicidade em torno da figura do assistente nomeadamente sobre a sua vida social e política, a ponto de ser visado inúmeras vezes em artigos e entrevistas na comunicação social, permite que em torno da mesma se criem mitos e histórias tão do agrado do povo português, nomeadamente criando programas de diversão onde o assistente é muitas vezes o visado, como é o caso dos autos.

Sem entrarmos na apreciação da qualidade do programa em causa, entendemos que os arguidos se limitaram a procurar divertir o público, brincando com factos da vida social e política do assistente, à boa maneira da "revista à portuguesa" e outros programas já de grande tradição em Portugal".

Por estes motivos – o carácter notoriamente não sério da representação cénica, somado ao da notoriedade e publicidade em torno do ofendido – desde logo resulta taxativamente a exclusão da tipicidade e da ilicitude das condutas de todos os arguidos.

Tanto mais que nenhuma das condutas dos arguidos (nenhuma das suas acções/declarações) se dirigiu a finalidades difamatórias, nem sequer foram aptas a produzir qualquer ofensa (ausência de previsibilidade do resultado e ausência de nexo de causalidade).

Daqui a falta de tipicidade objectiva, quanto à acção dos agentes.

Por outro lado, verificou-se uma total ausência do resultado lesivo – ofensa da honra e consideração – quanto aos bens jurídicos protegidos pela incriminação em apreço, uma vez que as condutas dos arguidos configuram-se insusceptíveis de afectar objectivamente a integridade pessoal, ou de afectar o bom nome do visado, dado o respectivo contexto.

Isto é, a honra e a consideração do ofendido, entendidos à luz da tutela jurídico-penal, de acordo com os conceitos da dignidade e da carência de tutela penais, não sofreram a mínima "beliscadura", com a conduta dos arguidos.

Daqui, a falta da tipicidade objectiva, mas já quanto à ausência de resultado típico.

Em acréscimo, mas ainda pelos mesmos motivos, verifica-se que igualmente não há tipicidade subjectiva, porque as condutas dos arguidos não foram dolosas, uma vez que nenhum dos arguidos alguma vez sequer terá representado como possível estar a atentar contra a honra e a consideração do lesado:
a) quer sob forma de imputação séria de factos;
b) quer sob forma de formulação de juízos ofensivos.

Em suma, considerados os critérios normativos da natureza intra-sistemática que devem presidir à interpretação do tipo legal da difamação, constata-se que não foi cometida qualquer acção típica e ilícita, por parte de cada um dos arguidos visados na Acusação Particular.

Este entendimento é ainda reforçado pela análise dos acima mencionados critérios normativos de natureza extra-sistemática, senão vejamos.

Por um lado, a liberdade de expressão, enquanto direito fundamental, não poderá ser coartada ao ponto de serem criminalizadas as sátiras políticas ou em torno de figuras públicas conhecidas, pura e simplesmente. De facto, sendo o ofendido um protagonista privilegiado da cena política nacional, certamente não se poderão ignorar as expressivas palavras de A. SILVA DIAS: "(...) a vida política é marcada por uma certa tensão, fruto do clima conflitual que a caracteriza e que propicia os exageros dos participantes (...) [771]*", parecendo inviável a qualificação das sátiras políticas como condutas criminosas.*

E, na verdade, as condutas dos arguidos aqui em apreço nunca ultrapassaram a medida da mediana sátira popular, sendo certo que nenhuma crítica directa ao ofendido foi realizada no "sketch" humorístico em análise.

Por outro lado, o contexto significativo no qual se inseriu o mesmo "sketch" não deixa dúvidas quanto à sua natureza artística e de pura diversão popular, tão do agrado e da tradição sócio-cultural portuguesa [772].

Por último, certamente que é estranho à teleologia do crime de difamação, a condenação criminal dos criadores e executantes dos programas humorísticos que versem sobre figuras públicas. Assim, certamente os costumes e usos neste domínio, criaram uma tolerabilidade social de tais condutas, as quais são compreendidas por toda a população como meras manifestações de salutar convívio comunitário, e nada mais.

Portanto e em conclusão, pelas razões expostas é nosso parecer que não se verifica a natureza típica e ilícita, quanto às condutas declarativas descritas na Acusação Particular.

Este é, sempre salvo melhor, o nosso parecer,

---

[771] AUGUSTO SILVA DIAS, Alguns Aspectos do Regime Jurídico dos Crimes de Difamação e de Injúrias, AAFDL 1989, p. 29.

[772] Veja-se, a título de exemplo, a popularidade de espectáculos como a Revista à Portuguesa, ou de programas de sátira política como o "Contra-Informação", ou mesmos das rábulas de artistas como Herman José.

CONCLUSÃO

Gostaríamos de encerrar este nosso trabalho acrescentando duas palavras finais e muito breves, relativas à advocacia de proximidade e à dinâmica psicológica do processo judicial.

A função do apoio jurídico prestado pelo advogado poderá ser tanto mais benéfica para o seu constituinte quanto mais seja cultivada a componente preventiva do aconselhamento e da orientação prudencial, em cada assunto ou problema específico. Falamos de uma *advocacia de proximidade*, no âmbito da qual o constituinte se sinta motivado para consultar o seu advogado a propósito de qualquer assunto susceptível de envolver efeitos jurídicos e, sobretudo, antes da tomada de importantes decisões na sua vida. Como as atinentes à celebração ou à rescisão de um contrato ou de uma promessa contratual, ou relativas a opções familiares, laborais, sucessórias ou testamentárias, ou de qualquer outro domínio onde o conhecimento da lei se mostre conveniente.

Quando do aconselhamento inicial houver de se partir para a intervenção do advogado na situação de facto, no interior do seu escritório este orientará a actuação de acordo com o seu melhor juízo e as suas próprias convicções. Muito embora ele não seja plenipotenciário em tal esfera de actuação, como é óbvio, caber-lhe-á ainda assim *conduzir a maioria dos acontecimentos* quanto às decisões a tomar que concretamente digam respeito aos interesses e à posição jurídica do constituinte.

Porém, já no exercício *forense* da sua nobre profissão, para além de todas as condicionantes jurídicas e processuais que influem no exercício do *Ius Imperi* dos Tribunais, o advogado irá ainda deparar-se constantemente com uma penosa e muito respeitável dificuldade, à qual ainda não referimos de modo autónomo. E tal respeitável dificuldade corresponde à *dinâmica psicológica do processo*. Ou seja, ao *Processo Invisível*[773]; isto é: *o sentido e a intensidade dos factores psicológicos relativos à intervenção/interacção dos vários intervenientes no processo* – sejam eles agentes da Justiça ou não, e, logo, uns com interferência mais determinante que outros – *que vão produzindo efeitos conformadores no processo judicial e cuja influência é por vezes decisiva*, não obstante tais factores psicológicos serem de manifestação ténue e por vezes mesmo imperceptíveis.

Trata-se de um universo que, a princípio, será tendencialmente misterioso para o jovem iniciado, o qual poderá apenas servir-se da sua lisura e correcção, do seu rigor científico e do sempre necessário bom senso, como valiosos instrumentos auxiliares à boa navegação naquele quadrante desconhecido. Exige-se, todavia, que tenha os sentidos apurados. Porque jamais o advogado deverá permitir que aquele universo escape em absoluto ao seu controlo, dado que ele influi inexoravelmente no sentido da decisão final, pela qual se bate em Juízo.

A dinâmica psicológica do processo é complexa e extremamente variável[774]. Reflectindo-se quer na avaliação da credibilidade dos depoentes e na depuração e atribuição do valor relativo dos depoimentos; até aos anticorpos gerados no seio dos julgadores contra as afirmações, opiniões e alegações dos mandatários ou dos depoentes; a influência de eventos stressantes no comportamento dos vários intervenientes, acabando por condicioná-los; a organização e a utilização dos meios técnicos acessíveis durante o processo; os diferentes exames críticos da prova consoante a idiossincrasia de cada julgador; as próprias limitações da comunicação e a diferença entre o que se queria afirmar e o que, na realidade, ficou expresso (oralmente ou por escrito); as variáveis interpretações da realidade conhecida; os diversos graus de experiência de vida e atitudes perante determinada espécie de assuntos; os preconceitos sócio-culturais e os diferentes níveis culturais; a riqueza comunicacional das expressões faciais e as cambiantes de humor; até ao que fica e não fica retido na memória acerca de cada

---

[773] Com já referido supra, a designação serve de título à primorosa obra colectiva organizada por ANTONIO FORZA, Il Processo Invisibile, MARSILIO, 1997, Veneza.

[774] A importância da dinâmica psicológica na advocacia vai, aliás, muito para além da que é específica dos intervenientes no processo judicial, e que acabámos de apresentar. Com efeito, também deverá contemplada a que se processa entre colegas de profissão e entre o advogado e o seu cliente.

novo elemento. Tudo influi no processo e no estabelecimento das chamadas *verdades processuais*. Daí resultando, inequivocamente, que a perícia do advogado se vá reforçando com a sua experiência no exercício da profissão.

Da iniciação neste complexo universo – e com o somar dos anos de prática, em que exercitará sobretudo as suas capacidades de observador atento – o advogado procurará identificar os problemas que se vão formando e reagir adequadamente, de modo a intervir em sentido favorável aos interesses que representa. Embora jamais alcançando a *clarividência* que seria necessária para dominar tal *Processo Invisível*.

BIBLIOGRAFIA

ALESSI, GIORGIA
Il Processo Penale Profilo Storico, Bari, Editori Laterza, 2001
ALMEIDA COSTA, A.
O Registo Criminal. História, Direito Comparado, Análise Político-criminal do Instituto, Coimbra, 1985
ALTAVILA, ENRICO
Psicologia Judiciária, Almedina, 2 volumes, 2003
ANDRADE, MANUEL A. DOMINGUES DE
Teoria Geral das Obrigações, 2ª edição, Coimbra, Almedina, 1936
Teoria Geral da Relação Jurídica, Vol.I, Coimbra, 1960
ANDRADE, MANUEL COSTA
A Polícia e as Instâncias Não Formais de Controlo, "Ciências Criminais", Coimbra, 1976
A Nova Lei dos Crimes Contra a Economia à Luz do Conceito de Bem Jurídico, "Direito Penal Económico", Lisboa, CEJ, 1985
A Dignidade Penal e a Carência de Tutela Penal como Referências de uma Doutrina Teleológico-Racional do Crime, R.P.C.C. nº 2 (1992) pp.173 ss..
Sobre as Proibições de Prova em Processo Penal, Coimbra, 1992

ANTOLISEI, FRANCESCO
Manuale di Diritto Penale, Milão, Giuffré, 1987
AROSO LINHARES, J. M.
Regras de Experiência e Liberdade Objectiva do Juízo de Prova - Convenções e Limites de um Possível Modelo Teorético, Lisboa, 1988
ASCENSÃO, JOSÉ DE OLIVEIRA
O Direito - Introdução e Teoria Geral, Lisboa, Gulbenkian, 1978
Direito Civil - Teoria Geral, vols. I, II e III, Coimbra Editora, 2006
Direito Penal de Autor, Lisboa, Lex, 1993
Direito Penal 1, Roteiro, Lisboa, AAFDL, 1995/96
ASUA, LUIS JIMENEZ DE
Tratado de Derecho Penal, 3 Vols., 4ª ed., Buenos Aires, Losada, 1964
ATINENZA, M.
Las Razones del Derecho. Teoria de la Argumentación Juridica, Centro de Estudios Constitucionales, Madrid, 1991
BALBI, GIULIANO
La Volontà e il Rischio Penale d'Azione, Nápoles, Jovene Editore, 1995
BAPTISTA, LUÍS OSÓRIO DA GAMA E CASTRO DE OLIVEIRA
Notas ao Código Penal Português, 2ª ed., Coimbra, 1923

BARATTA, ALESSANDRO
Antinomie Giuridiche e Conflitti di Coscienza - Contributo alla Filosofia e alla Critica del Diritto Penale (1963), Milão, trad.portuguesa por JOÃO CASTRO NEVES e JOSÉ DE SOUSA BRITO, *Crítica da Concepção Antropológica da Liberdade e da Concepção Finalista da Culpa (Welzel)* em "Textos de Apoio de Direito Penal", tomo II, AAFDL, 1983/84

BARGI, ALFREDO
Procedimento Probatório e Giusto Processo, Nápoles, Jovene Editore, 1990

BARREIROS, JOSÉ ANTÓNIO
Processo Penal, Almedina, Coimbra, 1981
Os Novos Critérios Penais: Liberalismo Substantivo, Autoridade Processual?, R.M.P., nº14, 1983

BECCARIA, CESARE
Dei Delitti e Delle Pene, 1766 (trad.José de Faria Costa, Gulbenkian, 1998)

BELEZA, MARIA TERESA COUCEIRO PIZARRO
O Mito da Recuperação do Delinquente no Discurso Punitivo do Código Penal de 1982, R.M.P., nº16, 1983
Ilicitamente Comparticipando - O Âmbito de Aplicação do art.28º do Código Penal, apud "Estudos em Homenagem ao Prof.Doutor Eduardo Correia", Vol.III, Coimbra, BFDUC, 1984
Direito Penal, 2 Vols., AAFDL, 1985
A Moderna Criminologia e a Aplicação do Direito Penal, R.M.P., nº32, 1987
Apontamentos de Direito Processual Penal, AAFDL, 1992
Mulheres, Direito, Crime ou a Perplexidade de Cassandra, Lisboa, AAFDL, 1993

BELLAVISTA, G.
Gli Indizi nel Processo Penale (1971), reedição em "Sudi sul Processo Penale", vol. IV, Turim, 1992

BENVENUTI, F.
L'Instruzione nel Processo Amministrativo, Pádua, 1953

BETTIOL, GIUSEPPE
La Regola 'In Dubio Pro Reo' nel Diritto e nel Processo Penale, "Rivista di Diritto Penale", 1937
Scritti Giuridici, 2 Vols., Pádua, Cevam, 1966
Instituições de Direito e Processo Penal, trad. portuguesa de MANUEL COSTA ANDRADE, Coimbra, 1974

BORGES, MARQUES
Direito Penal Económico e Defesa do Consumidor, Lisboa, Rei dos Livros, 1982

BRITO, JOSÉ DE SOUSA E
Direito Criminal, Lisboa, ISCSPU, 1963
Teoria do Direito, Lisboa, AAFDL, 1976/77
Sentido e Valor da Análise do Crime, "Textos de Apoio de Direito Penal I", tomo I, Lisboa, AAFDL, 1983/84
A Lei Penal na Constituição, "Textos de Apoio de Direito Penal", tomo II, Lisboa, AAFDL, 1983/84
Para Fundamentação do Direito Criminal, "Textos de Apoio de Direito Penal", Lisboa, AAFDL, 1983/84
A Medida da Pena no Novo Código Penal, "Estudos em Homenagem ao Prof.Doutor Eduardo Correia", Vol.III, Coimbra, BFDUC, 1984

BRUGNOLI, A.
Certezza e Prova Criminale, Turim, 1895

CAENEGEM, RAUL C. VAN
La Preuve au Moyen Âge Occidental, "La Preuve" (Recueils de la Société Jean Bodin pour L'Histoire Comparative des Instituitions), Vol.XVII, Bruxelas, Librairie Encyclopédique, 1965

CAETANO, MARCELLO
Lições de Direito Penal, 1936/1937
Direito Constitucional, Vol.I, Rio de Janeiro, 1977

CAMPOS, DIOGO LEITE DE
A Responsabilidade Subsidiária, em Direito Tributário, dos Gerentes e Administradores das Sociedades, R.O.A., ano 56, Lisboa, 1996

CANTERO, J. ANTONIO SAINZ
Lecciones de Derecho Penal. Parte General, Vol.I, Barcelona, Bosch, 1982
CAPOGRASSI, G.
Giudizio, Processo, Scienza, Veritá, "Rivista Diritto Processuale", 1950, I, pp.1 ss
CARNELUTTI, FRANCESCO
Diritto e Processo, A.Morano, Nápoles, 1958
La Prova Civile, Roma, 1915 (re-edição de 1947)
Metodologia del Diritto (1939), Pádua, Cedam, reedição 1990
Massime di Esperienza e Fatti Notori, "Rivista Diritto Processuale", 1959, p.639
Torniamo al Giudizio, "Rivista Diritto Processuale", 1949
CARRARA, F.
Programma del Corso di Diritto Criminale, Parte Generale, III, Prato, 1886,
CARVALHO, ANJOS DE e RODRIGO PARDAL
Código de Processo das Contribuições e Impostos Anotado e Comentado, 1969
CARVALHO, A. TAIPA DE
Condicionalidade Sócio-Cultural do Direito Penal, Coimbra, 1985
CASTANHEIRA NEVES, A.
Metodologia Jurídica, Problemas Fundamentais, "Stvdia Ivridica", 1, Coimbra Editora, 1993
Questão-de-facto, Questão-de-Direito ou o Problema Metodológico da Jurisdicidade, Almedina, Coimbra, 1967
CASTRO MENDES
Do Conceito da Prova em Processo Civil, 1961
CAVALEIRO DE FERREIRA, M.
Curso de Processo Penal, Lisboa, 1981
CHIOVENDA, G.
Principii di Diritto Processuale Civile, Nápoles, 1923
CLARKSON, C. e H. KEATING
Criminal Law: Text and Materials, Londres, Sweet & Maxwell, 1984

CLUNY, A. FRANCISCO
O Relacionamento da Polícia Judiciária com o Ministério Público e o Poder Judicial em Portugal, R.M.P., nº64, 1995
COHEN, L. J.
The Probable and the Provable, Oxford, 1977
COMANDUCCI, P.
La Motivazione in Fatto, in "La Conoscenza del Fatto nel Processo Penale", a cargo de GIULIO UBERTIS, Milão, 1992, pp.237 ss.
CONDE, FRANCISCO MUÑOZ
Uber den Materielen Schudbegriff, "Goltdammers Archiv fur Srafrecht", 1978
Culpabilidad y Prevención en Derecho Penal, "Cuadernos de Politica Criminal", 1980
Política Criminal e Dogmática jurídico-penal na República de Weimar, R.M.P., 67, 1996
CONTRERAS, J.
La Definición de Criminalidad. Competencias del Derecho Penal y de las Ciencias Sociales, "Quadernos de Política Criminal", 1981
CORDEIRO, A. MENEZES
Tratado de Direito Civil Português - Parte Geral, Tomos I, II e III, Almedina, 2006
CORDEIRO, A. ROBALO
Escolha e Medida da Pena, "Jornadas de Direito Criminal - O Novo Código Penal Português e Legislação Complementar", Lisboa, C.E.J., 1983
CORDERO, FRANCO
Linee di un Processo Accusatorio, "Juristische Schulung", 1964
Guida alla Procedura Penale, Turim, 1986
Procedura Penale, Milão, 1987
Procedura Penale, Milão, 1993
CORREIA, EDUARDO
Processo Criminal, Coimbra, 1954
Les Preuves en Droit Pénal Portugais, "Revista de Direito e Estudos Sociais", ano XIV, 1967
Direito Criminal I, 1968
A Influência de Franz von Liszt sobre a Reforma Penal Portuguesa, Separata do BFDUC, 46, 1970

El Derecho Penal de Justicia y el Llamado Derecho Penal Administrativo, Conferência proferida na Real Academia de Jurisprudência e Legislação, em 28 de Fevereiro de 1972

A Teoria do Concurso em Direito Criminal, Coimbra, Almedina, Reimp.1983

Notas Críticas à Penalização de Actividades Económicas, "Direito Penal Económico", Lisboa, CEJ, 1985

Breves Considerações Sobre o Fundamento, o Sentido e a Aplicação das Penas em Direito Penal Económico, "Direito Penal Económico", Lisboa, CEJ, 1985

As Grandes Linhas da Reforma Penal, "Para uma Nova Justiça Penal", Coimbra, Almedina, 1996

Direito Criminal, 2 Vols., Reimp., Coimbra, Almedina, 1996

COSTA ANDRADE, M.

A Dignidade Penal e a Carência de Tutela Penal como Referências de uma Doutrina Teleológico-Racional do Crime, em R.P.C.C. nº2 (1992)

Sobre as Proibições de Prova em Processo Penal, Coimbra Editora, 1992

COSTA, E.MAIA

A Constituição e o Código Penal, Breves Reflexões, R.M.P., nº12, 1982

COSTA, MÁRIO JÚLIO DE ALMEIDA E

Direito das Obrigações, 3ª edição, Coimbra, Almedina,1979

DANTI-JUAN, MICHEL

L'Égalité en Droit Pénal, Paris, Cujas, 1987

DEVESA, JOSÉ MARIA RODRIGUEZ

Derecho Penal Español. Parte General, Madrid, 1981

DIAS, JORGE FIGUEIREDO

Direito Processual Penal, 2 Vols, Coimbra, 1974

Liberdade, Culpa e Direito Penal, Coimbra, 1976

O Problema da Consciência da Ilicitude em Direito Penal (1969), Coimbra, 1978

Os Novos Rumos da Política Criminal e o Dieito Penal Português do Futuro, R.O.A., nº43, 1983

Pressupostos da Punição e Causas que Excluem a Ilicitude e a Culpa, "Jornadas de Direito Criminal, O Novo Código Penal Português e Legislação Complementar", Lisboa, C.E.J., 1983

O Movimento da Descriminalização e o Ilícito de Mera Ordenação Social, "Jornadas de Direito Criminal - Novo Código Penal Português e Legislação Complementar", Lisboa, C.E.J., 1983

Sobre o Estado Actual da Doutrina do Crime, 2ª parte, Sobre a Construção do Tipo-de-culpa e os Restantes Pressupostos da Punibilidade, R.P.C.C., 1º, ano 2, 1992

Para uma Dogmática Jurídico-penal do Direito Penal Secundário, "Revista de Legislação e Jurisprudência", ano 117º, nº3720, ?

Direito Penal Português, Parte Geral II - As consequências jurídicas do crime, Lisboa, Aequitas Editorial de Notícias, 1993

DIAS, JORGE FIGUEIREDO e MANUEL COSTA ANDRADE

Criminologia - O Homem Delinquente e a Sociedade Criminógena, Coimbra Editora, Reimpressão, 1992

DIAS CORDEIRO, J. C.

Psiquiatria Forense, Fundação Calouste Gulbenkian, 2003

DIAS, M. GOMES

Algumas Implicações da Entrada em Vigor do Novo Código Penal no Sistema Processual Penal, R.M.P., nº13, 1983

DIELMANN, H.

Guilty Plea' und 'Plea Bargaining' im amerikannischen Strafverfahren - Moglichkeiten fur den Deutschen Strafprozess, "Goltdammer's Archiv fur Strafrecht", 1981

DOLCINI, EMILIO e MARINUCCI, GIORGIO

Constituição e Escolha dos Bens Jurídicos, em R.P.C.C. nº4 (1994) pp.149 ss.

ENGISCH, KARL
Die Lehre von der Willensfreiheit in der Strafrechts-philosophischen Doktrin der Gegenwart, De Gruyter, 1963
Caraktermangel und Carakterschuld, De Gruyter, 1980
Introdução ao Pensamento Jurídico (1976), trad. portuguesa J.BAPTISTA MACHADO, F.C. Gulbenkian, 6ª edição, Lisboa,1988

ESPINAR, ZULGALDIA
Acerca de la Evolucion del Concepto de Culpabilidad, "Libro Homenaje al Professor Anton Oneca", Ediciones de la Universidad de Salamanca, 1982

ESTEVES, SENA
Culpa e Psicanálise, Lisboa, 1964

EUSEBI, LUCIANO
La "Nuova" Retribuzione. Sezione I: Pena Retributiva e Teorie Preventive, Rivista Italiana di Diritto e Procedura Penale, 1983
La "Nuova" Retribuzione. Sezione II: L'Ideologia Retributiva e la Disputa sul Principio di colpevolezza, Rivista Italiana di Diritto e Procedura Penale, 1983

FAVEIRO, DUARTE e SILVA ARAÚJO
Código Penal Português Anotado, 7ª ed., Coimbra Editora, 1971

FEENSTRA, ROBERT
La Preuve Dans la Civilisation Romaine - Rapport de Synthèse, in "La Preuve" (Recueils de la Société Jean Bodin pour L'Histoire Comparative des Instituitions), Vol. XVI, Bruxelas, Librairie Encyclopédique, 1965

FENECH, MIGUEL
El Proceso Penal, 4ª ed., Madrid, Agesa, 1982

FERRAJOLI, L.
Diritto e Ragione. Teoria del Garantismo Penale, Roma-Bari, 1989

FERRARA, FRANCESCO
Aplicação e Interpretação das Leis, trad.portuguesa de MANUEL DE ANDRADE, 3ª edição, Coimbra, 1978

FERREIRA ANTUNES, M. A.
Técnicas de Investigação Criminal, em Boletim do Ministério da Justiça, nº338, Julho de 1984, pp.7 a 45

FERREIRA, MANUEL CAVALEIRO DE
Curso de Processo Penal, 2 Vols, Lisboa, 1955
Direito Penal I, Lisboa (Lições coligidas por Eduarda Silva Casca), 1956-1957
Obra Dispersa, Univ.Católica, Vol.I, 1933/1959
Direito Penal, 2 Vols., Lisboa, 1961
Curso de Processo Penal, 2 Vols., Lisboa, 1981
Direito Penal Português, 2 Vols., Lisboa, Verbo, 1981
Lições de Direito Penal, 2 Vols., Lisboa, Verbo, 1985
Lições de Direito Penal, 2 Vols., Lisboa, Verbo, 1992

FIANDACA, GIOVANNI
Considerazioni su Colpevolezza e Prevenzione, Rivista Italiana di Diritto e Procedura Penale, 1987

FORZA, ANTONIO
Il Processo Invisibile – Le Dinamiche Psicologiche nel Processo Penale, Marsilio Editori, Veneza, 1997

FRANK, J.
Derecho e Incertidumbre, trad.espanhola M.BIDEGAIN, Buenos Aires, Centro Editor de America Latina, 1986

GANUZAS, F. EZQUIAGA
Los Juicios de Valor en la Decisión Judicial, "Anuario de Filosofia del Derecho", 1964

GASPER, J.
Reformers versus Abolitionists: Some Notes for Further Research on Plea Bargaining, "Law & Society Review", Nova Iorque, 1979

GIL, F.
Prove.Attraverso la Nozione di Prova/Dimonstrazione, Milão, 1990

GILISSEN, JOHN
La Preuve en Europe du XVI au Début du XIX Siècle, in "La Preuve" (Recueils de la Société Jean Bodin pour L'Histoire Com-

parative des Instituitions), Vol.XVII, Bruxelas, Librairie Encyclopédique, 1965
GIULIANI, A.
Il Concetto di Prova. Contributo alla Logica Giuridica, Milão, 1961
GONÇALVES, MANUEL LOPES MAIA
Código Penal Português na Doutrina e na Jurisprudência, 3ª edição
Código Penal Português, Anotado e Comentado e Legislação Complementar, 1ª edição, Coimbra, Almedina, 1983
Código Penal Português, Anotado e Comentado e Legislação Complementar, 5ª edição, Coimbra, Almedina,1990
Código de Processo Penal (Anotado), 5ª edição, Coimbra, Almedina, 1982
GROPALLI, ALESSANDRO
Introdução ao Estudo do Direito, 3ª ed., trad. portuguesa, Coimbra, 1978
HART, HERBERT L. A.
O Conceito de Direito, trad.portuguesa, Lisboa, 1986
HASSEMER, WINFRIED
La Ciência Jurídico Penal en la República Federal Alemana, "Anuario de Derecho Penal Y Ciencias Penales", tomo XLVI, F.I, 1993
IBÁÑEZ, ANDRÉS
Neutralidade ou Pluralismo na Aplicação do Direito? Interpretação Judicial e Insuficiências do Formalismo (trad.portuguesa por A.ESTEVES REMÉDIO, Revista do Ministério Público, nº65, 1996, pp.18 ss.)
ISASCA, FREDERICO
Alteração Substancial dos Factos e a sua Relevância no Processo Penal Português, Almedina, 1992
JESCHECK, HANS-HEINRICH
Tratado de Derecho Penal - Parte General, trad. MIR PUIG, Madrid, Bosch, 1981
JORGE, FERNANDO PESSOA
Direito das Obrigações, Lisboa, AAFDL, 1963
KELSEN, HANS
Teoria Pura do Direito, 2ª ed., trad.portuguesa, 2 vols., Coimbra, 1962.

LARENZ, KARL
Methodenlehre der Rechtswissenschaft, trad. espanhola *Metodologia de la Ciencia del Derecho*, Barcelona, Ariel, 1979
LARGUIER, JEAN
Procédure Pénale, 4ª ed., Paris, Dalloz, 1994
LATORRE, ANGEL
Introdução ao Direito, trad.portuguesa, Coimbra, Almedina, s.d.
LÉVY, JEAN-PHILIPE
L'Évolution de la Preuve des Origines à nos Jours, in "La Preuve" (Recueils de la Société Jean Bodin pour L'Histoire Comparative des Instituitions), Vol. XVII, Bruxelas, Librairie Encyclopédique, 1965
LÍBANO MONTEIRO, CRISTINA
Perigosidade de Inimputáveis e 'In Dubio Pro Reo', "Stvdia Ivridica", 24, Coimbra, 1997
LINDESMITH, A. e Y. LEVIN
The Lombrosian Myth in Criminology, "American Journal of Sociology", 1937
LINHARES, J. M. AROSO
Regras de Experiência e Liberdade Objectiva do Juízo de Prova - Convenções e Limites de um Possível Modelo Teorético, Coimbra, 1988
LOMBARDO, L.G.
Ricerca della Verità e Nuovo Processo Penale, "Cassazione Penale, 1993
MACEDO, ADALBERTO
Ilícitos Financeiro s- das Infracções e Responsabilidades Financeiras, Teoria Geral do Facto Ilícito Financeiro, Analogias dos Ilícitos Financeiro e Penal, Relações entre os Contenciosos Financeiro, Administrativo e Penals, Vislis Editores, 2002
MAGALHÃES, LUIZ GONZAGA DE ASSIS TEIXEIRA DE
Manual do Processo Penal, Coimbra, 1923
MALATESTA, NICOLA FRAMINO DEI
A Lógica das Provas em Matéria Criminal, edição portuguesa pela Livraria Clássica Editora, 1912, 2 Volumes

MALHEIROS, M.MACAÍSTA
O Ilícito Penal Económico e o Código Penal de 1982, R.M.P. nº13, 1983
MANNARINO, N.
Le Massime d'esperienza nel Giudizio Penale e il Loro Controllo in Cassazione, Pádua, 1993
MANUEL, COBO DEL ROSA e VIVES ANTON
Derecho Penal. Parte General, Univ.Valença, 1982
MANZINI, VICENZO
Diritto Penale Italiano, 2 Vols., Turim, 1950
Trattato di Diritto Processuale Penale Italiano, 6ª ed., 4 Vols., Turim, 1970
MARCELINO, AMÉRICO
A Propósito do Crime Continuado, R.M.P., nº35 e 36, 1988
MARINUCCI, GIORGIO e EMILIO DOLCINI
Constituição e Escolha dos Bens Jurídicos, em R.P.C.C. nº4, 1994
Corso di Diritto Penale 1, Nozione, Struttura e Sistematica del Reato, Milão, Giuffré, 1995
MARQUES DA SILVA, G.
Curso de Processo Penal, Verbo, 1993
MATTA, CAEIRO DA
Direito Criminal Português, Coimbra, 2 Vols., 1911
MAZEAUD, HENRI ET LÉON e ANDRÉ TUNC
Traité Théorique et Pratique de la Responsabilité Civile, Délictuelle et Contratuelle, 16ª ed., Paris, Montchrestien, 2 Vols., 1975
MELLO, ALBERTO DE SÁ E
Responsabilidade Civil - Critérios de Apreciação da Culpa, Relatório de Mestrado 1986/87
MENNA, MARIANO
Logica e Fenomenologia della Prova, Nápoles, Jovene Editore, 1992
MERLE, PHILIPPE
Les Présomptions Légales en Droit Penal, Paris, 1970

MIRANDA, JORGE
Manual de Direito Constitucional, 4 Vols., Coimbra Editora, 1985
Constitucionalidade da Protecção Penal dos Direitos de Autor e da Propriedade Industrial, R.P.C.C., 4, 1994
MONTESANO, L.
Le 'Prove Atipiche' nelle 'Presunzioni' e negli 'Argomenti' del Giudice Civile, "Rivista de Diritto Processuale", 1980
MOURA, J. SOUTO DE
A Questão da Presunção de Inocência do Arguido, RMP, nº42, 1990, pp.31-47.
MUNKMAN, JOHN
The Technique os Advocacy, Butterworths, Londres, 1991
NAVARRO, LUIZ LOPES
Direito Penal, A Lei Penal - O Crime - As Circunstâncias Derimentes - A Aplicação das Penas, Coimbra Editora, 1932
NAVARRO CORDÓN, J. e CALVO MARTÍNEZ, T.
História da Filosofia, do Renascimento à Idade Moderna, Edições 70, 1995
NAZARETH, FRANCISCO DUARTE
Elementos do Processo Criminal, 7ª edição, Coimbra, 1886
NETTLER, G.
Explaining Crime, Nova Iorque, McGraw-Hill, 1978
NICOD, JEAN-CLAUDE
A Especialização no Sistema Penal Francês, trad.portuguesa por ANA GIORGINI e E.MAIA COSTA, R.M.P., nº63, 1995
NOBILI, M.
Il Principio del Libero Convincimento del Giudice, Milão, 1974
Nuove Polemiche sulle Cosidette 'Massime d'Esperienza', Bolonha, 1989
Concetto di Prova e Regime di Utilizzazione Degli Atti nel Nuovo Codice di Procedura Penale, "Foro Italiano", Vol.V, 1989

Il Nuovo 'Diritto delle Prove' ed un Rinnovato Concetto di Prova, "Legislazione Penale", 1989

NUVOLONE, PIETRO
Norme Penali e Principi Costituzionali, 1957

O'HARA, GREGORY L.
A Review Guide for Fundamentals of Criminal Investigation, 7th edition, Charles C.Thomas, Springfield, Illinois, 2003

ORDEIG, GIMBERNAT
Estudios de Derecho Penal, Madrid, Civitas, 1976
Introduccion a la Parte General del Derecho Penal Español, Madrid, 1979

OSÓRIO DA GAMA, L. e CASTRO DE OLIVEIRA BAPTISTA
Notas ao Código Penal Português, 2ª ed., Coimbra, 1923

PALMA, MARIA FERNANDA
Da Definição Material de Crime para os Princípios do Direito Penal, em "Direito Penal, Teoria do Crime", Lisboa, 1984
Direito Penal - Teoria do Crime, Lisboa, 1984

PASTORE, BALDASSARE
Giudizio, Prova, Ragion Pratica. Un Approccio Ermeneutico, Milão, Giuffré Editore, 1996

PATTI, S.
Libero Convincimento e Valutazione delle Prove, "Rivista de Diritto Processuale", 1985

PERELMAN, CH. e L. OLBRECHTS--TYTECA
Trattato dell'Argumentazione. La Nuova Retorica (1958), trad.italiana, Turim, 1966

PISTOLESE, G.R.
La Prova Civile per Prezunzioni e le c.d. Massime di Esperienza, Pádua, 1935

PUIG, MIR
Función della pena y Teoria del Delito en el Estado Social y Democrático de Derecho, Bosch, 2ª edição, 1982
Función Fundamentadora y Función Limitadora de la Prevención General Positiva, "Anuario de Derecho Penal y Ciencias Penales", ?

RASSAT, MICHÉLE-LAURE
Droit Penal, Paris, Publications Universitaires de France, 1987

ROUSSEAU, JEAN-JACQUES
Du Contrat Social, ou Principes du Droit Politique (1772), trad.portuguesa por ROGÉRIO FERNANDES, Lisboa, Portugália ed., 1968

ROUX, J.-A.
Cours de Droit Criminel Français, 10ª ed., Paris, 1988

ROXIN, CLAUS
Política Criminal y Sistema del Derecho Penal, Barcelona, Bosch, 1972
Questões Fundamentais da teoria da responsabilidade, trad.portuguesa M.Conceição Valdágoa, R.P.C.C., nº4, 1991
Strafrecht, Allgemeiner Teil, Band I: Grundlagen, Der Aufbau der Verbrechenslehre, Munique, C.H.Beck, 1992

SARTRE, JEAN-PAUL
Questioni di Metodo (1957), trad.italiana em "Critica della Ragione Dialetica", Milão, 1963

SATTA, S.
Il Mistero del Processo, "Rivista Diritto Processuale", I, 1949

SCARPELLI, U.
Introduzione all'Analisis delle Argumentazioni Giudiziarie, "Diritto e Analisi del Linguagio, Milão, Edizioni di Comunitá, 1976

SILVA, MANUEL GOMES DA
Conceito e Estrutura da Obrigação, Lisboa, 1943
O Dever de Prestar e o Dever de Indemnizar, Vol.I, Lisboa, 1944

SIRACUSANO, D.
Prova: III) Nel Nuovo Codice de Procedura Penale, in "Enciclopedia Giuridica Treccani", Vol.XXV, Roma, 1991

SKOLNICK, J.
Justice Without Trial - Law Enforcement in a Democratic Society, Nova Iorque, Willey, 1966

SOUSA, NUNO JOSÉ DE ALBUQUERQUE
A Liberdade e o Direito, apud "Estudos em Homenagem ao Prof.Doutor Eduardo Correia", Vol.III, Coimbra, BFDUC, 1984

SOUSA BRITO, J.
A Lei Penal na Constituição, em "Textos de Apoio de Direito Penal", tomo II, AAFDL, 1983/84, pp.5-62
Para Fundamentação do Direito Criminal, em "Textos de Apoio de Direito Penal", Lisboa, AAFDL, 1983/84, pp.127-233, extraído de *Direito Criminal*, Lisboa, ISCSPU, 1963 e *Teoria do Direito*, Lisboa, AAFDL, 1976/77

STONE, MARCUS
Cross-Examination in Criminal Trials, Butterworths, Londres, 1995

TARSKI, A.
La Concezione Semantica della Veritá e i Fondamenti della Semantica, (1952), trad.italiana em "Semantica e Filosofia del Languagio", a cargo de L.LINSKY, Milão, 1969

TARUFFO, M.
Studi sulla Rilevanza della Prova, Pádua, 1970
La Motivazione della Sentenza Civile, Pádua, 1975
La Prova dei Fatti Giuridici, Nozioni Generali, Milão, 1992

TELLES, INOCÊNCIO GALVÃO
Direito das Obrigações, 6ª edição, Coimbra, 1989

UBERTIS, GIULIO
Fatto e Valore nel Sistema Probatorio Penale, Milão, 1979
La Disciplina del Giudizio di Primo Grado, "Sisifo e Penelope. Il Nuovo Codice di Procedura Penale dal Progetto Preliminare alla Riconstruzione del Sistema", Turim, 1991
La Ricerca della Verità Giudiziale, "Sisifo e Penelope. Il Nuovo Codice di Procedura Penale dal Progetto Preliminare alla Riconstruzione del Sistema", Turim, 1993

Diritto alla Prova nel Processo Penale e Corte Europea dei Diritti dell'Uomo, "Rivista di Diritto e Procedura Penale", 1994
La Prova Penale, Profili Giuridici ed Epistemologici, Turim, Utet, 1995
Prove Attraverso la Nozione di Prova/Dimonstrazione, Milão, 1986

VADILLO, ENRIQUE RUIZ
La Culpabilidad Culposa y la Responsabilidad civil Subsidiaria en el Proyecto de Codigo Penal y la Exigencia de Responsabilidades Civiles en el Supuesto de Sentencias Absolutorias Penales, en el Novísimo Proyecto de Ley Organica de Reforma Parcial de Dicho Texto Legal, "Revista del Ilustre Colegio de Abogados del Señorio de Vizcaya", 1982

VALDÁGOA, MARIA CONCEIÇÃO
Alguns Apontamentos de Direito Penal (Parte Geral), Lisboa, AAFDL, 1991/92

VAN CAENEGEM, RAUL C., *La Preuve au Moyen Âge Occidental*, "La Preuve" (Recueils de la Société Jean Bodin pour L'Histoire Comparative des Institutions), Vol.XVII, Bruxelles, Librairie Encyclopédique, 1965, pp.691 ss.

VARBES, H.DONNEDIEU DE
Traité Élémentaire de Droit Criminel et de Législation Pénale Comparé, Paris, 1967

VARELA, JOÃO DE MATOS ANTUNES
Das Obrigações em Geral, Vol.I, Coimbra, 1989

VASCONCELOS, PEDRO PAIS DE
Teoria Geral do Direito Civil, fascículos, Lisboa, Lex, 1995/96

VAZ SERRA, ADRIANO
Provas, Lisboa, 1962

VEIGA, MIGUEL
O Direito nas Curvas da Vida, Conselho Distrital do Porto da Ordem dos Advogados, 2006

WESSELS, JOHANNES
Direito Penal - Parte Geral, trad.portuguesa por JUAREZ TAVAREZ, Porto Alegre, 1976

ÍNDICE

Apresentação … 7

Capítulo I
Introdução à Advocacia … 11

1. Formação, Princípios Éticos e Perfil do(a) Advogado(a) … 11
2. A Responsabilidade no Aconselhamento e na Representação do Cliente … 13
3. Consulta Jurídica e Apuramento da Base Legal da Demanda … 16
4. Pré-Avaliação Processual … 20
5. Ponderação dos Meios Alternativos para a Solução de Disputas … 25
    5.1. Conciliação … 26
    5.2. Mediação … 27
    5.3. Arbitragem … 27
    5.4. Provedorias … 28
    5.5. Protocolo Pré-judicial … 29
6. Comunicações e Interpelações (exemplo) … 29
7. Medidas Preliminares ao Início da Actuação Judicial … 36

Capítulo II
Negociação e Redacção de Contratos … 39

8. A Importância da Negociação … 39
9. Noções Essenciais e Léxico da Negociação … 42
    9.1. Objecto Negocial … 46

9.2. Parte Negocial 47
9.3. Posição e Poder Negociais 48
9.4. Proposta Negocial 48
9.5. Expectativa Negocial 49
9.6. Processo e Lógica Negociais / Exigências e Concessões 50
9.7. Razoabilidade, Credibilidade e Lealdade Negociais 51
9.8. Postura Negocial 52
9.9. Pressão Negocial 53
9.10. Margem Negocial 54
10. A Negociação Enquanto Objecto do Direito Civil Substantivo (remissão) 55
11. A Negociação de Contornos Jurídicos 61
   11.1. Tipos de Negociação 61
   11.2. Negociação de Contratos 66
   11.3. Negociação de Litígios 72
      11.3.1. Despejo 79
      11.3.2. Indemnizações por Sinistro 79
      11.3.3. Divórcio 80
      11.3.4. Partilhas por Sucessão 80
      11.3.5. Impugnação de Despedimento 81
12. Noções de Estratégia, Técnica e Estilo Negociais 82
   12.1. Estratégia 82
      Contemplação das Opções Alternativas à Negociação 84
      Estabelecimento da Zona de Entendimento Possível 84
      Estabelecimento das Condições de Abandono 85
      Definição de Prazos e Tempos Máximos 85
      Objectivação dos Problemas 85
      Separação do Problema em Assuntos Individuais 86
      Identificação dos Termos do Consenso Natural 86
      Ocultação do Interesse Excessivo 87
   12.2. Técnica e Estilo 87
13. Passo a Passo da Negociação na Advocacia 96
14. Derrubando Obstáculos e Intransigências 100
15. Casos Reais 104
16. Redacção de Contratos (exemplos) 120

Capítulo III
Litigância nos Tribunais: intervenções escritas e intervenções presenciais   143

ÍNDICE

17. Advocacia e Litigância	143
18. O Paradigma do Advogado Litigante: Características Pessoais?	147
19. Orientação Jurídica e Processual, Escrita e Oralidade	150
20. Recomendações para a Redacção de Peças Processuais	155
20.1. Consideração permanente das finalidades da peça processual	157
20.2. Subdividir os factos e as questões de Direito cuja demonstração seja assegurada	161
20.3. Segmentação e articulação do texto	161
20.4. Acompanhamento do texto com a sua demonstração passo a passo	162
20.5. Assertividade e objectividade, na matéria de facto e na matéria de Direito	163
20.6. Inteligibilidade imediata da redacção	164
20.7. A finalidade persuasiva não deve tornar-se demasiado evidente no texto	165
20.8. A adjectivação e as considerações de ordem opinativa devem ser pontuais	166
20.9. Ajuste a intensidade do texto à medida adequada	166
21. Alegações de recurso	167
22. As Intervenções Presenciais em Tribunal	168
22.1. Preparação	169
22.2. Persuasão e influência	170
22.3. Seja esclarecedor	171
22.4. Exame dos factos e da prova	171
22.5. Postura	172
22.6. Causar uma impressão	172
22.7. Convicção	173
22.8. Pertinácia	174
22.9. Oportunidade e Pragmatismo	174
22.10. Faça-se ouvir	174

CAPÍTULO IV
O INTERROGATÓRIO DE TESTEMUNHAS, EM ESPECIAL   177

23. A Arte de Interrogar Testemunhas	177
24. Significado, preparação e orientação táctica do testemunho	178
25. Métodos de abordagem e derivativas na condução do interrogatório	182

25.1. Expositivo	184
25.2. Exploratório	185
25.3. Confirmativo	186
25.4. Infirmativo	188
25.5. Sugestivo	189
25.6. Insinuador	190
25.7. Interpretativo	191
25.8. Concludente	192
25.9. Reconstitutivo	193
25.10. Repetitivo	194
25.11. Argumentativo	195
25.12. Confrontador	196
25.13. Desacreditador	197
26. Tabela dos Métodos e Derivativas de Condução do Interrogatório	198
27. Regras para a formulação de questões	198
27.1. Ordem	199
27.2. Conexão	200
27.3. Clareza	200
27.4. Simplicidade	201
27.5. Precisão	202
27.6. Oportunidade	203
27.7. Objectividade	203
27.8. Finalidade	204
27.9. Plenitude	205
27.10. Controlo	206
27.11. Última pergunta	207
28. Critérios para a apreciação crítica de um testemunho	207
28.1. Autenticidade	209
28.2. Segurança	210
28.3. Isenção	211
28.4. Perceptibilidade	212
28.5. Coerência	213
28.6. Verosimilhança	213
28.7. Razoabilidade	214
28.8. Rigor	215
28.9. Fundamentação	216
28.10. Idoneidade e razão de ciência da testemunha	216
29. Valor do testemunho como meio de prova	218
30. A Subjectividade e o Condicionamento da Testemunha	224

31. A Subjectividade do Julgador 225
32. Interrogatório Preliminar, Testemunho Fundamental
    e Testemunho Acessório 227
33. Especificidades Processuais de Cada Ramo do Direito 229
34. Exame de Outros Meios de Prova por Intermédio
    do Testemunho 235
35. Depoimentos Não Testemunhais 236
36. Tipos de Testemunha 238
    36.1. A Testemunha Independente 238
    36.2. A Testemunha Especialmente Motivada 239
    36.3. A Testemunha Ansiosa 239
    36.4. A Testemunha Desfavorável 239
    36.5. A Testemunha Hostil 240
    36.6. A Testemunha Improdutiva 240
    36.7. A Testemunha Profissional 240
37. Inquirição e Contra Inquirição 241
38. Impugnação, Acareação e Contradita 243
39. Procedimento a Adoptar Perante o Falso Testemunho 244
40. Pergunta Perigosa, Pergunta Desnecessária, Pergunta
    Inadmissível 245
41. Aspecto Argumentativo dos Factos e Futuro da Prova
    Testemunhal 247

Capítulo V
Defesa Criminal 251

42. A Importância Crucial da Actividade do Advogado que Assume
    a Defesa Criminal 251
43. A Visão do Todo do Processo e as Circunstâncias Concretas
    da Tramitação dos Autos 255
45. Os Cinco Vectores da uma Defesa Criminal Activa 262
    45. 1. Descondicionamento do Sentido Acusatório
        da Investigações 262
    45. 2. Colaboração na Descoberta da Verdade Durante as Fases
        Preliminares do Processo 265
    45. 3. Selecção de Materiais Probatórios e Timings
        de Intervenção 271
    45.4. Enquadramento ao Tipo e Relevo das Circunstâncias
        Atenuantes 274

45. 5. Programação do Julgamento em função do princípio
In Dubio Pro Reo ... 279
46. Afloramentos da Problemática da Prova no Processo Penal ... 282
   46.1. Prova e o seu Significado ... 282
   46.2. Imaterialidade e prova ... 291
   46.3. Reformulação do Juízo Probatório ... 295
47. Do Inquérito ... 306
   47.1. Início das Investigações (flagrante delito, queixa, denúncia, notícia do crime) ... 306
   47.2. Primeiro Interrogatório e Constituição como Arguido ... 308
   47.3. Detenção em Flagrante Delito ... 311
   47.4. Medidas de Coacção e de Garantia Patrimonial ... 316
   47.5. Medidas Cautelares e de Polícia ... 321
   47.6. A Investigação pelos Órgãos de Polícia Criminal ... 323
   47.7. Deveres de Legalidade na Recolha de Prova e Nulidades Processuais ... 326
   47.8. A Investigação Autónoma e Paralela por Parte da Defesa ... 331
   47.9. O Segredo de Justiça e o Acesso a Auto ... 335
   47.10. Acusação, Arquivamento do Inquérito e Suspensão Provisória do Processo ... 337
48. Da Instrução ... 341
   48.1. Considerações Iniciais ... 341
   48.2. Consulta Integral dos Autos ... 344
   48.3. O Requerimento de Abertura da Instrução ... 346
   48.4. Investigação Acerca da Credibilidade dos Meios de Prova Acusatórios ... 348
   48.5. Debate Instrutório ... 350
49. Preparação e Decurso da Audiência de Julgamento ... 352
   49.1. Preparação da Audiência de Julgamento ... 352
   49.2. Contestação e Rol de Testemunhas ... 356
   49.3. Questões Prévias ou Incidentais e Exposições Introdutórias ... 358
   49.4. Declarações do Arguido (iniciais e subsequentes) ... 360
   49.5. Produção da Prova Acusatória e Contraprova ... 363
   49.6. Produção de Prova pela Defesa ... 367
   49.7. Alegações Orais do Defensor e Últimas Declarações do Arguido ... 368
   48.9. Sanções Alternativas à Pena Privativa da Liberdade ... 372
50. Meios Interventivos Especiais e Meios de Oposição e Recurso ... 374
   50.1. Os autos de aceleração processual ... 374

50.2. Outros Incidentes Processuais	376
50.3. Meios de Oposição e Recurso	377
50.4. O recurso Extraordinário de Revisão de Sentença, em Especial	382
51. Inimputabilidade penal do arguido	385
52. Julgamento na Ausência do Arguido	387
53. Patrocínio Oficioso e a Intervenção do Defensor no Decurso do Processo	389
54. Patrocínio de Vários Arguidos	391
55. O Processo Sumário, o Processo Abreviado e o Processo Sumaríssimo	392
56. Da Execução da Pena	393
Minutas e Referências Complementares	395
57. Procedimento Disciplinar Laboral	396
58. Estatutos Sociais	404
59. Regulamentos	415
60. Termo de Abertura de Livro e Actas de Assembleias Gerais Societárias	430
61. Procurações	436
62. Testamentos	444
63. Opiniões Técnicas e Pareceres	453
Conclusão	469
Bibliografia	473